リーダーを
目指す人のための
実践
企業法務入門
滝川宜信 著
全訂版

発行 民事法研究会

全訂版はしがき

　体制の整備が強く求められているのは、企業不祥事の発生を未然に防止をすることもその重要な目的であるが、これをしっかりと実践していくためには会社法などの会社運営にかかる知識が必要となってくる。
　本書が会社役員・部長・課長等のビジネスリーダーや企業法務の担当者にとって企業法務を広く、深い知識を得るための一助となり、いささかでもお役に立てることを願っている。
　本書の刊行については、前出の田口信義氏はもとより、編集担当の松下寿美子氏に大変お世話になった。重ねてお礼を申し上げたい。

　　2018年6月

　　　　　　　　　　　　　　　　　　　　　　　　　　滝　川　宜　信

全訂版はしがき

　本書の初版が出たのは、1998年6月であり、著者が株式会社デンソー法務部次長の時である。当時、非常勤講師をしていた名古屋工業大学で「工業経営法規」という講座を受け持っており、そのテキストにも使用できればと考えたことが発端であった。さらには、異業種交流を兼ねた勉強会である中部民事法研究会(㈱民事法研究会主宰)に毎回出席しており、本書の出版元である㈱民事法研究会の田口信義氏(代表取締役)から企業法務関係の出版について背中を押され続けていたことも大きい。

　それは、著者にとってはじめての出版であった。したがって、本年6月は、私にとって本書の出版20年目にあたり、まさに記念すべき月に第5版を全面的に書き改めた全訂版を刊行できることは望外の喜びである。

　これもひとえに、40代のまだ若き頃から、連綿としてアドバイスをいただけた田口信義氏のおかげであり、深く感謝する次第である。

　本書を改訂するにあたって、初版の「はしがき」を読んでみたところ、20年という時間の隔たりがあるにもかかわらず、「実践企業法務入門」に対する心髄は、現在もまったく変わっていないことを確認し、全訂版とはいえ、新しい内容に書き換える必要はあるが、一貫性を持ち続けることの必要性を強く感じた次第である。「初版はしがき」を次頁以下に掲載するので、ぜひお目を通していただければ幸甚である。

　本書は、全訂版として旧版の内容を一から見直し、大幅に改訂したうえ、企業法務や法務部門との関係、企業トップの法律知識の重要性(第1章)、コーポレート・ガバナンス(第2章)、コンプライアンス態勢(第3章)、M&A(第5章)、消費者契約法、特定商取引法(第7章)、個人情報保護法や情報セキュリティ(第8章)、労働法(第13章)などを新たに追加しており、旧版にもまして企業法務として充実したものとなっている。

　相変わらず、経営者やビジネスリーダーによる企業不祥事が後を絶たないが、法律知識の重要性を認識し、コンプライアンス態勢構築のために日々努力を重ねていれば、その多くは未然に食い止めることができたのではないかと思われる。また、今日、コーポレート・ガバナンスの意識の高揚・浸透と

は　し　が　き

　ビジネスマンが日常の業務を行っていく場合、法律を知っているか、知らないかはその業務の成否を分ける重要なファクターになってきている。

　もし、あなたが技術担当の取締役だとしよう。技術担当であるというだけで、会社法を知らなくて取締役会や株主総会に出席できるのだろうか。また、自分の担当製品を他社と共同開発を行う場合、独禁法の知識を知らないで相手方と交渉できるのだろうか。製造物責任法を知らないで製品開発ができるのだろうか。万が一、企業秘密が漏れても賠償や差止請求ができるような体制を取らせているのだろうか。どうすれば株主代表訴訟に巻き込まれないかを理解して業務を行っているのだろうか。

　たとえ技術担当の取締役であっても、このようなさまざまな法律に関する案件があなたの周りを取り巻いている。

　しかし今まで、あなたは、法律は企業の法務部や総務部などの専門部署の部員や顧問の弁護士にとって必要なものであって、「私には関係ない」と逃げていたのではないだろうか。

　私は、メーカーの企業法務に携わってきた経験から、前述したように技術系ビジネスマンにも法的な基礎知識が必要であると感じている。

　それは、ビジネス社会にいる人たちはビジネスに関する法律なしでは生きていけないということであって、社会においては、法律の専門家ではないからビジネスの法律を知らなくてもよいという論理は全く成り立たないからである。

　また、同じビジネスマンであっても、メーカーのビジネスマンには銀行や商業のそれにはあまり関係のない法律（製造物責任法や下請法など）も必要となってくる。

　そこで本書では、企業とりわけメーカーのビジネスマンにとって最低限必要と思われる基礎的な法律知識を、単なる条文の解説ではなく「会社が業務を行っていく過程で発生する出来事」も例に取り入れながら、解説を加えるようにした。

　本書を理解し、かつ座右に置いて、ビジネスマンが法律知識を使って、さ

らに活躍されることを願ってやまない。
　最後に、本書の執筆にあたって田口信義氏（民事法研究会代表取締役）には大変お世話になった。ここに感謝の意を表明する次第である。

　平成10年（1998年）5月

滝 川 宜 信

『リーダーを目指す人のための実践企業法務入門〔全訂版〕』

目　次

序　章　なぜリーダーには法律知識が求められるのか

Ⅰ　法律知識は業務遂行の原点かつ最重要項目であり、さらに、それを基礎にした、またはそれを包含したリスク発見・回避能力が培われる ……………………………………………………………… 1
　1　コンプライアンスと法律知識……………………………………………… 1
　2　担当業務と法律知識………………………………………………………… 2
　3　法律知識を包含したリスク発見・回避能力の醸成…………………… 3
Ⅱ　法務部門担当者はより広い法律知識をもって、ビジネスリーダーとの信頼関係を築くことが必要である ……………………………… 4
　1　法務部門との信頼関係構築のためのビジネスリーダーの法律知識……………………………………………………………………………… 4
　2　ビジネスリーダーから信頼を得るための法務担当者の法律知識……………………………………………………………………………… 5

第1章　リーガルセンスを磨くための基礎知識

Ⅰ　企業法務とはどのようなものか……………………………………………… 8
　1　対象による区分……………………………………………………………… 8
　2　地域による区分……………………………………………………………… 8
　3　機能による区分……………………………………………………………… 8
Ⅱ　なぜリーダーが法務セクションをパートナーとして捉えることが必要なのか ……………………………………………………………………11
Ⅲ　企業トップにおける法律知識の重要性——事例からみたトップに必要な法律知識 ………………………………………………………12
Ⅳ　基礎的な法律知識 ……………………………………………………………18

目 次

　1　一般法と特別法…………………………………………………………18
　2　条文の読み方…………………………………………………………20
　　(1)　「善 意」と「悪 意」／20　　(2)　「適 用」と「準 用」／21　　(3)　「直ちに」と「速やかに」と「遅滞なく」／22　　(4)　「みなす」と「推定する」／23
　3　成文法と判例法………………………………………………………24
　4　強行法規と任意法規…………………………………………………25
　　(1)　相違点／25　　(2)　強行法規の条文例／25

第2章　株式会社のしくみとコーポレート・ガバナンスの重要性を学ぶ

Ⅰ　株式会社の機関………………………………………………………28
　1　概　説…………………………………………………………………28
　　(1)　株主総会／30　　(2)　取締役会／30　　(3)　代表取締役／31　(4)　監査役／31　　(5)　監査役会／31　　(6)　会計参与／31　　(7)　会計監査人／31
　2　株主総会………………………………………………………………32
　　(1)　株主とは／32　　(2)　株主の権利／33　　(3)　株主総会の招集／35
　3　取締役・取締役会……………………………………………………37
　　(1)　取締役／38　　(2)　取締役会／41　　(3)　代表取締役／47　　(4)　表見代表取締役／47
　4　会計参与………………………………………………………………48
　　(1)　職務権限／48　　(2)　資格と選任／48
　5　監査役・監査役会……………………………………………………49
　　(1)　監査役の権限と員数・任期／49　　(2)　監査役会／52
　6　監査等委員会設置会社の機関………………………………………52
　　(1)　監査等委員会設置会社の概要／53　　(2)　監査等委員である取締役の選解任／53　　(3)　監査等委員会の運営／53　　(4)　取締役会の業務執行の決定権限／54
　7　指名委員会等設置会社の機関………………………………………54

(1)　指名委員会等設置会社の概要／54　　(2)　指名委員会／55　　(3)　監査委員会／55　　(4)　報酬委員会／55　　(5)　執行役・代表執行役／55

Ⅱ　株　式……………………………………………………………………56
　1　株式とは…………………………………………………………………56
　2　株主平等原則と株主優待制度…………………………………………57
　　(1)　株主平等原則とその例外／57　　(2)　株主優待制度／58
　3　株式の内容と種類………………………………………………………59
　　(1)　株式の全部の内容が共通する株式／59　　(2)　種類株式／60
　4　株主名簿…………………………………………………………………63
　　(1)　株主名簿とは／63　　(2)　株主名簿の基準日／64
　5　株式の譲渡………………………………………………………………64
　　(1)　定款による株式の譲渡制限／65　　(2)　法律による株式の譲渡制限／65
　6　自己株式の取得…………………………………………………………67

Ⅲ　コーポレート・ガバナンス……………………………………………68
　1　コーポレート・ガバナンスとは………………………………………68
　2　コーポレート・ガバナンスと機関設計………………………………68
　3　コーポレート・ガバナンスと内部統制………………………………69
　4　コーポレートガバナンス・コード（CGコード）……………………69
　　(1)　CGコードとは／69　　(2)　「プリンシプルベース・アプローチ」と「コンプライ・オア・エクスプレイン」／70　　(3)　企業が開示を求められる事項／70　　(4)　取締役会決議が求められる事項／71
　5　コーポレート・ガバナンス・システムに関する実務指針（CGSガイドライン）……………………………………………………73
　　(1)　CGSガイドラインの意義・対象／73　　(2)　CGSガイドラインの構成／74

第3章　コンプライアンス態勢の整備こそ不祥事防止の基盤

Ⅰ　コンプライアンスとは…………………………………………………76

     1 コンプライアンスの意味……………………………………………76
      (1) 法令遵守／76　(2) 法令だけでは網羅できない部分の遵守／76
     2 コンプライアンスのために従業員がなすべきことは……………77
   Ⅱ コンプライアンス態勢の確立……………………………………………77
     1 コンプライアンス態勢………………………………………………77
     2 態勢整備のポイント…………………………………………………78
      (1) 経営トップの姿勢が成否を分ける／78　(2) 具体的な例／78
      (3) 何を実現すべきか／79　(4) コンプライアンス活動は経営品質の向上活動である／79
   Ⅲ 内部通報制度の整備………………………………………………………80
     1 内部通報制度を活かすコミュニケーション………………………80
     2 よい内部通報制度とその活かし方…………………………………81
     3 内部通報制度整備のための4つのポイント………………………82

第4章　子会社の設立・事業運営を通して法規制の実際を知る

   Ⅰ 子会社設立の前に検討すべきこと………………………………………84
     1 事業形態と責任の範囲………………………………………………84
     2 株式会社設立の手続と手順…………………………………………86
      (1) 株式会社設立手続の特色／86　(2) 発起設立と募集設立／86
      (3) 手続と手順／87
   Ⅱ 株式会社設立の具体例……………………………………………………88
     1 定款作成前に決定すること…………………………………………88
      (1) 発起人の決定／88　(2) 設立関係事項の検討／88
     2 定款の作成から設立登記まで………………………………………92
      (1) 定款の作成と公証人の認証／92　(2) 定款で定めなかった場合の発起人の決定事項／100　(3) 設立時発行株式引受人の募集／101　(4) 設立時発行株式の払込金の金融機関への払込み等／101　(5) 金銭以外の財産の給付／102　(6) 定款に定めなかった場合の設立時取締役等の選任／103　(7) 募集設立における創立総会の開催／103　(8) 設立時取締役等による調査／104　(9) 設立時代表取締役

の選定／104　(10)　設立登記申請書類の作成／105　(11)　設立登記の申請／108　(12)　登記事項全部証明書（登記簿謄本）、代表者の印鑑証明書の交付申請／108　(13)　官公署への届出／108

Ⅲ　子会社運営と法規制 …………………………………………… 108
1　親子会社の意義 ……………………………………………… 108
2　親子会社等の定義 …………………………………………… 109
(1)　親子会社の定義／109　(2)　特別支配会社の定義／110　(3)　関連会社・関係会社・持分法適用会社とは／110
3　会社法上の規制 ……………………………………………… 111
(1)　親子会社株式に係る規制／111　(2)　親子会社間の役員の兼任に係る規制／114　(3)　親子関係の内部統制・コンプライアンスに係る規制／114　(4)　連結計算書類に係る規制／115
4　金融商品取引法上の規制 …………………………………… 116
(1)　継続開示規制／116　(2)　インサイダー取引規制／116

第5章　M&Aは成長・発展のための経営戦略

Ⅰ　事業の譲渡・譲受け等 ………………………………………… 118
1　事業の譲渡・譲受け等とは ………………………………… 118
(1)　事業の譲渡／119　(2)　子会社株式等の譲渡／120　(3)　事業全部の譲受け／120
2　事業譲渡・譲受け、子会社株式等の譲渡に係る承認等の手続 …… 120
(1)　株主総会の有無／120　(2)　事業譲渡等の反対株主の株式買取請求／121
3　事業譲渡会社の競業禁止等 ………………………………… 122
(1)　事業譲渡会社の競業禁止義務／122　(2)　商号続用の場合の事業譲受会社の責任／122　(3)　商号の続用がない場合の譲受会社の責任／122
4　詐害的な事業譲渡に係る残存債権者の保護 ……………… 122

Ⅱ　吸収合併 ………………………………………………………… 123
1　合併とは ……………………………………………………… 123

2　吸収合併の手続………………………………………………123
　　　(1)　吸収合併契約／123　　(2)　事前の開示・株主総会の有無／124
　　　(3)　その他の吸収合併の手続／124
　　3　吸収合併の効果………………………………………………125
　　　(1)　吸収合併の効果／125　　(2)　合併の無効／126
　Ⅲ　会社分割……………………………………………………………127
　　1　会社分割とは…………………………………………………127
　　2　吸収分割の手続………………………………………………128
　　　(1)　吸収分割契約／128　　(2)　事前の開示・株主総会の有無／129
　　　(3)　その他の吸収分割の手続／129
　　3　新設分割の手続………………………………………………131
　　　(1)　新設分割計画／131　　(2)　事前の開示・株主総会の有無／131
　　　(3)　その他の新設分割手続／131
　　4　会社分割の効果………………………………………………132
　　　(1)　会社分割の効果／132　　(2)　会社分割の無効／133
　Ⅳ　株式交換・株式移転……………………………………………133
　　1　株式交換・株式移転とは……………………………………133
　　2　株式交換の手続………………………………………………134
　　　(1)　株式交換契約／134　　(2)　事前の開示・株主総会の有無／135
　　　(3)　その他の株式交換手続／135
　　3　株式移転の手続………………………………………………136
　　　(1)　株式移転計画／136　　(2)　事前の開示・株主総会／136　　(3)　その他の株式移転手続／137
　　4　株式交換・株式移転の無効…………………………………138

第6章　企業間での適正な取引の履行は企業の社会的使命

　Ⅰ　独占禁止法………………………………………………………140
　　1　独占禁止法の概要……………………………………………140
　　　(1)　独占禁止法の内容／140　　(2)　独占禁止法の歴史／141　　(3)　独占禁止法違反の場合の措置／143

2　営業活動と独占禁止法……………………………………………144
　　　(1)　同業者との話し合い／144　(2)　不公正な取引方法──1／146
　　　(3)　不公正な取引方法──2／148
　　3　共同研究開発と独占禁止法………………………………………150
　　　(1)　共同研究開発の相手方／150　(2)　共同研究開発の実施／151
Ⅱ　下請法…………………………………………………………………155
　　1　下請法の歴史………………………………………………………155
　　2　下請法の内容………………………………………………………156
　　　(1)　下請法とは／156　(2)　適用範囲／156　(3)　トンネル会社の規制／158
　　3　親事業者の義務……………………………………………………159
　　　(1)　支払期日を定める義務／159　(2)　書面の交付義務／160　(3)　遅延利息の支払義務／163　(4)　書類の作成・保存義務／164
　　4　親事業者の禁止事項………………………………………………165
　　　(1)　買いたたき／165　(2)　受領拒否／166　(3)　不当な返品／167　(4)　不当な下請代金減額／167　(5)　下請代金の支払遅延／168　(6)　割引困難な手形の交付／169　(7)　有償支給原材料等の対価の早期決済／169　(8)　物の購入強制・役務の利用強制／170　(9)　報復措置／171　(10)　経済上の利益の提供要請／171　(11)　不当なやり直し等／172
Ⅲ　不正競争防止法（除く「営業秘密」）…………………………172
　　1　不正競争防止法の目的……………………………………………173
　　2　不正競争防止法の概要……………………………………………173
　　　(1)　「不正競争」とは／173　(2)　国際約束に基づく禁止行為／174
　　3　主な不正競争行為等………………………………………………175
　　　(1)　周知表示混同惹起行為／175　(2)　著名表示冒用行為／175　(3)　商品形態模倣行為／176　(4)　営業秘密の不正取得・使用・開示行為／176　(5)　限定提供データの不正取得・使用・開示行為／176　(6)　品質等誤認惹起行為／177　(7)　信用毀損行為／177　(8)　外国公務員等に対する贈賄等／177
Ⅳ　営業秘密の保護………………………………………………………179

1　営業秘密とは何か……………………………………………………… 179
2　営業秘密の３つの要件………………………………………………… 179
　(1)　秘密として管理されていること（秘密管理性）／180　　(2)　技術上または営業上の有用な情報であること（有用性）／180　　(3)　公然と知られていないこと（非公知性）／181
3　差止めの対象となる不正行為………………………………………… 181
　(1)　窃取型不正行為の場合／181　　(2)　背信型不正行為の場合／183　　(3)　営業秘密侵害品の譲渡等の行為の場合／185　　(4)　適用除外／185
4　請求権の内容…………………………………………………………… 186
　(1)　どんな請求が可能か／186　　(2)　差止請求権者の要件／188　　(3)　時　効／189
5　刑事罰の適用…………………………………………………………… 189
6　他社の情報の入手と対応……………………………………………… 191
　(1)　リバース・エンジニアリングと営業秘密／191　　(2)　他社からの情報受領と管理／192
7　営業秘密管理の実際…………………………………………………… 193

第7章　消費者との適正な取引が企業の社会的信用を高める

Ⅰ　定型約款……………………………………………………………………… 198
　1　約款とは………………………………………………………………… 198
　2　定型約款………………………………………………………………… 199
　　(1)　定型約款とは／199　　(2)　定型約款のみなし合意／199　　(3)　定型約款の内容表示／200　　(4)　定型約款の不当条項規制／200　　(5)　定型約款の変更／201
　3　利用規約・会員規約…………………………………………………… 201
Ⅱ　消費者契約法………………………………………………………………… 202
　1　意　義…………………………………………………………………… 202
　2　消費者契約法適用の三本柱…………………………………………… 202
　　(1)　消費者の取消権／203　　(2)　不当条項の無効／203　　(3)　適格

消費者団体による差止請求／203
Ⅲ　電子消費者契約特例法……………………………………………204
　1　意　義………………………………………………………………204
　2　内　容………………………………………………………………204
Ⅳ　特定商取引法………………………………………………………205
　1　特定商取引法の全体像……………………………………………205
　　⑴　特定商取引法とは／205　⑵　特定商取引法の規制する取引／205　⑶　特定商取引法の規制／206
　2　通信販売……………………………………………………………207
　　⑴　通信販売とは／207　⑵　通信販売の問題点／207　⑶　権利の取引（特定権利）／208　⑷　特定商取引法の適用除外／208　⑸　申込みの撤回（返品）／208
　3　通信販売の広告の必要的記載事項………………………………209
　　⑴　商品もしくは権利の販売価格または役務の対価／209　⑵　購入者のその他の負担する費用／209　⑶　代金または対価の支払い時期および方法／209　⑷　商品の引渡時期もしくは権利の移転時期または役務の提供時期／210　⑸　売買契約の申込みの撤回・解除（＝返品等特約）に関する事項／210　⑹　販売業者・サービス提供事業者の氏名（名称）、住所および電話番号／211　⑺　法人の業者がインターネットを利用することにより広告するときは、代表者または通信販売業務の責任者の氏名／211　⑻　申込みに有効期限があるときは、その期限／211　⑼　商品等の対価・送料（前記⑴）以外の負担すべき金銭の内容および額／211　⑽　瑕疵担保責任／211　⑾　ソフトウェアに係る取引である場合の動作環境／212　⑿　売買契約を2回以上継続する必要があるときは、その旨、金額、販売条件／212　⒀　前記⑼～⑿以外の商品の販売数量の制限その他の特別の商品もしくは権利の販売条件、役務の提供条件があるときは、その内容／212　⒁　必要的記載事項の省略／212
　4　広告の禁止事項……………………………………………………212
　　⑴　誇大広告等の禁止／213　⑵　誇大広告の表示として禁止される事項／213
　5　通信販売の広告に係る送信規制…………………………………214
　　⑴　電子メールのオプトイン規制／214　⑵　FAX広告の送信禁止

　　　　／214
　V　景品表示法………………………………………………………… 214
　　1　景品表示法の歴史………………………………………………… 214
　　2　景品表示法の内容………………………………………………… 215
　　　(1)　景品表示法とは／215　　(2)　景品規制の内容／216　　(3)　不当表示規制の内容／216
　　3　景品の規制………………………………………………………… 216
　　　(1)　景品表示法でいう景品とは／216　　(2)　景品の提供の制限／217
　　　(3)　業種別景品告示／221
　　4　不当表示の規制…………………………………………………… 221
　　　(1)　著しく優良と誤認される表示（優良誤認表示）／221　　(2)　著しく有利と誤認される表示（有利誤認表示）／222　　(3)　その他の誤認される表示（指定告示）／222
　　5　公正競争規約……………………………………………………… 224
　　6　不当表示等に対する措置および請求…………………………… 226
　　　(1)　措置命令／226　　(2)　不当表示に関する課徴金納付命令／226
　　　(3)　不当表示に関する適格消費者団体による差止請求／227
　Ⅵ　製造物責任法……………………………………………………… 227
　　1　製造物責任とは…………………………………………………… 227
　　2　製造物責任法（PL法）の考え方………………………………… 228
　　3　製造物責任法の概要……………………………………………… 228
　　4　製造物責任法のポイント………………………………………… 229
　　　(1)　被害者の立証項目／229　　(2)　対象となる「物」／230　　(3)　欠陥とは／231　　(4)　製造物責任法により責任を負う者／234　　(5)　製造物責任法により責任を負わない者／236　　(6)　製造物責任が免除される場合／236　　(7)　製造物責任を負う期間／237　　(8)　損害賠償の範囲／238

第8章　個人情報保護とセキュリティ対策は企業の社会的責任

　Ⅰ　個人情報保護…………………………………………………… 243

1　個人情報取扱事業者……………………………………………………243
　　2　個人情報データベース等………………………………………………243
　　3　個人情報の保護対象となる情報………………………………………244
　　　(1)　個人情報／244　　(2)　個人データ・保有個人データ／245　　(3)
　　　要配慮個人情報／246
　　4　個人情報取扱事業者の義務……………………………………………246
　　　(1)　個人情報の利用目的およびその制限／246　　(2)　安全管理措置
　　　／249　　(3)　従業者および委託先の監督／250　　(4)　第三者提供の
　　　制限／250　　(5)　第三者提供に係る確認・記録義務／251　　(6)　保
　　　有個人データに関する義務／252
　　5　匿名加工情報取扱事業者等の義務……………………………………254
　　　(1)　匿名加工情報を作成する個人情報取扱事業者の義務／254　　(2)
　　　他社が作成した匿名加工情報を利用、第三者提供する匿名加工情報取
　　　扱事業者の義務／254
　　6　民間団体による個人情報の保護の推進のしくみ……………………255
　　　(1)　認定個人情報保護団体／255　　(2)　個人情報保護指針／255
Ⅱ　情報セキュリティ……………………………………………………………256
　　1　情報セキュリティ総論…………………………………………………256
　　　(1)　情報セキュリティとは／256　　(2)　情報セキュリティの対象／
　　　256　　(3)　情報セキュリティマネジメントシステム／257
　　2　情報セキュリティの対象となる法律…………………………………257
　　　(1)　マイナンバー法（番号法）／257　　(2)　著作権法／259　　(3)
　　　不正アクセス禁止法／260

第9章　金融商品取引法による会社情報の開示規制とインサイダー取引規制の遵守は上場企業の義務

Ⅰ　金融商品取引法の開示規制…………………………………………………262
　　1　開示規制とは……………………………………………………………262
　　2　開示規制の内容…………………………………………………………263
　　　(1)　発行開示規制／263　　(2)　継続開示規制／264
　　3　株券等大量保有の状況に関する開示（5％ルール）………………264

Ⅱ　インサイダー取引 …………………………………………………… 264
1　インサイダー取引規制とは ………………………………… 264
2　会社関係者などのインサイダー取引 ……………………… 265
　(1)　「会社関係者」／265　　(2)　「第一次情報受領者」／266　　(3)　「情報伝達・取引推奨行為者」／266　　(4)　「重要事実」／266　　(5)　業務執行に関する重要事実発生の時期／269　　(6)　「特定有価証券等」の「売買等」／270　　(7)　「公表」／270　　(8)　適用除外／270
3　公開買付者等関係者などのインサイダー取引 …………… 271
4　刑事罰・課徴金 ……………………………………………… 272
　(1)　刑事罰／272　　(2)　課徴金／272
Ⅲ　上場会社等の役員・主要株主等の取引規制 ………………… 273
1　売買報告書の提出義務 ……………………………………… 273
2　短期売買利益の提供義務 …………………………………… 273
3　空売りの禁止 ………………………………………………… 274

第10章　企業間取引契約を学べばビジネスがわかる

Ⅰ　契約総論 …………………………………………………………… 277
1　契約とは何か ………………………………………………… 277
　(1)　契約とは／277　　(2)　契約の効果／277
2　契約と契約書 ………………………………………………… 278
　(1)　契約と契約書は別物／278　　(2)　契約書を取り交わす理由／278
3　契約と法律の関係 …………………………………………… 278
　(1)　契約自由の原則／278　　(2)　契約と法律の優劣／279
Ⅱ　企業間取引契約 …………………………………………………… 281
1　契約締結の権限のある者 …………………………………… 281
2　契約書の当事者の表示 ……………………………………… 282
3　契約書のその他の知識 ……………………………………… 283
　(1)　契約書の名称／283　　(2)　契約書と収入印紙／284　　(3)　印紙を貼り忘れた場合の効力／284　　(4)　契約書上への押印方法／285

Ⅲ　取引基本契約締結と対応の実際……………………………286
　1　取引基本契約書のチェックの考え方…………………………286
　　(1)　利益確保ができているか／287　(2)　リスク回避ができているか／287　(3)　違法な条項はないか／287
　2　取引基本契約書の検討の考え方………………………………287
　　(1)　契約不適合責任／288　(2)　支給品／289　(3)　立入調査／292　(4)　発明等の取扱い／292　(5)　製造物責任／293　(6)　取引商品の第三者への製造・販売規制／294　(7)　権利義務の譲渡／295　(8)　契約終了時の措置／295　(9)　再委託／297
　3　買主との契約交渉………………………………………………298
　　(1)　売主の社内での検討／298　(2)　相手先との契約改訂文書の取り交わし方法／298

第11章　適切な債権の管理・保全と回収こそ不良債権防止の要

Ⅰ　取引を開始するにあたって……………………………………304
　1　信用調査…………………………………………………………305
　　(1)　直接調査／305　(2)　間接調査／306
　2　取引基本契約書の締結…………………………………………313
　　(1)　期限の利益喪失条項／314　(2)　約定解除条項／315　(3)　損害賠償額の予定／315　(4)　相殺予約／316　(5)　担保提供／317
　3　担保の取得………………………………………………………317
　　(1)　担保とは／318　(2)　人的担保の取得方法／319　(3)　物的担保の取得方法／324

Ⅱ　日頃から心掛けておくこと……………………………………334
　1　取引先への訪問時の対応………………………………………334
　2　回収管理…………………………………………………………335
　　(1)　銀行振込のチェック／335　(2)　集金時の対応／335　(3)　入金状況のチェック／335

Ⅲ　経営不安情報を入手したら……………………………………336
　1　危険な徴候………………………………………………………336

2　直ちに確認しておくべき事項………………………………………337
　　⑴　契約書の確認／338　　⑵　信用調査／339　　⑶　売上債権と担保の確認／339　　⑷　メイン銀行への確認／339　　⑸　関係先への確認／340　　⑹　債務者（買主）へ出向き調査／340
　3　回収のための具体的対応……………………………………………340
　　⑴　債権譲渡による債権の回収／340　　⑵　債権譲渡と相殺を併用した債権の回収（三角相殺）／342　　⑶　商品の供給停止／343　　⑷　商品の引揚げ／343

第12章　リーダーは常に取引先の倒産に備えよ

Ⅰ　**倒産とは**………………………………………………………………346
　1　倒産の定義……………………………………………………………346
　2　どうなったら倒産か…………………………………………………346
Ⅱ　**倒産処理手続**…………………………………………………………347
　1　手続の分類……………………………………………………………347
　　⑴　私的整理と法的整理／347　　⑵　清算型と再建型／347
　2　私的整理………………………………………………………………348
　　⑴　私的整理／348　　⑵　準則型私的整理／352
　3　破産手続………………………………………………………………355
　　⑴　破産手続の手順／355　　⑵　破産手続の主な項目／356　　⑶　破産手続開始の申立てをした仕入先への対応／358
　4　特別清算手続…………………………………………………………359
　5　民事再生手続…………………………………………………………361
　　⑴　民事再生手続の手順／362　　⑵　事業譲渡による再生／365
　6　会社更生手続…………………………………………………………367
　　⑴　会社更生手続の手順／368　　⑵　更生計画と回収／369　　⑶　更生手続によらないで回収できる債権／370　　⑷　民事再生手続と会社更生手続のすみ分け／370
　7　取引先の法的整理手続における一般債権者の対応………………372

目 次

第13章　人事・労務の法律知識修得はリーダーへの登龍門

Ⅰ　労働契約の成立 ……………………………………………………… 375
　1　労働者の募集 ……………………………………………………… 375
　2　採　用 …………………………………………………………… 376
　　(1)　採用の自由／376　　(2)　採用内定／376　　(3)　試　用／376
　3　労働条件の明示 …………………………………………………… 376
　　(1)　労働契約の締結／376　　(2)　労働条件の明示／377
Ⅱ　就業規則に基づく労働契約 ………………………………………… 378
　1　労働契約とは ……………………………………………………… 378
　2　労働契約と就業規則・労働協約の関係 ………………………… 378
　　(1)　就業規則と労働契約／378　　(2)　労働協約と労働契約／379
　　(3)　個別労働契約と就業規則／379　　(4)　労使慣行／380　　(5)　規定の優先順位／380
　3　就業規則の不利益変更 …………………………………………… 380
Ⅲ　労働時間・休暇 ……………………………………………………… 381
　1　労働時間・休日の原則 …………………………………………… 381
　　(1)　労働時間の原則／381　　(2)　休憩時間の原則／381　　(3)　休日の原則／381
　2　法定労働時間の弾力化 …………………………………………… 382
　　(1)　変形労働時間制／382　　(2)　フレックスタイム制／382　　(3)　事業場外労働のみなし労働時間制／382　　(4)　裁量労働制／382
　3　時間外・休日労働 ………………………………………………… 383
　　(1)　意　義／383　　(2)　時間外労働と36協定／383　　(3)　時間外・休日・深夜労働の割増賃金／384
　4　年次有給休暇制度 ………………………………………………… 384
Ⅳ　人事権の行使・休職・休業 ………………………………………… 388
　1　人事権の行使 ……………………………………………………… 388
　　(1)　配置転換／388　　(2)　出　向／389　　(3)　転　籍／389　　(4)

目 次

　　　　人事権の行使による降格／389
　　2　休職・休業……………………………………………………………390
　　　(1)　休　職／390　　(2)　休業手当／390
Ⅴ　賃　金………………………………………………………………………391
　　1　賃金の定義……………………………………………………………391
　　2　賃金支払いの原則……………………………………………………391
　　　(1)　通貨払いの原則／391　　(2)　直接払いの原則／391　　(3)　全額払いの原則／392　　(4)　毎月1回以上一定期日払いの原則／392
Ⅵ　職場の人間関係、男女の平等等…………………………………………392
　　1　パワーハラスメントの防止…………………………………………392
　　　(1)　パワーハラスメントとは／392　　(2)　パワハラの行為類型／393
　　　(3)　パワハラの責任／393
　　2　セクシャルハラスメントの防止……………………………………393
　　　(1)　セクシャルハラスメントの2類型／393　　(2)　セクハラの対応義務／394
　　3　男女の平等……………………………………………………………395
　　　(1)　労働基準法上の男女の同一賃金原則／395　　(2)　男女雇用機会均等法による男女差別の禁止／395
Ⅶ　懲　戒………………………………………………………………………396
　　1　懲戒権の根拠…………………………………………………………396
　　2　懲戒の手段・事由……………………………………………………396
　　　(1)　懲戒の手段／396　　(2)　懲戒事由／397
Ⅷ　労働契約の終了……………………………………………………………398
　　1　解　雇…………………………………………………………………398
　　　(1)　普通解雇／398　　(2)　整理解雇／399
　　2　雇止め等………………………………………………………………399
　　　(1)　雇止め法理／399　　(2)　有期労働契約の使用者による契約期間中の解雇／400
　　3　その他の終了事由……………………………………………………400
　　　(1)　定年退職／400　　(2)　合意解約／400　　(3)　辞　職／401

Ⅸ 正社員以外の労働者 …………………………………… 402

1 パートタイム労働者 ………………………………… 402

(1) 労働条件に関する文書の交付義務／402　(2) パートタイム労働者の待遇の原則／402　(3) 通常の労働者と同視すべきパートタイム労働者に対する差別的取扱いの禁止／402　(4) 正社員への転換措置／402

2 有期契約労働者 …………………………………… 403

(1) 有期契約期間の上限規制／403　(2) 無期労働契約への転換／403　(3) 雇止め法理・使用者による有期労働契約期間中の解雇／403　(4) 有期契約による不合理な労働条件の禁止／403

3 派遣労働者 ………………………………………… 403

(1) 派遣元事業主・派遣先・派遣労働者の関係／404　(2) 派遣元事業主の講ずべき措置　404

・収録書式一覧 ……………………………………………… 408
・事項索引 …………………………………………………… 409
・著者略歴 …………………………………………………… 416

【凡　例】

1　法令等の略称
(50音順)

会　更＝会社更生法
会　社＝会社法
会社則＝会社法施行規則
会社計算＝会社計算規則
改正前民＝平成29年改正前民法
改正民＝平成29年改正民法
　※平成29年改正を「改正民」とし、同改正前を記載する場合は「改正前民」と表示した。
割　賦＝割賦販売法
企業開示＝企業内容等の開示に関する内閣府令
行政個情＝行政機関の保有する個人情報の保護に関する法律
行　訴＝行政事件訴訟法
共同研究開発ガイドライン＝公正取引委員会「共同研究開発に関する独占禁止法上の指針」
金　商＝金融商品取引法
金商令＝金融商品取引法施行令
金商課徴金＝金融商品取引法第六章の二の規定による課徴金に関する内閣府令
金販（金融商品販売法）＝金融商品の販売等に関する法律
刑＝刑法
刑　訴＝刑事訴訟法
景表（景品表示法）＝不当景品類及び不当表示防止法
景表令＝不当景品類及び不当表示防止法施行令
憲＝日本国憲法
公益通報＝公益通報者保護法
高年（高齢者雇用安定法）＝高年齢者等の雇用の安定等に関する法律
個人情報（個人情報保護法）＝個人情報の保護に関する法律
個情則＝個人情報の保護に関する法律施行規則
個情令（個人情報保護法施行令）＝個人情報の保護に関する法律施行令
雇　対＝雇用対策法
雇対則＝雇用対策法施行規則
雇均（男女雇用機会均等法）＝雇用の分野における男女の均等な機会及び待遇の確保等に関する法律
雇均則（男女雇用機会均等法施行規則）＝雇用の分野における男女の均等な機会及び待遇の確保等に関する法律施行規則
財務規（財務諸表規則）＝財務諸表等の用語、様式及び作成方法に関する規則
産業競争力＝産業競争力強化法
下請（下請法）＝下請代金支払遅延等防止法
下請令＝下請代金支払遅延等防止法施行令
商＝商法
　※民法改正に伴う平成29年改正を

「改正商」と表示した。
障害雇用（障害者雇用促進法）＝障害者の雇用の促進等に関する法律
証券取引規制＝有価証券の取引等の規制に関する内閣府令
商　登＝商業登記法
消費契約＝消費者契約法
消費安全＝消費者安全法
消費用品安全＝消費生活用製品安全法
職　安＝職業安定法
製造物＝製造物責任法
著　作＝著作権法
税　徴＝国税徴収法
電子契約特（電子消費者契約特例法）＝電子消費者契約及び電子承諾に関する民法の特例に関する法律
特　商＝特定商取引に関する法律
特商則＝特定商取引に関する法律施行規則
動産債権譲渡特＝動産及び債権の譲渡の対抗要件に関する民法の特例等に関する法律
独禁（独占禁止法）＝私的独占の禁止及び公正取引の確保に関する法律
独行個情（独立行政法人個人情報保護法）＝独立行政法人等の保有する個人情報の保護に関する法律
特定調停＝特定債務等の調整の促進のための特定調停に関する法律
破＝破産法
パート（パートタイム労働法）＝短時間労働者の雇用管理の改善等に関する法律
改正パート＝働き方改革を推進するための関係法律の整備に関する法律案（第196回閣法第63号）により改正された短時間労働者の雇用管理の改善等に関する法律
パート則＝短時間労働者の雇用管理の改善等に関する法律施行規則
番号（マイナンバー法・番号法）＝行政手続における特定の個人を識別するための番号の利用に関する法律
不正競争＝不正競争防止法
保険業＝保険業法
民＝民法
※平成29年改正で改正されない条文は「民」と表記した。
民　再＝民事再生法
民　執＝民事執行法
民　訴＝民事訴訟法
連結財務規（連結財務諸表規則）＝連結財務諸表等の用語、様式及び作成方法に関する規則
労　基＝労働基準法
改正労基＝働き方改革を推進するための関係法律の整備に関する法律案（第196回閣法第63号）により改正された労働基準法
労基則＝労働基準法施行規則
労　組＝労働組合法
労　契＝労働契約法
労派遣（労働者派遣法）＝労働者派遣事業の適正な運営の確保及び派遣労働者の保護等に関する法律
改正労派遣＝働き方改革を推進するための関係法律の整備に関する法律案（第196回閣法第63号）により改正さ

れた労働者派遣事業の適正な運営の
確保及び派遣労働者の保護等に関す
る法律

2　裁判所・判例集の略称

　判例および裁判例について、最高裁は最とし、また高裁は高、地裁は地、地裁支部は支と略記しその冒頭に裁判所名を附し、判決は判、決定は決、判決年月日（平成は平、昭和は昭、年月日は順に〇・〇・〇に省略）、判決文所収判例集を示した（所収判例集については、以下の略語例によった）。

民　集＝最高裁判所民事判例集　　　　**LEX/DB**＝TKC法律情報データベース
刑　集＝最高裁判所刑事判例集
下　民＝下級裁判所民事判例集　　　　**商　事**＝商事法務
裁判所ウェブサイト＝裁判所ウェブサ　　**労　判**＝労働判例
　イト裁判例裁判情報　　　　　　　　　**労経速**＝労働経済判例速報
判　時＝判例時報

序章
なぜリーダーには法律知識が求められるのか

　序論として、「ビジネスリーダーにとって法律知識がなぜ必要なのか」を、法務部門との関係および本書の位置づけを踏まえて、以下の2つの観点から述べる。

I 法律知識は業務遂行の原点かつ最重要項目であり、さらに、それを基礎にした、またはそれを包含したリスク発見・回避能力が培われる

1 コンプライアンスと法律知識

　ビジネスリーダーの業務遂行においてのコンプライアンスやコーポレート・ガバナンスが重要であることは言を待たない（詳しくは、第1章Ⅲ「企業トップにおける法律知識の重要性」、第2章Ⅲ「コーポレート・ガバナンス」、第3章「コンプライアンス態勢の整備こそ不祥事防止の基盤」に目を通していただきたい）。

　とくにコンプライアンス（「法令遵守」だけではなく「社会的規範の遵守」も含む）は、健全な企業にとっては生命線であり、ビジネスリーダーは、部下に対してコンプライアンス違反が起こらないよう、指導、教育、監督をしていく必要があるが、ビジネスリーダーに基礎となる法律知識がないとしたら、その職務を全うすることができない（コンプライアンス違反の例については、第1章Ⅲ「企業トップにおける法律知識の重要性」に、報道された情報をもとに記述してある）。コンプライアンスは、近代的な企業の経営体制を確立するうえで必要欠くべからざるものであり、法律知識をもったビジネスリーダーがその態勢（会社全体からそれぞれの担当分野まで）を構築していくものである

1

序章　なぜリーダーには法律知識が求められるのか

(会社362条4項6号・5項など)。これに関し、2000年の大阪地裁裁判例(大阪地判平12・9・20商事1573号4頁、判時1721号3頁)は、「会社経営の根幹にかかわるリスク管理体制の大綱については、取締役会で決定することを要し、業務執行を担当する代表取締役および業務担当取締役は、大綱を踏まえ、担当する部門におけるリスク管理体制を具体的に決定する職務を負う。この意味において取締役は取締役会の構成員として、また、代表取締役または業務担当取締役として、リスク管理体制を構築すべき義務を負い、さらに代表取締役および業務担当取締役がリスク管理体制を構築すべき義務を履行しているか否かを監視する義務を負うのであり、これもまた、取締役としての善管注意義務および忠実義務の内容をなすものと言うべきである」として取締役のコンプライアンス態勢の具体的な構築義務と監視義務を述べているが、執行役員や部長であっても自部門のコンプライアンス態勢の構築が重要であり、これには法律知識が必要となる。

2　担当業務と法律知識

ビジネスリーダーといっても守備範囲や役職(代表取締役、取締役から執行役員・部長など)がさまざまであるが、それぞれが法的な問題点、またはリスクの存在の可能性について指摘できる能力を身につけなければならないことには変わりはない。

ビジネスに関する法律知識は、担当する業務とは異なり、守備範囲が変わったり、昇格したりしても、それぞれの必要性は変わらない点であり、ビジネスリーダーにとって共通して必要なものである(たとえば、営業部長が、会社機関に対する法律知識や労務に関する法律知識を知らなくていいはずがない)。

そして、ビジネスリーダーにとって共通かつ重要な使命は、従業員を守ることである。その見地に立って、①「会社を守ること」すなわち、職場の確保をするとともに、従業員を路頭に迷わせないこと、②部下を犯罪に踏み込ませないこと、を達成するためには、どうしても「法律知識」や「適正にリスクを発見・回避する能力」が必要となってくる。

3 法律知識を包含したリスク発見・回避能力の醸成

　ときどきニュースで、政治家が「法に触れることはしていない」と開き直る場面を見ることがあるが、おおかたの国民はそれに対し怒るのが常である。この政治家に倫理観や正義感や誠実性が欠けているからである。
　ビジネスリーダーにおいても同様であり、法律知識は原点であり必要条件であることはいうまでもないが十分条件ではない。
　法律は企業活動のすべてをカバーしているわけではないので、ビジネスリーダーとしては、法律知識を包含し、それを超えるものも必要となってくる。それは、倫理観であり、インテグリティ（誠実性）であり、これらのそれぞれに抵触する可能性がある場合に問題として発見し、または回避するリスク対応能力である。しかし、この場合でも法律知識は絶対条件である。
　これらの能力を醸成するには、本人の経験もさることながら、学習から生み出されるものもある。学習は、法務部門やコンプライアンス部門による研修などが主体となろうが、それだけではカバーしきれない面も多く、自身でも能力アップを図らなければならない。
　本書の目的は、ビジネスリーダーにとって、「ビジネスの原点となるべき法律知識」のツールとしての利用である。
　もっとも、著者は、本書をはじめから読了することなど期待していないし、たとえ読んだとしても自分自身で問題点や目的を持っていなければ、なかなか身に入らないと考えている。
　そこで、本書を取り出すやすいところにおき、部下に対する教育監督の場面、法的に問題がありそうな事案や疑問がある事案、競争企業などが不祥事などの場合に、即座に、本書の該当部分にあたって確認することを提案したい。
　そのため本書は、確認しやすいよう巻末の「事項索引」を充実させた。また、本書で十分ではなかったら、専門書にあたるだけでなく、さらに法務部門（法務部門がない会社では顧問弁護士）に確認することをしていただきたい。

序章　なぜリーダーには法律知識が求められるのか

 法務部門担当者はより広い法律知識をもって、ビジネスリーダーとの信頼関係を築くことが必要である

1　法務部門との信頼関係構築のためのビジネスリーダーの法律知識

　法務部門は、社内のビジネスリーダーとの間に「信頼関係」を築くことが重要である。信頼の元となるのは、法務部門の「利用価値」である。

　それは、法務部門としての、広く深い知識を基礎とした代替案の提案などの課題解決力や高度なリスク発見力である。

　一方、ビジネスリーダーから見れば、信頼関係を基礎に、法律知識を前提として業務を遂行するうえでの法的な疑問や問題を、自身の考え方も示して法務部門に伝えることができるかである。

　ビジネスリーダーの法律知識と法務部門の担当者の法律知識は、当然に違いがある。

　そこで、本書はその間を取り持てるよう（信頼関係をさらに向上できるよう）、両者の確認が可能なように、比較的詳細に記述している。また、法務部門によるビジネスリーダーに対する法務教育の1つとして本書をテキストに使用された場合には、問題が生じたときの両者相互の法的な確認がよりしやすくなるものと思われる。

　そして、法務部門としての能力をもって、ビジネスリーダーの抱えている問題（前向きなものだけでなく後向きなものもある）の解決にどれだけ寄与できたかが、法務部門に対する評価となり、相互の信頼関係は深まっていくことになる。

　ただし、法務部門としては、法律知識をもったビジネスリーダーだとしても、そのビジネスリーダーの考え方だけに追従するのは問題がある。その部門の独自の考え方やビジネスリーダー個人の考え方である場合も多いからである。法務部門としては、事案に対する考え方や対応案、代替案を理路整然と説明し、ビジネスリーダーの理解や了承を得ることが必要となる。

　ビジネスリーダーとしても、法律知識があればこそ、複雑な内容の事案で

あっても理解がしやすいものとなる。このことは、ビジネスリーダーが弁護士に相談する際や回答を受ける際にも同じことがいえる。

2 ビジネスリーダーから信頼を得るための法務担当者の法律知識

　法務部門の管理者の集まりである経営法友会が1962年以来5年ごとに、法務部門に対してアンケート形式による法務部門実態調査を行っている。2015年の第11次調査をみると、法務部門が信頼される条件として、①法律知識（82.7％、889社中）、②経験・ノウハウ（67.4％）、③紛争・課題解決力（65.5％）、④リスク発見能力・危機回避力（64.3％）、⑤経営目線・ビジネス感覚（63.4％）があげられている（経営法友会編著『（別冊NBL No.160）会社法務部【第11次】実態調査の分析報告』〈2016年〉88頁）。

　①の法律知識は、手元にある第5次（1985年）、第7次（1995年）から第10次（2010年）の実態調査の分析報告においても、当然ではあるが、法律知識が2位を大きく引き離して1位であった。また、法務知識の深さ、広さについては、上記アンケートでは、採用、配属にあたって法務知識について重視するのは、深い知識よりも、幅広い知識が必要ということであった（上掲分析報告112頁）。

　法務部門担当者は、専門化している弁護士とは異なり、どのような問題があっても即座に初期対応が可能なよう、どちらかといえば深い知識よりも幅広い法律知識をもってビジネスリーダーと接する必要がある。深い知識は、そのあとで実務書や専門書を確認すればよいことである。

　その点において、本書は、旧版『実践企業法務入門〔第5版〕』にはなかったM&A、株式、コーポレート・ガバナンス、コンプライアンス、企業対消費者間取引、個人情報保護、人事・労務などを各章として収録し、法務部門担当者にとって幅広い知識を確認できるようにしている。

第1章
リーガルセンスを磨くための基礎知識

第1章　リーガルセンスを磨くための基礎知識

I　企業法務とはどのようなものか

　企業におけるセクションの役割が企業利益の確保である以上、企業法務セクションの役割も法的なものに特化した企業利益の確保である。

　企業法務とは、企業が行う法的な諸活動であるということができ、それぞれの切り口により、次の3つに分けて分類することができる。

1　対象による区分

　法務の対象として企業の組織上の法務（組織法務）と企業取引上の法務（取引法務）に区分される。

① **組織法務**　会社として、企業活動していくのに欠かせないのが組織法務である。定期的に開催される株主総会や取締役会の運営のみならず、株式に関わる法的諸業務（発行や分割）、定款の変更、子会社の設立、組織再編などに関する法務である。

② **取引法務**　取引契約書の作成・審査、取引にかかるトラブル・紛争など、ビジネスに関する法務である。

　なお、これ以外に、コンプライアンス法務、訴訟対応法務も含め4区分とするものがあるが、組織法務か取引法務かで分類が可能である。

2　地域による区分

　法務を行う地域によって、国内か国際かで分けるものである。

① **国内法務**　日本国内の組織や取引での法務である。

② **国際法務**　海外で行われるものだけでなく、日本国内で行われていても国際間で行われる取引などの法務も含まれる。

3　機能による区分

　企業法務は、法務の臨床的機能、予防的機能、戦略的機能という3つの機能を適切に発揮することにあるといわれている。

① **臨床法務**（「裁判法務」）　事業活動の過程で、いろいろな法的紛争に

巻き込まれることがしばしば起る。たとえば、契約違反で損害賠償請求などの民事責任の追及を受けたり、役員や従業員の法律違反行為に対する刑事責任の追及を受けたりする場合がある。この場合、企業としては、その評判や企業イメージの悪化をいかに最小限に抑え、また損害賠償費用をいかに適正な範囲にするかを考えて、当事者間で示談や和解を行うとか、訴訟や調停等により企業に有利な解決を図っていくことが求められる。

これらの法的紛争を企業の病気と捉え、処置し治癒させることを「臨床法務（そのほか「治療法務」、「対症法務」など）」とよぶ。

② **予防法務**　①の臨床的機能は、提起された紛争を1つずつ解決せねばならず、多大な時間と弁護士費用などの諸経費を費やすことになる。そこで、企業としても毎日の手洗いやうがいなどをして風邪の予防をしたり、健康診断や人間ドックをして悪い箇所をあらかじめ知り、適当な投薬や処置により病気が発生しないようにしなければならない。

同様に、どのような行為が法律に違反することになるのか予測し、それを防ぐ手段を知らしめ、実行することにより社内外の法的トラブルを未然に防ぐ利益逸失防止の活動を「予防法務」とよぶ。

コンプライアンス態勢の確立、契約のリーガルチェックなどは、予防的機能をもつものである。

③ **戦略法務**　①のような紛争の後始末に終始しているだけの法務機能では、後向きの仕事を一歩も出ることはできないし、②の予防的機能でも、新しい付加価値を創造するということはできない。

そこで、法的ルール（国内法、外国法、各国政府規制、契約、業界ルールなど）に基づく法的リスク分析などにより、あらたな利益拡大の方法など経営戦略や経営の方向性を打ち出すことが必要とされる。

このような経営上の重要な意思決定（政策決定）に参画し、企業の意思形成に関する活動を行うことにより利益を創造する活動を「戦略法務」とよぶ。

【表1】 企業法務セクションの機能と実務との関係例

機能別法務実務		備　考
臨床法務	・訴訟等管理 ・債権保全・回収 ・倒産処理 ・知的財産争訟対応 ・コンプライアンス（法令違反・社内規則違反等の調査・懲戒委員会開催等） ・第三者委員会の設置等 ・公取委等の質問・立入調査等の対応 ・消費者関係、環境関係、地域社会関係のクレーム処理 ・労働審判・労働訴訟等対応 ・不祥事対応	事案が発生してからとる対応が中心となる。
予防法務	・契約関係（検討・交渉参加・契約書審査、作成・契約管理等） ・株主総会関係（関係書類・招集通知・決議通知の作成、議決権行使勧誘、準備・運営等、法令改正・他社事例等の関連情報の作成） ・コーポレート関係（取締役会・監査役会事務局、ガバナンス強化、社則等の制定、稟議決裁管理等） ・M&A・投資・提携（デューデリジェンス対応、契約書作成、実行後のフォローアップ・検証） ・敵対的買収防衛策検討 ・資金調達等（各種契約書作成） ・知的財産権の管理 ・知的財産トラブル・クレーム対応、訴訟提起 ・内部統制システム実行 ・情報セキュリティ・営業秘密管理 ・コンプライアンス（行動憲章・ホットライン等の運用、社内研修・啓蒙活動） ・広報・開示のリーガルチェック ・反社会的勢力対応（取引事前調査、契約書改定等） ・労働問題対応（労働協約・労使協定改廃等、ハラスメント防止、未払い残業・長時間労働等の防止等） ・インサイダー取引規制対応	戦略法務に含まれる場合もある。
戦略法務	・M&A・投資・提携（スキーム検討、関連法規調査、税務戦略検討、TOB検討等） ・資金調達等（スキーム検討） ・株式公開（スキーム検討） ・知的財産権等権利の有効活用・提訴 ・臨床法務・予防法務から出てきた法務問題に関しての効果的な方法による新たな企業価値の創造	
それぞれに関連する法務	・社内文書業務（社印・代表印管理など） ・社外法律専門家の活用・調整 ・法律文献調査、法律解釈判断と法の適用 ・法務セクションの組織編成・管理・能力向上	

Ⅱ　なぜリーダーが法務セクションをパートナーとして捉えることが必要なのか

　ビジネスリーダーにとって法務セクションは、敷居が高い、相談をしにくいと思っていないだろうか。

　たとえば、取引の相手方から、当社の提示した取引契約書ひな形に対して、多くの点で当社に不利となる変更を回答してきた。この場合、「当社の取引先管理上、他の企業も一律に当社の取引契約書ひな形で締結してもらっており、再交渉をお願いします」などの意見を述べるだけでは、求められる企業法務担当者ではない。

　良い法務セクションでは、このような場合、相談をしてきた部門の考え方や取引の必要性を十分に斟酌して、再交渉の中で死守すべき条項と相手方の変更を認める条項、これらの事項の当社の対案としての変更条項や代替条項、およびこれらの法的根拠と交渉方法、保険の付保、または直接取引をしないで商社経由など間接取引などの代替案など、可能な限り総合的に検討してくれるはずである。

　また、ビジネスリーダーとしても、このような総合的な検討が可能なような対応が必要となる。

　ビジネスリーダーは、常に法務セクションと良好なコミュニケーションをとり、自己の管轄部門の業務を推進するうえで、疑問がわいたり、問題が発生したら速やかに相談できる体制（自己だけではなく部下も含めて）を構築しておくことが重要である。早い段階で法的対応ができれば、自社の損失もゼロか小さくてすむ。

　ビジネスリーダーは、常に利益を上げることが会社のためになるのではない。その業務執行をすることが法的や倫理上に問題ないのか、立ち止まって考えて欲しい。このとき法務セクションとコミュニケーションがとれていれば、相談がしやすい。

　会社のためとして他の企業と価格カルテルを企画しているような場合、そのリーダーは高価格で販売できるので会社のためと思っているかもしれない

が、会社のためにも、自分自身のためにもならない。法務セクションに相談すれば、全員が絶対してはいけないということは自明である。価格カルテルは、どんなに周到にしようとも、他の企業から公取委へカルテルが行われている旨が報告されることは必至であり、この場合、会社はもちろん、ビジネスリーダー自身にも大きな損失をもたらす。法務セクションとコミュニケーションがとれていれば、会社にとっても、本人にとってもよい結果となる。

　ビジネスリーダーが、企業法務とはどのような業務を行っているのか、知っていれば相談もしやすい。

　その点で、法務セクションが、重要な社内イベントでの発言（セクションの長だけでなくトップに依頼して行うことが肝要）、社内の研修や啓蒙活動、新聞に出た他社のトラブル事案を法的に速やかに解説したメールなどの送付を行うことは、そのこと自体重要であるが、法務セクションの具体的な業務の内容を知ってもらうことからも重要である。著者の実体験であるが、企業トップが、経営判断に疑問を持ったときに意見を求めたり、取締役会で法務に関連するテーマが取り上げられるときには必ずオブザーバーとして法務セクション長を出席させていると、他のビジネスリーダーからも法的な疑問がある場合や重要な業務の意思決定をする前などに、法務セクションに意見を求めてくる場面が多かった。

　法務セクションからも、ビジネスリーダーに対し、自分の業務のパートナーとして位置づけられるような、日常的な取組みが必要である。

III　企業トップにおける法律知識の重要性
　　　——事例からみたトップに必要な法律知識

　以下の事例1から事例5は、トップや役員が法律等を知らなかったことが、原因の1つとなって発生した事件である。事例6は、PB商品を展開する大企業においては、担当者だけでなく役員も当然に関連する法律（下請法）を知らなければならないことを示している。

Ⅲ 企業トップにおける法律知識の重要性——事例からみたトップに必要な法律知識

| 事例1 | 2016年電通女性社員過労死事件
〔必要な法律知識〕過去の最高裁判決、労働基準法 |

　企業のトップとしては、事業運営の重要課題において法律・判例知識をもっているのは当然であり、それが問題になった場合、会社としておざなりの対応しか行っていなかったなら、自身の地位から退かなければならないことを認識しなければならない。

　そのような問題が、社長の辞任にまで至ったのが、2016年に起きた電通社員過労死事件（第2事件）である。

　この場合、一般的に企業のトップは、法律・判例等から、〔社員の長時間労働→過労死〕を惹起しないことが自社の重要問題であることを認識し、同様の事件が発生しないよう機会あるごとにその対応を社員に対して発していなければならない。

　しかし、電通では、2000年の社員過労死事件（第1事件）後も、社長は、社員の長時間労働に関して、会社の重要課題として、自身が直接対応すべき問題と思っておらず、長年にわたって長時間労働が行われてきたので意にも介さなかったのではないのか。

　2016年10月の厚労省の「過労死等防止対策白書」に関して、武蔵野大学の長谷川秀夫教授（東芝出身）の「月当たり残業時間が100時間を超えたくらいで過労死するのは情けない。会社の業務をこなすというより、自分が請け負った仕事をプロとして完遂するという強い意識があれば、残業時間など関係ない」などの投稿がなされ、批判を浴びた。企業のトップには、このような考え方をもっている者が少なからずいることは否定できない。

　しかし、第1事件を経験した同社にとっては、もはや法令違反により従業員が死亡する事件はあってはならず、2度目は何としても起こさないという社長としての覚悟が問われていたことになる。

　第1事件は、1991年に入社2年目の男性社員が長時間労働のうえ自殺し、遺族が起こした裁判で最高裁は会社側の責任を認めている。第2事件は、女性新入社員の長時間労働による自殺について労働基準監督署が

労災認定をしている。

　以上から、同社の社長は、長時間労働対策に関しては、最もセンシティブで最も重要な経営課題であるべきはずであった。第1事件当時、営業局長であった社長（以前の社長も含めて）は、この事件を当然熟知しているはずであり、対策を進めていかなければならなかった。

　他の企業のトップにとっても、第1事件の概要や判決の要旨（下記）を知って、社内の長時間労働対策をとっていかなければならない。

〈第1事件：2000年電通社員過労死事件〉　最高裁は、遺族が、A（電通社員）が入社後1年5か月後に自殺したのは、長時間労働を強いられたためうつ病に陥り、その結果自殺に追い込まれたとして、損害賠償を求めた事案で、Aは、業務を所定の期限までに完了させるべきものとする一般的、包括的な指揮または命令の下にその遂行にあたっていたため、継続的に長時間にわたる残業を行わざるを得ない状態になっていたものであって、Aの上司は、Aが業務執行のために徹夜までする状態にあることを認識し、その健康状態が悪化していることに気付いていながら、Aに対して業務を所定の期限内に遂行すべきことを前提に時間の配分につき指導を行ったのみで、その業務の量等を適切に調整するための措置を採らず、その結果、Aは、心身ともに疲労困ぱいした状態となり、それが誘因となってうつ病にり患し、うつ状態が深まって衝動的、突発的に自殺するに至ったなどの判示の状況下においては、使用者は、民法715条に基づき、Aの死亡による損害を賠償する責任を負うとした（最判平12・3・24民集54巻3号1155頁）。最終的には和解で、電通は損害賠償金を支払った。

事例2　HOYA自己株式取得事件
〔必要な法律知識〕会社法

　HOYAは、2016年2月の取締役会で、市場取引による自己株式取得において分配可能額を超過していたにもかかわらず、だれも異議を挟まず決議された事案である。

　自己株式の取得は、分配可能額の範囲に収まっていれば、株主総会決議、または定款で取締役会決議により定める旨の定めがあれば取締役会

決議で可能である。取締役会設置会社では、通常は市場取引による機動的な取得の必要性から定款で定めておく。そうすると、取締役会が唯一の決議機関であり、取締役のチェックが重要となるが、分配可能額の記載がないのに、取締役の誰一人として異議を唱えなかった。同社は指名委員会等設置会社であったので、監査役はおらず、事案をチェックすべき社外取締役（監査委員会委員長も含まれる）の全員が他の上場会社の代表取締役であり、経営問題（法律知識を要しないもの）を審議するには向いているかも知れないが、法律問題に関してはまったく無力であった。

会社運営や取締役における基本法は会社法であって、その会社法の基礎的事項を知らないということでは済まされない。

| 事例3 | 日本交通技術取締役による外国公務員への贈賄事件
〔必要な法律知識〕不正競争防止法（外国公務員贈賄罪）、外国公務員贈賄禁止指針（経済産業省）、米国FCPA法 |

日本交通技術は、JR東日本およびJR東海のグループ会社を株主とする非公開会社である。同社には、「海外案件の受注拡大」が経営方針であり、これを実現するためには賄賂の提供は是認されるという発想であり、同社は、相手国の政府関係者から金銭を巻き上げられる被害者であるという意識であった。リスク管理も不在であり、日本政府とJICAが提供する腐敗防止制度を利用せず、そもそもリベートを断るという選択肢はなく、海外贈収賄防止プログラムも一切存在しなかった。

さらに経営トップの姿勢は、2013年に、賄賂に関し国税の税務調査で40％の追加課税がなされる「使途秘匿金」と認定された後も取締役会において賄賂をやめることについてうやむやのまま、その後の案件受注にリベートの提供を続けていた。

そして、2014年3月になり読売新聞によりリベートの取材を受けた後の取締役会で、ようやく賄賂をやめるという意思表示がなされた。同年7月以降、同社および関係役員が提訴され、同社に対する罰金9,000万円、代表取締役、常務取締役海外本部長、経理担当取締役にそれぞれ懲

役刑（執行猶予付き）が言い渡された（東京地判平27・2・4 TKC/DB25505904）。

　海外事業を行う会社のトップは、経済産業省が提示している「外国公務員贈賄防止指針」に対応した社内態勢の構築が必要となる。

　また、不正競争防止法18条だけでなく米国での上場会社・米国子会社の従業員等による贈賄、米国銀行経由で賄賂を送金した場合などは米国の「連邦海外腐敗行為防止法（FCPA法）」により、わが国の不正競争防止法とは比べものにはならない重い制裁が科される。

　会社のトップが、外国公務員に対する賄賂について知識を有していたら、会社ぐるみで行われることはなかった。

事例4	SMBC日興証券執行役員による知人へのインサイダー情報の漏えい事件 〔必要な法律知識〕金融商品取引法

　2009年10月に発覚した事件である。SMBC日興証券のM&A案件の取りまとめ部署の執行役員（三井住友銀行から出向）が、業務上知った公開買付けの未公開情報を知人である会社役員へ漏えいし、その者がインサイダー取引を行ったものである。

　本件は、当時、インサイダー取引を外部に漏らす行為は金融商品取引法の規制の対象とはなっていないが、東京高裁は、金融商品取引法のインサイダー取引の規制にあり方に照らせば、この教唆行為に対して刑法総則の教唆犯の規定（刑61条）を適用することは、金融商品取引法167条の立法趣旨に反しないとした（東京高判平27・9・25判時2319号123頁）。

　証券会社の執行役員であるにもかかわらず、当人自身の立場について自覚が足りなかったものであり、金融商品取引法の規定に、当時、推奨者に関する規定がなくても、紹介を受けた者が当該株式を売買すれば知人がインサイダー取引規制違反に問われることは自明の理である。

　証券会社の役員が、インサイダー取引について推奨することは、インサイダー取引に関する知識が足りなかったといわざるを得ない。

出向して日が浅いとはいえ、証券会社の執行役員としては、インサイダー取引に関する知識は、最重要事項である。

なお、2013年の金融商品取引法の改正により、重要事実を知っている会社関係者は、公表前に上場会社の株券等の取引をさせることにより他人に利益を得させる目的をもって、当該事実を伝達し、取引を推奨することが禁止された（金商167条の２）。加えて、伝達・推奨を受けた者が、現実に、公表前に取引を行った場合には、会社関係者に対して刑事罰が科されたり課徴金納付が命じられ、さらに会社自体も罰金刑が科されることがある。

事例5　東証１部上場会社代表取締役社長によるインサイダー取引事件
〔必要な法律知識〕金融商品取引法

㈱デジタルと取引基本契約を締結している因幡電機産業（東証１部上場）の代表取締役Ａが、デジタルの役員から同社がフランスのシュネデール・エレクトリック社と資本業務提携を行うことについて決定した事実の伝達を受け、さらにデジタルとの取引基本契約の履行に関し、上記の決定事項を知ったため、Ａは、個人で公表前にデジタル株式2500株を買い付けた。Ａは、2004年５月31日、証券取引等監視委員会から告発され、大阪地裁はＡに懲役１年６月、執行猶予３年、罰金100万円、追徴金945万円を言い渡した。

インサイダー取引規制の対象となる者として、会社関係者等からその職務に関して知った重要事実の伝達を受け株式の売買を行った者（情報受領者）があげられている（金商166条３項）。Ａは、情報受領者に該当する。また、Ａは、デジタルとの契約締結者でありその履行に関し知った者であり、Ａは会社関係者として対象となる（同法166条１項４号）。

また、もしＡから、この重要事実の伝達を受けた者がいた場合に、この者も情報受領者として規制の対象となる。

第1章　リーガルセンスを磨くための基礎知識

> **事例6**　ファミリーマートによる下請代金の不当減額事件
> 〔必要な法律知識〕下請法
>
> 　ファミリーマートは、消費者に販売する食料品の製造を資本金3億円以下の下請事業者に委託している。同社は、下請事業者の責めに帰すべき理由がないのに、下請事業者20社に対し、「開店時販促費」「カラー写真台帳制作費」「売価引き」を同社の銀行口座に振り込ませるとともに振込手数料も負担させていた（減額した総額は6億5,000万円）として公正取引委員会（以下、「公取委」という）は、同社に対し勧告を行った（2016年8月25日）。重要なのは、勧告を受けると社名が公表されてしまうだけでなく、①取締役会で違反の確認および今後は下請法違反をしないことを決議しなければならないこと、②自社の下請法研修などの社内体制の整備のための措置を講じたこと、および、③これらについて自社の役員・従業員に周知徹底をしたこと、④下請事業者に減額した金額を支払ったことおよび①〜③の措置を通知したこと、を公取委に報告しなければならないことである。
> 　PB（プライベートブランド）商品を取り扱うとしたら、PB商品に関連する役員、部長は、下請法について、当然に知っていなければならない。

　以上みてきたように、経営者や会社役員・幹部にとって基本的な法律知識は、極めて重要な素養であることがわかる。

Ⅳ　基礎的な法律知識

1　一般法と特別法

　六法全書を手にしてみてほしい。数十、厚いものでは数百という法律が並んでいる。これらの法律は、すべて同等に適用されるのではなく、適用の順序がある。

たとえば、売主が品質に関して契約内容に適合しない商品を引き渡した後、買主がその不適合を知った場合には、民法により買主は、履行の追完の請求、代金の減額請求、損害賠償の請求および契約の解除をすることができ、これらの権利は、買主がその不適合を知った時から1年以内にその旨を売主に通知すれば行使できる（改正民566条）。

しかし、これでは、買主が不適合を発見しない限り、これらの権利が存続することになり、買主が不適合を知ってもなお1年間はこれらの権利を行使できるので、売主は長期間にわたって不安定な立場におかれることになる。

> **民法の規定例**
>
> **（目的物の種類又は品質に関する担保責任の期間の制限）　改正民法566条本文**
>
> 　売主が、種類又は品質に関して契約の内容に適合しない目的物を買主に引き渡した場合において、買主がその不適合を知った時から1年以内にその旨を売主に通知しないときは、買主は、その不適合を理由として、履行の追完の請求、代金の減額の請求、損害賠償の請求及び契約の解除をすることができない。

そこで、商人間の売買取引においては、法律関係の迅速な確定を図るため、商法は、購入業者に商品の受領時に検査・通知義務を課し、販売業者の利益を保護している。これは、商品の引渡し後長期間経過してから不適合を追及されると、販売業者の調査が困難になるだけでなく、販売業者の仕入先との交渉や転売も困難になるからである。

そのため商法は、購入業者が商品売買の専門家であることを考慮して、商品の検査・通知義務を定め、買主が6か月以内に発見した不適合についても直ちに通知をしなければならないとする（改正商526条）。

このように商人（会社法上の会社も商人。会社5条、商4条1項）の売買の場合には、民法の定め（改正民566条）ではなく商法の定め（改正商526条）が適用される。もし、商法に載っていなかったら、その場合は、商慣習法に従うこととされ、商慣習法もない場合は民法の定めによることとなる（商1条2項）。

> **商法の規定例**
>
> **（買主による目的物の検査および通知）　改正商法526条1項・2項**（3項は省略）

> 　商人間の売買において、買主は、その売買の目的物を受領したときは、遅滞なく、その物を検査しなければならない。
> 2　前項に規定する場合において、買主は、同項の規定による検査により売買の目的物が種類、品質又数量に関して契約の内容に適合しないことを発見したときは、直ちに売主に対してその旨の通知を発しなければ、その不適合を理由とする履行の追完の請求、代金の減額の請求、損害賠償の請求及び契約の解除をすることができない。売買の目的物が種類又は品質に関して契約の内容に適合しないことを直ちに発見することができない場合において、買主が6箇月以内にその不適合を発見したときも、同様とする。

　この商法と民法の関係を「特別法と一般法」という。商法は民法の特別法であり、一般に商取引すなわち主に商人に適用され、民法は日常生活すなわち国民全員に適用される。そして、特別法は一般法に先んじて適用され、特別法の規定のない場合に一般法が補充的に適用される。

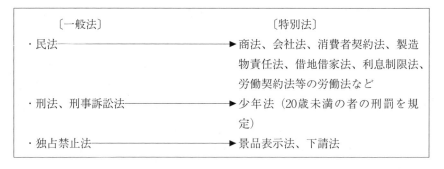

2　条文の読み方

　条文でよく使われる用語の中には、私たちが日常で使う用語とは意味が異なったり、あるいは日常では同じような意味のものについて範囲を明確に区分したりしているものがある。

(1)　「善意」と「悪意」

　広辞苑を開いてみると、「『善意』は一般的には、①善良な心、②他人のためを思う心」、「『悪意』は一般的には、①他人に害を与えようとする心、②わざと悪く取った意味」となっている。

しかし、法律でいう「『善意』とは、ある事情を知らないということ」、また「『悪意』とは、事情を知っているということ」であり、一般的に使われるような道徳的意味をもっていない。

> **条文例**
>
> **(虚偽表示) 民法94条**
> 　相手方と通じてした虚偽の意思表示は、無効とする。
> ②　前項の規定による意思表示の無効は、**善意**の第三者に対抗することができない。

〔事例と解説〕　虚偽の表示が「善意の第三者」に対して主張できない例

```
債権者A（ex.代金を受け取る権利のある人）
　↓
債務者B（ex.代金を支払う義務のある人）──▶債務者Bの友人C
　　　　　第三者D ◀────────────────────────
```

　債権者Aからの執行（取立て）を免れるため、債務者Bがその友人Cと結託してBの唯一の財産である不動産をCに売る契約をしたことにして財産を隠す行為は、民法94条1項により無効であり、この契約は初めから生じないことになる。

　しかし、もし第三者のDさんが、この仮想行為を真実の行為と誤認し、Cから不動産を買い受けたとすればDの立場を保護しなければならないことになる。

　そこで民法は、虚偽の表示が当事者間で無効だという効果は、当該行為が虚偽表示であることを知らない第三者、すなわち「善意の第三者」に対しては主張できないものとした。

　このように、事情を知らない取引の相手方や第三者を保護しようとする場合に、「善意」という言葉はよく用いられる。

　(2)　「適用」と「準用」

　「適用」が特定の規定をそのまま当てはめることを意味するのに対し、「準

用」は特定の規定をこれと本質的に異なる他の事項に必要あれば修正を加えたうえで当てはめることを意味する。

> 条文例
>
> **（一方的商行為）　商法 3 条 1 項**
> 　当事者の一方のために商行為となる行為については、この法律をその双方に**適用**する。

　当事者の一方のみにとって商行為である場合を一方的商行為という。たとえば八百屋から消費者が野菜を購入した場合、八百屋については商行為となり、消費者については商行為とはならない。そこで、当事者双方に商法を適用させることにより両者の不統一を避けようとしたのが本条である。

> 条文例
>
> **（執行役の監査委員に対する報告義務等）　会社法419条 2 項前段**
> 　第355条、第356条及び第365条第 2 項の規定は、執行役について**準用**する。
> **（忠実義務）　会社法355条**
> 　取締役は、法令及び定款並びに株主総会の決議を遵守し、株式会社のため忠実にその職務を行わなければならない。

　会社法355条に規定する義務を忠実義務といい、取締役はこれを負っている以上、個人的利益のために会社の利益を犠牲にすることは許されない。執行役は、指名委員会等設置会社において職務を執行するが、取締役ではないため準用規定を置き、取締役と同様に忠実義務を負うものとしている。

　なお、執行役は、会社法356条および365条 2 項の競業および利益相反取引に関しても、取締役と同様の義務を負担する。

(3)　「直ちに」と「速やかに」と「遅滞なく」

　「直ちに」が即時性をもつ、すなわち「すぐ実行しなさい」というのに対し、「遅滞なく」は正当または合理的理由による遅延が多少許される場合、すなわち「事情の許す限り速やかに実行しなさい」ということを意味する。

　また、これらの中間的なものとして「速やかに」があり、できるだけ早くという意味を表すが、「直ちに」や「遅滞なく」が、違反した場合に違法・不当の問題を生じるのに対して、この「速やかに」は訓示的な意味で使われ

ることが多い。

> **条文例**
>
> **(交通事故の場合の措置)　道路交通法72条1項前段**
>   交通事故があったときは、当該交通事故に係る車両等の運転者その他の乗務員……は、**直ちに**車両等の運転を停止して、負傷者を救護し、道路における危険を防止する等必要な措置を講じなければならない。

交通事故の負傷者の救護については、「すぐにやれ」ということになるのは当然である。

(4)　「みなす」と「推定する」

この2つの用語は、断定的であるかどうかに違いがある。このうち「みなす」は断定的・絶対的な言い方で、両者が同一でないという反証は許されず両者を絶対的に同一視する。

> **条文例**
>
> **(婚姻による成年擬制)　民法753条**
>   未成年者が婚姻をしたときは、これによって成年に達したものと**みなす**。

したがって、未成年者は婚姻により成年者と全く同一視されるわけであり、契約などの法律行為の同意を法定代理人（親権者や後見人）から得る必要がなくなる。

ただし、公の秩序を乱す行為は、婚姻したとしても成年とはみなされないので、未成年者の喫煙や飲酒は許されない。

> **条文例**
>
> **(取締役会の決議)　会社法369条5項**
>   取締役会の決議に参加した取締役であって第3項の議事録に異議をとどめないものは、その決議に賛成したものと**推定する**。

第3項の議事録とはいわゆる取締役会議事録のことである。この場合は、「推定する」であるから、たとえ議事録には記載がなくとも、反対していたなら、反証によってくつがえすことができる。

3　成文法と判例法

「成文法」というのは、文字で書き表され文書の形式を備え一定の手続に従って制定された法をいい、わが国の法律のほとんどはこの成文法である。

これに対するものが、「慣習法」とか「判例法」とかいわれるもので、米国や英国の法律の中心は判例法であるといわれている。

成文法と判例法の違いを次の事例でみてみよう。

〔事例と解説〕　Aさんの飼い犬が通行人に噛みついてケガをさせた例

(1)　成文法の場合

日本の場合は、民法に次のような条文がある。

> **（動物の占有者等の責任）　民法718条1項**
> 　動物の占有者は、その動物が他人に加えた損害を賠償する責任を負う。ただし、動物の種類及び性質に従い相当の注意をもってその管理をしたときは、この限りでない。

裁判所は、この法律に基づいてAさんがその犬を占有・保管していたのか、通常払うべき注意義務を尽くしていたのか、また通行人が犬をけしかけていなかったか、などにより飼い主の責任を判断することになる。

この場合、法律に記載のない細かい判断などについては、実際上は、判例（特に最高裁の判例や高裁、地裁でも東京地裁の裁判例）が尊重され法律を補充するものとして使われている。

このように、成文法に規定がなかったり、明確性を欠いていたりする場合や、成文法成立から長期間経ち社会情勢が変わってしまっている場合などにおいて、判例の果たす役割は大きいといえる。

(2)　判例法の場合

判例法主義とは、判例を原則的な法源として認める法体系である。たとえば米国の場合、日本とは異なり「動物占有者の責任」に関する法律を探しても見当たらない。したがって裁判所は、「飼い犬が人を噛んだときの飼い主の責任」に関するたくさんの判例の中から今回の事件と同じようなものを見つけて、それらに基づいて飼い主の責任を判断することになる。

> また米国で成文法がある場合には、成文法は常に判例法に優先するが、成文法は判例法の一部を補充・変更したり、判例法を成文化するために制定される場合がほとんどである。

4 強行法規と任意法規

(1) 相違点

当事者の意思によって法律の条文とは異なる効果を生じさせることができるかどうかによって、「任意法規」と「強行法規」に分けることができる。

「強行法規(「強行規定」ともいう)」は、当事者の意思がどうであっても、それにかかわらず適用されるものをいい、「任意法規(「任意規定」ともいう)」は、当事者の意思表示を優先し、その規定と異なる意思表示をしない場合にはじめて適用されるものをいう。私人間、私企業間の規定は、契約自由の原則から任意法規であることを原則としている。

これに対し、社会経済の基本・社会政策・身分上または財産上の秩序に関するものは強行法規である。強行法規にあたる場合、当事者間でその規定に反する取決めをしても無効となるので注意が必要である。

(2) 強行法規の条文例

民法と会社法の領域でみた場合の強行法規の考え方と例をあげてみる。

(イ) 物権の種類・内容に関する規定や法人や会社の組織に関する規定

これらは、直接に第三者の利害に関係するので強行法規である。

条文例

(物権の創設) 民法175条
物権は、この法律その他の法律に定めるもののほか、創設することができない。

所有権、地上権、地役権等の用益物権、質権・抵当権・留置権・先取特権等の担保物権、占有権を総称して物権という。物権は直接、物を支配する強い権利のため、法で定めた種類以外はつくることができない。

条文例

(定款の作成) 会社法26条1項
株式会社を設立するには、発起人が定款を作成し、その全員がこれに署名し、

又は記名押印しなければならない。

発起人が定款をつくらなければならない、つまり発起人が必ず署名や記名押印をしなければならないといっている。

(ロ) 親権、夫婦、相続財産のように身分関係に関する規定

これらは、社会の秩序を乱すおそれがあるため一般に強行法規である。

> 条文例
>
> **（重婚の禁止）　民法732条**
> 　配偶者のある者は、重ねて婚姻をすることができない。

重婚しようとする契約は無効となる。刑法にも同様の条文があり、重婚をしたときは刑事罰の適用を受けることになる。

> 条文例
>
> **（重婚）　刑法184条前段**
> 　配偶者のある者が重ねて婚姻をしたときは、２年以下の懲役に処する。

(ハ) 利息制限法、借地借家法など

これらは、法律が経済的弱者を保護する目的のものであるため強行法規である。

> 条文例
>
> **（利息の制限）　利息制限法１条**
> 　金銭を目的とする消費貸借における利息の契約は、その利息が次の各号に掲げる場合に応じ当該各号に定める利率により計算した金額を超えるときは、その超過部分について、無効とする。
> 　　一　元本の額が10万円未満の場合　　　　　　　年２割
> 　　二　元本の額が10万円以上100万円未満の場合　年１割８分
> 　　三　元本の額が100万円以上の場合　　　　　　年１割５分
>
> **（強行規定）　借地借家法９条**
> 　この節の規定に反する特約で借地権者に不利なものは、無効とする。（同趣旨：借地借家法30条）

第2章
株式会社のしくみと
コーポレート・ガバナンスの
重要性を学ぶ

第2章　株式会社のしくみとコーポレート・ガバナンスの重要性を学ぶ

> 第2章においては、Ｘ株式会社（またはＸ社）を例にあげて解説する。

Ｉ　株式会社の機関

1　概　説

〔事例と解説〕　Ｘ株式会社の組織の構成

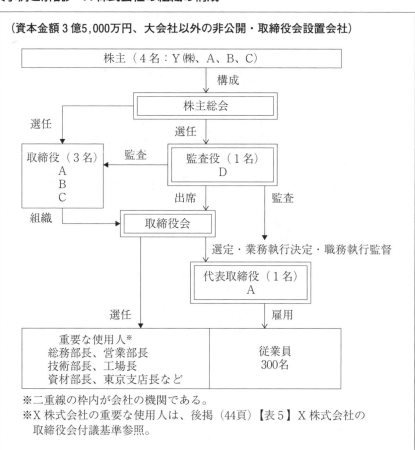

※二重線の枠内が会社の機関である。
※Ｘ株式会社の重要な使用人は、後掲（44頁）【表5】Ｘ株式会社の取締役会付議基準参照。

X株式会社の機関設計は、以上のように「取締役会＋監査役型」の株式会社である。その他、同社のような大会社以外の非公開会社には【表2】の「大会社以外の株式会社の非公開会社」の欄に該当する機関設計が可能となる。

【表2】　機関設計の選択肢

規模	公開・非公開の別[※2]	機関設計			会計監査人の要否
大会社[※1]	公開会社	取締役会＋監査役会＋会計監査人			会計監査人の設置が強制
		取締役会＋監査等委員会＋会計監査人			
		取締役会＋指名委員会等＋執行役＋会計監査人			
	非公開会社	取締役＋監査役＋会計監査人			
		取締役会＋監査役＋会計監査人			
		取締役会＋監査役会＋会計監査人			
		取締役会＋監査等委員会＋会計監査人			
		取締役会＋指名委員会等＋執行役＋会計監査人			
大会社以外の株式会社	公開会社	取締役会＋監査役			ⓐただし監査等委員会設置会社、指名委員会等設置会社を選択した場合、会計監査人の設置が強制
		取締役会＋監査役＋会計監査人			
		取締役会＋監査役会			
		取締役会＋監査役会＋会計監査人			
		取締役会＋監査等委員会＋会計監査人（右欄ⓐ）			
		取締役会＋委員会＋執行役＋会計監査人（右欄ⓐ）			
	非公開会社	会計監査人を設置する場合	取締役＋監査役＋会計監査人		
			取締役会＋監査役＋会計監査人		
			取締役会＋監査役会＋会計監査人		
			取締役会＋監査等委員会＋会計監査人（右欄ⓐ）		
			取締役会等＋指名委員会等＋執行役＋会計監査人（右欄ⓐ）		
		会計監査人を設置しない場合	取締役		
			取締役＋監査役[※3]		
			取締役会＋監査役[※3]		
			取締役会＋監査役会		
			取締役会＋会計参与　❖		

※1　会社法上の大会社とは、最終事業年度にかかる貸借対照表の資本金として

計上した額が5億円以上または貸借対照表の負債の部に計上した額の合計額が200億円以上の株式会社のことをいう。
※2　非公開会社（公開会社でない会社）とは、定款によりすべての株式の譲渡が制限されている会社である。公開会社とは、すべての株式の譲渡が制限されている会社以外（一部の種類株式に譲渡制限がある場合も含む）の会社である。
※3　非公開会社（監査役会設置会社および会計監査人設置会社を除く）では監査役の権限を、定款の定めにより会計監査権限に限定すること可能である。
※4　すべての株式会社において、定款の定めにより会計参与を別途設置することも可能である。
（ただし、❖の場合は、監査役をおかなくてもよいが会計参与は設置しなければならない。）

(1) 株主総会

会社の最高の意思決定機関として会社の基本的事項を決議する（会社295条2項）。もっとも、取締役会を設置しない会社にあっては会社の一切の事項について決議することができる（同条1項）。

〔事　例〕
X株式会社の株主総会は、Y株式会社、A、B、Cの4株主で構成される。

(2) 取締役会

株主総会で選任された取締役で構成される会議体であり、会社の業務執行を決定し、取締役の職務執行を監督するとともに代表取締役の選定を行う（会社362条）。

〔事　例〕
X株式会社の取締役会は、A代表取締役、B取締役、C取締役の3名で構成されるが、監査役の監査権限を定款により会計監査に限定していないためD監査役も出席する義務がある。

※指名委員会等設置会社では、業務執行の決定（ただし執行役への委任も認められる）と執行役等の職務執行の監督をするとともに代表執行役の選定を行う（会社416条、420条）。

(3) **代表取締役**

取締役会で選定され、会社を代表して業務執行を担当する（会社362条1・2項）。

会社業務に関する一切の行為をする権限を有する（会社349条4項）。

　　※指名委員会等設置会社では、代表執行役が一切の行為権限を有する（会社420条3項）。

(4) **監査役**

取締役の職務執行を監査する（業務および会計の監査を行う、会社381条）。

　　※非公開会社では、監査の範囲を「会計監査」に限定することができる（会社389条1項。50頁参照）。

(5) **監査役会**

3人以上の監査役かつそのうち半数以上は社外監査役で組織される会議体であり、監査の方針や監査役の職務執行に関する事項を決定し、個々の監査役の監査結果を受け監査報告書を作成するとともに常勤監査役を選定する（会社335条3項、390条1項～3項）。

〔事　例〕

監査役1人のX株式会社は、監査役会を設置できない（会社335条3項）。

　　※監査等委員会設置会社では監査等委員会、指名委員会等設置会社では監査委員会が取締役等の職務執行を監査し、監査報告を作成するが、詳細は、53頁、55頁に記述する。

(6) **会計参与**

取締役と共同して計算書類等を作成する者（会社374条1項）で、資格は公認会計士・監査法人または税理士・税理士法人に制限される（同法333条1項）。

(7) **会計監査人**

計算書類・附属明細書・臨時計算書類および連結計算書類の監査を行い、会計監査報告を作成する者（会社396条1項）で、資格は公認会計士・監査法人に制限される（同法337条1項）。

2　株主総会

　昭和25年までの株式会社の多くは、株主が実質的な会社の所有者でかつ会社経営者であるという「経営と所有の未分離」の原始的な株式会社であったため、株主総会は最高・万能の意思決定機関として位置づけられ、取締役・監査役の選任、解任、決算の承認、利益配当の決定はいうにおよばず、法律・定款に定めのないあらゆる事項についても決定できた。

　昭和25年の商法改正では、米国会社法の考え方を取り入れ、株主総会の権限が「商法または定款に定める事項に限り」（旧商法230条ノ10）と限定され、会社の基本的事項のみを決定することとされたため、最高の位置は残ったが、総会の万能性についてはなくなった。

　しかし、平成17年制定の会社法は、従来の有限会社法の考え方も取り入れ、取締役会を設置しない株式会社にあっては株主総会を「会社法に規定する事項および会社に関する一切の事項」について決議ができる最高・万能の意思決定機関として復活させたが、取締役会設置会社にあっては「会社法に規定する事項および定款で定めた事項に限り」決議できるものとし、依然として最高の位置のみとしている（会社295条１項・２項）。

(1)　株主とは

　株主とは、会社の構成メンバーである。つまり、株式会社は、一定の資金を集めて形成されるが、この資金を出すこと（＝「出資の履行」という）によって、株式会社の構成メンバーとなるのが株主である。したがって、株主は会社の持主であるといえる。

　株主の要件、責任、取扱いの考え方について以下に述べる。

① **自然人・法人**　　株主は、自然人であると法人であるとを問わない。したがって、Ｙ株式会社も株主になれるわけである。日本人であると外国人であるとを問わない。

② **株主有限責任の原則**　　株主は、その持っている株式の引受価額以上の責任は負わない（会社104条）。したがって、もしＸ株式会社が５億円の負債を残して倒産したとしても、株主であるＡ社長は出資した500万円（発行価額×株式数）、Ｂ取締役は500万円（同左）、Ｃ取締役は250万円

(同左）だけ責任を負えばよいことになる。

　しかし、このような場合、中小の会社経営者は債権者から「個人としての連帯保証」や「個人財産への抵当権」などを設定されることも多く、株式の引受価額の責任のみということにはならない場合が多い。

③　**株主平等の原則**　各株主は、その有する株式の内容および数に応じて平等的取扱いを受ける（会社109条）。株主が平等に扱われるというのは、各株主がすべて平等なのではなく、株主がそれぞれ所有する同じ種類の株式数に比例して平等に取り扱われることになるので、「株式平等の原則」と呼ぶ方が相応しいといえる。

(2)　株主の権利

　株主の権利には、会社から直接的に経済的利益を受ける自益権と、会社の運営・管理に参加する権利である共益権がある。

　しかし、一般的に、投資を目的としている株主の多くは「会社の所有と経営の分離」を是認し、自益権とりわけ剰余金の配当請求権に関心を持ち、共益権には関心が薄いといわれている。この「会社の所有と経営の分離」とは、広く出資を募り大規模な企業経営を行う必要から、専門の経営者を雇い「実際に経営する人」と「会社の所有者」が分かれる現象をいい、資金があるが経営手腕のない人にとっても、逆に資金はないが経営手腕のある人にとっても共にメリットのある考え方である（会社331条2項本文参照）。X株式会社の場合でも、会社の実質的な所有者（Y株式会社）と経営者（A社長、B取締役、C取締役）の関係は、その例といえる。

　単独株主権（【表3】参照）は、株式の数に関係なく各株主が単独でなしうる権利である。また、少数株主権は、濫用を防止するために単独ではなく、一定数以上の議決権を有する株主に認められる権利であり、1人でなくても数人が集まってこの保有要件を満たせば行使できる。

【表3】　主な自益権と共益権
①　自益権（会社から直接的に経済的利益を受ける権利）

主な自益権	単独株主権
剰余金の配当請求権（会社105条1項1号、454条4項）	◎
残余財産分配請求権（会社105条1項2号、504条3項）	◎

第2章　株式会社のしくみとコーポレート・ガバナンスの重要性を学ぶ

株式買取請求権（会社116条、469条、785条、797条、806条）	◎
株式の名義書換請求権（会社133条）	◎
株券発行会社の株券発行請求権（会社215条1項1号・4号）	◎

② 共益権（会社の運営・管理に参加し、不当な経営に対し防止、救済、是正を求める権利）

主　な　共　益　権	単独株主権	少数株主権		6か月継続保有
		1/100	3/100	
議決権（会社308条1項）	◎			
計算書類等閲覧・謄写 （会社31条2項、125条2項、442条3項等）	◎			
議事録閲覧謄写（会社318条4項、371条2項、 　394条2項、413条3項）※	◎			
会社の組織に関する訴権（会社828条2項）	◎			
募集株式等差止請求権（会社210条、247条）	◎			
代表訴訟提起権（会社847条）	◎			●
取締役等の違法行為差止請求権 （会社360条、422条）	◎			●

※総会議事録を除き業務監査役設置会社、監査等委員会設置会社、指名委員会
　等設置会社では裁判所の許可要
●非公開会社は6か月要件なし、公開会社でも定款で短縮可

主　な　共　益　権	少数株主権		6か月継続保有
	1/100	3/100	
株主総会議題・議案提案権（会社303条、304条）	◎※1 ただし300個以上でも可		●
総会検査役選任請求権（会社306条）	◎※1		●
会計帳簿閲覧等請求権（会社433条）		◎※2	
会社・子会社の業務・財産状況調査のための検査役選任 　請求権（会社358条）		◎※2	
総会招集請求権および招集権（会社297条1項、4項）	◎※1		●
役員解任訴権（会社854条）		◎※2	●

※1　総株主の議決権基準（定款により引下げ可）

34

※2　議決権基準または持株基準（定款により引下げ可）
●非公開会社は6か月要件なし、公開会社でも定款で短縮可

　たとえば、会計帳簿の閲覧は、総株主の議決権の3％以上または発行済株式の3％以上保有していれば権利行使できることになる。この会計帳簿の閲覧等請求権とは、会計帳簿（仕訳帳、元帳、仕入帳、売上帳など）および会計に関する書類（会計帳簿記入の元となった伝票、領収書類）を閲覧・謄写の対象とするものである。

(3) 株主総会の招集

　株主総会は、実質的な会社所有者である株主を構成メンバーとする合議制の最高の意思決定機関である。株主総会には、定時総会と臨時総会があり、定時株主総会は、毎事業年度の終了後の一定の時期に開催されなければならない（会社296条1項）。

(イ) 招　集

　取締役・取締役会が株主総会の開催日時、場所、議題などを決定し（会社298条1項、会社則63条）、取締役・代表取締役が、総会開催日の2週間前までに、会議の目的事項（＝会議の議題）を記載した招集通知を発することになる（会社299条1項・4項）。この2週間は、株主が出席するかどうか、賛成するか、反対するかを検討する期間で、招集通知を発した日の翌日から、総会の会日の前日まで14日間あることを意味する。

　非公開会社に限っては、1週間前までに招集通知を発すれば足り、取締役会非設置会社は定款でさらに短縮できる（会社299条1項）。

　招集通知は、書面や電磁的方法による議決権行使を定めた場合および取締役会設置会社である場合は、書面でしなければならないが、株主の承諾を得て電磁的方法によることも可能である（会社299条2項・3項）。

　もっとも、議決権を有するすべての株主の同意があれば、招集手続を経ないで株主総会を開催できる（会社300条）。この場合、この株主全員に事前に同意を得ていれば、総会当日に株主が欠席したとしても、所定の定足数を満たしていれば適法に決議できる。

(ロ) 株主総会の決議

　総会の決議方法には、議案の重要性に合わせて次の3つの方法がある。

(A) 普通決議（一般的決議）

普通決議は、議決権を行使することができる株主の議決権の過半数にあたる株式を持っている株主が出席（＝定足数という）し、その議決権の過半数の賛成で決する（会社309条1項）。

ただし、普通決議の定足数は定款の定めをもって排除できるので、多くの会社では定款に下記〈書式1〉第1項のような規定を置いている。

なお、普通決議には、取締役の選解任、監査役の選任、役員報酬の決定、計算書類の承認などがあるが、そのうち取締役の選解任・監査役の選任決議については、慎重な決議を行うため、定款で定めた場合でも定足数は総株主の議決権の3分の1未満に下げることはできない（会社341条）とされている。

(B) 特別決議（重要事項の決議）

定款の変更、事業の譲渡や譲受、監査役の解任、取締役などの善意無重過失時の責任の軽減（会社425条1項）などの重要事項の変更は、議決権を行使することができる株主の議決権の過半数にあたる株式を持っている株主が出席し、その議決権の3分の2以上の多数の賛成で決する（会社309条2項各号）。

この特別決議の定足数については、定款の定めにより議決権を行使することができる株主の議決権の3分の1まで引き下げることができる（会社309条2項柱書、〈書式1〉第2項参照）。出席した株主の議決権の3分の2を上回る割合を定款で定めることも認められ、またこれらの決議要件に加えて一定数以上の株主の賛成を必要とする旨などの要件を定款で定めることも妨げないとする（会社309条2項柱書）。これは従来の有限会社の社員総会において株主の頭数要件が認められていたことによる（参考：旧有限会社法48条1項）。

〈書式1〉 定足数の緩和の定款規定例

> **（決議の方法）**
> 第〇〇条　株主総会の決議は、法令または本定款に別段の定めがある場合を除き、出席した議決権を行使することのできる株主の議決権の過半数をもって行う。
> 2　会社法第309条第2項に定める決議は、議決権を行使することができる株主の議決権の3分の1以上を有する株主が出席し、その議決権の3分の2以上をもって行う。

(C) 特殊の決議（さらに厳格な決議）

特別決議よりさらに厳格な要件を課されているものであり、以下の決議方法がある。必要な場合は、あらかじめ原始定款に記載しておくことが望ましい。

① 全部の株式につき譲渡による取得につき会社の承認を要する旨の定めを設ける定款変更を行う場合などであり、議決権を行使できる株主の半数以上でその株主の議決権の3分の2以上の多数をもって行うものである（会社309条3項1号～3号）。

② 非公開会社において、剰余金の配当、残余財産の分配、議決権に関し株主ごとに異なる取扱いを行う旨を定款で定める場合であり、総株主の半数以上で、総株主の議決権の4分の3以上の多数をもって行うものである（会社309条4項）。

(D) 決議等の省略

以下の方法によれば、現実に株主総会を開催して決議しなくてもよい。

すなわち、株主総会の目的となる事項について取締役または株主から提案があった場合に、議決権を行使できる株主全員が書面等によって提案に同意の意思表示をすれば、提案を可決する旨の総会決議があったものとみなされる（会社319条1項）。

株主総会への報告の省略も認められる。取締役が株主全員に対し総会に報告すべき事項を通知した場合に、株主全員が総会に報告することを要しないことについて書面等によって同意の意思表示をしたときは当該事項の総会への報告があったものとみなされる（会社320条）。

3 取締役・取締役会

多数の株主の存在を前提とする株式会社では、株主は株主総会で経営の専門家である取締役を選任し、これらの者に会社経営を委任している。昭和25年の商法改正までは、取締役個人が「各自代表」「各自執行」の独任制の機関として業務執行にあたるものとされていた。

しかし、昭和25年の商法改正により米国法の考え方が取り入れられ、すべての株式会社に取締役会という合議制の業務執行の意思決定機関が採用され、

この設置義務づけの体制は平成17年の会社法制定前まで続くことになる。

　平成14年の商法改正により委員会設置会社（現在の指名委員会等設置会社）が創設され、米国型の経営機構が採用されて取締役は取締役会において重要事項についての決定と執行役等の職務執行の監督を行うことも可能になった。指名委員会等設置会社の取締役等の役員および機関については本章Ⅰ7（54頁）で述べる。

　そして、平成17年の会社法制定により、取締役会の構成員とならない取締役の出現により（会社348条）、また平成26年の会社法改正により、取締役会設置会社、取締役会非設置会社、監査等委員会設置会社、指名委員会等設置会社の取締役の職務は大きく異なることになった。監査等委員会設置会社の監査等委員である取締役の職務については本章Ⅰ6(3)（53頁）で述べる。

(1) 取締役

(イ) 取締役とは

　取締役は、株主総会で選任される（会社329条1項）が、取締役会を設置する会社では取締役は取締役会の構成メンバーに過ぎず、一方、取締役会を設置しない会社の取締役は会社の機関であり、業務執行権限を有し（同法348条1項）代表権を有する（同法349条1項）。

　取締役会設置会社では、取締役は、取締役会を通じて会社の業務執行の意思決定や代表取締役等の職務執行を監督することを権限とする者であって、取締役会が機関となる。

　取締役の員数は、取締役会非設置会社では1人以上、取締役会設置会社では3人以上であるが、定款でその員数の上限を定める場合も多い。

　また取締役の任期は、原則2年であり、選任後2年以内に終了する事業年度のうち最終のものに関する定時株主総会終結の時までである（会社332条1項本文）。監査等委員会設置会社の監査等委員以外の取締役および指名委員会等設置会社の取締役の任期は1年である。公開会社における2年の任期は株主の信任を問うために任期を短縮できるが伸長は許されない。

　一方、株主数が少なく株主と経営者の繋がりが強く、短期間に信任を問う必要性が少ない非公開会社においては、定款により10年まで伸長することが可能である（会社332条2項）。

取締役会設置会社では、代表取締役や業務執行取締役以外の取締役が直接経営にあたることを予定していないが、対外的には代表取締役からの委任に基づき代表取締役等を代理し、対内的には取締役会規則等に基づき取締役会決議により総務、経理、技術、販売、製造などの分担範囲の職務執行を担当すると解するのが妥当である。

　㊁　取締役の責任

　　(A)　一般的な責任

会社と取締役との関係は委任の関係である（会社330条、民643条）。これにより、取締役は会社に対して「善良な管理者の注意義務（略して「善管注意義務」という）を負うことになる（民644条）。

さらに会社法では取締役に対して「忠実義務」を課し、「善管注意義務」を具体的に明確にしており、法令・定款の定め並びに総会の決議を遵守し会社のため忠実にその職務を遂行する義務を負うものとされている（会社355条）。

したがって、もし取締役がこうした義務を尽くさないで会社に損害を与えた場合、契約上の義務を履行しなかった（「債務不履行」という）ということになるので、会社に対し損害を賠償しなければならない（民415条）。

　※**取締役における「善良な管理者の注意義務」**　たとえば、メーカーならメーカーにおける取締役として、「会社の規模や事業内容からして一般的に要求される平均的な取締役の注意義務」を意味しており、自分の財産を管理するより高度なものとされる。

　　(B)　個別的な責任

上記の一般的な責任だけでは、権限のある取締役の責任を処理することが困難なため会社法では個別的責任を設け、責任内容を明確に定めている。

【表4】　取締役の個別的責任の内容

分類	対象取締役	原因	責任	賠償責任内容
①任務懈怠責任（会社423条1項）	任務を怠った取締役	任務懈怠（＝法令・定款違反）	過失責任	損害額
②剰余金の配当等に係る	株主総会・取締役会議案提案取締役、	剰余金の配当等の制限	過失責任（自己の無過失を立証すれ	金銭等の交付額

第2章 株式会社のしくみとコーポレート・ガバナンスの重要性を学ぶ

責任（会社462条1項）	取締役会決議賛成取締役（同意取締役）等	違反	ば免責）	
③利益供与がされた場合の責任（会社120条4項）	利益供与をなした取締役	株主への利益供与	無過失責任	供与した利益額
	取締役会決議賛成取締役等		過失責任（自己の無過失を立証すれば免責）	
④競業取引に関する責任（会社423条2項）	取締役会の承認を経ずに競業取引をなした取締役	取締役会を経由せず取引	過失責任	損害額（ただし、損害額の推定規定あり）
⑤利益相反取引に関する責任（会社423条3項、428条）	自己のため直接利益相反した取締役	利益相反取引	無過失責任	損害額
	利益相反をした取締役		過失責任（自己の無過失を立証すれば免責）	
	利益相反を決定した取締役			
	取締役会決議賛成取締役			
⑥現物出資の価格填補責任（会社213条、286条）	当該募集株式等の職務に一定の関与をした取締役（具体的には会社則44条〜46条、60条〜62条で規定）	財産価格の不足	過失責任（検査役の調査経由の場合または自己の無過失を立証すれば免責）	不足額
⑦出資の履行を仮装した責任（会社213条の3）	出資の履行を仮装した取締役	出資の履行の仮装	無過失責任	仮装した払込金額の支払い
	出資の履行を仮装することに関与した取締役（具体的には会社則46条の2）		過失責任（自己の無過失を立証すれば免責）	

※1 **任務懈怠責任** 取締役等（会計参与、監査役、執行役または会計監査人を含む）は、その任務を怠ったときは、会社に対しこれによって生じた損害を賠償する責任を負う。

※2 分配可能額を超えて剰余金の配当等を行った業務執行者（業務執行取締役、執行役等）は金銭等の交付を受けた者と連帯して交付額に相当する金銭を支払う義務を負う。業務執行者が無過失を証明すれば義務を免れる（会社462条1項・2項）。

※3 利益供与に関与した取締役・執行役は供与した利益につき会社に対して連帯して責任を負う。原則、無過失を証明すれば義務を免れるが、利益供与行為

を行った取締役等は無過失責任を負う（会社120条4項）。
※4　取締役・執行役が自己または第三者のために会社の事業の部類に属する取引を、株主総会あるいは取締役会（取締役会設置会社の場合）の承認を得ずに行った場合、取締役・執行役または第三者が得た利益の額が損害額と推定され損害賠償責任を負担する（会社423条2項・1項）。
※5　取締役・執行役と会社の間の利益相反取引によって会社に損害を発生させた場合、取締役会の承認を得ていても取締役・執行役は損害賠償責任を負担する（会社423条3項）。自己のため会社と利益相反取引をした取締役・執行役を除き、その他の取締役・執行役は無過失を証明すれば責任を免れる（会社428条1項）。
※6　不当な評価による現物出資がなされた場合、募集株式に関する職務を行った業務執行取締役・執行役や財産価格の決定に関し総会決議や取締役会決議が行われた場合の議案提出取締役等は不足額を支払う義務を負うが、検査役の調査を経ている場合や当該取締役等が無過失を証明すれば責任を負わない（会社213条）。

(2)　取締役会

取締役会は、公開会社（会社2条5号）、監査役会設置会社（同条10号）、監査等委員会設置会社（同条11号の2、後述6）および指名委員会等設置会社（同条12号、後述7）に設置が義務づけられている（同法327条1項）。これ以外の株式会社であっても定款に基づき任意の設置が可能であるが、この場合、監査役の設置（非公開会社かつ大会社以外にあっては会計参与の設置でも可）が要件となる（同条2項）。

(イ)　取締役会の権限

取締役会は、取締役全員をもって構成され、その会議の決議によって業務執行に関する会社の意思を決定する「業務執行の意思決定機関」であると同時に、取締役の「職務執行に関する監視機関」という側面ももっている。

会社法では、「一律にかつ具体的に規定している決議事項」と「重要事項として例示し抽象的に規定し、各社の状況に合わせ金額や内容を具体化する必要がある決議事項」（会社362条4項）に分けて表している。

　　(A)　会社法で一律にかつ具体的に規定している主な決議事項
① 　株主総会の招集（会社298条4項4項）
② 　代表取締役の選定・解職（同法362条2項3号）
③ 　取締役の競業取引の承認（同法356条1項1号、365条1項）　　取締役

が会社の事業に属する取引を、自分の事業として行ったり、別会社の代表取締役として競業に関与したりすると、会社の顧客を奪われ会社に不利益が発生することになる。そこで取締役は、このような競業取引を行う前に、重要な事実を開示して取締役会の承認を受けなければならない。

この承認には、競業取引を行う取締役は特別利害関係を有する取締役として参加できない（会社369条2項。下記④の「利益相反取引の承認」の場合も同様）。

なお、取引終了後、遅滞なく取締役会で報告しなければならない（会社365条2項）。

※**重要な事実**　取締役会でその取引がどの程度会社の利益と対立するか判断できる事実であり、具体的な取引内容、相手方、金額、取引期間、利益などをいう。

〔**具体例**〕

X株式会社のC取締役は、かねてから取引のあるZ株式会社から依頼され、その東海地区代理店であるZ社の代表取締役を兼務することになった。しかし、X社もZ社同じ商品を販売している。

この場合、X社のC取締役が、Z社の代表取締役として、同一の商品を同一の営業地域で販売することになるため、X社の取締役会の承認を要する。

④　取締役と会社の間の利益相反取引の承認（会社356条1項2号・3号、365条1項）　取締役が、会社の財産を譲り受けたり、自分の財産を会社に譲り渡したり、会社から金銭の貸付を受けたりする等、自己または第三者のために会社と取引を行う場合、取締役がその地位を利用して有利な条件で取引すると会社に不利益が発生することになる。そこで取締

役は、このような取引を行う前に、取引の重要な事実（上記③※参照）を示して取締役会の承認を受けなければならない。なお、取引終了後、遅滞なく報告しなければならないのは競業取引と同様である（会社365条2項）。

この利益相反取引には、取締役が会社と取引をしたり、他の会社の代表取締役として会社と取引を行ったりする場合のほか、取締役個人の金融機関等からの借入れにつき会社に債務保証させたりする場合なども含まれる。

〔具体例〕

X株式会社のB取締役は、Y株式会社の代表取締役であり、両社間では継続的な取引がある。

この場合、X社のB取締役が、Y社の代表取締役としてX社と取引を行うことになるため、X社の取締役会の承認を要する。

なお、このような継続的取引の場合は、その種類・期間・金額等について合理的な範囲を限定して承認を受け、承認を受けた限定した期間等に応じて報告を行う。

⑤　公開会社における募集株式の発行（会社201条）
⑥　準備金の資本金への組入れ（同法448条3項）
⑦　中間配当（同法454条5項）
⑧　募集社債の発行（同法676条など）

(ロ)　**会社法で重要事項として規定している決議事項**（会社362条4項）

①　重要な財産の処分および譲受け（同条4項1号）
②　多額の借財（同条4項2号）
③　支配人その他の重要な使用人の選任および解任（同条4項3号）
④　支店等の重要な組織の設置・変更・廃止（同条4項4号）

⑤ 募集社債を引き受ける者の募集に関する重要な事項(同条4項5号、会社則99条)
⑥ 内部統制システム等の整備(会社362条4項6号、会社則100条)
⑦ 定款の定めに基づく役員等の責任の一部免除(会社362条4項7号)
⑧ その他重要な業務執行事項(同条4項柱書)

なお、「重要な」「多額の」は相対的概念であるため会社の業種、規模、売上、利益、財産等を勘案して会社ごとに個別に判断すべきであり、各社において客観的な基準を定めておくのが望ましい。

〔具体例〕

X株式会社では、以下のような取締役会への付議基準を設けることを取締役会にて決議した。

【表5】 X株式会社の取締役会付議基準(抜すい)

項　目	基　準
重要な財産の処分および譲受	1．1件当たり1,000万円以上の土地、建物、機械、設備、営業権の譲受・処分、および土地・建物の賃貸借 2．1件当たり500万円以上の投融資 3．1件当たり500万円以上の担保権の設定 4．1件当たり100万円以上の債務の免除 5．1件当たり50万円以上の寄付
多額の借財	1．1件当たり50万円以上の新規借入れ 2．1件当たり50万円以上の債務保証
支配人その他重要な使用人の選任および解任	1．取締役の使用人委嘱および解嘱 2．部長以上の異動
支店その他の重要な組織の設置、変更および廃止	1．取締役の管掌変更 2．支店の設置 3．部の設置および改廃
その他重要な業務執行	1．長期計画および年度計画の設定 2．重要な人事関係の決定・変更(昇給、賞与など) 3．提訴および応訴 4．重要な業務提携、技術提携、M&A契約 5．役員の兼任 6．重要な品質問題

(ハ)　取締役会の決議

決議は、取締役の過半数が出席し（＝定足数)、その取締役の過半数をもって行うのが原則（会社369条1項）である。決議に特別利害関係を有する取締役は、定足数にも入らないし決議にも参加できない（同条2項)。

ここでいう特別利害関係を有するとは、「会社と取引をしようとする取締役」や「代表取締役の解任決議の対象となっている取締役」などがあてはまる。なお、可否同数の場合は、取締役会議長が決することはできず（議長が投票を留保している場合を除く)、また決議要件を軽減することも許されない。

また、取締役会の議決権は、各取締役に1個であり、株主総会で経営の専門家として個人的能力を信頼されて選任されているので代理人によって行使することはできない。取締役会の決議の省略を定款で定めた場合、取締役が取締役会の決議の目的である事項について提案し、取締役全員が書面また電磁的記録により同意の意思表示をしたときは、監査役が提案に対して異議を述べない限りその提案を可決する旨の取締役会決議があったものとすることができる（会社370条)。取締役会の議事については、議事録を作成し、本店に10年間備え置かねばならない。議事録に異議をとどめない出席取締役は、決議に賛成したものと推定されるので（同法369条5項)、取締役会議事録の閲覧は取締役の責任追及を行う株主および債権者にとって重要である。

株主（監査役の代わりに会計参与を置く会社の株主は除く＝会社327条2項、371条2項)、債権者および親会社社員は裁判所の許可を得て取締役会の議事録の閲覧・謄写の請求をすることができる（同法371条3項)。裁判所は閲覧・謄写により会社またはその親会社・子会社に著しい損害が発生するおそれがある場合は許可することができない（同条6項)。

(ニ)　特別取締役による取締役会

取締役を多数擁し、機動的に取締役会を開催することが容易でない会社において、従来から常務会、経営会議、経営委員会などの名称で一定の取締役による会議体が設置され、事実上、業務執行の意思決定機能を果たしている例もあった。

会社法は、これらについて取締役会とは別の機関とは構成せずに取締役会の決議要件の特則という形で改めて制度化を行い、取締役会専決事項のうち

一定事項（①重要な財産の処分および譲受け＝会社362条4項1号・2項、多額の借財＝4項2号）を一部の取締役による「特別取締役」の議決に委ねることができるものとした。

　特別取締役による取締役会決議は、取締役の数が6人以上、かつそのうち1人以上の社外取締役が存在する取締役会設置会社であることが前提となる（会社373条1項1号・2号）。社外取締役の存在要件は、さらなる監督強化が必要との理由からであるが、この者を特別取締役に選定することを規定するものではない。

　以上の前提を満たした取締役会設置会社では、あらかじめ選定した3人以上の特別取締役の決議により、一定事項の決定を行うことができるものとした。

　特別取締役による議決の定めがある場合には、それ以外の取締役は出席する必要はない（会社373条2項）。しかし、特別取締役のうち互選で定められた者が、決議内容を特別取締役以外の取締役に報告しなければならない（同条3項）。

　なお、監査役は、互選により定めた監査役のみが特別取締役による取締役会への出席義務を負う（会社383条1項ただし書）。

　　※**社外取締役**　　社外取締役とは、以下の①〜③のいずれも満たす者をいう。
　　　　① その会社またはその子会社の業務執行取締役（会社363条1項各号に掲げる取締役および会社の業務執行をしたその他の取締役、以下②③で同じ）もしくは執行役または使用人でなく、かつ、その就任前10年間、当該会社またはその子会社の業務執行取締役もしくは執行役または使用人であったことがないこと（同法2条15号イ）。
　　　　② その就任前10年内のいずれかの時にその会社または子会社の取締役、会計参与、監査役であったことがある者は、これらの役職への就任前10年間その会社または子会社の業務執行取締役もしくは執行役または使用人であったことがないこと（同号ロ）。
　　　　③ なお、以下の者が社外取締役から除かれる（同号ハ〜ホ）。
　　　　　　ⓐ その会社の親会社等（会社2条4の2で定義する親会社または

会社の経営を支配している自然人〈会社則 3 条の 2 〉以下、③で同じ）または親会社等の取締役、執行役、使用人が除かれる。

ⓑ　その会社の兄弟会社等の業務執行取締役、執行役、使用人は除かれる。

ⓒ　その会社の取締役、執行役、重要な使用人または親会社等の配偶者、2 親等内の親族が、除かれる。

(3)　代表取締役

　取締役会設置会社は、取締役会の決議によって、取締役の中から 1 人以上の代表取締役を選定し（会社362条 3 項）、その氏名、住所を登記しなければならない（同法911条 3 項14号）。

　一方、取締役会非設置会社にあっては、定款、定款の定めによる取締役の互選または株式総会の決議によって任意に代表取締役を定めることができる（会社349条 3 項）。

　会社の業務執行は、取締役会で意思決定されるが、取締役会は会議体であるため、代表取締役が会社を代表して業務にあたらなければならない。

　したがって、代表取締役とは、会社の業務執行を実行する機関で対内的・対外的な業務執行権限を有する。なお、代表取締役が複数の場合でも、それぞれ独立して代表権を有する。

(4)　表見代表取締役

　社長、副社長などの名称を付した取締役を役付取締役といい一般的には代表取締役である場合が多い。しかし、これらの肩書は、会社法で定められたものでないため、これらの名称を付した者は代表取締役でなくても問題はなく、現実に代表権のない副社長の体制をとっている会社もみられる。第三者はその者を代表取締役であると誤認しやすく、このような場合、その者を表見代表取締役として規定し、取引の相手方を保護するために、会社が代表権のない取締役にそのような名称を付した場合、会社は代表権のないという事情を知らない相手方に対して責任を負うものと定めている（会社354条）。

4　会計参与

(1)　職務権限

　会計参与は、取締役（指名委員会等設置会社では執行役）と共同して計算書類等を作成するとともに会計参与報告を作成しなければならない（会社374条1項）。そのため会計帳簿・資料の閲覧・謄写をし、取締役および使用人に対して会計に関する報告を求めることができる（同条2項）。

　また、その職務を行うため必要があるときは、会計参与設置会社の子会社に対して会計に関する報告を求め、または会計参与設置会社もしくはその子会社の業務および財産の状況を調査することができる（会社374条3項）。

　会計参与は、職務執行の際に取締役の職務執行に関し不正行為や法令・定款違反の重大な事実を発見したときは、株主（監査役設置会社では監査役、監査役会設置会社では監査役会、監査等委員会設置会社では監査等委員会、指名委員会等設置会社では監査委員会）に報告しなければならない（同法375条）。

　会計参与は、計算書類等の承認のための取締役会に出席し、必要な場合には意見を述べなくてはならない（会社376条1項）。また計算書類等の作成に関する事項について会計参与と取締役（指名委員会等設置会社では執行役）とで意見が異なる場合、株主総会において意見を述べることができる（同法377条）。

　会計参与は、計算書類等および会計参与報告書を、定時総会の2週間前（取締役会非設置会社では1週間前）の日から5年間、会計参与が定めた場所に備え置かねばならない（会社378条1項、会社則103条）。株主および債権者は営業時間内はいつでも会計参与に対して、その閲覧、謄抄本の交付を請求できる（会社378条2項・3項）。

(2)　資格と選任

　会計参与は、公認会計士・監査法人、税理士・税理士法人でなければならず（会社333条1項）、株主総会により選任される。員数は定めがない。任期は取締役と同じである（同法334条1項）。

5　監査役・監査役会

　昭和25年の商法改正で、米国法の考え方を取り入れ取締役会制度が導入されたことは取締役会の項で述べたが、同時に監査役の権限も会計監査に限定された。

　しかし、会社不祥事の起こるたびに「取締役の業務執行に対する監督が機能していない」との理由で、少しずつ監査役の権限は拡大されてきた。

　昭和40年代には、山陽特殊製鋼事件に代表される粉飾決算や倒産事件が相次ぎ、業務執行の不正が明らかになったことを契機に、昭和49年の商法改正で監査役制度の大改正が行われ、大会社（資本金5億円以上あるいは負債総額200億円以上）については、監査役は任期延長（1年から2年へ）に加え取締役の業務執行の監督にあたらせることとし、さらに会計監査人の会計監査も義務づけられた。

　昭和50年代に入ると、ロッキード事件、KDD事件などを契機に、昭和56年の商法改正では、大会社においては複数監査役および常勤監査役の制度が付加され、監査制度の強化が図られた。

　さらに、バブル末期の証券・金融不祥事に対応すべく平成5年の商法改正では、監査役任期の延長（2年から3年へ）、監査役の増員（2名以上から3名以上へ）、社外監査役や監査役会制度の導入が実施された。

　そして、平成13年の改正で、任期の再延長（4年）、社外監査役の要件厳格化およびその員数増（監査役のうち社外監査役を半数以上）などの強化が図られた。

　平成26年の会社法改正により、監査等委員会設置会社および指名委員会等設置会社以外の取締役会設置会社は、原則、監査役を置かねばならず、非公開会社の会計参与設置会社に限ってその任意性を認め、公開会社には取締役会と監査役をセットで必要的な機関として位置づけている。

(1)　監査役の権限と員数・任期

(イ)　監査役の職務と権限

　監査役は、会社から委任され、取締役の職務執行を監査し、監査報告を作成しなければならない（会社381条1項）。監査役の職務執行の監査のうち、

会計に関する監査を「会計監査」といい、会計に関しない職務執行に関する監査を「業務監査」と呼んでいる。

非公開会社（監査役会設置会社や会計監査人設置会社は除く）においては、定款をもって監査役の監査の範囲を「会計監査」に限定することができるが、この場合は、監査役が存在しても、会社法上の「監査役設置会社」には含まれない（会社2条9号）。

業務監査は取締役の職務執行全般について監査することであるが、法令・定款違反がないかという適法性監査だけ行うのか、妥当性監査をも行うのか説が分かれる。原則、適法性監査に限るとする（会社358条1項参照）が、取締役の著しく不当な職務執行については監査する職務を負うものと考えられる（同法382条、384条参照）。

監査役は、その実効性を期するため次のような具体的権限が与えられている。

【表6】 監査役の具体的権限

権　　限	会社法
事業報告請求権、業務・財産調査権	381条2項
取締役会出席義務（監査役の互選により定められた監査役の特別取締役による取締役会への出席義務も含む）、意見陳述義務	383条1項
取締役会招集請求権、取締役会招集権	383条2項・3項
子会社※の事業報告請求・業務および財産調査権	381条3項
取締役会への報告義務	382条
株主総会への報告義務	384条
取締役の違法行為差止請求権	385条
会社と取締役間の訴訟の会社代表権	386条
各種の訴え等の提起・申立権	828条他、511条1項
監査費用請求権	388条

※**子会社とは**　支配力基準により子会社を規定する。すなわち他の会社により経営を支配されている会社を子会社という（会社2条3号）。

経営を支配する者は会社等であり会社以外の法人、組合等や外国会社等も含まれる。

「支配」とは、他の会社の財務および事業の方針の決定を支配することであり、議決権の割合が50％超のみならず、それが40％以上であっても自己の意見と同一の内容の議決権を行使すると認められる者等の議決権を合計すると50％超である場合、他の会社の重要な財務・事業の方針決定を支配する契約が存在する場合などはこれにあたる（会社則3条）。

㋺ **監査役の種類・員数および任期**

監査役の員数は1人以上であるが、監査役会設置会社にあっては3人以上で半数以上は社外監査役でなければならず（会社335条3項）、常勤監査役は監査役会設置会社にのみ規定され監査役会が1人以上を選定しなければならない（同法390条3項）。

【表7】 監査役の種類と員数

	員数	常勤監査役※2	社外監査役※1	
監査役設置会社	1人以上	規定なし	規定なし	取締役会設置会社は原則、設置要
監査役会設置会社	3人以上	規定あり（1人以上）監査役会が選定	規定あり（半数以上）株主総会が選任	公開大会社は監査役会の設置義務付け

※1 **社外監査役** 社外監査役とは、以下の要件のいずれも満たす者をいう。①その就任前10年間、その会社または子会社の取締役・会計参与（法人のときはその職務を負うべき社員）、執行役または使用人であったことがないこと（会社2条16号イ）。②その就任前10年内のいずれかの時においてその会社または子会社の監査役であったことがある者は、当該監査役への就任前10年間その会社または子会社の取締役、会計参与もしくは執行役または使用人であったことがないこと（同号ロ）。③以下の者でないこと（同号ハ～ホ）
・その会社の親会社等（自然人であるものに限る。会社2条4号の2）または親会社等の取締役、監査役、執行役、使用人でないこと
・その会社の兄弟会社等の業務執行取締役等でないこと
・その会社の取締役、重要な使用人または親会社等（自然人であるものに限る）の配偶者、2親等内の親族でないこと
監査役会設置会社においては社外監査役がある場合、その旨を登記しなけれ

ばならない（会社911条3項18号）。
　なお、書面による議決権行使制度をとっている会社にあっては、社外監査役の選任にあたって社外監査役候補者に関する事項を株主総会参考書類に記載しなければならず、公開会社である場合には、それに加え、親会社、関連会社等との関係等の記載も必要となる（会社則76条4項）。また、事業報告において社外監査役の活動状況も記載しなければならない（同則124条1項4号）。
※2　**常勤監査役**　監査役会設置会社に法定されており（会社390条2項2号）、営業時間中はいつでも監査できる体制にある監査役をいい、原則、他の会社の常勤監査役を兼ねることができない。

　監査役の任期は、選任後4年以内に終了する事業年度のうち最終のものに関する定時株主総会終結の時までである（会社336条1項）。ただし、非公開会社においては、取締役と同様、定款により10年まで伸長することが可能である（同法336条2項）。
　独立性を保障するため取締役の任期とは異なり短縮することはできないが、補欠監査役の任期については定款により退任監査役の任期満了時までとすることはできる（会社336条3項）。

(2) 監査役会

　監査等委員会設置会社および指名委員会等設置会社以外の公開大会社には監査役会の設置が義務づけられる（会社328条1項）が、その他の会社にあっても任意に設置することができる（同法326条2項）。
　監査役は3人以上で、半数以上が社外監査役であることの他に、監査役会で1名以上の常勤監査役を選定しなければならない（会社390条3項）。
　監査役会は、以下の職務を行うが、③に関しては各監査役が有している権限の行使を妨げることができない（会社390条2項）。
① 　監査報告の作成
② 　常勤監査役の選定・解職
③ 　監査の方針、監査役会設置会社の業務および財産の状況の調査の方法その他監査役の職務の執行に関する事項

6　監査等委員会設置会社の機関

　平成26年の会社法改正により、新たに監査等委員会設置会社が創設された。

(1) 監査等委員会設置会社の概要

監査等委員会設置会社を選択した場合には、監査等委員会を置かなければならないが、監査役は置くことができない（会社2条11号の2、327条4項）。また、監査等委員会設置会社は、執行役および指名委員会ならびに報酬委員会を置くことはできない。

監査等委員会の監査等委員は、取締役でなければならない（会社399条の2第2項）。ただし、監査等委員である取締役が監査等委員のみを辞任して取締役の地位にとどまることはできないと解される。

監査等委員以外の取締役の任期は1年であるが、監査等委員である取締役の任期は2年である（会社332条1項・3項）。

(2) 監査等委員である取締役の選解任

監査等委員である取締役は、株主総会の普通決議により、それ以外の取締役と区別して選任される（会社329条2項）。

監査等委員である取締役の解任は、監査役の解任と同様、株主総会の特別決議による（会社309条2項7号）。

株主総会において、監査等委員である取締役は、監査等委員である取締役の選解任等について意見を述べ、監査等委員である取締役を辞任した者は、辞任した旨・理由を述べることができる（会社342条の2第1項・2項）。

(3) 監査等委員会の運営

監査等委員である取締役は、3人以上でその過半数は社外取締役でなければならない（会社331条6項）。

監査等委員である取締役は、その監査等委員会設置会社もしくはその子会社の業務執行取締役、使用人または子会社の会計参与もしくは執行役を兼ねることができない（会社331条3項）。

監査等委員会は、取締役の職務執行の監査をするとともに監査報告を作成し、また、株主総会に提出する会計監査人の選解任および不再任議案の内容を決定し、また監査等委員以外の取締役等の選解任等および報酬等についての意見についても決定する権限を有する（会社399条の2第3項）。

監査等委員会の監査権限は、取締役の職務執行の適法性だけでなくその妥当性にも及ぶ。

(4) 取締役会の業務執行の決定権限

監査等委員会設置会社においては、取締役の過半数が社外取締役である場合（会社399条の13第4項・5項）、または定款で定めた場合（同条4項・6項）には、取締役会は、重要な業務執行の決定を取締役に委任することができる。

7 指名委員会等設置会社の機関

昭和49年から平成13年11月の商法改正まで連綿として続いてきたのは、取締役の監督機能の強化ではなく監査役の監査機能の強化であった。平成14年の商法改正では、迅速な意思決定の必要性、業務執行に対する監督機能の強化の必要性から、大会社には「委員会等設置会社」すなわち経営機構（執行役）と経営監視機構（取締役および各種委員会）を分離した米国型の経営形態が制度として取り入れられた。この制度創設により、業務執行者に対する監査役の強化によらない、取締役による監督機能の強化が図られることになった。そして、平成17年の会社法は、この制度を継受し、さらに会社の規模の大小を問わず委員会設置会社を採用できるものとし、名称も「委員会設置会社」とした。平成26年の会社法改正により、監査等委員会設置会社が創設されたことに伴って、従来の委員会設置会社は、その名称が「指名委員会等設置会社」に変更された。

(1) 指名委員会等設置会社の概要

指名委員会等設置会社を選択した場合には、指名委員会、監査委員会、報酬委員会および執行役を置かなければならないが、監査役は置くことができない。

そして、取締役会は職務執行の監督機能に特化するため、業務執行の決定について執行役に大幅に委譲することができる（会社416条4項柱書本文）。これにより執行と監督の分離を図るとともに、弾力的かつ迅速な会社の業務執行が可能となる。もっとも執行役は、株主総会において選任されたわけではないのに業務執行を行うことになるので、経営方針や内部統制システムの運用等重要な一部の意思決定は取締役会で定めなければならないものとした（同法416条1項・4項ただし書）。取締役の任期は就任後1年以内に終了する事業年度のうち最終のものに関する定時株主総会終結の時までであり、毎年

の定時株主総会で信任を要するものとしている（同法332条6項）。なお執行役も取締役の任期に合わせている（同法402条7項）。

指名委員会等設置会社の取締役は使用人を兼務できない（会社331条4項）。

(2) **指名委員会**

取締役会の決議で選任され、取締役3人以上でその過半数が社外取締役である者によって構成され、株主総会に提案する取締役（会計参与設置会社にあっては会計参与も）の選任・解任に関する議案の内容を最終決定する権限を有する（会社404条1項）。

しかし執行役の人事については取締役会決議であり、指名委員会に執行役に対する選解任提案権は法定されていない。

(3) **監査委員会**

取締役会の決議で選任され、取締役3人以上でその過半数が社外取締役である者によって構成されるが、監査委員会の委員である取締役は、他の委員会の取締役とは異なり、監査役の兼任禁止と同じ理由で指名委員会等設置会社もしくはその子会社の執行役もしくは業務執行取締役または指名委員会等設置会社の子会社の会計参与もしくは支配人その他の使用人を兼ねることができない（会社400条4項）。

取締役および執行役の職務執行を監査するとともに監査報告を作成し、また、株主総会に提出する会計監査人の選解任および不再任議案の内容を最終決定する権限を有する（会社404条2項）。

監査委員会の監査権限は、取締役および執行役の職務執行の適法性だけでなくその妥当性にも及ぶ。

(4) **報酬委員会**

指名委員会と同じ要件で構成され、取締役および執行役（会計参与設置会社は会計参与も）が受ける個人別の報酬の内容を最終決定する権限を有する。これには使用人兼務執行役の使用人分の報酬等の内容も含まれる（会社404条3項）。

(5) **執行役・代表執行役**

業務執行の権限は執行役に集中され弾力的かつ迅速な業務執行を可能とするとともに、この執行役の業務執行について取締役会や監査委員会が監督・

監査機能を充実することにより、執行役の業務執行と取締役会による業務執行の監督を分離させた。

業務執行権限を有するのは執行役であり、取締役会は基本戦略の決定権限など一部の事項を除き業務の決定を執行役に委任できる（会社416条1項・4項柱書）。もっとも、執行役は少なくとも3か月に1回は業務執行の状況を取締役会へ報告しなければならず、取締役会が求めた場合には、取締役会に出席し説明しなければならない（同法417条4項・5項）。

執行役は、取締役会において選任され任期は取締役と同様1年であるが、取締役会はいつでも執行役を解任することができる（会社403条1項）。

執行役が複数の場合、取締役会決議をもって会社を代表する代表執行役を選定せねばならない（会社420条1項）。

II　株　式

1　株式とは

株式とは、株式会社の社員たる地位すなわち持分を意味し、この株式の所有者を株主という。株式会社の構成員である株主は、会社に対する法律上の地位に基づいて種々の法律関係に立つ。

株主は実質的に会社に対する出資者であり、かつ会社の所有者であるが、その地位は細分化された割合的単位の形をとっている。これは、市場を通じて広く一般大衆から多額の出資を促し、また株主と会社との法律関係を数量的に簡便に処理できるからである。

株主の権利は、その権利行使の内容・目的により一般には自益権と共益権に分けられる。自益権は株主が会社から経済的利益を受けることを目的とする権利であり、剰余金の配当請求権や残余財産分配請求権、株式買取請求権などがある。共益権は株主が会社の運営・管理に参加すること、あるいは不当な会社の運営に対し監督や是正をすることを目的とする権利であり、前者には議決権、各種議事録の閲覧請求権、株主総会の議題・議案請求権などが

あり、後者には株主代表訴訟提起権、募集株式発行等の差止請求権、取締役等の解任請求権などがある。

2　株主平等原則と株主優待制度

(1)　株主平等原則とその例外

　会社は、株主を、その有する内容および数に応じて平等に取り扱わなければならないとし、会社法は、この平等原則が異なる種類株式相互間では適用されないことを明らかにしている（会社109条1項）。

　株式の平等は、株式の内容が同一である限り取扱いも同一であり、また株主ごとの平等ではなく株主の持株数に応じた平等（株主の相対的平等）なので、株式平等の原則とよぶことができる。

　持株数に応じて平等に取り扱うという原則には、例外が定められている。

㈤　非公開会社における定款による例外

　公開会社でない会社は、剰余金配当請求権、残余財産分配請求権、または株主総会における議決権について、株主ごとに異なる取扱いを行う旨を定款で定めることができる（会社109条2項）。このような会社での株主相互の関係の緊密さを配慮して、属人的な扱いを定めている。

　たとえば、特定の株主に複数の議決権を付与する、剰余金の配当に関し創業者株主を優遇するなどである。

　もっとも定款変更により導入する場合の要件は厳格で、株主総会決議は総株主の半数以上で、かつ総株主の議決権の4分の3以上の多数をもって行わなければならない（会社309条4項）。

㈥　単元株制度

　会社が単元株制度を採用した場合は、1単元につき1議決権とされるので、単元未満株主は株主総会において議決権を行使することができない（会社189条1項、308条1項ただし書）が、それだけでなく、会社は、単元未満株主に、一定の権利以外の権利は定款により行使することができない旨を定めることができる（会社189条2項、会社則35条、会社847条1項かっこ書参照）。

㈦　少数株主権

　共益権の一部について、総株主の議決権の一定割合または一定数、もしく

は発行済株式の一定割合を有する株主（複数でも可）だけが行使できる。たとえば、取締役会設置会社における株主総会議題・議案提案権、株主総会招集請求権、取締役の解任権などである。

(二) 株式継続保有期間

公開会社において株式の法定保有期間の要件がある場合は、6か月前から引き続き株式を保有しない株主は、株主代表訴訟提起権、取締役等の違法行為差止請求権、株主総会議題・議案提案権、株主総会招集請求権、取締役の解任権などである。

(2) 株主優待制度

会社が一定数以上の株式を有する株主に、自己の事業に関する特別な便益（航空会社の無料航空券、レストランの無料食事券、百貨店業の割引券など）を与えて株主を優遇する措置を株主優待制度という。

近年、株主優待制度を実施する会社が増加し、2017年9月には1,368社（株式上場企業3,723社中36.7％を占める〔大和インベスター・リレーションズ調べ〕）が実施している。

株主優待制度により一定数以上の株主のみが優待される場合に、株主平等原則に違反するかどうかについて解釈が分かれている。

① 優待制度は株主平等原則が法定以外の例外を認めない強行法規であるから無効とする見解[1]

② 一定数以上の株式を有する株主のみに優待券を与える慣行は、その程度が軽微であれば実質的に株主平等の原則に反するとまではいえないとする見解[2]

③ 形式的に厳密な平等取扱いの要求は、会社自体のより大きい合理的必要性（この場合には安定株主の確保など）の前には譲歩すべきであるとする見解[3]

---

1 田中耕太郎『会社法概論(下)』305頁（岩波書店、1955年）、出口正義『株主権法理の展開』161頁（文眞堂、1991年）。

2 北沢正啓『会社法〔第6版〕』164頁（青林書院、2001年）、落合誠一「株主平等の原則」鈴木＝大隅〔監〕『会社法演習Ⅰ』212頁（有斐閣、1983年）。

3 大隅＝今井『会社法論(上)〔第3版〕』337頁注1（有斐閣、1991年）。

④　個人株主の増大政策の合理性を株主優待制度の根拠とし、大株主のみに対する株主優待制度を否定する見解[4]
⑤　株主の表章する権利の中には、会社の営業上のサービスを要求する権利は含まれていないから、一定数以上の株主に対する優待は株主平等とは直接関係がなく有効とする見解[5]

などがある。

会社の営業上のサービスという観点も加味すると、②を妥当と解したい。そうであるとしても、現物配当（会社454条1項）との関係が問題となる。自社サービスの一環として軽微なものならある程度は認めうるが、自社の事業とは、何ら関係のない物品・有価証券を交付している例もあり、この場合、株主総会の特別決議（同法309条2項10号）、金銭分配請求権などの現物配当の規制および分配可能額の規制（同法461条）に従うべきであろう。

現物配当と株主優待制度をどのように整理していくかは、今後の検討課題である。

3　株式の内容と種類

(1)　株式の全部の内容が共通する株式

株式会社は、その発行する全部の共通する株式の内容として、①譲渡制限株式、②取得請求権付株式、③取得条項付株式を設けることができ、その場合は定款で一定事項を定めなければならない（会社107条1項・2項）。

①　譲渡制限株式　　株式の内容の全部を株式譲渡により取得することにつき会社の承認を要する株式である（会社107条2項1号）。譲渡制限株式を発行するには、株式を譲渡により取得することにつき会社の承認を要する旨、一定の場合に会社が譲渡を承認したとみなすときは、その旨および一定の場合を定款に定めなければならない（同法107条2項1号）。
　　　定款の変更により定める場合は、株主総会の特殊の決議による（会社309条3項1号）。

②　取得請求権付株式　　会社がその発行する全部の株式の内容として株

---

[4]　山下友信編『会社法コンメンタール3─株式(1)』〔上村達男〕159頁（商事法務、2013年）。
[5]　大森忠夫ほか編『注釈会社法(3)』〔西原寛一〕14頁（有斐閣、1967年）。

主が会社に対して当該株式の取得を請求できる旨の定めを設けている株式である（会社2条18号）。

取得の対価としては、社債、新株予約権、新株予約権付社債またはこれら以外の財産である（会社107条2項2号ロ〜ホ）。

株式の内容の全部を取得請求権付株式とするには、対価の種類、額、算定方法等や取得を請求できる期間を定款に定めなければならない（会社107条2項2号）。

定款の変更により定める場合は、株主総会の特別決議による（会社309条2項11号）。

③ **取得条項付株式**　会社がその発行する全部の株式の内容として会社が一定の事由が生じたことを条件として当該株式を取得できる旨の定めを設けている株式である。

取得の対価としては、社債、新株予約権、新株予約権付社債、その他の財産である（会社107条2項3号ニ〜ト）。

一定の事由が生じた日に会社が取得する旨・その事由、対価の種類、額、算定方法等を定款で定めなければならない（会社107条2項3号）。

定款の変更により定める場合は、強制取得となるので株主全員の同意を得なければならず、内容を変更する場合も同様である（会社110条）。

全株式が同一の内容となる点で、種類株式とは異なる。

(2) **種類株式**

会社は、株式の内容の異なる2以上の種類の株式を発行でき、これらの数種類の株式を発行する会社を、前記(1)のその発行するすべての株式の内容が均一である会社と区別するため、種類株式発行会社という（会社2条13号）。

種類株式を発行するときは、各種類株式の内容等、法の定める事項（以下①〜⑧参照）および発行可能種類株式総数を定款に定めなければならない（会社108条2項）。

① **普通株式**　内容の異なる株式がある場合に、標準となる株式を「普通株式」という。

② **優先株式・劣後株式**　会社は剰余金の配当または残余財産の分配について異なる定めをした内容の異なる2以上の種類の株式を発行するこ

とができ、他の株式に比べ優先的な取扱いを受ける株式を優先株式といい、他の株式に比べ劣後的な取扱いを受ける株式を劣後株式（後配株式）という。

　優先株式または劣後株式を発行するには、剰余金の配当または残余財産の分配に関する事項（当該種類の株主に交付する配当財産・残余財産の価額の決定方法、剰余金の配当の条件など）を定款で定めなければならない（会社108条2項1号・2号）。

③ **議決権制限株式**　会社は、株主総会において議決権を行使できる事項について異なる定めをした内容の異なる2以上の株式を発行することができ、これを議決権制限株式という（会社108条1項3号）。

　議決権制限株式を発行するには、株主総会において議決権を行使することができる事項、当該種類の株式につき議決権の行使の条件を定めるときはその条件を定款に定めなければならない（会社108条2項3号）。

　公開会社においては、議決権制限株式の数が、発行済株式の2分の1を超えるに至ったときは、会社は直ちに発行済株式の2分の1以下にするため必要な措置をとらなければならない（会社115条）。

④ **譲渡制限種類株式**　会社は、譲渡による当該種類の株式の取得について会社の承認を要する株式を発行することができ、これを譲渡制限種類株式という（会社108条1項4号）。

　定款に定める事項は、種類株式についても、前記(1)①の譲渡制限株式に記載の事項と同じである（会社108条2項4号、107条2項1号）。

　種類株式を発行している会社が、当該種類株式に譲渡制限を設けるには、通常の株主総会特別決議のほか、当該種類の種類株主総会における特殊の決議をもって定めなければならない（会社111条2項、324条3項柱書・1号）。

⑤ **取得請求権付種類株式**　会社は、当該種類の株式について株主が会社に対してその取得を請求することができる株式を発行することができ、これを取得請求権付種類株式という（会社108条1項5号）。

　取得の対価としては、前記(1)②に記載の対価のほか、他の種類の株式である（会社108条2項5号）。

取得請求権付種類株式を発行するには、対価の種類、額、算定方法等や取得を請求できる期間を定款に定めなければならない（会社108条2項5号）。

⑥ **取得条項付種類株式**　会社は、当該種類の株式について一定の事項が生じたことを条件としてこれを取得できる株式を発行することができ、これを取得条項付種類株式という（会社108条1項6号）。

取得の対価としては、前記(1)③に記載の対価のほか、他の種類の株式である（会社108条2項6号）。

取得条項付種類株式を発行するには、一定の事由が生じた日に会社が取得する旨・その事由、対価の種類、額、算定方法等を定款で定めなければならない（会社108条2項5号）。

ある種類の株式の発行後に定款を変更して当該種類の株式の内容を取得条項付種類株式にするには、通常の定款変更手続のほか、当該種類株主全員の同意を要する（会社111条1項）。

⑦ **全部取得条項付種類株式**　会社は、株主総会の特別決議によりその種類の株式の全部を取得することができる内容の株式を発行することができ、これを全部取得条項付種類株式という（会社108条1項7号、171条1項）。この制度は100％減資を迅速に行うことを目的とするために導入された。

取得の対価としては、他の種類の株式、社債、新株予約権、新株予約権付社債、その他の財産である（会社108条2項7号、171条1項1号イ〜ホ）。

全部取得条項付種類株式を発行するには、取得対価の価額の決定方法、取得に関する総会の決議をすることができるか否かの条件を定めるときはその条件、を定款で定めなければならない（会社108条2項7号）。

種類株式発行会社が、ある種類の株式発行後に定款を変更して当該種類の株式の内容を全部取得条項付種類株式にするには、通常の定款変更手続のほか、当該種類の株主総会の特別決議が必要となる（会社111条2項1号、324条2項1号）。

⑧ **拒否権付種類株式**　会社は株主総会または取締役会において決議す

べき事項につき、当該決議のほか、種類株主総会の決議を必要とする株式を発行でき、これを拒否権付種類株式という（会社108条1項8号）。「黄金株」とも呼ばれる。

拒否権付株式を発行するには、当該種類株主総会の決議が必要な事項、当該種類株主総会の決議を要する条件を定めるときは、その条件を定款で定めなければならない（会社108条2項8号）。

種類株主総会の決議を必要とする事項については、株主総会・取締役会の決議のほか、当該種類株主総会の決議がなければ、効力を生じない（会社323条）。

⑨ **取締役・監査役の選任に関する種類株式**　指名委員会等設置会社および公開会社以外の会社では、その種類の株式の種類株主総会において取締役（非公開会社である監査等委員会設置会社にあっては監査等委員である取締役またそれ以外の取締役）・監査役の選任を内容とする種類株式を発行できる（会社108条1項ただし書・9号）。

取締役・監査役の選任に関する種類株式を発行するには、種類株主総会において取締役・監査役を選任すること、およびその数、取締役・監査役の全部または一部を他の種類株主と共同して選任するときは共同して選任する取締役・監査役の数、これらの事項を変更する条件があるときは、その条件、その条件が成就した場合における変更後の当該事項等である（会社108条2項9号、会社則19条）。

この種類株式は、ベンチャー企業や合弁企業において、株主間契約で合意した内容を保証するため活用される。

4　株主名簿

(1)　株主名簿とは

株主名簿は、株主およびその有する株式のほか株券発行会社では株券に関する事項を明らかにするため、会社法に基づき作成が義務づけられた帳簿もしくは電磁的記録である（会社121条）。

株主名簿は、株主の共益権の行使等のために、会社の本店または株主名簿管理人の営業所に備え置かなければならない（会社125条1項）。

株主および債権者は、営業時間内はいつでも、株主名簿の閲覧・謄写を請求することができる（会社125条2項）。ただし、一定の場合に、会社は閲覧・謄写を拒否できる（同法125条3項）。

株主名簿は、絶えず変動する多数の株主と会社との法律関係を規律するところに重要な意義がある。

すなわち、実質上の株式を所有する者がほかにいても、株主名簿上に記載・記録されている名義人を名簿上の株主として取り扱うほか、株主名簿上に記載・記録されている株主の住所または場所・連絡先にあてて発信すれば、通常到達すべき時に到達したものとみなされる（会社126条1項・2項、130条1項）。

(2) 株主名簿の基準日

本来は、実質上の株主と株主名簿上の株主は一致すべきであるが、株式の譲渡により株主名簿の名義書換えは頻繁に行われ、権利行使時における株主を特定することは困難を伴う場合もある。

そこで、会社法は、会社が一定の日（基準日）において株主名簿に記載・記録された者を権利行使できる株主（基準日株主）として定めることを認める（会社124条1項）。

基準日を定める場合、会社は基準日株主が行使できる権利の内容を定めなければならず、その基準日は権利行使の前3か月以内の日でなければならない（会社124条2項）。

基準日は、あらかじめ定款で定めてある場合を除き、基準日の2週間前までに基準日および基準日株主が行使できる権利の内容を公告しなければならない（会社124条3項）。

なお、行使できる権利が議決権である場合は、会社は、基準日後に取得した者の全部または一部について権利行使を認めることができる（会社124条4項）。ただし、この場合でも、基準日株主の権利を害することはできない（同法4条4項ただし書）。

5 株式の譲渡

株主に当然に退社や出資の払戻しが認められていない株式会社では、株式

譲渡可能性は、株主にとって、投下資本の回収手段として重要な意義をもつ。

(1) 定款による株式の譲渡制限

投下資本の回収手段としての株式譲渡が保障されている一方、回収を前提とした定款による株式の譲渡制限（会社136条以下）が認められている。

非公開会社の譲渡制限株式を所有する株主が、その株式を他人に、投下資本回収のため譲渡したいと考えた場合、当該株主は会社に対して譲渡の承認を求め（会社136条）、さらに会社が譲渡を承認しない場合にはその株主の買受人（指定買取人）を指定するよう求めることができる（同法138条1号ハ）。また、株式取得者が会社に対して譲渡承認を求める場合は、原則、株主名簿上の株主と共同で取得承認を求めなければならない（同法137条2項）。

そして、会社が株式の譲渡を承認しない場合、会社が買い取らなければならないが、指定買取人を指定することもでき、この場合、当該指定買取人が承認請求者に対して買取りの通知しなければならない（会社140条4項、142条1項）。

指定買取人は、買取りの通知をするためには、会社の本店所在地を管轄する供託所（法務局、地方法務局、その支局など）に1株あたりの純資産額に買取る株式数を乗じた金額を供託しなければならない（会社142条2項）。

譲渡承認や買受人指定を行う機関は、原則、株主総会または取締役会設置会社では取締役会である（会社139条1項、140条5項）。

なお、会社が買取人となる場合には、株主総会の決議によらなければならない（会社140条2項）。この場合も、会社は上記と同様、供託所に供託をしなければならない（同法141条2項）。

会社または指定買取人が金銭の供託を行い対象株式を取得する旨の通知を行った後は、会社または指定買取人の承諾を得なければ、株主または株式取得者は撤回することができない（会社143条1項）。

(2) 法律による株式の譲渡制限

(イ) 時期による譲渡制限

① **権利株の譲渡制限**　会社成立前または新株発行前の株式を権利株という。権利株の譲渡は、当事者間では有効であるが、会社には対抗することができない（会社35条、50条2項、63条2項、208条4項）。権利株の

譲渡を自由にすると、手続が煩雑になり、迅速な会社設立や新株発行が害されるからである。

② **株券発行前の譲渡制限**　株券発行会社では、株券発行前の譲渡は当事者間では有効であるが、会社との関係では無効である（会社128条2項）。もっとも、会社が株券の発行を不当に遅滞し、信義則に照らしても株式譲渡の効力を否定するのが相当でない状況の場合には、会社はその譲渡の無効を主張できない（最判昭47・11・8民集26巻9号1489頁）。

㈺　子会社による親会社株式の取得の制限

(A)　取得制限

子会社は、原則、親会社株式を取得できない（会社135条1項、976条10号）。親会社自身による自己株式の取得は、手続・取得限度額を厳格にして取得が認められているのに対し、子会社による親会社株式の取得は、グループ会社を含め合算した取得規制が必要になるなど、複雑にならざるを得ないため認められていない。

(B)　取得制限の例外

子会社の親会社株式取得の例外として、以下の事項が認められる。子会社は許容されているか、いないかにかかわらず、相当の時期に親会社株式を処分しなければならない（会社135条3項）。

① **会社法135条2項**　他の会社から事業全部を譲り受ける場合に親会社株式を譲り受ける場合、合併消滅会社から親会社株式を承継する場合、吸収分割により分割会社から親会社株式を承継する場合、新設分割により分割会社から親会社株式を承継する場合、その他法務省令で定める場合（会社則23条。その権利の実行にあたり目的を達成するため親会社株式を取得することが必要かつ不可欠である場合）である。

② **会社法800条**　吸収合併存続会社等になる場合に、吸収合併消滅会社の株主等に対し親会社株式等を交付するために取得する場合の効力発生日までの間の保有にも、適用されない（会社800条1項・2項）。いわゆる三角合併等の場合である。

6 自己株式の取得

会社法の下では、下記の通り、一定の手続・財源のもとで自己株式の取得が認められている。

【表8】 会社法で自己株式の取得が認められている事項

	取得できる事項	該当条文	取得手続	財源規制
①	取得条項付株式の取得	107条2項3項イ	168〜170条	170条5項
②	譲渡制限株式の取得	138条1項ハ・2項ハ	140〜141条、144条	461条1項1号
③	株主総会決議等に基づく取得	156条1項1号	156条〜165条	461条1項2〜3号
④	取得請求権付株式の取得	166条1項	166〜167条	166条1項但書
⑤	全部取得条項付種類株式の取得	171条1項	171〜173条	461条1項4号
⑥	相続人等に対する売渡請求	176条1項	174〜177条	461条1項5号
⑦	単元未満株式の買取請求による取得	192条	192条、193条	なし
⑧	所在不明株主の株式買取り	197条3項	197条3項・4項	461条1項6号
⑨	1株に満たない端数の買取り	234条4項	235条、235条	461条1項7号
⑩	事業全部を譲受する場合の自己株取得	特別な定めなし	同左	なし
⑪	合併消滅会社からの自己株式承継	同上	同左	なし
⑫	吸収分割会社からの自己株式承継	同上	同左	なし
⑬	その他法務省令で定める場合（会社則27条）			

Ⅲ　コーポレート・ガバナンス

1　コーポレート・ガバナンスとは

　コーポレート・ガバナンスは、日本語では「企業統治」と訳されている。一般的にいうとコーポレート・ガバナンス論としては、次の2つが対象となる。第1は、「会社は誰のものか」ということであり、第2は、「会社の経営管理機構は、どうあるべきか」ということである。第2については、さらに次の2つの問題が存在する。1つは、会社経営における適法性の遵守、もう1つは、会社経営における効率性の追求であり、これらを行っていくことを経営のモニタリングという。

　しかし、これだけではコーポレート・ガバナンスは明確にされていない。さらに、会社の業務執行者（典型的には代表者）に対するモニタリングやコントロールをどのように行っていくのか、会社の利害関係者（株主だけでなく、債権者、従業員、地域社会、国など）との関係、会社業績改善のための内部組織の問題など、きわめて広い範囲のことがらが含まれている。

　そのため、東京証券取引所が2016年6月に施行した「コーポレートガバナンス・コード」には、コーポレート・ガバナンスの定義が置かれている。「本コードにおいて、『コーポレートガバナンス』とは、会社が、株主をはじめ顧客・従業員・地域社会等の立場を踏まえた上で、透明・公正かつ迅速・果断な意思決定を行うための仕組みを意味する」としている。

　もっとも、そうであったとしても、コーポレート・ガバナンスの重要な課題は、会社の業務執行者に対するモニタリングの強化が中心となる。

2　コーポレート・ガバナンスと機関設計

　業務執行者をコントロールするための機関設計については、本章Ⅰの株式会社の機関を参照されたい。

　なお、業務執行者の監督強化の観点から、社外取締役の必要性が指摘されている。半数以上の社外監査役を必要とする監査役会設置会社では、社外取

締役の設置義務はないが上場会社においては、社外取締役を置かない場合は、取締役は定時株主総会においてその理由の説明義務を負うことになる（会社327条の2）。監査等委員会設置会社では監査等委員である取締役の過半数、指名委員会等設置会社では取締役の中から選定された指名委員会等の各委員の過半数は、社外取締役でなければならない（同法331条6項、400条3項）。

3　コーポレート・ガバナンスと内部統制

　健全な会社経営を行うためには、会社が営む事業の規模、特性等に応じた内部統制システムを整備することが必要であるとされ、取締役は、内部統制システムを構築すべき義務を負い、さらに代表取締役および業務執行取締役が内部統制システムを構築すべき義務を履行しているか監視する義務を負うことが必要とされる（大和銀行事件――大阪地判平12・9・20商事1573号4頁、判時1721号3頁）。

　内部統制システムの構築とは、取締役の職務の執行が、法令・定款に適合することを確保する体制およびグループ全体の業務の適正を確保するための体制の整備であり、大会社、監査等委員会設置会社、指名委員会等設置会社は、内部統制システムの整備に関し、取締役会で決議する必要がある（会社362条4項6号・5項）。

　整備すべき体制は、情報保存管理、リスク管理、効率的な職務執行、コンプライアンス、グループ会社管理などについての社内規程や制度などである（会社348条3項、362条4項6号、399条の13第1項ロ・ハ、416条1項ロ・ホ、会社則98条、100条、110条の4、112条）。

4　コーポレートガバナンス・コード（CGコード）

(1)　CGコードとは

　コーポレートガバナンス・コード（以下、本項では「CGコード」という）は、上場企業において、前記1に記述した目的をもって、健全な企業家精神の発揮を促し、会社の持続的な成長と中長期的な企業価値の向上を図ることに主眼をおいて、上場規則として施行されたものである。

　CGコードは、73の原則で構成され、それらは5つの基本原則、30の原則、

38の補充原則の三層構造からなっている。基本原則は抽象的な原則を示しており、①株主の権利・平等性の確保、②株主以外のステークホルダーとの適切な協働、③適切な情報開示と透明性の確保、④取締役会等の責務、⑤株主との対話、である。これらは、OECD原則を踏まえたうえで、「株主の権利」と「株主の平等な取扱い」を①として1つの章にまとめ、また「CGコード」と機関投資家の行動原則を定めた「スチュワードシップ・コード（2014年2月金融庁「"責任ある機関投資家"の諸原則」）」が車の両輪であるとの考えから、「株主との対話」の重要性を強調するため⑤として付加されている。

基本原則と原則には、それぞれ表題がつけられている。

(2) 「プリンシプルベース・アプローチ」と「コンプライ・オア・エクスプレイン」

上場企業においては、CGコードの趣旨・精神に則し、自社の状況を考えた適切かつ具体的な実行をすることが期待されている（プリンシプルベース・アプローチ）。すなわち、CGコードには、会社のとるべき行動について詳細に規定したものではなく、抽象的で大掴みな原則を記載し、各社の状況に応じた実効的なコーポレート・ガバナンスが実現できるようにしている。

会社が、CGコードの各原則を実施することが前提であるが、実施しない場合にはその理由を説明することが求められる（コンプライ・オア・エクスプレイン）。

そして、上場会社は「コーポレート・ガバナンスに関する報告書」に、各原則を実施していれば、その旨を記載することとされ、各原則のいずれかを実施しない場合には、その理由の説明を記載することが求められる。各原則のなかで、開示を求められる事項（下記(3)）も同様である。

(3) 企業が開示を求められる事項

【表9】の項目は、企業活動に行ううえで重要であり、開示することが「コンプライ」とされており、開示しない場合には「エクスプレイン」が必要となる。

【表9】 企業が開示を求められる事項

CGコード	表題	内容
原則1—4	いわゆる政策保有株式	・政策保有株式を保有する場合の方針の開示 ・政策保有株式に係る議決権行使基準の策定・開示
原則1—7	関連当事者間の取引	役員や主要株主等との取引について適正な手続の枠組みを開示するとともに監視
原則3—1	情報開示の充実	以下の事項について開示し、主体的な情報発信を行う。 ① 経営理念等や経営戦略、経営計画 ② コーポレート・ガバナンスに関する基本的考え方と基本方針 ③ 経営陣幹部・取締役の報酬決定の方針・手続 ④ 経営陣幹部・取締役・監査役の指名の方針・手続 ⑤ 経営陣幹部・取締役・監査役の個々の選任・指名についての説明
補充原則4—1①		経営陣に対する委任の範囲の概要
原則4—8	独立社外取締役の有効な活用	・2名以上の独立社外取締役を選任すべき ・3分の1以上の独立社外取締役の選任が必要と考える場合の取組方針の開示
原則4—9	独立社外取締役の独立性判断基準および資質	独立社外取締役の独立性判断基準の策定・開示
補充原則4—11①		取締役会の構成に関する考え方を定め、選任に関する方針・手続と併せて開示
補充原則4—11②		取締役、監査役の兼任状況を毎年開示
補充原則4—11③		取締役会の実効性の分析、評価を行い、その結果の概要の開示
原則5—1	株主との建設的な対話に関する方針	株主との対話促進の体制整備・取組方針の検討、開示

(4) 取締役会決議が求められる事項

【表10】の項目は、取締役決議が求められる事項である。

【表10】 取締役会決議が求められる事項

CGコード	表題	内容	会社法
原則1－3	資本政策の基本的な方針	資本政策の基本的な方針	362条4項柱書
原則1－4	いわゆる政策保有株式	・政策保有株式を保有する場合の方針の策定 ・政策保有株式に係る議決権行使基準の策定	362条4項柱書
原則1－7	関連当事者間の取引	役員や主要株主等との取引について適正な手続の枠組みを策定	365条1項、436条3項（会社則118条5号、128条3号）
原則2－1	中長期的な企業価値向上の基礎となる経営理念の策定	同左	362条4項柱書
原則2－2	企業の行動準則の策定・実践	行動準則の策定・改訂	362条4項柱書
原則2－5	内部通報	内部通報に係る体制整備	362条4項6号
原則3－1	情報開示の充実	以下の事項について開示し、主体的な情報発信を行う。 ① 経営理念等や経営戦略、経営計画の策定 ② コーポレート・ガバナンスに関する基本的考え方と基本方針の策定 ③ 経営陣幹部・取締役の報酬決定の方針・手続 ④ 経営陣幹部・取締役・監査役の指名の方針・手続 ⑤ 経営陣幹部・取締役・監査役の個々の選任・指名についての方針・手続	362条4項柱書、298条4項（会社則74条～74条の3、82条）

原則4—1	取締役会の役割・責務(1)	・経営理念等の確立手続 ・経営戦略、経営計画の策定手続	362条4項柱書
補充原則4—1①		取締役会が経営陣に対する委任の範囲を規定	362条4項柱書、363条1項2号
原則4—2	取締役会の役割・責務(2)	経営陣の報酬の手続	298条4項(会社則82条)
原則4—3	取締役会の役割・責務(3)	内部統制やリスク管理体制の整備	362条4項6号
原則4—9	独立社外取締役の独立性判断基準および資質	取締役会による率直・活発・建設的な検討が可能な独立社外取締役の選定	298条4項(会社則74条)
原則4-10	任意の仕組みの活用	諮問委員会、第三者委員会などの設置	362条4条5号
補充原則4—11①		取締役会の構成に関する考え方を定め、選任に関する方針・手続	362条4条柱書
原則5—1	株主との建設的な対話に関する方針	株主との対話促進の体制整備・取組方針の策定	362条4条柱書

5 コーポレート・ガバナンス・システムに関する実務指針（CGS ガイドライン）

(1) CGS ガイドラインの意義・対象

2017年3月、経済産業省は、CGS ガイドライン（以下、「本ガイドライン」という）を策定し、公表した（http://www.meti.go.jp/press/2016/03/20170331012/20170331012-2.pdf）。

本ガイドラインは、CG コードで示された原則を実践するにあたって考えるべき内容を CG コードと整合性を保ちつつ示すことで、CG コードを補完するとともに、「稼ぐ力」を強化するための具体的行動を取りまとめたもの

である。

本ガイドラインの対象は、上場企業に限らないが、想定しているのは上場企業とされる。

(2) CGSガイドラインの構成

CGSガイドラインの構成は、【表11】の通りである。

【表11】 CGSガイドラインの構成

テーマ	検討すべき事項
① 取締役会のあり方	形骸化した取締役会の経営機能・監督機能の強化
② 社外取締役の活用	社外取締役は数合わせではなく、経営経験等の特性を重視
③ 経営陣の指名・報酬のあり方	役員人事プロセスの客観性向上とシステム化
④ 経営陣のリーダーシップ強化のあり方	CEOのリーダーシップ強化のための環境整備

第3章
コンプライアンス態勢の整備こそ不祥事防止の基盤

I コンプライアンスとは

1 コンプライアンスの意味

英語の Compliance とは、「命令や要求に従うこと」を意味し、Comply with another's wish は「他の人々の願いに応える」（研究社英和大辞典）となる。

また、Compliance は、本来工学的用語であり、その真意は「加えられる力に応じて変化して撓む柔軟性」のことであり、経営的には、「社会の要求や要請に対して会社が変化し受容すること」である。[6]

企業が社会の一員であることから、株主（シェアホルダーズ）に限らず、地域社会、消費者、投資家、取引関係者、公共団体などのステークホルダーズの要求や要請に対して、期待に応える行動をし、体制を作っていくことを意味していると解され、それは単なる法令遵守にとどまるものではない。

すなわち、企業には、利潤を追求する場合であっても、社会や環境を許容し共生することが、期待されている。

その意味からも、コンプライアンスには、企業の倫理や社内規範、業界の倫理や自主ルール、役員や従業員も含め人間としての倫理観や社会規範までもが、包摂されている。

(1) 法令遵守

単なる法令違反だけではなく、法令のグレーゾーンも含みこれらは実施するにしても、判例や裁判例、法律専門家の判断やアドバイスに基づき行動する部分も含まれる。

また法令も、企業に係る法令だけではなく、あらゆる法令が対象となる。

(2) 法令だけでは網羅できない部分の遵守

社会の構成員としての企業、企業人として求められる価値観や倫理観があげられるほか、企業として求められるその他の社会的規範も対象となる。

---

[6] 久保利英明『経営改革と法化の流れ』18頁（商事法務、2007年）。

たとえば、①業界としての自主的なルール、②利潤の最大化、業務の効率化、雇用の促進など、③人権・文化の尊重、環境保全、安全性など、である。

2　コンプライアンスのために従業員がなすべきことは

仕事に関連した法律、規格・基準、規制、業界の自主規制、社内規則やこれらに関連するマニュアルの正しい理解を醸成することがベースであり、上司への報（報告）・連（連絡）・相（相談）や部門内のミーティングや朝礼などの励行による意思疎通や情報共有のための風土づくり、現場で生じたコンプライアンスに対する疑問や問題に対処するためにコンプライアンス・ホットラインの有効活用などがあげられる。

II　コンプライアンス態勢の確立

1　コンプライアンス態勢

コンプライアンスによく対応できているということは、法令遵守だけでなくその他の社会的規範も含めてよく遵守されているということである。

しかし、企業は組織体であるため、社長1人が遵守していてもだめで、組織全体としてこれらがなされていることが重要であり、それを企業行動として実践・推進をすることが必要となる。

この役員・社員が一丸となって、遵守を前提に企業活動を行っていくことが重要となってくる。

それは、単にコンプライアンス対応の担当部門を設置し、組織体制を運用するだけの「体制」ではなく、物事に対する取り組み方や取り組むために用意された状態を意味する「態勢」でなければならない。

すなわち、「コンプライアンス態勢」という場合は、単に、コンプライアンスを実践するための組織体制のみならず、たとえば社風や社員への教育状況など形として見えないものまで含まれることになる。コンプライアンスの実践のためには、コンプライアンス「体制」のみならず、「態勢」の構築ま

で行われなければならない。[7]

2　態勢整備のポイント

(1) 経営トップの姿勢が成否を分ける

コンプライアンスに対するトップの熱意と執着が重要であり、取締役会でのコンプライアンスに対する積極的な発言による他の役員全員に対する徹底、トップの指示に基づくコンプライアンス担当部署の設置や優秀な人材の配置、などトップの姿勢でコンプライアンス態勢の確立が経営の重要課題と位置づけることが必要である。

会社の重要課題として位置づけて、社内報、社内イントラネット、ポスター等の社内媒体、入社式や年度初めの挨拶、経営方針発表会等社内向け公式行事において、節目節目で経営トップの言葉で語る場面を設定する。

また、従業員との会議、懇談、談話時には、コンプライアンスに関連する言葉を必ず入れる工夫をする。

(2) 具体的な例

以下は、コンプライアンス態勢における組織体制の一例である。

〔図1〕　組織体制の例

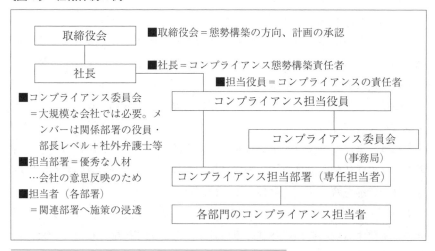

---

[7] 大塚・滝川・藤田・水川『内部統制対応版　企業コンプライアンス態勢のすべて〔新訂版〕』9頁（金融財政事情研究会、2012年）。

取締役会は、コンプライアンス態勢構築の方法、コンプライアンス態勢計画の承認を行い、〔図1〕の例から社長をコンプライアンス態勢構築責任者とし、態勢の実務は、担当役員がコンプライアンス責任者として対応する。

大規模な会社では、コンプライアンス委員会を設置し、メンバーを関係部署の役員・部長レベルとし、コンプライアンス担当部署（コンプライアンス部コンプライアンス課など）は、会社意思の反映のため優秀な人材を配置する。コンプライアンス担当部署の担当者は、専任とする。

各部門には、部門コンプライアンス担当を置き、各部門への施策の浸透や部門内の教育・啓蒙等を図る。

(3) 何を実現すべきか

第1には、当然、それぞれの者がコンプライアンスの実践を図らなければならない。

コンプライアンスを実践するための役員・管理者・一般従業員が与えられた役割を果たすための全社をあげた仕組みづくりのほか、内部統制システムを構築する。

一般従業員に与えられた役割は、法律・規則等ルールなどの十分な理解と手続等の正しい処置ができ、コンプライアンスに関し疑問や不安を残さない仕事の進め方ができるなどである。

管理者は、各部門内の仕組みの整備と運用をPDCAの展開等により図ることである。

第2は、実践するためのコミュニケーション・システムを整備しなければならない。

社内研修体系、ネットによる教育、役職ごとや定期ごとの集合研修、コンプライアンス月間・週間などの設定など社内の啓蒙体制を形成する。一方、従業員等からのコンプライアンス上の疑問や疑義を相談したり、吸い上げたりするシステムとしてコンプライアンス担当部署に対する、または各部門内の報告・連絡・相談体制や内部通報制度を機能させなければならない。

(4) コンプライアンス活動は経営品質の向上活動である

P（Plan）— D（Do）— C（Check）— A（Action）の「管理のサイクルを回し」て、トップを含めた全員が社会的満足を得るための質の高い管理活動を

展開しなければならない。「管理のサイクルを回す」とは、活動を全社（部門別に）で計画し（P）、実践し（D）、反省し（C）、反省から対策を打つ（A）ことを継続することにより、コンプライアンスのレベルや質を上げることを意味する。

コンプライアンス活動は、直接的な狙いは不祥事の回避にあるが、本活動を行うことにより、究極的には、自社のサービス力、競争力を向上させることにつながり、利益確保にも大きく貢献することになる。

〔図2〕　コンプライアンス活動は経営品質の向上活動

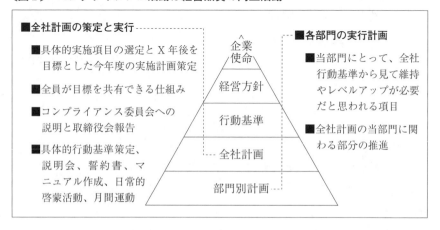

Ⅲ　内部通報制度の整備

1　内部通報制度を活かすコミュニケーション

内部通報制度をホットライン、ヘルプラインなどという。笑い話であるが、ホットラインを設置した会社の社長が話し合い、A社長は、「セクハラや無償残業などが時折通報される」と語り、それを聞いたB社長は、「当社では設置後数年になるがそのような通報は一度もないので、コンプライアンスについてはレベルが高く安心している」と語った。

多くの社員を抱える会社で、内部通報がほとんどないということは、コン

プライアンス態勢に問題があるということである。何が、問題なのか検証して、制度の変更をしなければならない。

内部通報制度は従業員の究極の選択となるので、その前に社内のよいコミュニケーション体制を作っておくことが必要である。そうすれば、内部通報制度によることなく、事業活動や部門の問題点が浮かび上がってくる。

そのためには、まず、従業員が相談できる部署が充実していなければならない。たとえば、①行動規範やマニュアル、研修での疑問点を気軽に尋ねることができるなど、適切で信頼できる専門部署が対応できるしくみがあり、②コンプライアンス担当部署と各部門のコンプライアンス担当者、各部門コンプライアンス担当者と各部門の部門長以下全員の報告・連絡体制および部門内のコミュニケーション体制のほか多岐にわたる報告・連絡・相談体制（ツールも含む）がなければならない。

2　よい内部通報制度とその活かし方

内部通報制度の目的は、外部（監督官庁等）への告発を、社内への通報により、企業内部の自浄作用により適切な解決を図ることにある。

そのような観点から、通報者側に沿った会社の完全な保証が必要となる。

① **通報者の秘密が守られていること**　秘密保持が必要であり秘密が漏れたら被通報者からの通報者に対する嫌がらせや脅し、村八分などの行動が起こされる可能性が高い。

② **公正に調査がなされること**　公正な調査がされない（たとえば会社が被通報者側に立って調査をするなど）と、通報することはできない。さらに公正な調査を行ったとしても、被通報者（違反者）に違反に相応したサンクションがなければ有名無実と化してしまう。

③ **通報者に適時、適切なフィードバックがなされること**　通報者への適切なフィードバックがないと、通報者は疑心暗鬼になる可能性が高く、安心して通報することはできない。

④ **通報者に対し不利益な取扱いがなされないこと**

①〜③の保証は、どれも重要であるが、極めて重要なのは④の不利益な取扱いの禁止を保証することである。

3　内部通報制度整備のための4つのポイント

重要な4つのポイントについて以下に述べる。
① **経営トップの意識改革**　トップが内部通報の存在意義を認め、社内の意識改革を行うこと。トップが本気でないと梯子をはずされかねない。
　トップが、「他社も採用しているから当社も……」などの横並び意識では機能しない。何のために内部通報制度を実施するのか、経営トップから従業員への明確な意識付けが必要である。
　保証に対する明文での表明が最も重要である。秘密対応、公平な調査、評価、措置対応、相談者への的確・迅速なフィードバック、人事上の不利益保護、上司や他の従業員から受ける不利益の禁止、に対する断固たる表明がないと、恐ろしくて通報する気にはなれない。
② **通報者保護**　今まで何度も述べているが、つまるところこれに尽きる。その要は、徹底して不利益な取扱いをしないこと、上司・同僚からの報復禁止の明確化である。
③ **通報制度の周知徹底**　通報を考えている者に、どう疑念を払しょくするのか、それには手引き等のパンフレットも必要であるが、重要なのはその中身である。
　通報・相談した情報が、どのように管理されるのか、どのような手順で解決されるのか、通報者はどのように保護されるのかなどを記載し、経営トップが保証する旨のサインが必要である。
　また、通報を受け付ける外部担当窓口がある場合、その担当弁護士の写真やプロフィールがあると、安心できる。
④ **通報受理後の調査体制**　コンプライアンス部門、通報受付部門と外部弁護士、会社の調査部門である監査部との協力体制をどうするのか。通報者が特定されないためには、どのように調査するのか、なども含め事前に調査体制や方法を定めておくことが必要である。
　第1回の通報者への報告は、あらかじめ期限を定めておき、調査中だとしても、進捗状況の報告をする。第1回報告の限度は、最長でも20日以内であろう（公益通報3条3号二参照）。

第4章
子会社の設立・事業運営を通して法規制の実際を知る

第4章　子会社の設立・事業運営を通して法規制の実際を知る

> X株式会社では、技術開発部が開発した新製品の製造・販売のための新しい子会社を設立することとなった。
> X社はどのように子会社を設立し運営していけばよいのだろうか。
> 以下のⅠ・Ⅱでは設立前の法律知識と設立手続について述べる。
> また、Ⅲでは子会社運営に係る法律知識について述べる。

Ⅰ　子会社設立の前に検討すべきこと

1　事業形態と責任の範囲

会社と名のつくものは次の4種類である。

・株式会社
・合名会社
・合資会社
・合同会社

これらの違いはどこにあるのか。

最大の違いは、出資者（社員あるいは株主）の責任範囲がどこまでかということである。この責任には直接責任か間接責任かという区別と、無限責任か有限責任かという区別がある。

① **直接責任**　社員が会社債権者に対して直接責任を負う。つまり会社債権者は、会社が支払ってくれない場合には直接社員に請求できる。
② **間接責任**　社員または株主が、単に会社に対する全額出資義務を負うのみ。
③ **無限責任**　会社が負っている債務について、社員がその個人財産で限度なしに責任を負う。
④ **有限責任**　社員または株主が、一定限度まで責任を負うのみ。

このように、責任範囲が大きく異なるが、それぞれの会社にあてはめてみる。

合名会社の社員は、会社債権者に対して直接責任を負い、その責任にも限

度がない。したがって、これを「直接無限責任」という。

また、合資会社は、「直接無限責任」をもった社員と債権者に対して一定限度（出資の未履行分）までしか直接責任を負わない「直接有限責任」をもった社員によって構成されている。

これらの会社は、社員の協力という人的要素に重点が置かれているので人的会社と呼ばれている。人的会社は小資本であり、社員と会社との関係が密接で個人的結合の強い会社であり、社員は原則、会社の業務執行に参加する。

合同会社は、社員の人的要素に重きが置かれる一方、社員は間接有限責任しか負わず、会社財産についても重きが置かれる会社である。

これに対して、株式会社では社員（株主）は出資に応じて責任を負うもので、株式会社では株式を引き受けた額について責任を負うことになる。また、株主（社員）は、会社債権者に対して直接責任を負うわけではないので、株主であるからといって業務執行を与えられるわけではない。

株式会社は、物的要素である会社財産に重点が置かれているので物的会社とよばれている。物的会社では、一般的に、人的会社に比べ社員の数が増大するため社員には業務執行権が与えられておらず、そのため責任も有限なものとなる。

【表12】 会社の種類と特徴

会社の種類		社員の種類	会社の適する規模
持分会社	合名会社	直接無限責任社員	社員間の信頼関係を基礎とする小規模会社に適す
	合資会社	直接無限責任社員と直接有限責任社員によって構成	合名会社と合同会社の中間形態
	合同会社	間接有限責任社員	少人数のベンチャー企業等に適す
株式会社		間接有限責任社員（＝株主）。株式取得により誰でも社員になれる。	大規模会社にも適す

※**社　員**　一定の目的をもって組織された人の集団である社団の構成員を社員という。株式会社を構成する株主、合名会社・合資会社・合

同会社を構成する社員などがこれにあたる。なお、俗にいう会社に勤務する人は法律上の社員ではなく被用者にすぎない。

2　株式会社設立の手続と手順

〔具体例〕
X株式会社では、新会社がX株式会社のみが全額の出資を行うことから「発起設立」で設立手続を進めることを決定した。

(1)　株式会社設立手続の特色

① **準則主義**　会社は所定の要件を充足して設立手続を経ることにより当然に成立する。これを（法人設立の）準則主義という。

これに対立する概念として、国の特別立法である特許を要する（法人設立の）特許主義（日本銀行法による日本銀行など）、行政庁の裁量的判断である許可を要する（法人設立の）許可主義（旧公益法人）、行政庁の裁量権のない処分である認可を要する（法人設立の）認可主義（学校法人、医療法人など）などがある。

② **資本充実の原則**　資本金の額に相当する財産が確実に会社に拠出されなければならないという原則であり、これを資本充実の原則という。

会社設立の場合は、会社に取引の実績がないので、取引の相手方が不測の損害を被らないため、資本充実を図ることが要請される。

たとえば、現物出資の調査（会社33条、46条、93条）、発起人・設立時取締役の出資財産等の価額が不足する場合の責任（同法52条）、募集設立における払込保管証明（同法64条）などである。

(2)　発起設立と募集設立

株式会社の設立手続には「発起設立」と「募集設立」の2種類がある。

発起設立とは、設立のとき発行する株式を、1人以上の発起人で全部引き受けてしまう方法である。

ここでいう発起人とは、会社の設立を企画した発案者ということができる。

また、募集設立とは、1人以上の発起人が引き受けた残りの株式を一般募集または縁故募集して会社の設立に参加してもらう方法である。

(3) **手続と手順**

　会社設立手続で、発起設立と募集設立を比較して大きく異なるのは、募集設立では、発起人以外の株主を募集しなければならないことと、応募し払込みを行った株式引受人によって構成される創立総会を開催しなければならないことである。

【表13】　会社設立の手続・手順

		発起設立	募集設立
第1ステップ「準備・検討」	①	発起人を決める	
	②	設立関係事項の検討	
	③	類似商号の調査	
第2ステップ「規約づくり」	④	定款作成と公証人の認証	
第3ステップ「出資の履行」			⑤　設立時発行株式引受人の募集
	⑥	設立時発行株式の払込金の金融機関への払込み等	
	⑦	現物出資があれば給付	
第4ステップ「組織づくり」	⑧	設立時取締役・設立時監査役の選任	⑨　創立総会開催
	⑩	設立時取締役・設立時監査役による調査	
	⑪	設立時代表取締役の選定	
第5ステップ「登記・届出」	⑫	設立登記申請書類作成	
	⑬	設立登記申請	
	⑭	登記事項全部証明書、代表者の印鑑証明の交付申請	
	⑮	官公署への届出	

（注）　募集設立においては、⑤が付け加わり、⑧と⑩は⑨の中で行われる。すなわち、⑨の創立総会において、取締役・監査役の選任、取締役および監査役の設立手続の調査報告がなされる。

Ⅱ 株式会社設立の具体例

1 定款作成前に決定すること

前項の【表13】に基づいて、Ｘ株式会社の進めている子会社設立（発起設立）をあてはめて説明する。

⑴ 発起人の決定

発起人とは、会社の設立を企画した発案者ということができ、実際上は会社設立を発起して定款に署名もしくは記名押印した者のことである。

その資格は、自然人すなわち個人だけでなく法人でもよく、員数は１名以上となっている。

〔具体例〕
Ｘ株式会社のＢ取締役は、Ａ社長と相談して発起人を次の２名とし、発起設立によることとした。
発起人：Ｘ株式会社
　　　　Ａ（現在、Ｘ株式会社代表取締役社長）

⑵ 設立関係事項の検討

発起人は、設立に際し次の７項目を検討し決めておく必要がある。

(イ) 商号の選定

基本的には、どのような商号でも自由に選定でき、これを商号自由の原則といっている。

この商号自由の原則に対して、以下のような制限が設けられている。

① 制限１　銀行、証券、保険などの文字の使用については各種の事業法により制限されている。

商法の規定例

（商号）　銀行法６条
銀行は、その商号中に銀行という文字を使用しなければならない。

②　銀行でない者は、その名称又は商号中に銀行であることを示す文字を使用してはならない。
（同趣旨：保険業7条、金商31条の3）

② **制限2**　必ず商号中に会社の種類（株式会社、合名会社、合資会社、合同会社）を表す文字を用いなければならず、他の種類の会社であると誤認されるおそれのある文字を用いてはならない（会社6条）。

　会社の種類によって社員の責任などが大きく異なるため、取引の相手方に会社の種類を知らせておく必要があるからである。

③ **制限3**　不正の目的で、他の会社と誤認される名称または商号を使用することができない。これに違反して使用がなされ、営業上の利益を侵害されまたは侵害されるおそれがある会社は、侵害者や侵害するおそれのある者に対し侵害の防止または予防の請求ができる（会社8条）。

　不正競争防止法では、不正の目的は要求されず（不正競争2条1項1号・2号）、この点からも類似商号等の調査は必要である。近年では、他人の周知の商品表示、営業表示を自分の商号に冒用ないし誤認を生じさせる態様で使用し、不正競争防止法による商号の使用差止めや、商号登記の抹消登記を命じられる裁判事例が増加しているとのことである。[8]

【表14】　不正商号の事例

(1) 著名な商号を冒用した商号	①有限会社オービックス（知財高判平19・11・28)、②有限会社エーザイ（東京地判19・9・26)、③杏林ファルマ株式会社（東京地判平19・1・26)、④有限会社伊勢丹商事（東京地判平18・2・13)、⑤セコム防災設備（東京地判平17・7・12)、⑥読売企画販売株式会社（東京地判平16・11・29)、⑦株式会社セイコープランニング（東京地判平16・8・25)、⑧株式会社日本マクセル（大阪地判平16・1・29)、⑨株式会社ホテルサンルート鈴鹿（東京地判平15・8・25)、⑩プルデンシャルライフツアージャパン株式会社（東京地判平10・4・24)、⑪多摩信住宅販売株式会社（東京高判平7・5・16)、⑫株式会社ミシュラン（東京地判平10・3・30)、⑬株式会社ダイエー

8　青山紘一『不正競争防止法〔第6版〕』23頁（法学書院、2010年）。なお〔表14〕の「不正商号の事例」に関し、同23頁・24頁から引用した。

	（神戸地判平7・5・16）、⑭株式会社学研映像制作室（東京地判平5・7・16）、⑮株式会社三重リクルート社（東京地判平5・3・24）、⑯株式会社セキスイ技研（広島地判平4・2・20）、⑰カシオ電気株式会社（東京地判平2・7・20）など
(2) 著名な営業表示を冒用した商号	①株式会社テクノスジャパン（東京地判平5・9・27）、②日航住販株式会社（千葉地佐倉支判平5・8・25）、③株式会社シャネル（大阪地判平4・10・29）、④株式会社アメックス・インターナショナル（東京地判平4・6・29）、⑤西日本ディズニー株式会社（福岡地判平2・4・2）など
(3) 著名な商品表示を冒用した商号	①有限会社カーセンサー（東京地判平11・2・26）、②有限会社ウォークマン（千葉地判平8・4・17）、③ナショナルパネライト株式会社（大阪地判昭37・9・17）など
(4) 著名なグループ名を冒用した商号	①三菱信販株式会社（知財高判平22・7・28）、②有限会社東急ファイナンス（東京地判平16・7・16）、③株式会社三菱ホーム（東京地判平14・7・18）、④株式会社阪急（大阪地判平12・9・14）、⑤有限会社三菱建材輸入住宅インコーポレーション（東京地判平12・6・30）、⑥住友タスクフォース株式会社（東京地判平10・3・13）、⑦住友殖産株式会社（大阪地判平12・3・30）、⑧有限会社住友住宅（大阪地判平11・9・21）、⑨住友ハウジング株式会社（京都地判平9・5・8）、⑩三菱信販株式会社（横浜地判平7・10・25）、⑪三菱農林株式会社（東京地判平5・9・24）、⑫阪急電機株式会社（大阪地判平5・7・27）、⑬豊田商事株式会社（東京地判平4・4・22）、⑭阪急総合開発株式会社（大阪地判平1・1・23）など

(ロ) **目　的**

　目的とは、会社が営もうとする事業のことである。事業の種類は、単数に限らず複数でもさしつかえなく、会社法上特に制限はない。

(ハ) **本店所在地**

　定款の本店所在地は最小行政区画である市町村まで、もしくは東京都の特別区なら区までは記載しなければならないが、政令指定都市については区まで記載する必要はない。町名地番まで記載してもよいが、その場合、所在地の地番を変更しても定款変更が必要となる。

定款には市町村まで記載の場合であっても、本店所在場所は登記事項であるため登記申請までには、町名地番まで決定しておかねばならない（会社911条３項３号）。

㈡　設立に際して出資される財産の価額またはその最低額

出資される財産なので、資本金の額ではなく出資総額を検討することになる。なお、設立に際して発起人が割当てを受ける設立時発行株式の数および払込金額および設立後の資本金、資本準備金の額に関する事項は、発起人全員の同意で決定する（会社32条１項）。この場合、資本金の額は、原則としては発起人が払込みまたは給付した財産の総額をいうが、この総額のうち２分の１を超えない額について資本金に計上しないことができる（同法445条１項・２項）。

旧商法下では、株式会社の資本金の額は1,000万円以上でなければならないと定められていたが、会社法では下限額を設定していない。

㈭　株式譲渡制限会社（非公開会社）の採否

株式譲渡制限会社にするのかどうか決定する。採用するのであれば、定款にその旨を記載することになる。

㈮　機関設計

会社の役員等の機関を構成することを機関設計という。機関については、「第２章Ⅰ　株式会社の機関」（28頁）を参照のこと。

㈯　設立時に就任予定の取締役等の確定等

取締役会を設置するなら取締役は最低でも３人必要であり、監査役も必要となってくる（ただし、大会社以外の非公開会社においては、定款で定めることにより、監査役の監査の範囲を会計監査に限定することができ、また監査役ではなく会計参与を設置することもできる）。取締役会を設置しないなら取締役は１名でもよい。それぞれの予定人数および対象者を決めておく必要がある。

以上に基づき、X株式会社の取締役会で、以下の方向で進めることが決定された。

第4章　子会社の設立・事業運営を通して法規制の実際を知る

〔具体例〕

子会社設立関係事項

(イ)	商号	P株式会社
(ロ)	目的	コンピューターおよび周辺機器の製造販売
(ハ)	本店所在地	名古屋市
(ニ)	設立に際して出資される財産の価額またはその最低額	3,000万円
(ホ)	株式譲渡制限会社（非公開会社）の採否	株式譲渡制限会社とする
(ヘ)	機関設計	取締役会設置会社および監査役設置会社（会社2条9号）とする
(ト)	設立時に就任予定の取締役等の確定等	取締役： 　A（現X株式会社取締役社長） 　E（現X株式会社開発部長） 　F（現X株式会社営業部長） 監査役： 　D（現X株式会社監査役）

2　定款の作成から設立登記まで

(1)　定款の作成と公証人の認証

定款作成は、国の憲法制定にも匹敵する重要な手続である。

定款に発起人の実印を押印し、印鑑証明書とともに公証人役場に提出し公証人の認証を受ける（会社30条1項）。

(イ)　定款の意義

発起人は、会社設立にあたり、会社の根本原則を定め、書面にする場合、発起人全員が署名または記名押印しなければならない（会社26条1項）。

(ロ)　定款の記載事項

(A)　絶対的記載事項（会社27条）

絶対的記載事項とは、定款に必ず記載しなければならない事項のことである。以下の絶対的記載事項について記載がなかったり、記載が違法であった

りした場合、定款全体が無効になる。
① 目　的
② 商　号
③ 本店の所在地
④ 設立に際して出資される財産の価額またはその最低額
⑤ 発起人の氏名または、名称および住所
⑥ 発行可能株式総数　会社が今後発行を予定する株式の総数（発行可能株式総数）は、定款の認証時に記載されている必要はない（会社37条1項、98条）。

(B)　相対的記載事項

相対的記載事項とは、定款に記載がなくても、定款自体は有効だが、定款にその記載がないと効力を生じない事項のことをいう。

(C)　任意的記載事項

任意的記載事項とは、絶対的記載事項および相対的記載事項以外の事項であり、強行法規や公序良俗に反しないかぎり自由に記載できる。

(ハ)　**定款の認証**

発起人が作成した定款（原始定款という）は、公証人の認証を受けなければ法律的に有効とならない（会社30条1項）。

定款の作成を確実に行うため、さらに定款についての紛争や不正行為を回避するため認証を要するものとした。

なお、公証人は、裁判官、検察官、弁護士その他一定の資格のある者の中から法務大臣が任命した公務員であり、公証人役場において公正証書の作成・私署証書の認証・定款の認証などの職務を行う。

〈書式2〉　株式会社の原始定款例　　　　　　　（＊数字は後掲説明参照）

Ｐ株式会社定款

第1章　総　則

（商号）

第1条　当会社は、Ｐ株式会社と称する。

（目的）

第2条　当会社は、次の事業を営むことを目的とする。

　1．コンピューター及び周辺機器の製造販売

　2．コンピュータープログラムの開発及び販売

　3．前号に付帯関連する一切の業務

（本店の所在地）

第3条　当会社は、本店を名古屋市に置く。

（公告方法）

第4条　当会社の公告方法は、官報に掲載する方法により行う。

第2章　株　　式

（発行可能株式総数）

第5条　当会社の発行可能株式総数は、5,000株とする。

（株式の譲渡制限）

第6条　当会社の株式の譲渡または取得については、株主または取得者は取締役会の承認を受けなければならない。（＊1）

（相続人等に対する売渡しの請求）

第7条　当会社は、相続その他の一般承継により当会社の株式を取得した者に対し、当該株式を売り渡すことを請求することができる。

（株式の割当てを受ける権利等の決定）

第8条　当会社の株式（自己株式の処分による株式を含む。）及び新株予約権を引き受ける者の募集において、株主に株式又は新株予約権の割当てを受ける権利を与える場合には、その募集事項、株主に当該株式又は新株予約権の割当てを受ける権利を与える旨及び引受けの申込みの期日の決定は取締役会の決議によって定める。

（株主名簿記載事項の記載等の請求）

第9条　当会社の株式取得者が株主名簿記載事項を株主名簿に記載又は記録することを請求するには、株式取得者とその取得した株式の株主として株主名簿に記載され、若しくは記録された者又はその相続人その他一般承継人が当会社所定の書式による請求書に記名押印し、共同して提出しなければならない。利害関係人の利益を害するおそれがないものとして法務省令に定める事由による場合には、株式取得者が単独で請求することができ、その場合には、

その事由を証する書面を提出しなければならない。
2　当会社の株式につき質権の登録又は信託財産の表示を請求するには、当会社所定の書式による請求書に当事者が署名又は記名押印し、提出しなければならない。その登録又は表示の抹消についても同様とする。
3　前2項に定める請求をする場合には、当会社所定の手数料を支払わなければならない。

（基準日）
第10条　当会社は、毎事業年度末日の最終の株主名簿に記載又は記録された議決権を有する株主（以下「基準日株主」という。）をもって、その事業年度に関する定時株主総会において権利を行使することができる株主とする。
2　前項にかかわらず、株主又は登録株式質権者として権利を行使することができる者を確定するため必要がある場合は、取締役会の決議によりあらかじめ公告して臨時に基準日を定めることができる。
3　基準日後株主が行使することができる権利が株主総会における議決権である場合において、第1項の株主の権利を害しないときは、当該基準日後に株式を取得した者の全部又は一部を当該株主総会において権利を行使する株主と定めることができる。

第3章　株主総会

（株主総会の権限）
第11条　株主総会は、会社法に規定する事項及び定款で定めた事項に限り、決議することができる。

（招集）
第12条　定時株主総会は、毎事業年度の末日から3か月以内に招集し、臨時株主総会は必要あるときに随時招集する。

（招集権者及び議長）
第13条　株主総会は、法令に別段の定めがある場合を除き、取締役会の決議により取締役社長が招集し、議長となる。
2　取締役社長に事故があるときは、取締役会においてあらかじめ定めた順序に従い、他の取締役が株主総会を招集し、議長となる。

（決議の方法）
第14条　株主総会の決議は、法令又は定款に別段の定めがある場合を除き、出

席した議決権を行使することができる株主の議決権の過半数をもって行う。
2　会社法第309条第2項に定める決議は、議決権を行使することができる株主の議決権の3分の1以上を有する株主が出席し、出席した当該株主の議決権の3分の2以上に当たる多数をもって行う。

（議決権の代理行使）
第15条　株主は、当会社の議決権を有する他の株主を代理人として、議決権を行使することができる。（＊2）
2　前項の場合には、株主又は代理人は代理権を証明する書面を、株主総会ごとに当会社に提出しなければならない。

（議事録）
第16条　株主総会における議事の経過の要領及びその結果並びにその他法令で定める事項については、これを議事録に記載又は記録する。

第4章　取締役及び取締役会

（取締役会の設置）
第17条　当会社は、取締役会を置く。

（取締役の員数）
第18条　当会社の取締役は、5名以内とする。

（取締役の選任）
第19条　取締役は、株主総会の決議により選任する。
2　取締役の選任決議は、議決権を行使することができる株主の議決権の3分の1以上を有する株主が出席し、その議決権の過半数をもって行う。
3　取締役の選任決議は、累積投票によらないものとする。（＊3）

（取締役の任期）
第20条　取締役の任期は、選任後2年以内に終了する事業年度のうち最終のものに関する定時株主総会終結の時までとする。
2　補欠又は増員により選任された取締役の任期は、その選任時に在任する取締役の任期の満了すべき時までとする。

（代表取締役及び役付取締役）
第21条　取締役会は、その決議により代表取締役を選定する。
2　代表取締役は社長1名とし、会社を代表し、会社の業務を執行する。
3　取締役会は、その決議によって社長1名を選定し、また必要に応じ専務取

締役及び常務取締役各若干名を選定することができる。

（取締役会の招集権者及び議長）

第22条　取締役会は、法令に別段の定めがある場合を除き、取締役社長が招集し、議長となる。取締役社長に事故があるときには、あらかじめ取締役会において定めた順序により、他の取締役が招集し、議長となる。

（取締役会の招集通知）

第23条　取締役会の招集通知は、会日の3日前までに各取締役及び各監査役に対して発する。

　　　ただし、緊急の場合にはこの期間を短縮することができる。

2　取締役及び監査役の全員の同意があるときは、招集の手続を経ないで取締役会を開催することができる。

（取締役会の決議及び決議の省略）

第24条　取締役会の決議は、議決に加わることができる取締役の過半数が出席し、その過半数をもってこれを決する。

2　取締役が提案した決議事項について取締役（当該事項につき議決に加わることができる者に限る。）の全員が書面又は電磁的記録により同意したときは、当該事項を可決する旨の取締役会の決議があったものとみなす。ただし、監査役が異議を述べたときはこの限りではない。

（取締役会議事録）

第25条　取締役会議事録については、法務省令の定めるところにより議事録を作成し、出席した取締役及び監査役がこれに署名若しくは記名押印又は電子署名する。

（取締役会規則）

第26条　取締役会に関する事項は、法令又は本定款のほか、取締役会において定める取締役会規定による。

（取締役の報酬等）

第27条　取締役の報酬等は、株主総会の決議によって定める。

（取締役の責任免除）

第28条　当会社は、会社法第426条第1項の規定により、任務を怠ったことによる取締役（取締役であった者を含む）の損害賠償責任を、法令の限度において免除することができる。

第5章　監査役

（監査役の設置）
第29条　当会社は、監査役を置く。
（監査役の員数）
第30条　当会社の監査役は2名以内とする。
（監査役の選任）
第31条　監査役は、株主総会の決議により選任する。
2　監査役の選任決議は、議決権を行使することができる株主の議決権の3分の1以上を有する株主が出席し、その議決権の過半数をもって行う。
（監査役の任期）
第32条　監査役の任期は、選任後4年以内に終了する事業年度のうち最終のものに関する定時株主総会の終結の時までとする。
2　補欠として選任された監査役の任期は、退任した監査役の任期の満了する時までとする。
（監査役の報酬等）
第33条　監査役の報酬等は、株主総会の決議によって定める。
（監査役の責任免除）
第34条　当会社は、会社法第426条第1項の規定により、任務を怠ったことによる監査役（監査役であった者を含む）の損害賠償責任を、法令の限度において免除することができる。

第6章　計　算

（事業年度）
第35条　当会社の事業年度は、毎年4月1日から翌年3月31日までとする。
（剰余金の配当）
第36条　剰余金の配当は、毎事業年度末日現在の最終の株主名簿に記載又は記録された株主及び登録株式質権者に対して行う。
2　剰余金の配当がその支払開始の日から満3年を経過しても受領されないときは、当会社は、その支払義務を免れるものとする。

第7章　附　則

（設立に際して出資される財産の価額）
第37条　当会社の設立に際して出資される財産の価額は、3,000万円とする。

（最初の事業年度）
第38条　当会社の最初の事業年度は、当会社の成立の日から〇〇〇〇年3月31日までとする。
（設立時取締役及び設立時監査役）
第39条　当会社の設立時取締役及び設立時監査役は、次のとおりとする。
　　設立時取締役　　A、E、F
　　設立時監査役　　D
（発起人の氏名及び住所等）
第40条　発起人の氏名、名称、住所及び設立に際して割当てを受ける株式数並びに株式と引き換えに払い込む金額は次のとおりである。
　　住所　名古屋市〇区〇〇1丁目1番1号
　　名称　X株式会社
　　普通株式　500株　金2,500万円

　　住所　名古屋市〇区〇〇2丁目1番地
　　氏名　A
　　普通株式　100株　金500万円
（定款に定めのない事項）
第41条　本定款に定めのない事項は、すべて会社法その他の法令の定めるところによる。

以上、P株式会社設立のため、本定款を作成し発起人が記名押印する。
〇〇〇〇年〇月〇日
　　　　　　　　　　　　　　　発起人　X株式会社
　　　　　　　　　　　　　　　　　代表取締役　A　㊞
　　　　　　　　　　　　　　　　　発起人　A　㊞

(二)　定款作成上の留意点
　(A)　留意点1──株式の譲渡制限（〈書式2〉の＊1）
　株式会社は、株式の譲渡は原則自由だが、同族会社などの閉鎖的な会社では自由に株式の譲渡がなされると、会社の意向にそぐわない者が株主となり、会社の運営に支障をきたすことも考えられる。そこで、このような心配があ

る場合は、「譲渡による株式の取得について取締役会の承認を受けなければならないようにすること」を定款に記載できる（会社107条2項）。

┌─〔具体例〕─────────────────────────────┐
│　P株式会社の場合も、基本的にはX社の子会社であり、閉鎖的会社│
│であるため定款にこの規定を設けることにした。　　　　　　　　│
└───────────────────────────────────┘

　　　(B)　留意点2——議決権行使のできる代理人の制限（〈書式2〉の＊2）
　株式会社の定款の多くは、「株主総会の議決権行使のための代理人の資格を株主に限る」旨を定めている。この制限は、総会が株主以外の第三者によって撹乱されることを防止し、会社の利益を保護するための合理的な範囲内の制限として有効であるとされている（最判昭43・11・1民集22巻12号2402頁）。なお、公開会社では本条文に基づき特殊株主等を排除することは実効性に乏しい面もある。

　　　(C)　留意点3——累積投票の排除（〈書式2〉の＊3）
　累積投票とは、株主が1株（もしくは1単元の株式）ごとに選任される取締役の数の議決権を持ち、2人以上に分けて投票してもよいが、少数株主でも取締役を選任できるよう全部を1人の取締役に投票することもできる制度である（会社342条3項）。この累積投票は、少数株主が大きな力を持つことになるので、ほとんどすべて株式会社の定款でこの制度を排除する規定を設けている（同法342条1項）。

(2)　定款で定めなかった場合の発起人の決定事項

　定款で定めることも可能だが、定めなかった場合、発起人は次の事項につき決定しなければならない。

① 　定款には本店所在地を最小行政区画等により規定し、具体的な地番まで決定しなかった場合、設立登記申請までに決定する。
② 　発起人が割当てを受ける設立時発行株式の数（会社32条1項1号）。
③ 　②の設立時発行株式と引換えに払い込む金銭の額（同項2号）。
④ 　成立後の株式会社の資本金・資本準備金の額に関する事項（同項3号）。

　　※②ないし④および会社法32条2項に関する事項は、発起人全員の同

意が必要であるが、同意に会議体などの特別の方式は要求されていない。定款で定めていない場合は、設立登記申請に発起人全員の同意を証明する書面の添付が必要となる。
⑤　発行可能株式総数（会社37条1項）を原始定款に定めていないときには、設立登記申請までに発起人全員の同意によって定款変更を行う。公開会社は設立時の発行株式総数は発行可能株式総数の4分の1を下回ることはできないが、非公開会社の場合は制限を受けない（同法37条3項）。
　　※P株式会社は非公開会社（〈書式2〉の第6条）であるので、発行可能株式総数5,000株（〈書式2〉の第5条）に対し、設立時発行株式総数600株（〈書式2〉の第40条）としている。

〈書式3〉　発起人の決定書

発起人の決定書

〇〇〇〇年〇月〇日、発起人の全員は、下記事項につき決定する。
1　当会社の本店所在地は、名古屋市〇区〇〇1丁目10番10号とする。

発起人全員が次に記名押印する。
〇〇〇〇年〇月〇日

　　　　　　　　　　　　　　　　　　　　　　　P株式会社
　　　　　　　　　　　　　　　　　　　　　　　発起人　X株式会社
　　　　　　　　　　　　　　　　　　　　　　　　代表取締役　A　㊞
　　　　　　　　　　　　　　　　　　　　　　　発起人　A　㊞

※〈書式2〉P株式会社の定款には上記②～⑤までの事項は定款に定めたため、①の事項のみの決定となるが、定款で定めていない場合には、②～⑤に関しても発起人の決定書により決定する。

(3)　設立時発行株式引受人の募集

この手続は、募集設立のとき必要になるが、今回のP株式会社の設立手続は発起設立なので必要ない。

(4)　設立時発行株式の払込金の金融機関への払込み等

発起人は、設立時発行株式を引き受けた後、遅滞なくその払込金の全額を

銀行・信託銀行等の払込取扱場所に払い込む（会社34条）。
※発起設立の場合、払込取扱機関への払込みがあったことの証明は、払込保管証明ではなくてもよく、払込みを証する書面でよいとされる（会社64条1項、商登47条2項5号）。この場合、払込金を受け入れたことを証明する払込取扱機関による払込金受入証明書や、設立時代表取締役等の作成に係る払込取扱機関において払い込まれた金額を証明する書面に預金通帳の写し、もしくは払込取扱機関作成の取引証明書等を合綴したものが必要となる。

〈書式4〉　設立時代表取締役等が作成する払込証明書

払込証明書

　当会社の設立により、発行する株式につき、次のとおり払込金額の払込みがあったことを証明します。

　　　払込みがあった金額の総額　　　3千万円
　　　払込みがあった株式数　　　　　600株
　　　1株の払込金額　　　　　　　　5万円

○○○○年○月○日
　　　　　（本店住所）　名古屋市○区○○1丁目10番10号
　　　　　（商号）　　　P株式会社
　　　　　（代表者）　　設立時代表取締役　E　㊞

※当証明書の場合、預金通帳の背表紙・明細のコピーとの合綴が必要となる。

(5) 金銭以外の財産の給付

　不動産、自動車などの動産、有価証券、知的財産権、ノウハウなどの現物出資は定款に記載する必要があり、現物出資をする発起人は(4)の場合と同様、株式引受後、遅滞なく現物出資の給付をしなければならない（会社34条1項）。

　現物出資の場合、財産権の過大評価の危険性があるため、原則として取締役・監査役の調査・報告に加えて裁判所の選任による検査役の調査・報告な

どを要する（会社33条）。ただし、現物出資が少額の場合、現物出資の目的が市場価格のある有価証券であり定款記載の価格が市場価格以下の場合、および定款記載の現物出資が相当であることについて、弁護士、公認会計士、税理士（またはこれらの法人）の証明（ただし財産が不動産の場合には、その証明および不動産鑑定士の鑑定評価）を受けた場合には裁判所の検査役の調査を要しない（会社33条10項）。

〔具体例〕

Ｐ株式会社の設立の場合は、現物出資を行わないため、その詳細は省略する。

(6) 定款に定めなかった場合の設立時取締役等の選任

(イ) 選任の時期

定款で設立時取締役等を定めなかった場合、発起人は出資の履行完了後、遅滞なく設立時取締役等の選任（設立する株式会社の機関設計により設立時会計参与、設立時監査役、設立時会計監査人も選任）しなければならない（会社38条1項・2項）。出資の履行前に定款によって定めても差し支えなく、ただ、出資の履行まで選任の効力が生じないだけである（同法38条3項）。

(ロ) 選任の方法

発起人が1名の場合は、その者だけで設立時取締役等を選任すればよいが、発起人が複数存在する場合は、発起人の議決権の過半数をもって決定し選任する（会社40条）。

(7) 募集設立における創立総会の開催

募集設立の場合は、設立時募集株式の払込期日または払込期間の末日のうち最も遅い日以後、遅滞なく、設立時株主の総会（創立総会）を招集しなければならない（会社65条）。発起人は、この創立総会において会社の設立に関する事項を報告し、設立時取締役等の設立時役員等をその決議によって選任する（同法87条、88条）。また、この場において選任された設立時取締役（監査役設置会社にあっては設立時監査役も含む）は、選任後遅滞なく、検査役の調査が省略された場合の現物出資等の定款記載価額の相当性、弁護士等専門家の証明の相当性、株式引受人の払込みや発起人の出資の履行の完了、設

立手続の法令・定款違反の有無について調査し創立総会において報告しなければならない（同法93条1項・2項）。

(8) **設立時取締役等による調査**

定款もしくは(6)の手続により選任された設立時取締役（監査役設置会社にあっては設立時監査役も含む）は、その選任後遅滞なく、検査役の調査が省略された場合の現物出資等の定款記載価額の相当性、弁護士等専門家の証明の相当性、発起人の出資の履行の完了、設立手続の法令・定款違反の有無について、調査しなければならない（会社46条1項）。設立時取締役は、調査の結果、これらについて法令・定款違反があり、または不当な事項があると認めた場合には発起人に通知しなくてはならない（同条2項）。

(9) **設立時代表取締役の選定**

設立時代表取締役が設立登記の申請人となるため、設立時取締役は設立時取締役の中から設立時代表取締役を選定しなければならない（会社47条1項）。この選定は、設立時取締役の過半数で決定する（同条3項）。

〈書式5〉　設立時代表取締役選定決議書

設立時代表取締役選定決議書

　〇〇〇〇年〇月〇日、設立時取締役の全員一致をもって、下記の者を設立時代表取締役に選定することを決定する。

　　（住所）　名古屋市〇〇区〇〇町1丁目1番1号
　　（設立時代表取締役）　E

なお、被選定者はその就任を承諾した。
設立時取締役全員が次に記名押印する。
　〇〇〇〇年〇月〇日

　　　　　　　　　　　　　　　　　　P株式会社
　　　　　　　　　　　　　　　　　　設立時取締役　E　㊞➡実印
　　　　　　　　　　　　　　　　　　設立時取締役　A　㊞
　　　　　　　　　　　　　　　　　　設立時取締役　F　㊞

〈書式5〉の決議書は、就任承諾の書面も兼ねているので設立時代表取締役Eの実印も必要となる。

(10) 設立登記申請書類の作成

いよいよ、登記申請書類を作成することになるが、いままで手続で作成した書類も含め以下の書類を準備する。

① 設立登記申請書および添付書類（商登47条2項）
② 委任状　司法書士などの代理人による申請には、委任状を提出しなければならない。
③ 登記すべき事項　登記すべき事項をオンラインまたはCD-Rにて提出する。
④ 印鑑届出書　会社の実印である代表印（代表取締役の印鑑）を届出しなければならない。

〈書式6〉 設立登記申請書

株式会社設立登記申請書

1．商号　　　　　　P株式会社
1．本店　　　　　　愛知県名古屋市○区○○一丁目10番10号
1．登記の事由　　　○○○○年○月○日設立手続終了
1．登記すべき事項　別紙のとおりの内容をオンラインにより提出済み
　　　　　　　　　※または、（別添CD-Rのとおり）
1．課税標準金額　　金3,000万円
1．登録免許税　　　金21万円
1．添付書類
　　　定款　　　　　　　　　　　　　　　　　　　　　　1通
　　　発起人の決定書　　　　　　　　　　　　　　　　　1通
　　　設立時代表取締役を選定したことを証する書面および設立時
　　　代表取締役就任承諾書　　　　　　　　　　　　　　1通
　　　設立時取締役および設立時監査役の就任承諾書　　　4通
　　　印鑑証明書　　　　　　　　　　　　　　　　　　　1通
　　　本人確認証明書　　　　　　　　　　　　　　　　　4通
　　　払込みを証する書面　　　　　　　　　　　　　　　1通
　　　委任状　　　　　　　　　　　　　　　　　　　　　1通

以上のとおり登記を申請します。

○○○○年○月○日

　　　　　　　　　　　愛知県名古屋市○区○○一丁目10番10号
　　　　　　　　　　　申請人　　P株式会社
　　　　　　　　　　　愛知県名古屋市○区○○一丁目1番1号
　　　　　　　　　　　代表取締役　E　㊞
　　　　　　　　　　　愛知県名古屋市○○区○○○一丁目1番1号
　　　　　　　　　　　上記代理人　H　㊞
　　　　　　　　　　　連絡先の電話番号　052-111-2222

名古屋法務局御中

〈書式7〉　委任状

委 任 状

　私は名古屋市○○区○○○一丁目1番1号　司法書士　Hをもって代理人と定め、以下の権限を委任します。
　1．下記の登記申請に関する一切の権限
　2．下記の登記申請に関する添付書類の原本還付請求並びにその受領に
　　　関する権限
　3．登記申請の内容
　　　P株式会社の設立登記（発起設立）
　4．本件について、複代理人選任の件
　　　○○○○年○月○日
　　　　　　　名古屋市○区○○一丁目10番10号
　　　　　　　　申請人　　P株式会社
　　　　　　　　　設立時代表取締役　E　㊞（届出印）

〈書式8〉 登記すべき事項の入力例

「商号」P株式会社
「本店」愛知県名古屋市〇区〇〇一丁目10番10号
「公告方法」官報に掲載してする。
「目的」
　1　コンピューター及び周辺機器の製造販売
　2　コンピュータープログラムの開発及び販売
　3　前各号に付帯する一切の事業
「発行可能株式総数」5,000株
「発行済株式の総数」600株
「資本金の額」金3,000万円
「株式の譲渡制限に関する規定」
　当会社の株式の譲渡または取得について株主又は取得者は取締役会の承認を要する。
「役員に関する事項」
「資格」取締役
「氏名」E
「役員に関する事項」
「資格」取締役
「氏名」A
「役員に関する事項」
「資格」取締役
「氏名」F
「役員に関する事項」
「資格」代表取締役
「住所」名古屋市〇区〇〇町一丁目1番1号
「氏名」E
「役員に関する事項」
「資格」監査役
「氏名」D
「取締役会設置会社に関する事項」
取締役会設置会社

> 「監査役設置会社に関する事項」
> 監査役設置会社
> 「登記記録に関する事項」設立

(11) 設立登記の申請

発起設立の登記は、その本店所在地において設立時取締役等の調査が終了した日と発起人が定めた日のいずれか遅い日から2週間以内にしなければならない（会社911条1項）。

(12) 登記事項全部証明書（登記簿謄本）、代表者の印鑑証明書の交付申請

下記の官公署等への届出のとき必要となるので数通交付申請をしておく。

(13) 官公署への届出

設立登記手続が完了し、成立が確認されたら、税務署、県税事務所、市町村役場、労働基準監督署、公共職業安定所、社会保険事務所などへ届け出ることになる。

なお、それぞれ提出期限が決まっているので、事前に確認が必要である。

Ⅲ 子会社運営と法規制

1 親子会社の意義

株式会社は、単独で経営がなされている場合のほか、複数の会社が相互に議決権を保有したり、資金、人事、取引関係から、他の会社が株式会社の議決権の一部または全部を保有していることも多い。

このような場合に、他の会社が株式会社の議決権の過半数を有したり、また過半数に足りなくても、資金、人事、取引その他の関係から経営を支配している場合には、他の会社が、株式会社の支配権を有することになり、会社間に親子関係があるとされる。

2 親子会社等の定義

(1) 親子会社の定義

　会社法上、「親会社」とは、ある株式会社の議決権総数の過半数を有する（形式基準）など、当該株式会社の経営を支配している法人として、法務省令で定める他の会社等（株式会社、持分会社、外国会社、組合その他これに順ずる事業体も含む）をいい（会社2条4号、会社則3条2項・3項）、「子会社」とは、ある会社（株式会社、持分会社）がその経営を支配している他の会社等をいう（会社2条3号、会社則3条1項・3項）[9]。経営を支配しているとは、「他の会社の財務および事業の方針の決定を支配している」場合であり、下記の形式基準（表15①）のほか、議決権総数の40％以上を有する場合であって出資、人事、資金、技術、取引等からみて実質的に財務および事業の方針の決定を支配している場合（表15②）、その他（表15③）である。

【表15】　子会社の定義

①　議決権の所有割合（子会社等を含む）　50％超
②　議決権の所有割合（子会社等を含む）　40％以上 　イ．自己所有等議決権数の割合（自己の計算分、緊密な関係者の所有分、同一内容の議決権行使に同意している者の所有分の合計）　50％超 　ロ．取締役会等の構成員の過半数が自己の役職員等（役職員等であった者を含む） 　ハ．重要な財務・事業の方針の決定を支配する契約等の存在 　ニ．融資（保証、担保提供を含む）の額（人事、資金、技術、取引等において緊密な関係者が行う額を含む）の割合が50％超 　ホ．その他財務および事業の方針の決定を支配していることが推測される事実の存在
③　自己所有等議決権数の割合　50％超（自己の計算分ゼロの場合を含み、①②の場合を除く）かつ上記ロ～ホのいずれかに該当

---

[9] 「親会社等」とは、親会社または株式会社の経営を支配している者（法人であるものを除く）として法務省令で定めるもの（会社則3条の2第2項・3項）をいう（会社2条4号の2）。この場合は、経営を支配している法人のほか、自然人（会社オーナー株主）を含む概念である。同様に「子会社等」とは、子会社または会社以外の者がその経営を支配している法人として法務省令で定めるもの（会社則3条の2第1項・3項）をいう（会社2条3号の2）。

金融商品取引法上の親子会社も、会社法上の親子会社と同様である（財務規8条3項・4項）。なお、「完全親会社」とは、ある株式会社の発行済株式の総数を有する場合をいい、「完全子会社」とは、その場合の他の会社をいう（会社851条1項参照）。完全親子会社は、親子会社のような実質基準ではなく、株式数という形式基準により定められている。

(2) 特別支配会社の定義

「特別支配会社」とは、ある株式会社の総株主の議決権の10分の9（これを上回る割合を定款で定めた場合にはその割合）以上を他の会社および当該他の会社が発行済み株式の全部を有する株式会社その他これに準ずるものとして法務省令で定める法人が有している場合における当該他の会社をいう（会社468条1項）。

「特別支配会社」は、事業譲渡や吸収合併等において、その契約の相手方の株式会社において株主総会の特別決議を不要とするものである[10]。

(3) 関連会社・関係会社・持分法適用会社とは

関連会社とは、金融商品取引法に定められており、上記の親子会社関係ではないが、A社が、子会社以外のB社に対して、出資、人事、資金、技術、取引等の関係を通じて、「B社の財務および事業の方針の決定に対して重要な影響を与えることができる場合」における場合のB社をいう（財務規8条5項）。B社の議決権の20％以上をA社の計算において所有している場合（形式基準）のほか、15％以上であっても一定の要件に該当する場合をいう（同規8条6項各号）。

関係会社とは、「財務諸表提出会社の親会社、子会社、関連会社、ならびに財務諸表提出会社が他の会社等の関連会社である場合における当該他の会社等をいう」（財務規8条8項）。つまり、会計上、関係会社は関連会社より

---

[10] 事業譲渡の場合、譲受会社が特別支配会社である場合、譲渡会社での株主総会決議は不要である（会社468条1項）。吸収合併の場合、存続会社（または消滅会社）が特別支配会社である場合には、消滅会社（または存続会社）では株主総会決議は不要である（同法784条1項、796条1項）。吸収分割の場合、承継会社（または分割会社）が特別支配会社である場合には、分割会社（または承継会社）では株主総会決議が不要である（同法784条1項、796条1項）。株式交換の場合、株式交換完全親会社（株式交換完全子会社）が特別支配会社である場合、株式交換完全子会社での株主総会決議は不要である（同法784条1項、796条1項）。

も広い概念である。

連結財務諸表上、持分法の適用対象となる関連会社のことを持分法適用会社という。持分法適用会社に該当すると、当該会社は、株式発行会社の連結財務諸表の損益（「投資有価証券」の勘定項目）に当該会社の損益等を反映させる処理がなされることになる。

3　会社法上の規制

株主としての規制なども考慮すると対象が広くなり、本項では記述しきれないため、会社法上に「親会社」または「子会社」、「完全親会社」または「完全子会社」との記載があるものの主なものを対象とした。

(1)　親子会社株式に係る規制

(イ)　子会社による親会社株式の取得・保有制限

子会社は、原則、親会社の株式を取得することができない（会社135条、976条10号）。子会社による親会社株式の取得は、親会社自身による自己株式の取得と同様の弊害を生ずるおそれがあるからである。親会社自身による自己株式の取得は、その手続・取得限度等を厳格にして取得が認められているのに対し、子会社による親会社株式の取得が認められないのは、グループ会社を含め合算した取得規制が必要になるなど複雑にならざるを得ないからである。

(ロ)　子会社による親会社株式取得制限の例外

子会社の親会社株式取得の制限の例外として、以下の事項が認められている（会社135条2項）。

いずれも親会社の弊害が少ないかやむをえない場合である。

① 外国会社を含む他の会社の事業を全部譲り受ける場合において、他の会社の有する親会社株式を譲り受ける場合（会社135条2項1号）
② 合併後、消滅する会社から親会社の株式を承継する場合（同項2号）
③ 吸収分割により他の会社から親会社株式を承継する場合（同項3号）
④ 新設分割により他の会社から親会社株式を承継する場合（同項4号）
⑤ その他法務省令で定める場合（同項5号）

その他法務省令で定める場合とは、組織再編時に親会社株式の割当て

を受ける場合や親会社株式を無償で取得する場合等である（会社則23条）。吸収分割に際して親会社株式の割当てを受ける場合（同条1号）、株式交換・株式移転により完全子会社となる会社が有する自己株式と引換えに完全親会社株式の割当てを受ける場合（同条2号・3号）、親会社株式を無償取得また現物配当の形で取得する場合（同条4号・5号）などである。

⑥　吸収合併の存続会社等になる場合に、吸収合併消滅会社の株主等に対して親会社株式を交付するために取得する場合の効力発生日までの親会社株式の保有にも適用されない（会社800条1項・2項）。いわゆる三角合併等を行う場合である。

(ハ)　**子会社による親会社株式の処分**

許容されている、いないにかかわらず、親会社株式を保有する子会社は、相当な時期に親会社株式を処分しなければならない（会社135条3項）。

子会社が親会社株式を処分する場合、第三者への処分は容易ではない場合もあるので、親会社が、取締役会設置会社では取締役会決議（取締役会非設置会社では株主総会決議）により、会社法156条1項の取得に関する事項を定めるだけで子会社の有する自己株式を取得できる（会社163条）。この場合も、会社の財源による制約を受ける（同法461条1項2号）。

(二)　**株式の相互保有規制**

株式会社において、会社がその総株主の議決権4分の1以上を有することその他の事由を通じて、会社がその経営を実質的に支配することが可能な関係にあるものとして法務省令（会社則67条）で定める株主は、その所有している他の会社の株式について議決権を行使できない（会社308条1項本文かっこ書）。

企業提携の場合など、株式を持ち合うことも多いが、双方の会社が、保有株式数を総株主の議決権の25％未満にとどめることも行われている。

①　Ａ社がＢ社の総株主の議決権の4分の1以上保有し、Ｂ社はＡ社の

11　①取得する株式の数（種類株式発行会社にあっては、株式の種類および種類ごとの数）、②株式を取得するのと引換えに交付する金銭等（親会社の株式等を除く）、③株式を取得することができる期間、である。

総株主の議決権の4分の1未満しか保有していない場合、A社はB社株主総会において議決権を行使できるが、B社は、A社株主総会で議決権を行使することができない。
② A社がB社の総株主の議決権の4分の1以上を保有し、B社はA社の総株主の議決権の4分の1以上を保有する場合、A社、B社共に相手方の株主総会において議決権を行使することができない。
③ A社がB社の総株主の議決権の100％を保有し、B社はA社の総株主の議決権の4分の1以上を保有する場合、A社はB社株主総会において議決権を行使できるが、B社は、A社株主総会において議決権を行使することができない。この場合、B社においては、相互保有株式規制の対象となるA社しか議決権を行使することができず、それではB社の株主総会決議が成立しないことになるため、相互保有規制から除外されている（会社則67条1項かっこ書）。
④ A社の子会社P社がB社の総株主の議決権の4分の1以上を保有し、B社はA社の総株主の議決権の4分の1以上を保有する場合、A社の子会社P社（会社則67条1項かっこ書）はB社株主総会においてにおいて議決権を行使することができず、B社はA社株主総会で議決権を行使することができない。

なお、A社がB社の議決権総数の4分の1以上の株式を保有しているが、名義書換が未了の場合でも、B社のA社に対する議決権行使は禁止される[12]。

(ホ) **子会社株式等の譲渡**

親会社が子会社の株式等の全部または一部を第三者に譲渡する場合で、親会社が子会社に対する支配権を喪失するような場合には、事業譲渡と同様の影響が親会社に及ぶことになる。

そこで、以下の2つの要件（会社467条1項2号の2イ・ロ、会社則134条）のいずれにも該当するときは、株主総会の特別決議によって株式等譲渡契約の承認を受けなければならない（会社467条1項2号の2、309条2項11号）。

2つの要件は、①当該譲渡により譲り渡す株式または持分の帳簿価額が、

---

12 江頭憲治郎『株式会社法〔第6版〕』334頁（有斐閣、2015年）。

譲渡会社の総資産額として法務省令（会社則134条）で定める方法により算定される額の5分の1（これを下回る割合を定款で定めた場合はその割合）を超えるとき、かつ、②譲渡会社が、効力発生日において当該子会社の過半数の議決権を有しないとき、である。

(2) 親子会社間の役員の兼任に係る規制

(イ) 監査役

監査役は、子会社の取締役・執行役・使用人を兼ねることができず、また子会社の会計参与を兼ねることができない。

(ロ) 社外取締役・社外監査役

親会社等（会社オーナー株主を含む）の取締役・監査役・執行役・使用人（すなわちすべての役職員）は、子会社の社外取締役や社外監査役を兼任することはできない（会社2条15号ハ・16号ハ）。

親会社等の子会社等（兄弟会社。オーナー株主が経営を支配している会社を含む）の業務執行取締役等は、他の兄弟会社の社外取締役や社外監査役を兼ねることができない（会社2条15号ニ・16号ニ）。

(ハ) 監査委員会委員・監査等委員会委員

指名委員会等設置会社の監査委員会の委員または監査等委員会設置会社の監査等委員は、子会社の執行役・業務執行役取締役または会計参与・使用人を兼ねることができない（会社331条3項、333条3項1号、400条4項）。

(ニ) 会計参与

会計参与は、子会社の取締役、監査役もしくは執行役または支配人その他の使用人を兼ねることができない（会社333条3項1号）。

(3) 親子関係の内部統制・コンプライアンスに係る規制

(イ) グループとしての内部統制システムの整備

株式会社およびその子会社からなる企業グループの業務の適正を確保するために必要なものとして、法務省令で定める体制の整備を決定しなければならない（会社348条3項4号、362条4項6号、399条の13第1項1号ハ、416条1項1号ホ）。大会社である取締役会設置会社および監査等委員会設置会社ならびに指名委員会等設置会社では、取締役会が決定しなければならない（同法362条5項ほか）。

法務省令で定める事項とは、①子会社の取締役、執行役、業務執行社員等（以下、「取締役等」という）の職務執行に係る事項の株式会社への報告、②子会社の損失の危険の管理に関する規程その他の体制、③子会社の取締役等の職務執行が効率的に行われることを確保するための体制、④子会社の取締役等および使用人の職務執行がコンプライアンスを確保するための体制、である（会社則98条1項5号、100条1項5号、110条の4第2項5号、112条2項5号）。

　　(ロ)　監査役等の子会社調査権
　監査役は、その職務を行うため必要があるときは、子会社に対し報告を求め、または子会社の業務および財産の状況を調査できる（会社381条3項）。
　監査等委員会設置会社では、監査委員会が選定する監査委員は、監査委員会の職務を執行するため必要があるときは、子会社に対して事業の報告を求め、またはその子会社の業務および財産の状況の調査をすることができる（会社405条2項）。
　指名委員会等設置会社では、監査等委員会が選定する監査等委員は、監査等委員会の職務を執行するため必要があるときは、監査等委員会設置会社の子会社に対して事業の報告を求め、またはその子会社の業務および財産の状況の調査をすることができる（会社399条の3第2項）。

　　(ハ)　多重株主代表訴訟制度
　多重株主代表訴訟制度は、企業グループの最終、すなわち完全親子会社関係の最上位にある株式会社（「最終完全親会社」という）の一定の要件（6か月前から引き続き総株主の議決権等の100分の1以上を保有）を備える株主が、その重要な完全子会社（完全孫会社も含む。「対象子会社」という）の取締役等の責任を追及する株主代表訴訟（「特定責任追及の訴え」という）である（会社847条の3）。

　(4)　連結計算書類に係る規制
　会計監査人設置会社は、会社およびその子会社からなる企業集団の財産および損益の状況を示すため連結計算書類を作成することができ、上場会社などの有価証券報告書提出会社は連結計算書類を提出しなければならない（会社414条1項3号、金商24条1項・6項、企業開示17条1項1号ロ）。

115

会社は、原則、そのすべての子会社を連結の範囲に含めなければならないが、例外的に、①財務および事業の方針を決定する機関（株主総会その他これに準ずる機関）に対する支配が一時的と認められる子会社、②連結の範囲に含めることによりその会社の利害関係人の判断を著しく誤らせるおそれがあると認められる子会社、のほか、連結の範囲から除いてもその企業集団の財産および損益の状況に関する合理的な判断を妨げない程度に重要性の乏しいものは、連結の対象から除くことができる（会社計算63条、連結財務規5条）。

金融商品取引法上の連結財務諸表も、以上と同様である。

4　金融商品取引法上の規制

(1) 継続開示規制

前述3⑷の有価証券報告書提出会社は、事業年度ごとに有価証券報告書（関係会社の状況、連結財務諸表等、提出会社の親会社の情報など）、四半期報告書（関係会社の状況、四半期連結財務諸表等など）、親会社等状況報告書などを財務局長に提出しなければならない（金商24条1項）。また、事業年度の途中で、重要な発生事実や決定事実があった場合にも、その内容につき臨時報告書を提出しなければならない。

(2) インサイダー取引規制

会社関係者等のインサイダー取引とは、「当該上場会社等（上場会社等の親会社および子会社等も含まれる）」の「会社関係者（元会社関係者も含まれる）」または「第1次情報受領者」が「当該上場会社等の重要事実」を知りながら、その「公表」前に、当該上場会社の「特定有価証券等」の「売買等」を行うことである（金商166条1項）。

親会社・子会社に係る重要事実としては、決定事実として子会社におけるM&A、業務提携、業務提携、異動を伴う株式の譲渡・取得、また発生事実として子会社に対する訴訟の提起、判決など、子会社における免許取消し、主要取引先との取引停止、親会社の異動、親会社に係る破産手続開始の申立て等、および子会社を含む決算に関する事実やバスケット条項がある。

詳細に関しては第9章を参照していただきたい。

第5章 M&Aは成長・発展のための経営戦略

第5章 M&Aは成長・発展のための経営戦略

> M&Aとは、「Merger（合併）and Acquisutison（買収）」の略で、企業の組織再編を総称する。本章ではM&Aのうち基本となる、事業譲渡、合併、会社分割、株式交換、株式移転について述べ、TOB（株式公開買付け）、友好的株式取得などについては省略している。

I 事業の譲渡・譲受け等

1 事業の譲渡・譲受け等とは

　事業の譲渡（会社467条1号・2号）、事業の譲受け（同条3号）、子会社株式の譲渡（同条2号の2）などを事業譲渡等といい、事業の譲渡・譲受けとは、会社の事業を取引行為として他に譲渡し、または他の会社から譲り受けることであり、子会社株式の譲渡とは、親会社が子会社株式を取引行為として他に譲渡することである。これらは、株主の利益に重大な影響を及ぼすため、原則、株主総会の特別決議を経なければならない（同法309条2項11号）。

〔図3〕 事業の譲渡・譲受け等の基本的なしくみ

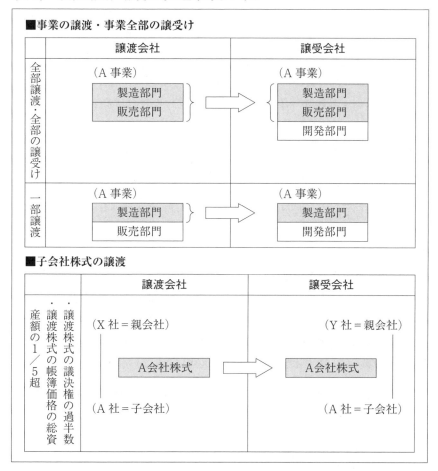

(1) 事業の譲渡

　事業の全部の譲渡または事業の重要な一部の譲渡に該当する事業譲渡契約は株主総会の特別決議を経ないと無効となる。

　現在の有力説は、株主総会の特別決議を要する事業譲渡とは、事業目的のために組織化され有機的一体としての財産であれば事業譲渡の要件とするものであり、単なる事業用財産については事業譲渡にはならないとする。

(2) 子会社株式等の譲渡

　親会社が子会社株式等の全部または一部を第三者に譲渡する場合で、親会社が子会社に対する支配権を失うような場合には、事業譲渡の場合と同様の影響が親会社に及ぶことになる。

　そこで次の2つの要件のいずれにも該当するときは、親会社は株主総会の特別決議によって株式等譲渡契約の承認を受けなければならない（会社467条1項2号の2、309条2項11号）。

　2つの要件とは、①当該譲渡により譲り渡す株式または持分の帳簿価額が、譲渡会社の総資産額の5分の1を超えるときで、かつ、②譲渡会社が、効力発生日においてこの子会社の過半数の議決権を有しないとき、である。ただし、②に関しては、譲渡会社が企業グループ内の他の子会社に、子会社株式を譲渡したような場合は、譲渡会社は依然として支配権を有しているので対象とはならない。

(3) 事業全部の譲受け

　事業を譲り受ける場合は、他の会社の事業の全部の譲受け契約についてのみ、譲受会社は株主総会の特別決議を要する（会社467条1項3号、309条2項11号）。重要な一部の譲受けは、譲受会社の株主によってそれほど重要な意味を有さないから株主総会の特別決議は必要ない。

2　事業譲渡・譲受け、子会社株式等の譲渡に係る承認等の手続

(1) 株主総会の有無

㈦　株主総会決議

　譲渡会社では、事業譲渡等（前記1(1)ないし(3)など。第5章Ⅰでは以下同じ）をする場合には、効力発生日の前日までに株主総会の特別決議によって、その行為に係る契約の承認を受けなければならない。当該決議を欠くこれらの行為に係る契約は無効である。

㈺　譲渡会社が株主総会の決議を要しない場合

　　(A)　事業の重要な一部の譲渡で譲渡資産の規模が小さい場合

　事業の重要な一部について、譲り渡す資産の帳簿価額が総資産の額の5分

の1以下の場合には、株主総会決議は要しない（会社467条1項2号かっこ書）。

　　(B)　略式の事業譲渡等

　事業譲渡等に係る契約の相手方が、当該事業譲渡をする会社の特別支配会社である場合には、当該事業譲渡等をする会社での株主総会決議は要しない（会社468条1項）。

　　※**特別支配会社**　　特別支配会社とは、ある株式会社の総株主の議決権の10分の9以上を他の会社が有している場合などにおける他の会社をいう（会社468条1項かっこ書）。

　　(C)　一定の重要性を要しない子会社株式等の譲渡

　前記1(2)の2つの要件に1つでも該当しない場合は、譲渡会社の株主総会決議は要しない。

　(ハ)　**譲受会社が株主総会の決議を要しない場合**

　　(A)　簡易な事業譲受け

　他の会社の事業の全部の譲受けについて、譲受会社の事業の全部の対価として交付する財産の合計額がその会社の純資産額の5分の1を超えないときは、株主総会決議は不要である（会社468条2項）。

　　(B)　略式の事業譲受け

　譲渡会社が特別支配会社である場合は、譲受会社の株主総会決議は不要である（会社468条1項）。

　(2)　**事業譲渡等の反対株主の株式買取請求**

　事業譲渡等をする場合には、反対株主は、これらの行為をする会社に対し、自己の有する株式を公正な価格で買い取ることを請求することができる（会社469条1項柱書）。

　　※**反対株主**　　反対株主とは、会社が事業譲渡等、合併、会社分割、株式交換・株式移転などの行為をするに際して、株主総会決議を要する場合は、ⓐこの総会に先立ちその行為に反対する旨を会社に通知し、かつ、この総会においてその行為に反対した株主、または、ⓑこの総会において議決権を行使することができない株主、であり（会社806条2項）、株主総会を要しない場合は、すべての株主である（同法116条2項、469条2項、785条2項、797条2項）。

121

3　事業譲渡会社の競業禁止等

(1)　事業譲渡会社の競業禁止義務

　事業を譲渡した会社（以下、「譲渡会社」という）は、当事者の別段の意思表示がない限り、同一の市町村の区域内および隣接する市町村の区域内において、その事業を譲渡した日から20年間は同一の事業を行ってはならない（会社21条1項）。ただし、譲渡会社が同一の事業を行わない旨を特約した場合には、その特約は、その事業を譲渡した日から30年の期間内に限り、その効力を有する（同条2項）。1項、2項にかかわらず譲渡会社は不正の目的をもって同一の事業を行ってはならない（同条3項）。

(2)　商号続用の場合の事業譲受会社の責任

　事業を譲り受けた会社（以下、「譲受会社」という）が、譲渡会社の商号を引き続き使用する場合には、その譲受会社も譲渡会社の事業によって生じた債務を弁済する責任を負う（会社22条1項）。

　この責任は、事業を譲り受けた後、遅滞なく、譲受会社が譲渡会社の債務を負わない旨を登記した場合だけでなく、譲受会社および譲渡会社が第三者に対し、譲渡会社の債務を負わない旨を通知したその第三者に対しても、譲渡会社の債務を負わない（会社22条2項）。

(3)　商号の続用がない場合の譲受会社の責任

　原則、商号の続用がない場合には、譲受会社は譲渡会社の債務について責任を負わない。しかし、この場合でも、譲渡会社の事業によって生じた債務を引き受ける広告をしたときは、譲渡会社の債権者に対して弁済の責任を負う（会社23条1項）。

4　詐害的な事業譲渡に係る残存債権者の保護

　譲渡会社が譲受会社に承継されない債務の債権者（以下、「残存債権者」という）を害することを知って事業を譲渡した場合には、残存債権者は譲受会社に対して、承継財産の価額を限度として当該債務の履行を請求することができる（会社23条の2第1項）。

Ⅱ　吸収合併

1　合併とは

　合併は、2つ以上の会社が、法定の手続に従って1つの会社になることである。合併には、吸収合併と新設合併がある。当事会社の1つが存続し、他の会社が消滅する会社（以下、「消滅会社」という）の権利義務を存続する会社（以下、「存続会社」という）に承継させる形態のものを「吸収合併」という（会社2条27号）。一方、当事会社のすべてが消滅し、それと同時に設立する新会社に消滅する会社の権利義務を承継させる形態のものを「新設合併」という（同法2条28号）。

　実務では、圧倒的に吸収合併が利用されており、以下では、株式会社間の吸収合併について述べる。

〔図4〕　吸収合併の基本的なしくみ

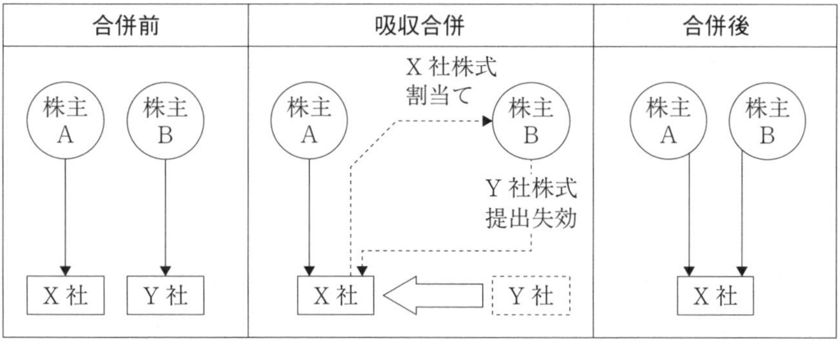

2　吸収合併の手続

(1)　吸収合併契約

　会社が合併する場合、合併契約を締結しなければならない。取締役会設置会社では取締役会の決議、取締役会非設置会社では取締役の決定に基づき、代表取締役または代表執行役（取締役会非設置会社では取締役）が、当事会社間で合併契約を締結し、株主総会の特別決議を経なければならない。

合併契約は、株主保護のため、定めなければならない事項が法定されている（会社749条1項）。

(2) 事前の開示・株主総会の有無

(イ) 事前の開示

消滅会社は、吸収合併契約等の備置開始日から吸収合併の効力発生日（存続会社が消滅会社の権利義務を承継する日〈会社750条1項〉。以下、吸収合併において同じ）までの間、また存続会社は備置開始日から効力発生日後6か月を経過する日までの間、合併契約等の内容その他の事項を記載・記録した書面・電磁的記録を備え置き、株主・債権者の閲覧等に供しなければならない（同法782条1項・3項、794条1項・3項）。備置開始日は、消滅会社または存続会社において、その株主または債権者に通知または公告がなされる場合の最も早い日とされる（同法782条2項、794条2項）。

(ロ) 株主総会

当事会社は、効力発生日の前日までに、株主総会を開催し、合併契約の承認を受けなければならない（会社783条1項、795条1項）。

(ハ) 株主総会の承認を要しない場合

(A) 略式合併

消滅会社または存続会社は、その相手方当事会社が特別支配会社（前記Ⅰ2(1)(ロ)(B)の※参照）である場合には、原則、株主総会の承認は要しない（会社784条1項、796条1項）。

(B) 簡易合併

存続会社において、消滅会社の株主に交付する対価の帳簿価額の合計額が存続会社の純資産額の5分の1を超えないときは、原則、株主総会の決議は不要となる（会社796条2項）。

(3) その他の吸収合併の手続

(イ) 差止請求

消滅会社・存続会社において、ⓐ吸収合併が法令・定款に違反する場合、または、ⓑ略式吸収合併の対価が著しく不当である場合に、株主が不利益を受けるおそれがあるときは、その会社に対し吸収合併の差止めを請求できる（会社784条の2、796条の2）。

㈡ 反対株主の株式買取請求

合併に反対する株主は、消滅会社・存続会社に対し、自己の有する株式を公正な価格で買い取ることを請求することができる（会社785条1項、797条1項）。反対株主とは、前記Ⅰ2(2)の※に記載の者である。

㈢ 債権者異議手続

当事会社は、会社法で定める一定事項および債権者が1か月以上の期間内に異議を述べることができる旨、を官報に公告し、かつ、知れている債権者に各別に催告または日刊新聞紙による公告もしくは電子公告をしなければならない（会社789条2項・3項、799条2項・3項）。

一定期間内に債権者が異議を述べたときは、会社は、原則、債権者に対し、弁済、相当の担保提供、相当の財産の信託のいずれかをしなければならない（会社789条4項・5項、799条4項・5項）。

㈣ 事後の開示

存続会社は、効力発生日後遅滞なく、吸収合併により承継した消滅会社の権利義務その吸収合併に関する事項を記載・記録した書面・電磁的記録を、6か月間備え置き、存続会社の株主・債権者の閲覧等に供しなければならない（会社801条1項・3項・4項）。

3　吸収合併の効果

(1) 吸収合併の効果

存続会社は、効力発生日に、消滅会社の権利義務を承継する（会社750条1項）。消滅会社の株主は、効力発生日に、合併の対価が株式であるときは株主に、社債であるときは社債権者に、新株予約権であるときは新株予約権者となる（同法750条3項）。

ただし、効力発生日において債権者異議手続を終了していないときは、合併の効力が発生していないことになる（会社750条6項）ので、そのような場合、消滅会社は存続会社と合意のうえ、効力発生日を変更する（同法790条1項）。

吸収合併の登記は、効力発生日から2週間以内に、消滅会社の解散登記、存続会社の変更の登記をしなければならない（会社921条）。吸収合併では、

効力発生日と登記の日が異なり得ることからその間の法律関係が不明確になるおそれがある。そこで、消滅会社の吸収合併による解散については、吸収合併の登記の後でなければ、これをもって第三者に対抗することができないとした（同法750条2項）。

(2) 合併の無効

(イ) 合併無効の訴え

合併が効力を生じても、合併法定要件の欠缺や合併手続の瑕疵により無効となる場合があるが、その無効を民法の一般原則により解決すると、取引の安全を害し法的安定を阻害することになる。そこで、会社法は、合併無効の訴えの制度を設けている。

(ロ) 無効原因

会社法は、直接的に無効原因を規定していないが、合併契約の不作成、合併契約の内容の違法、債権者異議手続の不履行、独占禁止法の違反などの場合が、無効原因に該当する。

(ハ) 提訴権者・提訴期間

合併無効の訴えは、効力発生日における消滅会社の株主等（株主、取締役、執行役、監査役、清算人）であった者、または存続会社の株主等または破産管財人、もしくは合併を不承認の債権者に限り提訴することができる（会社828条2項7号・8号）。

合併の効力発生日から6か月以内に、存続会社を被告として訴えをもってのみ主張できる（会社828条1項7号・8号）。

(ニ) 無効判決の効力

合併無効の判決が確定したときは、その判決は、第三者に対しても効力を生じ、存続会社と株主および第三者との間ですでに生じた権利義務には影響を及ぼさない（会社838条、839条）。

Ⅲ　会社分割

1　会社分割とは

　会社分割とは、会社の事業の全部または一部を他の会社に承継させるために、合併とは逆に、1つの会社を2つ以上に分けることである。
　会社の分割には、吸収分割と新設分割がある。
　吸収分割は、分割する会社（以下、「分割会社」という）の事業に関する権利義務を他の会社（以下、「承継会社」という）に承継させるものである。
　新設分割は、分割する会社（以下、「分割会社」という）の事業に関する権利義務を新設する会社（以下、「新設会社」という）に承継させるものであり、複数の分割会社の事業に関する権利義務を新設会社に承継する共同新設分割も認められる（会社2条29号・30号、762条2項）。
　以下では、分割会社および承継会社または新設会社が、株式会社の場合について述べる。

〔図5〕 会社分割の基本的なしくみ

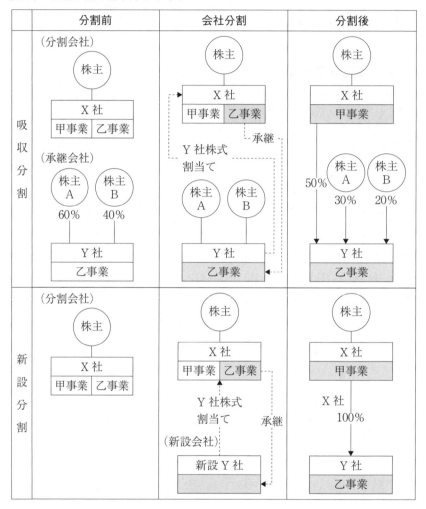

2 吸収分割の手続

(1) 吸収分割契約

　会社が吸収分割をする場合、分割会社と承継会社は吸収分割契約を締結しなければならない（会社757条）。

(2) 事前の開示・株主総会の有無

(イ) 事前の開示

分割会社および承継会社は、備置開始日から吸収分割の効力発生日後6か月を経過する日まで、吸収分割契約の内容その他一定の事項を記載・記録した書面・電磁的記録を備え置き、株主・債権者に対し閲覧等に供しなければならない（会社782条1項・3項、794条1項・3項）。備置開始日は、分割会社または承継会社において、その株主または債権者に通知または公告がなされる場合の最も早い日とされる（同法782条2項、794条2項）。

(ロ) 株主総会

当事会社は、効力発生日の前日までに、株主総会を開催し、吸収分割契約の承認を受けなければならない（会社783条1項、795条1項）。

(ハ) 株主総会の承認を要しない場合

(A) 略式吸収分割

分割会社または承継会社は、その相手方当事会社が特別支配会社（前記Ⅰ2(1)(ロ)(B)の※参照）である場合には、原則、株主総会の承認は要しない（会社784条1項、796条1項）。

この場合、分割会社または承継会社の株主は、合併対価が著しく不当であり、不利益を受けるおそれがあるときは、その会社に吸収分割の差止めを請求できる（会社784条の2第2号、796条の2第2号）。

(B) 簡易吸収分割

分割会社において、承継会社に承継させる対価の帳簿価額の合計額が分割会社の総資産額の5分の1を超えないときは、株主総会の決議は不要となる（会社784条2項）。

また承継会社において、分割に際して交付する対価の額が承継会社の純資産額の5分の1を超えないときは、原則、株主総会の決議は不要となる（会社796条2項・3項）。

(3) その他の吸収分割の手続

(イ) 差止請求

分割会社・承継会社において、ⓐ吸収分割が法令・定款に違反する場合、または、ⓑ略式吸収分割の対価が著しく不当である場合に、株主が不利益を

受けるおそれがあるときは、簡易分割の場合を除き、株主はそれぞれの会社に対し、吸収分割の差止めを請求できる（会社784条の２、796条の２）。

　　(ロ)　反対株主の株式買取請求

　反対株主は、分割会社または承継会社に対し、自己の有する株式を公正な価格で買い取ることを請求することができる（会社785条１項・２項、797条１項・２項）。反対株主とは前記Ⅰ２(2)の※に記載の者である。

　　(ハ)　**債権者異議手続**

　　　(A)　分割会社

　分割会社は承継会社から株式等の交付を受け、総資産額に変動を生じないため、分割後も分割会社に対し債務の履行等を請求できる債権については債権者異議手続は不要となる（会社789条１項２号）。もっとも、効力発生日に分割会社が承継会社の株式等を剰余金の配当等として株主に交付する場合は、すべての債権者につき債権者異議手続が必要になる（同法789条１項２号かっこ書）。

　異議を述べることができる債権者であって各別の催告を受けなかった債権者（会社が官報の公告に加え、日刊新聞紙による公告または電子公告をした場合は不法行為債務の債権者に限る）は、分割後に履行の請求をできないとされているときでも、一定の財産の価額を限度として、分割会社または承継会社に対して、その債務の履行を請求できる（会社759条２項・３項）。

　　　(B)　承継会社

　常に債権者異議手続が要求される（会社799条１項２号）。

　　(ニ)　**事後の開示**

　分割会社・承継会社は、効力発生日後遅滞なく、共同して吸収分割により承継した分割会社の権利義務その他の吸収分割に関する事項を記載・記録した書面または電磁的記録を作成し、分割会社と承継会社は効力発生日から６か月間備え置き、株主・債権者その他の利害関係人の閲覧等に供することになる（会社791条１項〜３項、801条３項〜５項）。

　　(ホ)　**詐害的な吸収分割の債権者保護**

　分割会社が、承継会社に承継されない債務の債権者（残存債権者）を害することを知って吸収分割をした場合には、残存債権者は、吸収分割の効力発

生時に残存債権者を害すべき事実を知っていた承継会社に対して承継した財産の価額を限度として、当該債務の履行を請求することができる（会社759条4項）。

3 新設分割の手続

(1) 新設分割計画

新設分割をする場合、新設分割をする会社（以下、「分割会社」という）は、新設分割計画を定めなければならない（会社763条1項柱書）。

(2) 事前の開示・株主総会の有無

(イ) 事前の開示

分割会社は、新設分割計画の備置開始日から新設会社成立の日後6か月を経過する日まで、新設分割計画の内容その他の法定事項を記載・記録した書面・電磁的記録を備え置き、株主・債権者の閲覧に供しなければならない（会社803条1項・3項）。備置開始日は、分割会社において、その株主または債権者に通知または公告がなされる場合の最も早い日とされる（同法803条2項）。

(ロ) 株主総会

分割会社は、株主総会の特別決議により新設分割計画の承認を受けなければならない（会社804条1項）。

(ハ) 簡易新設分割

新設分割により新設会社に承継される資産の帳簿価額の合計額が、分割会社の総資産額の5分の1を超えない場合には、株主総会の決議を要しない（会社805条）。

(3) その他の新設分割手続

(イ) 差止請求

新設分割が、法令・定款違反の場合、分割会社の株主が不利益を受けるおそれがあるときは、当該会社の株主に差止請求が認められる（会社805条の2）。

(ロ) 反対株主の株式買取請求

簡易新設分割（前記(ハ)）の場合を除き、反対株主には株式買取請求が認め

られる（会社806条）。

　(ハ)　**債権者異議手続**

　原則、債権者異議手続が不要なのは、吸収分割の分割会社の場合と同様である（会社810条1項2号）。もっとも分割会社が、新設会社成立の日に新設会社の株式等を剰余金の配当等として株主に交付する場合は、すべての債権者につき債権者異議手続が必要になる（同法810条1項2号かっこ書）。

　異議を述べることができる債権者であって各別の催告を受けなかった一定の債権者は、分割後に履行の請求をできないとされているときでも、一定の財産の価額を限度として、分割会社または新設会社に対して、その債務の履行を請求できる（会社764条2項・3項）。

　(ニ)　**設立に関する特則**

　新設分割には、会社の設立に関する規定は適用されず、新設会社の定款は分割会社が作成する（会社814条）。

　(ホ)　**事後の開示**

　分割会社は、会社成立の日後遅滞なく、新設会社と共同して新設分割により新設会社が承継した分割会社の権利義務その他の新設分割に関する事項を記載・記録した書面または電磁的記録を作成し、成立の日から6か月間備え置き、株主・債権者その他の利害関係人の閲覧に供せられなければならない（会社811条1項～3項）。

　(ヘ)　**詐害的な新設分割の債権者保護**

　分割会社が、残存債権者を害することを知って新設分割をした場合には、残存債権者は、新設会社に対して承継した財産の価額を限度として、当該債務の履行を請求することができる（会社764条4項）。

4　会社分割の効果

(1)　会社分割の効果

　吸収分割の場合には、承継会社は、効力発生日に、吸収分割契約の定めに従い、分割会社の権利義務を承継する（会社759条1項）。分割会社は、吸収分割契約に定めた対価の種類に従い、承継会社の株主、社債権者、新株予約権者となる（同法759条8項）。新設分割の場合には、新設会社は、その成立

の日に、新設分割計画の定めに従い、分割会社の権利義務を承継する（同法764条1項）。分割会社は、新設分割計画の対価の種類に従い、新設会社の株主、社債権者、新株予約権者となる（同法764条8項・9項）。新設会社は、設立の登記をすることによって成立する（同法924条、49条）。

(2) 会社分割の無効

会社分割の無効は、会社分割の効力が生じた日から6か月以内に、訴えをもってのみ主張できる（会社828条1項柱書・9号・10号）。分割無効原因は、吸収分割契約・新設分割計画が作成されなかった場合やその内容が違法の場合、株主総会の承認決議に瑕疵があった場合、債権者異議手続を経ていない場合、独占禁止法に違反して分割がなされた場合など分割手続に重大な瑕疵がある場合である。この訴えを提起できる者は、各当事会社の株主等（株主、取締役、執行役、監査役、清算人。以下同じ。同法828条2項かっこ書）であった者または新設会社の株主等、または破産管財人もしくは分割を承認しない債権者である（同法828条2項9号・10号）。

会社分割を無効とする判決が確定すると、その判決は第三者にも及ぶ（対世的効力・会社838条）が、承継会社・新設会社の株主および第三者との間ですでに生じた権利義務に影響を及ぼさない（遡及効の否定・同法839条）。

Ⅳ　株式交換・株式移転

1　株式交換・株式移転とは

株式交換・株式移転は、ともに完全親会社を創設する制度である。株式交換とは、完全子会社となる会社の株式を親会社となる会社に移転して、完全親会社を形成することである（会社2条31号）。一方、株式移転とは、完全子会社となる会社のすべての株式を新設する親会社に移転して完全親会社を形成することである（同法2条32号）。株式移転は2以上の会社が共同で、各会社の発行済株式の全部を新たに設立する会社に移転させることも可能であり、これを共同株式移転という。

株式交換においては、完全親会社となる会社は株式会社・合同会社だけである（会社2条31号）。株式移転においては、完全親会社となる新設会社は株式会社のみである（同法2条32号）。株式交換・株式移転とも、完全子会社は、株式会社に限られる（同法767条、772条）。

以下の株式交換手続においては、完全親会社となる会社が株式会社の場合について述べる。

〔図6〕　株式交換・株式移転の基本的なしくみ

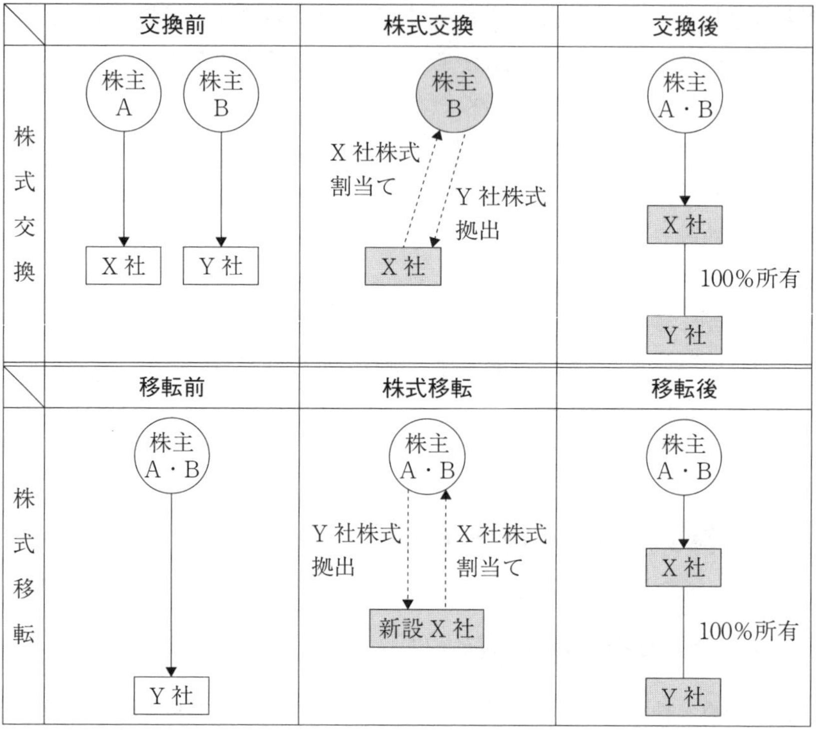

2　株式交換の手続

(1)　株式交換契約

会社は、株式交換をする場合、当該会社の発行済株式の全部を取得する会社（以下、「株式交換完全親会社」という）との間で、株式交換契約を締結し

なければならない（会社767条）。

(2) 事前の開示・株主総会の有無
(イ) 事前の開示

　株式交換により完全子会社となる会社（以下、「株式交換完全子会社」という）および株式交換完全親会社は、備置開始日から株式交換が効力を生ずる日後6か月を経過するまでの間、株式交換契約の内容その他の法定事項を記載・記録した書面・電磁的記録を本店に備え置かなければならない（会社782条1項、794条1項）。備置開始日は、吸収分割の場合と同様である（同法782条2項、794条2項）。株式交換完全子会社では株主および新株予約権者（同法782条3項かっこ書）に、株式交換完全親会社では株主のほか一定の場合（会社則194条）を除いて債権者（会社794条3項）に、閲覧等の請求が認められる。

(ロ) 株主総会

　当事会社は、効力発生日の前日までに、株主総会の特別決議によって株式交換契約の承認を受けなければならない（会社783条1項、309条2項12号）。

(ハ) 株主総会の承認を要しない場合
(A) 略式株式交換

　株式交換完全親会社が完全子会社の特別支配会社（前記Ⅰ2(1)(ロ)(B)の※参照）である場合は、株式交換完全子会社での株主総会の決議は不要であり、株式交換完全子会社が株式交換完全親会社の特別支配会社である場合は、株式交換完全親会社での株主総会の決議は不要である（会社784条1項本文、796条1項本文）。

(B) 簡易株式交換

　株式交換完全子会社の株主に交付する対価の帳簿価額の合計額が、株式交換完全親会社の純資産額（会社則196条）の5分の1を超えない場合には、原則、株式交換完全親会社の株主総会の決議は不要である（会社796条2項本文・1号・2号）。株式交換完全子会社には、簡易手続の制度はない。

(3) その他の株式交換手続
(イ) 差止請求

　株式交換完全子会社・株式交換完全親会社において、①当該合併が法令・

定款に違反する場合、または、②略式株式交換の対価が著しく不当である場合に、株主が不利益を受けるおそれがあるときは、簡易株式交換の場合を除き、株主はそれぞれの会社に対し、当該株式交換をやめることを請求することができる（会社784条の2、796条の2）。

　　㈠　反対株主の株式買取請求権

　株式交換の場合、原則、反対株主には株式買取請求が認められる（会社785条1項、797条1項）。

　　㈨　債権者異議手続

　当事会社の財産に変動を生じないので、原則、債権者異議手続を要しない。

　　㈡　株式交換の効力発生

　株式交換は、株式交換契約に定めた効力発生日に、完全子会社の発行済株式の全部を取得する（会社769条1項）。

　　㈢　事後の開示

　株式交換完全子会社および株式交換完全親会社は、効力発生日後遅滞なく、株式交換により株式交換完全親会社が取得した株式交換完全子会社の株式の数その他の株式交換に関する事項を記載・記録した書面または電磁的記録を作成し、効力発生日から6か月間、それぞれの本店に備え置かなければならない（会社791条1項2号・2項、801条3項3号）。完全子会社の株主、新株予約権者であった者は完全子会社に対し、株式交換完全親会社の株主および一定の場合（会社則202条）を除く債権者は、完全親会社に対して上記の書面等の閲覧等を請求できる（会社791条3項・4項、801条4項・6項）。

3　株式移転の手続

(1)　株式移転計画

　株式移転をする会社（以下、「株式移転完全子会社」という）は、株式移転計画を作成しなければならない（会社772条1項）。2以上の会社が共同して株式移転をする場合には、これらの会社は、共同して株式移転計画を作成しなければならない（同法773条1項柱書）。

(2)　事前の開示・株主総会

　　㈠　事前の開示

株式移転完全子会社は、株式移転計画の備置開始日から成立後6か月を経過するまでの間、株式移転計画の内容その他の法定事項を記載・記録した書面・電磁的記録を本店に備え置き、株主および新株予約権の閲覧等に供しなければならない（会社803条1項・3項）。備置開始日は、新設分割の場合と同様である（同法803条2項）。

　　㋺　株主総会

株式移転完全子会社は、株主総会を開催し株式移転計画の承認を受けなければならない（会社804条1項）。

　(3)　その他の株式移転手続
　　㋑　差止請求

株式移転が、法令・定款違反の場合、株式移転完全子会社の株主が不利益を受けるおそれがあるときは、当該会社の株主に差止請求権が認められる（会社805条の2）。

　　㋺　反対株主の株式買取請求権

反対株主の株式買取請求権が認められる（会社806条）。反対株主とは、前記Ⅰ2(2)の※に記載の者である。

　　㋩　債権者異議手続

株式交換と同様、原則、債権者異議手続を要しない。

　　㋥　設立に関する特則

設立完全親会社の設立については、会社の設立に関する規定は適用されず、定款は、株式移転完全子会社が作成する（会社814条）。

　　㋭　株式移転の効力発生

設立完全親会社は、その成立の日（設立登記の日）に株式移転完全子会社の発行済株式の全部を取得する（会社774条1項）。

　　㋬　事後の開示

株式移転完全子会社・設立完全親会社は、設立完全親会社成立の日後遅滞なく、共同して、設立完全親会社が取得した株式移転完全子会社の株式の数その他株式移転に関する事項を記載・記録した書面等を作成し、成立の日から6か月間、本店に備え置き、株式移転完全子会社の株主・新株予約権者であった者、設立完全親会社の株主、新株予約権者の閲覧等に供しなければな

137

らない（会社811条1項2号・2項〜4項、815条3項・4項・6項）。

4 株式交換・株式移転の無効

　株式交換・株式移転の無効は、効力が生じた日から6か月以内に、訴えをもってのみ主張できる（会社828条1項11号・12号）。無効原因は、株式交換契約・株式移転計画の不作成やその内容の違法、株主総会承認決議の瑕疵、債権者異議手続がとられなかった場合などである。

　訴えを提起できる者は、効力発生日に各当事会社の株主等（株主、取締役、清算人、監査役、執行役をいう。以下同じ。会社828条2項かっこ書）であった者または完全親会社の株主等、または破産管財人もしくは株式交換・株式移転を承認しなかった債権者、である（同項11号・12号）。

　株式交換・株式移転を無効とする判決が確定すると、その判決は第三者にも及び（対世的効力・会社838条）、遡及効が否定される（同法839条）。

第6章
企業間での適正な取引の履行は企業の社会的使命

I 独占禁止法

1 独占禁止法の概要

(1) 独占禁止法の内容

独占禁止法は、昭和22年に成立し、すでに70年以上の歴史を持つ、資本主義経済を支える重要な法律で、正式名を「私的独占の禁止及び公正取引の確保に関する法律」という。

独占禁止法の目的は、公正で自由な競争の促進であり、このため独占禁止法では「私的独占」、「不当な取引制限」、「不公正な取引方法」の3つの行為が禁止されている。

では、次の事例で独占禁止法を考えてみよう。

●運動会で100m競走をする場合●

100m競走で、みんなが申し合わせてゆっくり走ったり、誰が1等になるか前もって相談して走ったのでは、「自由な競争が制限され」競走にならない。

しかし、早く走りさえすれば、他のことは何をやってもいいわけではなく、スタートラインより前に並んだり、スターターの合図の前に走り出したり、また前を走る人を突き倒したり、追い越されないように妨害するようなことは、「公正な競争を阻害するおそれがあり」絶対にやってはならないことである。

つまり競走はフェアプレーでなければならないわけである。

企業間の競争についても、全く同じことがいえる。独占禁止法ではこの「自由な競争を制限する行為」を私的独占・カルテル（不当な取引制限）として禁止するとともに、「公正な競争を阻害する行為」つまり「フェアプレーでないもの」を不公正な取引方法として禁止している。

> **Point** 独占禁止法の要点

〔目　　的〕

公正で自由な競争を目的とし、これを通じて一般消費者の利益の確保と国民経済の民主的で健全な発展を促進する。

〔内　　容〕

独占禁止法の規制の3本柱といわれる私的独占、カルテル、不公正な取引方法、を中心に構成されている。

① **私的独占**　私的独占とは、市場支配力のある事業者が、他の事業者を不当に支配して、市場において競争が行われない状態にすることをいう。

② **カルテル（不当な取引制限）**※　カルテルとは、競争事業者間で、相互に事業活動を拘束し競争を制限する協定や合意のことをいい、その制限する内容によって、価格カルテル、数量カルテル、市場分割カルテル、入札談合などがある。

③ **不公正な取引方法**　不公正な取引方法とは、独占禁止法2条9項1号から5号に定められた行為のほか、公正な競争を阻害するおそれがある取引として公正取引委員会が指定したもの（同項6号）をいい、すべての業種に適用される「一般指定」と特定業種に適用される「特殊指定」とがある。不公正な取引方法は、行為の内容から大きく3つのグループに分けることができる。

第1のグループは、自由な競争を制限するおそれがあるような行為で取引拒絶、差別価格、不当廉売、再販売価格拘束などが対象となる。

第2のグループは、競争手段そのものが公正とはいえない行為で、抱き合わせ販売や欺瞞的な方法や不当な利益による顧客誘引などが対象となる。

第3のグループは、大企業がその優越した地位を利用して、取引の相手方に無理な要求を押し付ける行為で、優越的地位の濫用などが対象となる。

これらの中には、再販売価格拘束のように不公正な取引方法として明白に違法になるものもあるが、多くは行為の形態から直ちに違法となるのではなく、公正な競争を阻害するおそれがあるとき違法となる。

※**カルテル**（不当な取引制限）　本章においては、「カルテル」という言葉を「不当な取引制限」と同じ意味で用いている[13]。

(2) 独占禁止法の歴史

独占禁止法は、財閥解体、経済集中力排除を目的とする第二次世界大戦後

---

[13] 白石忠志『独占禁止法〔第3版〕』196頁（有斐閣、2016年）

の米国の占領政策の一環として、恒久的な産業民主化措置として制定されたものである。

しかし、占領軍による導入であったという歴史的経緯、日本人には馴染みの薄かったカルテルなどの概念の導入、政府主導の日本型経済システムとの撞着などにより、成立後20年間、独占禁止法の運用は緩和の方向にあった。

しかし、昭和40年代から、独占禁止法は紆余曲折はあるが、概して強化の方向に向かい、「第一次オイルショック」を契機に企業への消費者の批判を背景に昭和52年には課徴金制度を含む規制強化のための改正がなされた。

平成元年から始まった日米間の貿易不均衡に対する新たな日米経済交渉、すなわち日米構造問題協議（Structural Impediments Initiative）の約束事項に対応するため平成3年には課徴金の4倍の引き上げが図られ、同時に、公正取引委員会は運用方針の明確化のためのガイドラインとして「流通・取引慣行に関する指針」を公表した。

またその翌年の平成4年の改正では、カルテルに対する法人の罰金が1億円に引き上げられ、平成14年には、法人の罰金は5億円に引き上げられた。平成17年の改正では課徴金が引き上げられた（【表16】参照）が、課徴金減免制度も導入された。

課徴金減免制度は、カルテル等の違反事業者（グループ会社の共同申請も1社としてカウント）が自ら違反事実について最初に公正取引委員会に報告等を行えば課徴金が免除されるものである。また2番目、3番目～5番目に報告等を行った事業者もそれぞれ50％、30％が減額される。さらに最初の報告等を行った事業者に限っては、その役職員も含めて刑事告発も免除される。そのため、今まで隠蔽されていた違反行為が容易に明るみに出る可能性が高くなり、摘発件数が増加すると同時に違反行為の抑止につながっている。

公正取引委員会では、審判官（公取委職員）が主宰し、審査官が違反行為を立証しようとし、被審人がそれを争うという裁判に似た審判手続により、不服手続が行われてきた。

しかし、手続の公正さに問題があるとの批判から、平成25年の改正で、審判制度が廃止され、排除措置命令等に対する不服手続については、抗告訴訟として東京地方裁判所に専属することになった。

(3) 独占禁止法違反の場合の措置

(イ) 審査手続（事件の調査）

公正取引委員会は、独占禁止法に違反する行為について、一般の人からの報告や、公正取引委員会自らによる違反の発見に基づき、職員（審査官）に関係企業に立入検査をさせたり、関係する物件を提出させたり、関係者を呼び出して事情を聞いたりして調査を進める（独禁47条）。

(ロ) 排除措置命令・課徴金納付命令

審査の結果、違反行為が認められると、公正取引委員会は、非公表で事業者等に対して排除措置命令や課徴金納付命令に関する事前通知を行い、事業者等に意見申述や証拠提出の機会を与える（独禁49条、50条）。そのうえで、公正取引委員会は、意見申述等の調書および報告書の内容を十分に参酌して、議決により当該事業者等に対して排除措置命令、課徴金納付命令を行う（同法60条）。命令に不服のある事業者等は、取消訴訟を提起できる（同法77条）。

※**不服審査手続**　排除措置命令または課徴金納付命令に不服のある者は、公正取引委員会を被告として、取消訴訟を提起でき、当該訴訟は行政事件訴訟法3条1項に定める抗告訴訟による（独禁77条）。取消訴訟の原告適格は、取消しを求めるにつき、法律上の利益を有する者である（行訴9条）。

　公正取引委員会の裁量権の範囲を超え、または濫用があった場合に限り、裁判所は命令を取り消すことができる（行訴30条）。

(ハ) 課徴金

カルテルや私的独占行為、不公正な取引方法などが行われた場合、それらを行った企業に対して、排除措置命令のほか一定の算式に基づき課徴金納付命令が発令される。

(ニ) 刑事罰

「不公正な取引方法」を除き独占禁止法違反は刑罰を受けることがある。刑罰を受ける者は、違反行為に責任のある者で、たとえばその企業のカルテルを決定した責任者が罰せられる。さらに違反企業や、違反の計画を知りながら止めなかった企業の代表者にも罰金が科せられる。

なお、これらの刑事罰は、公正取引委員会が検事総長に告発することによ

り刑事訴追の手続が開始される。

　　※**刑事罰の内容**（事業者による私的独占・カルテル）

　　　　違反者個人……5年以下の懲役または500万円以下の罰金、または併
　　　　　　　　　　　科

　　　　違反企業……5億円以下の罰金

　　　　違反企業代表者……500万円以下の罰金

【表16】　違反に対する措置・制裁の内容

措置・制裁		内　　容	違反行為		
			私的独占	カルテル	不公正な取引方法
行政	排除措置	違反行為の排除等	○	○	○
	課徴金	違反行為期間の対象商品・役務の売上高または一定の売上高×1〜10％を国庫に納付（ただし、再度の違反をした事業者、主導的役割を果たした事業者には算定率の加算、早期離脱の事業者には算定率の軽減措置あり）	○	○	△※1
刑事	刑事罰	違反行為者個人・企業・企業代表者を処罰※2	○	○	
民事	損害賠償請求	違反行為があれば、被害者は被った損害に対し無過失損害賠償請求権あり	○	○	○
	差止請求	著しい損害を生じ、または生ずるおそれのあるとき、事業者等に対し違反行為の差止めを請求			○

※1　不公正な取引方法のうち、差別対価、不当廉売、優越的地位の濫用、共同の供給拒絶、再販売価格の拘束の5類型。
※2　前記㈡※刑事罰の内容を参照。

2　営業活動と独占禁止法

(1)　同業者との話し合い

以下では、業界団体の会合における対応について具体例をあげて解説する。

〔具体例〕

X社東京支店のY支店長は、明日、業界団体の部会の会合に出席する。最近、業界で話題になっていることは、業界最大手のA社が、大型量販店での甲製品乱売について懸念を表明したことであり、特にA社が問題視している大型量販店の「○○電機」とは、販売価格等についての納入交渉も決裂寸前との業界情報もあり、A社から何らかの提案がある可能性がある。

さらに、近く××県庁および県施設における甲製品の納入について入札が行われるため、対応について当部会で話し合われる可能性もある。Y支店長は、このような状況の中で、業者間の会合にどのような態度で臨んだらよいか。

具体例の業界団体の会合では、次のようなケースが考えられる。

① 業界団体や競争会社間で、仕様や機能ごとの機種別最低販売価格やその値上げ幅を決定する。
② 業界団体や競争会社間で、○○電機へは販売しないことを決定する。
③ 競合会社間で、あらかじめ受注予定者や最低入札価格等を決定する。

競争会社や業界団体で、価格維持や価格引き上げ等についての申し合わせを行ってはならず、もし行われた場合は原則として違法となる。

また、業界団体、競争会社が共同して、特定の事業者との取引を断ることも原則として違法となる。

(イ) **価格カルテル**

上記①のような競争会社間の申し合わせは、参加会社が市場の価格を自分たちに有利になるよう人為的に操作することにより価格制限的効果をもたらすため原則として違法となる。

また、競争会社間で、販売価格、購入価格だけでなく、生産・販売数量、販売先や仕入先、仕様・規格、発売時期等を取り決めることも、カルテルとして違法となる（独禁2条6項、3条）。取決めが、暗黙の了解や、違反者にペナルティを課さない場合でも違法となる。

(ロ) **共同ボイコット**

また、上記②のような共同ボイコットは、ボイコットされた販売店が市場から排除されるおそれもあるため原則として違法となる。

共同ボイコットは、競争会社間に限らず、メーカーと流通業者の間で共同して取引を拒絶しても対象となる。

(ハ) 入札談合

上記③は①の一形態であり、入札参加者同士が話し合うことにより、あらかじめ落札者や落札価格を決定することは、発注者の購入選択の自由を制限するとともに、競争による価格の低下を防止し、価格を維持することになるのでカルテルとして原則として違法となる。

なお、たとえ発注者側の担当者の強制によるものであっても、談合に参加した会社は処分を受けるので注意が必要である。

㈡ Y支店長の対応

さて、このような会合でのY支店長の対応だが、まずこれらが行われる可能性があるなら、疑惑を持たれないためにも会合には出席しないことが一番賢明な方法である。

また、他の議題等の関係で出席せざるを得ない場合は、価格や販売先に関連する話題になったときは、直ちに、その場から他の者にも明確にわかるように退席し、その話題に参加しなかったことを会合の議事録や出張報告に記録として残すようにしておくことが必要である。

(2) 不公正な取引方法──1

以下では、「不公正な取引方法」の疑いのある行為につき、購入先から遵守の依頼を受けた場合の対応について、具体例をあげて解説する。

〔具体例〕

X社は、乙製品の販売も行っているが、先日、Z営業部長は、乙製品のメーカーであるABC社のD営業部長の訪問を受け、次の3点を依頼された。

① 当社の開発した乙製品については、当社の設定している標準価格を守ってもらいたい。

② また、乙製品については今後、貴社の販売地区は〇〇県内に限定していただきたい。

③　乙製品は、現在月間5万個以上売れており国内シェアも15％を達成し、現在品薄状態である。したがって、貴社に販売する条件として、乙製品10個につき2個の割合で丙製品を購入してもらえなければ貴社に納入することは困難になる。

　さっそく、Z部長は、部下にこの丙製品の状況を調査させ、「丙製品が、X社では今まで販売実績もないこと、またABC社は宣伝等の販売促進を行っているが販売は伸び悩んでいること、価格は乙製品の倍であること」がわかった。Z営業部長は、ABC社のこの提案に対しどのように対処すべきなのか。

(イ)　再販売価格の拘束

　メーカーが希望小売価格や希望量販店販売価格を設定し、これを流通業者に単なる参考として示すことは問題ない。

　しかし、具体例の①のように、X社が販売する乙製品の価格をメーカーの設定している標準価格と同じにするよう要請することは、不公正な取引方法の「再販売価格の拘束」に該当し違法となる（独禁2条9項4号）。

(ロ)　テリトリー制：拘束条件付取引

　テリトリー制は、メーカーにとってみれば流通コストの削減、アフターサービス体制の充実などのメリットにより、競合メーカー間の競争が促進されるので一概に違法とはいえない。

　しかし、有力なメーカーが「一定の地域を割り当て、地域外での販売制限を課したり（厳格な地域制限）」して、価格が維持されるおそれがある場合は、不公正な取引方法の「拘束条件付取引」に該当する。

　また、「地域外の顧客からの購入の求めを制限し」価格が維持されるおそれがある場合は、有力なメーカーかどうかに限らず「拘束条件付取引」に該当する。

　具体例の②は、市場シェアからABC社が有力なメーカーと判断される可能性が高いので、制限内容によっては違反となる（不公正な取引方法12項）。

　しかし、一定地域を主たる責任販売地域として定め、積極的な販売活動を行うことを義務づけたり（責任販売制）、店舗等の設置場所を一定地域内に限

定したり、販売拠点の設置場所を限定したり（販売拠点制）することは、厳格な地域制限や地域外顧客への販売制限に該当しない限り違法とならない。

したがって、X社としては、責任販売制になるよう先方に確認すべきである。

> ※**有力なメーカーとは**　　行為の対象となる商品と同種の商品についての関連市場におけるシェアが10％以上、または3位以内が一応の目安とされる。

(ハ) 抱き合わせ販売

また、具体例の③のように、ある有力な商品を販売する際に、販売先が必要としない他の商品を抱き合わせて購入を要請することは、不公正な取引方法の「抱き合わせ販売」に該当し違法となる（不公正な取引方法10項）。

(ニ) 対応策

X社Z営業部長は、ABC社のD部長と話し合うべきであり、以下の点について依頼しなければならない。

ⓐ 当社は、貴社の標準価格は、あくまでも参考価格であり、当社が販売する価格は当社自身で決定させてほしいこと

ⓑ また○○県内を当社の責任地域という位置づけにさせていただきたいこと

ⓒ さらに、貴社への発注はあくまでも当社の自主的な考えによりさせていただきたいこと

(3) 不公正な取引方法──2

上記(2)以外の一般指定の不公正な取引方法とされる主なものを説明する。

(イ) 単独の取引拒絶

企業がどの相手先と取引するかは基本的には自由であり（第10章Ⅰ3(1)「契約自由の原則」（278頁）参照）、企業が価格や取引条件や会社状況等を検討し正当な理由により、独自の判断で取引を断ることは問題ない。単独で取引を断る場合に違法とされるのは、再販売価格維持など不当な目的を達成する手段として取引を断ったり、取引を拒絶されたことにより他の企業が市場から締め出され事業活動を困難にされるおそれのある場合である（不公正な取引方法2項）。

㈹ 差別価格

　取引先との間の販売価格は、当事者間の自由な話し合いにより決定されるべきものであり、取引条件等さまざまな要素を踏まえて交渉し、双方が合意した結果、同種の商品が異なる価格で販売されたとしても問題ない。

　しかし、価格差を設けることに客観的な合理性がなく、特定の取引先を市場から排除したり、不利な立場に追いやったりする目的で行われる場合は違法となる（独禁2条9項2号、不公正な取引方法3項・4項）。

㈴ 排他条件付取引

　取引先との間で、取引に必要な範囲において、価格、納入方法、支払方法等の条件をつけて、取引することは問題ない。

　しかし、有力なメーカーが、取引先に対し取引の条件として自己の競合メーカーとの取引中止の条件をつけて取引することは、競合メーカーの取引の機会を奪ったり、新規参入を妨げるおそれがある場合は違法となる（不公正な取引方法11項）。

㈡ 優越的地位の濫用

　取引先との間で、合意がある限り、基本的にはどのような条件を定めても問題ない。

　しかし、企業規模、売手と買手の関係、取引規模、あるいは取引の継続性・必要性等からみて一方が他方に比べ優越した地位にある場合には、劣位の立場にある企業は、不当に不利な条件でもこれを受け入れざるを得ない場合がある。

　このように取引関係において優越した地位にある大企業が、その地位を利用して、三越事件で問題になったような押し付け販売・協賛金の強要の他、金融機関による拘束預金の強要など、相手方に不当な要求をすることは違法となる（独禁2条9項5号）。

> ※**三越事件**　昭和52年より三越が「三越ブランド商品」を納入業者に組織的・計画的に購入を要請（押し付け販売）したり、売り場改装費用や催し物の費用を合理的な理由なく負担させた（協賛金）として、公正取引委員会は「優越的地位の濫用」にあたるとした（公取委同意審決昭57・6・17審決集29巻31頁）。

3　共同研究開発と独占禁止法

(1)　共同研究開発の相手方

以下では、競合企業と共同研究開発を実施する場合の注意すべき点について具体例をあげて解説する。

〔具体例〕
> X社では、現在、丁製品についての共同研究開発を、競合関係にある中堅メーカーのA社と実施する計画が持ち上がっている。
>
> X社P技術部長は、研究開発費用や技術力の面からA社あるいはX社単独では開発が難しいため何とかこの計画をまとめ、来年度中には新製品を出したいと考えている。
>
> なお、2社の現在の丁製品のシェアは合計で11%（A社：7％、X社：4％）である。
>
> どのような点に注意をしたらよいのだろうか。

(イ)　共同研究開発の基本的考え方

研究開発を他社と共同で実施することは、多くの場合、効率的な研究活動を実現し、技術革新を促進すると考えられるため、独占禁止法上、問題とならない。ただし、共同研究開発の対象製品について競争関係にある企業同士が実施する場合で、それにより、特定の企業が市場から排除されたり、参加企業の研究開発活動が制限されることとなるときは問題になる。

この判断の際には、①参加者の数、市場シェア、②研究の性格、③共同化の必要性、④対象範囲、期間等を総合的に勘案して判断される。

(ロ)　判断にあたっての考慮事項

(A)　参加者の数、市場シェア等

一般的に参加者の市場シェアが高く、技術開発力等事業能力において優れた企業が参加者に多いほど独占禁止法上問題となる可能性が高くなる。

本具体例のような、当該製品の改良または代替品の開発のための共同開発についていえば、参加企業の合計シェアが20%以下の場合には通常は問題とならないとされている。

(B) 研究の性格

研究開発は、段階的に基礎研究、応用研究、開発研究に類型化されるが、製品市場に及ぼす影響はその順に大きくなるので、開発研究については独占禁止法上問題となる可能性も高くなる。

したがって、特定の製品開発を対象としないもの（いわゆる基礎研究）であれば、製品市場に及ぼす影響も小さく、一般的に独占禁止法上、問題となることが少ない。特定の製品の開発を目的とする場合には、製品市場の与える影響も大きいので、競争が実質的に制限されるおそれがあるとされる可能性も考えられるが、本具体例のように、市場シェアの合計が2社で11％しかない場合には、通常は不当な取引制限は問題とならない。

(C) 共同化の必要性

研究のリスクまたはコストが膨大であり、単独では負担することが困難である場合、自己の技術的蓄積、技術開発能力等からみて他の事業者と共同で研究開発を行う可能性が大きい場合等については独占禁止法上問題となる可能性は低い。

本具体例のように、両社の研究開発力、会社規模等からみて、共同研究開発によらなければ研究開発を行えないと考えられる場合には研究開発の共同化自体は問題となる可能性が低い。

(D) 対象範囲、期間

対象範囲、期間等が明確に定められている場合には、これらが必要以上に広範に定められている場合に比べ市場における競争に及ぼす影響は小さいとされている。

本具体例の場合でも、対象範囲（たとえば、小型丁製品の開発）、期間（たとえば、1年間。○○○○年8月末まで）等具体的に定めておきたい。

(2) 共同研究開発の実施

以下では、共同研究開発の相手方から実施に関し要求を受けた場合の対応について具体例をあげて解説する。

〔具体例〕

X社は、A社と次期型丁製品に関する共同研究開発を実施することになった。今回の共同研究開発において技術的に優位にあるA社から、

さまざまな要求がでてきた。

　なお、A社の要求を要約すると以下のとおりである。

(イ)　共同研究開発を実施するうえで取り決めておきたい事項

　(A)　X社は「次期型丁製品」に注力するため、当該共同研究開発の期間中は、丁製品に関する他の研究開発については行わない。

　(B)　X社は、今回の共同研究開発終了後に新たな対象となる丁製品が出現し、今回と同一テーマの研究開発を行う必要が生じた場合は、A社と共同研究開発を実施する。

　(C)　丁製品に関するX社の既有の技術については、他の丁製品メーカーには実施許諾をしない。

　(D)　現在流動しているX社の丁製品について、共同開発後の市場を睨んで生産台数等について取り決めておきたい。

(ロ)　共同研究開発の成果である「次期型丁製品」の技術について取り決めておきたい事項

　(A)　標準化ができなくなる等の観点から、今回の共同開発製品の改良品の開発についてはA社の承諾を必要としたい。

　(B)　成果の改良発明等をA社が希望した場合、A社に譲渡できる旨を取り決めておきたい。

(ハ)　共同研究開発の成果である「次期型丁製品」について取り決めておきたい事項

　(A)　販売価格について両社の協議で定め、それを下回る場合には相手方の承諾を必要とするようにしたい。

　A社からの申出は、不公正な取引方法の12項（＝拘束条件付取引）に該当するおそれが強い事項（黒条項）である。

　黒条項は、共同研究開発の実施に必要とは認められず、また課される制限の内容からしても公正な競争を阻害する可能性が強いものであり、通常、不公正な取引方法に該当する。

　したがって、これらの取決め要求について拒否するか変更するかが必要となる。

(イ) 共同研究開発の実施に関する取決め
　(A) 研究開発テーマ以外のテーマの制限
　共同研究開発のテーマ以外のテーマの研究開発を制限することは、X社の研究開発活動を不当に拘束するものであり、公正な競争を阻害するおそれが強い。
　(B) 研究テーマと同一テーマの共同研究開発終了後の制限
　共同研究開発と同一のテーマの研究開発を、共同研究開発終了後について制限することは、X社の事業活動を不当に拘束するものであり、公正な競争を阻害するおそれが強い。
　(C) 既有技術の実施許諾等の制限
　参加事業者がすでに有している技術の自らの使用や第三者への実施許諾を制限することは、共同研究開発の実施のため必要と認められないものであって公正な競争を阻害するおそれが強い。
　X社が、自社で保有している技術をどう利用するかはX社の自由であり、これを制限することはX社の事業活動を不当に制限するものである。
　(D) 成果に基づかない製品についての制限
　共同研究開発の成果に基づかない競合製品等について参加事業者の生産や販売活動を制限することは、たとえ成果に基づく製品と競合する製品であっても、その生産または販売活動を不当に制限するものであり公正な競争を阻害するおそれが強い。
　したがって、A社が、X社の現在流動中の丁製品の生産・販売活動を制限することは問題がある。
(ロ) 共同研究開発の成果である技術に関する取決め
　(A) 成果を利用した研究開発の制限
　共同研究開発の成果を利用して独自にまたは第三者と改良技術等に関して研究開発活動を行うことを制限するような取決めは、X社の研究開発活動を不当に拘束するため公正な競争を阻害するおそれが強い。
　(B) 成果の改良発明等についての制限
　成果の改良発明等を他の参加者へ譲渡する義務を課すこと（アサインバック条項）、または他の参加者へ独占的に実施許諾する義務を課すこと（独占的

グラントバック）は、改良発明等をすべて他の参加者へ移転しなければならず、かつ自ら使用したり実施許諾することができなくなるので公正な競争を阻害するおそれが強い。

(ハ)　共同研究開発の成果である技術を利用した製品に関する取決め

成果に基づく製品の第三者への販売価格を制限することは、参加者の価格決定の自由を奪うことになり公正な競争を阻害するおそれが強い。

これまで説明した黒条項のほか、共同研究開発ガイドライン（「共同研究開発に関する独占禁止法上の指針」〈平成5年4月公正取引委員会公表〉）では、不公正な取引方法に該当するおそれのある事項（灰色条項）も列挙している。

灰色条項は、個々に公正な競争を阻害するおそれがあるかどうかが検討されることになる。

なお、白条項は、共同研究開発の円滑な実施に必要とされる合理的範囲のものと認められるものであり、原則として不公正な取引方法に該当しない。

(イ)～(ハ)の各事項に該当する共同研究開発ガイドラインの条項については、下記Pointに記載した。

Point　共同研究開発における不公正な取引方法

不公正な取引方法に該当するおそれが強い事項：黒条項（●）
おそれのある事項：灰色条項（▲）

1　**共同研究開発の実施に関する取決め**（共同研究開発ガイドライン第2―2(1)）

●共同研究開発テーマ以外の研究開発活動の制限（ウ①）
●共同研究開発テーマと同一テーマの共同研究開発終了後の制限（ウ②）
●参加者の既有技術についての自らの使用や第三者への実施許諾の制限（ウ③）
●共同研究開発の成果に基づく製品以外の競合製品の生産・販売の制限（ウ④）
▲共同研究開発活動において開示した技術についての、その流用防止に必要な範囲を超える利用の制限（イ①）
▲共同研究開発の実施に必要な範囲を超える他者からの同種技術導入の制限（イ②）

2　**共同研究開発の成果である技術に関する取決め**（同ガイドライン第2―2(2)）

●成果を利用した改良技術等に関する研究開発活動の制限（イ①）

- ●成果の改良発明についての、他の参加者への譲渡や独占的実施許諾の義務づけ（イ②）
3 **共同研究開発の成果である技術を利用した製品に関する取決め**（同ガイドライン第2－2(3)）
- ●第三者への販売価格の制限（ウ①）
- ▲生産・販売についての地域・数量の制限（イ①②）
- ▲販売先の制限（ただし、成果であるノウハウの秘密保持等のために必要な合理的期間内の制限は白条項）（イ③）
- ▲製品の原材料・部品の購入先の制限（ただし、成果であるノウハウの秘密保持や成果に基づく製品の品質保持のための必要な合理的期間内の制限は白条項）（イ④）
- ▲製品の品質・規格の制限（ただし、他の参加者から供給を受ける場合に、成果である技術の効用を確保するために必要な範囲内での品質・規格義務を課すことは白条項）（イ⑤）

II 下請法

1 下請法の歴史

　朝鮮戦争後の不況期に中小企業の側から、下請代金の支払遅延問題などの規制を求める声が高まり、公正取引委員会は昭和29年に「下請代金の不当な支払遅延に関する認定基準」を公表したが、これらの問題を独占禁止法の優越的地位の濫用行為で解決するところに無理があり必ずしも実効が上がるものではなかった。

　そのため、昭和31年には下請法（正式名：下請代金支払遅延等防止法）が制定され、物品の製造および修理に関する下請取引における親事業者の不当な行為を規制することなどを内容として過去4回の改正が行われた。

　平成15年の改正では、近年の経済のサービス化・ソフト化の進展に鑑み、役務（サービス）に関する下請取引もその対象として追加されることとなった。

　なお、平成28年には「下請代金支払遅延等防止法に関する運用基準」の改

正が行われ、違反行為事例が大幅に増加された。

2　下請法の内容

(1)　下請法とは

　下請法は、規模の大きい会社（親事業者）が規模の小さい会社や個人事業者（下請事業者）へ、製品の製造を委託したり、あるいは機械・設備等の修理を委託する場合（これらを「下請取引」と呼ぶ）、一般的に弱い立場である下請事業者を保護するため、親事業者の義務や禁止行為を定めた法律である。

　不当な返品や買いたたきなどの親事業者の「下請いじめ」は、親事業者という優越的な地位を利用した不公正な取引として「独占禁止法」においても規制の対象となる（独禁2条9項5号）。

　独占禁止法の優越的地位の濫用と下請法の双方が適用可能な場合には、通常、下請法が適用される。

(2)　適用範囲

　下請法では、その適用対象となる「下請取引」を、誰が規制の対象となるかを事業者間の資本金の関係から、またどのような取引内容かを物品の製造委託と修理の委託および情報成果物作成委託、役務提供委託に限定して明確化している。

　(イ)　どのような取引内容か

　事業者が業として行う以下の委託取引が対象となる。

① 　製造委託（下請2条1項）　　下請法でいう製造委託とは、親事業者が下請事業者に、規格、性能、品質、形状、デザイン、ブランド等を指定して、業として販売のための、または業として請け負った製品、半製品、原材料等の物品の製造（含む加工）、またはこれらの製造に用いる金型の製造を委託することをいう。したがって、市場で普通に販売されている物品を購入することは製造委託にはならないが、その一部分でも自社用に加工して購入する場合は製造委託にあたる。

② 　修理委託（下請2条2項）　　下請法でいう修理委託とは、業として請け負う物品の修理の全部または一部を下請事業者に修理してもらったり、親事業者がその使用する物品の修理を自ら行っている場合に、その修理

の一部を下請事業者に委託することである。
③ 情報成果物作成委託（下請2条3項）　下請法でいう情報成果物作成委託とは、親事業者が業として提供し、または業として請け負う情報成果物の作成の全部または一部を下請事業者に委託したり、親事業者が自ら使用する情報成果物の全部または一部を下請事業者に委託することである。情報成果物とは、プログラム、放送番組、デザイン等のほか政令で定めるものが対象となる（同条6項）。
④ 役務提供委託（下請2条4項）　下請法でいう役務提供委託とは親事業者が業として行う役務提供行為の全部または一部を下請事業者に委託することである。

㈡　誰が規制対象となるのか

資本金が一定額を超える事業者が、資本金額または出資総額（以下、「資本金額等」という）がその一定額以下もしくは個人の事業者と取引を行う場合、下請法の適用対象となる。

① 製造委託・修理委託および政令で定める情報成果物作成・役務提供委託
・資本金額等が3億円を超える事業者と、資本金額等が3億円以下の事業者あるいは個人との間の取引
・資本金額等が1,000万円を超え3億円以下の事業者と、資本金額等が1,000万円以下の事業者あるいは個人との間の取引
　　なお政令で定めるものは情報成果物ではプログラム、役務では運送、物品の倉庫における保管、情報処理の4業種となっている（下請令1条）。
② 情報成果物作成・役務提供委託（政令で定めるものは除く）
・資本金額等が5,000万円を超える事業者と、資本金額等が5,000万円以下の事業者あるいは個人との間の取引
・資本金額等が1,000万円を超え5,000万円以下の事業者と、資本金額等が1,000万円以下の事業者あるいは個人との取引

以上において、前者の事業者を「親事業者」といい、後者の事業者を下請事業者という。

〔図7〕 親事業者と下請事業者の範囲

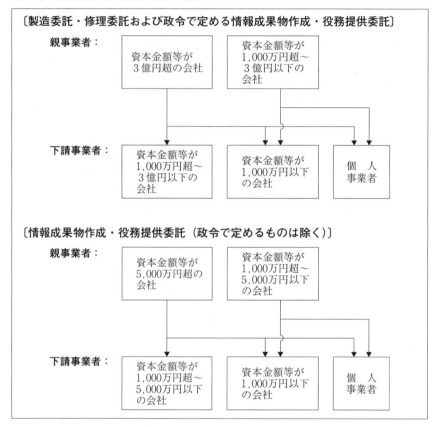

(3) トンネル会社の規制（下請2条9項）

　資本金額等が3億円、5,000万円あるいは1,000万円を超える会社（親会社）が、直接下請事業者に委託をしないで、資本金額等が3億円以下、5,000万円以下あるいは1,000万円以下の子会社を設立し、その子会社を窓口に、下請事業者に対して製造委託・修理委託を行う場合、以下の2条件を満たすと、この子会社は親会社と同一の親事業者とみなされ下請法が適用される。

【表17】 子会社が親会社と同一とみなされる2条件

| ① 親会社から50％以上の出資を受けている。あるいは、会社役員の過半数が親会社の関係者である。または、実質的に会社役員の任免が親会社に支配されている。 |
| ② 親会社から受けた特定の製造委託・修理委託等の額または量の50％以上を常に再委託している。 |

3 親事業者の義務

下請取引を公正化し、下請事業者を保護するため、下請法では親事業者に4つの義務を課している。

【表18】 親事業者の4つの義務

| ① 支払期日を定める義務 |
| ② 書面交付の義務 |
| ③ 遅延利息の支払義務 |
| ④ 書類の作成・保存の義務 |

(1) 支払期日を定める義務

> **下請法** 2条の2第1項
>
> 親事業者は、下請事業者から物品を受領した日から起算して60日以内のできる限り短い期間内に、下請事業者の受け取る代金（下請代金）の支払期日を定めなければならない。

(イ) 下請法でいう「支払期日」とは

親事業者は、物品を受領した日から起算して60日以内に支払期日を定めなければならないとされている。もし、支払期日を定めなかった場合は、納入物品を受領した日が支払期日となる（下請2条の2第2項）。

また、物品を受領した日から60日を超えた支払期日を定めた場合には、受領した日から起算して60日目が支払期日とみなされる（下請2条の2第2項）。

(ロ) 下請法でいう「受領」とは

下請法上、「受領した日」とは、まさに納入された物品を受け取った日の

ことである。たとえば、検収制度を採用している場合でも、「検収した日」が「受領した日」ではなく、あくまでも「受領した日」は「納品を受けた日」なので注意が必要である。

(ハ) 手形支払と支払期日

下請法上の支払期日は、下請代金の支払のため下請事業者にその手形を交付した日であり手形法上の支払期日とは異なる。したがって、親事業者が交付した手形に記載の支払期日（満期日）が物品を受領した日から起算して60日を超える場合であっても、物品の受領日から60日以内に手形を交付していれば問題ないということになる。

ただし、手形サイトについては下請法上規制（割引困難な長期手形の交付の禁止）があるので注意が必要である（後述4(6)「割引困難な手形の交付」（169頁）参照）。

(2) 書面の交付義務

> **下請法** 3条1項
>
> 親事業者が下請事業者に発注する場合には、直ちに、注文の内容、下請代金の額、支払方法を記載した書面を下請事業者へ交付しなければならない。
>
> ただし、内容が定められないことにつき正当な理由のある事項は記載を要せず、内容が定められた後、直ちにこれらを記載した書面を下請事業者に交付する義務がある。

(イ) 書面の交付義務

電話による発注などの口頭発注は、発注内容や支払条件が不明確になりトラブルが生じやすく下請事業者に不利益が生じるおそれがある。

そのため、下請法では、このようなトラブルを防止するため、親事業者に対し発注内容や支払条件等を記載した書面を発注のつど、下請事業者に交付する義務を課している。

【表19】 発注書面の記載内容

① 親事業者、下請事業者の名称（番号、記号でも可）
② 発注年月日（製造委託等をした日）
③ 下請取引の内容（品名、数量、仕様等、提供される役務）

> ④ 納期（期間を定めて役務を提供する場合は期間）および納入場所
> ⑤ 検査をする場合は検査完了月日
> ⑥ 下請代金の額※および支払期日
> ⑦ 手形で支払う場合は、その手形の金額または手形と現金の支払比率および手形サイト
> ⑧ 一括決済方式で支払う場合は、金融機関名、貸付または支払可能額、親事業者が下請代金債権相当額を金融機関に支払う期日
> ⑨ 原材料の有償支給に関する内容（品名、数量、対価、引渡し期日、決済期日、決済方法）

　※下請代金の額　　下請代金の額について、具体的な金額を記載することが困難なやむを得ない事情がある場合には、下請代金の具体的な金額を定めることになる算定方法を記載することをもって足りる。

　コンピューターネットワークを使った発注については、磁気記録媒体等に発注書面に記載すべき内容が記録され、下請事業者に通信回線により通知でき、下請事業者が必要に応じプリントアウトできるなら認められる。

　ただし、その導入のされ方や運用のされ方によっては下請事業者が不利益を受けることが考えられるので、下請事業者への強制の禁止、親事業者が負担すべき費用の下請事業者への負担禁止など親事業者の遵守すべき事項が示されている（昭和60年12月25日公正取引委員会取引部長通知）。

　下請事業者との継続的な取引においては、支払方法や納入場所等の取引条件が共通している事項については、あらかじめ下請事業者に通知する方法も認められている。

　この通知は、新たな通知が出されるまで有効とされる。

　なお、注文書には、この支払方法等の記載事項を省略する代わりに「何年何月何日付の通知による」旨を明記する必要がある。

〈書式9〉　継続的な下請事業者に対する取引条件の通知書

｜　　　　　　　　　　　　　　　　　　　　　　　　　　　　　　　　　〇〇〇〇年8月20日
｜Y株式会社御中
｜　　　　　　　　　　　　　　　　　　　　　　　　　　　　　　　　　X株式会社
｜　　　　　　　　　　　　　　　　　　　　　　　　　　　　　　　　　資材部長　Z　㊞

支払方法等について

拝啓　貴社ますますご清栄のこととお慶び申し上げます。平素は、部品納入に関しご助力いただき厚く御礼申し上げます。

　さて、当社が今後注文する場合の支払方法等については、下記のとおりといたしたく諾否を速やかにご連絡ください。

敬具

記

1．支払制度　　納入締切日……毎月末日
　　　　　　　　支払日……翌月末日
2．支払方法
　　　　　　　支払総額20万円未満……全額現金払い
　　　　　　　支払総額20万円以上……下記の条件
　　　　　　　　　現金：0％
　　　　　　　　　電子記録債権：100％（決済は、支払期日から起算して60日目）
　　なお、現金による支払いは金融機関への口座振込によります。支払期日が金融機関の休業日にあたる場合、順延期間が2日以内の場合には当該金融機関の翌営業日に支払います。振込手数料については、当社が負担するものとします。
3．検査完了期日　納品後5日以内
4．有償支給代金の決済
　　　　　　　　有償支給代金の決済は、その納入代金支払時に相殺します。
　　　　　　　　支給材の品名、数量、金額、引渡し期日は「有償支給明細書」によります。
5．実施期間　　○○○○年9月1日から本通知の内容に変更があり新たに通知するまでの間（新たな通知の開始日の前日まで）

以上

（注1）「支払方法等について」の内容に変更があった場合、当該変更部分のみ通知するのではなく、全体を通知し直す必要がある。

(注2)　親事業者から「支払方法等について」の承諾の通知を求められた場合、下請事業者がその通知を文書で行うこととすると、その承諾者が印紙税課税文書となる。

(注3)　支払期日が金融機関の休業日にあたる場合における2日以内の順延が認められるには、親事業者および下請事業者との双方が合意し、書面化する必要がある。

　㈹　書面の交付義務の例外処置

　平成15年の改正で、必要記載事項のうち内容が定められないことについて正当な理由があるものについては、その記載を要しないものと修正された。

　この場合、当初の書面には、記載しない事項について、内容が定められない理由および内容が定められる予定期日を記載しなければならない。

　また、正当な理由とは、取引の性質上、委託時点では内容が定められないと客観的に認められる理由で、次表のような場合である。

【表20】　内容が定められない正当事由例

①　ソフトウェア作成委託において、最終ユーザーが求める仕様が確定されておらず、正確な委託内容を決定することができない場合
②　広告制作物の作成委託において、制作物の具体的な内容が確定していない場合
③　放送番組の作成委託において、番組の具体的内容が確定していない場合
④　製造委託において、親事業者はその基本性能等の概要仕様のみを示して委託を行い、下請事業者が持つ技術により詳細設計を行って具体的な仕様を決定していく場合

　なお、当初の書面に記載されていない事項の内容が確定した後には、直ちにこれらを記載した書面（補充書面）を交付する必要があり、補充書面に「〇〇〇〇年〇月〇日付の〇〇文書の補充書面である」などと記載し、書面についての相互の関連性を明らかにする必要がある。

　(3)　遅延利息の支払義務

> **下請法**　4条の2
>
> 親事業者は、支払期日までに下請代金を支払わなかった場合、下請事業者か

> ら物品を受領した日から起算して60日を経過した日から支払をする日までの期間について年14.6%の遅延利息を支払わなければならない。

　下請事業者は立場が弱いため、親事業者が支払遅延をした場合、親事業者に対して自ら遅延利息を約定させることは困難である。

　そこで下請法は、親事業者が支払遅延をした場合には、ペナルティとして年率14.6%の遅延利息を支払うことを義務づけている。ただし、遅延利息を支払えば、常に支払いが遅れてもいいということにはならないので注意が必要である。

(4) 書類の作成・保存義務

下請法　5条

　親事業者は、注文の内容、下請代金の額、支払方法等を記載した書類を作成し、2年間保存しなければならない。

　下請取引の記録・作成については、書類だけでなく電磁的方法による記録の作成・保存も認められているが、必要に応じプリントアウトできるようなしくみにしておかなければならない。

【表21】　作成・保存すべき事項

> ① 下請事業者の名称
> ② 発注年月日
> ③ 下請取引の内容（品名、数量、仕様等、提供される役務）
> ④ 納　期
> ⑤ 受領日と受領内容
> ⑥ 受入検査にかかわる事項（検査完了日、検査結果、不合格品の処置）
> ⑦ 下請代金にかかわる事項（下請代金支払額、支払日、支払方法、下請金額変更の場合は増減額、変更理由）
> ⑧ 手形で支払う場合は手形金額、交付日、手形の満期
> ⑨ 一括決済方式で支払う場合は、金融機関からの貸付、または支払可能額および期間の始期、下請代金を金融機関に支払った日
> ⑩ 有償支給に関する事項（品名、数量、対価、引渡し日、決済日、決済方法）
> ⑪ 原材料を控除した場合は、控除後の下請代金額
> ⑫ 遅延利息の支払額および支払日

なお、作成・保存すべき事項が、下請事業者に交付すべき書面と共通する項目については、その書面を保存することで代用することができる。

4　親事業者の禁止事項

下請法では、親事業者が下請事業者に製造委託・修理委託などの委託取引をした場合、してはならない行為として11種類の禁止事項をあげている（役務提供委託をした場合にあっては【表22】の②③⑦を除く）。これらの行為は、たとえ下請事業者の了解を得て行ったとしても下請法違反となるので十分な注意が必要である。

【表22】　親事業者の11の禁止事項

①　買いたたき……（下請４条１項５号）
②　受領拒否……（同条１項１号）
③　不当な返品……（同条１項４号）
④　不当な下請代金の減額……（同条１項３号）
⑤　下請代金の支払遅延……（同条１項２号）
⑥　割引困難な手形の交付……（同条２項２号）
⑦　有償支給原材料等の対価の早期決済……（同条２項１号）
⑧　物の購入強制・役務の利用強制……（同条１項６号）
⑨　報復措置……（同条１項７号）
⑩　不当な経済上の利益の提供要請……（同条２項３号）
⑪　不当なやり直し等……（同条２項４号）

(1)　買いたたき

下請法　4条1項5号

　親事業者は、発注に際して下請代金を決定するときに、発注した内容と同種または類似の給付の内容（または役務の提供）に対して、通常支払われる対価に比べて著しく低い下請代金の額を不当に定めてはならない。

買いたたきとして下請法違反になるのは、「通常支払われる対価に比べて著しく低い額を定めること」と下請事業者と十分協議しないで決めたりするなどの場合のように、「価額を不当な方法で定めること」の２つの条件を満

たした場合である。

〔買いたたきの違反事例〕
① 大量発注の際の下請事業者の見積単価を、そのまま少量発注の際の下請代金の額に適用した。
② 下請事業者に対し発注部品すべてについて一律一定率の単価引き下げ要請を行い、個別部品ごとの原価構成の違いを考慮せずに下請代金の額を決定した。
③ 単価引き下げにおいて十分な話し合いを行わずに、下請事業者に提示した単価で一方的に下請代金の額を取り決めた。
④ 親事業者が、下請事業者との年間運送契約の「荷物の積み下ろし作業は親事業者が行う」旨の規定を変更し、「下請事業者が行う」こととして通知した。従来料金では対応できない下請事業者は価格改定の見積書を提出したが、協議もなく親事業者は価格を据え置いた。

(2) 受領拒否

> **下請法** 4条1項1号
> 親事業者は、下請事業者に責任はないのに、給付を委託した目的物の受領を拒んではならない。

受領拒否は、指定納期に給付の目的物の受け取りを拒んだ場合のみならず、発注を取り消したり、納期を延期したときも該当する。

(イ) 受領拒否をできる場合

下請事業者に責任があるとして、受領を拒否できるのは、下請事業者が委託内容と異なる給付をしたとき、汚れやキズなど給付に瑕疵があるとき、および指定した納期までに給付がなされなかったため不要となったときに限られる。

(ロ) 受領拒否の違反事例
① 下請事業者へ発注した後、発注数量が過大だったことを理由に発注の一部を取り消した。
② 下請事業者にテレビCMの制作を依頼したが、広告主の意向により取りやめとなったため、すでに制作しているVTRテープを受領しなか

った。
(3) 不当な返品

> **下請法** 4条1項4号
>
> 親事業者は、下請事業者に責任がないにもかかわらず、納入された物品等をいったん受領した後に、返品してはならない。

返品は納入された後の行為であるため、下請事業者にとって受領拒否以上に利益が損なわれるおそれがる。

(イ) 返品のできる場合

下請事業者に責任があるとして返品できるのは、下請事業者が、注文とは異なるものを納入したときや指示どおりに修理していないときや、汚れた物やキズ物などの不良の物品等を納入したときに限られ、しかも受領後速やかに、もしくは、ロット単位の抜取り検査を行っている継続的な下請取引においては、当該品受領後の最初の支払時までに返品しなければならない。

(ロ) 返品のできる期間

なお、下請事業者に明らかな責任があるとしても返品できる期間を無制限に認めることは、下請取引の安定化や下請事業者の利益の保護から好ましいことではないため、運用で次のような制限を設けている。

つまり、直ちに発見できる瑕疵の場合には、親事業者は物品等を受領後不合格品（不良品）を速やかに返品する必要があり、直ちに発見できない瑕疵の場合には、その瑕疵がある期間経過した後発見され、かつ下請事業者に責任があるときでも、受領後6か月を超えて返品することができないことになっている。

ただし、親事業者が、一般消費者に対して品質保証期間を定めているときには、その保証期間に応じ最長1年まで返品できる。

(4) 不当な下請代金減額

> **下請法** 4条1項3号
>
> 親事業者は、発注時に決定した下請代金を、下請事業者に責任がないにもかかわらず発注後減額してはならない。

下請代金の減額とは、いったん決定された価格を後で値引くことであり、減額の名目、方法、金額の多少を問わない。たとえ、下請事業者との間で下請代金の減額を行うことを約束し、それに基づいて減額する場合であっても認められない。

　(イ)　仮単価と代金減額

仮単価による発注は、発注後に下請代金が減額されるおそれがあるため、単価が決められないことに正当な理由がある場合以外は認められない。

したがって、仮単価による発注は、①新規品や試作品などを製造委託する場合においてつくってみなければ費用が算定できない場合、②修理委託で修理してみないと費用がわからない場合、③ソフトウェア作成委託で委託時点では仕様が確定しておらず正確な委託内容が定まっていない場合など、発注時にどうしても下請代金の額が決められない場合に認められる。

しかし、このような場合であっても正式単価でないことを明示した具体的な仮単価の記載、下請代金額等の定められない理由およびそれを定めることとなる予定期日を当初の発注書面に記載し、単価が確定した後には、直ちに正式単価を記載した補充書面を交付しなければならない。

　(ロ)　不当な下請代金の減額の違反事例

① 下請事業者と合意した新単価を、合意日以前にすでに発注した分にまで遡って適用した。

② 製造委託しているプライベート商品の販売促進に伴う広告宣伝費の一部を下請事業者に負担させ、下請代金から差し引いて支払った。

③ 下請事業者の希望で下請代金を手形払から現金払に変更するにあたって、短期の自社調達金利分を超える額を下請代金から引いて支払った。

④ 当初の計画を大幅に超える発注実績となったので、その実績をもとにした親事業者の請求により下請事業者は割り戻し金を支払った。

　(5)　下請代金の支払遅延

| 下請法 | 4条1項2号 |

親事業者は、理由の如何を問わず、支払期日までに下請代金を支払わなければならない。

親事業者は、給付を受領した日（役務提供委託にあっては、役務が提供された日）から60日以内で、かつできるだけ短い期間内に支払期日を定めなければならない。

万一支払遅延が生じた場合には、親事業者が物品を受領した日から起算して60日を経過した日から、実際に支払をした日までの期間、年率14.6％の遅延利息を支払わなければならない。

〔支払遅延の違反事例〕
① 下請代金の支払について、検査に要する期間を考慮しないで毎月末日検収締切、翌日末日支払の制度を採用していたため、一部の製品について受領日から60日を経過して下請代金を支払っていた。
② 下請事業者にプログラムの作成を委託し、検収後に支払う制度を採用していたが、納入後プログラムの検査に3か月を要したので支払が納入後60日を超えてしまった。

(6) 割引困難な手形の交付

下請法 4条2項2号

親事業者は、下請代金を手形で支払う場合、標準的な手形サイト（繊維業では90日、その他の業種は120日）を超える手形を交付してはならない。

一般的に手形のサイト（振出日から満期日までの期間）が120日（繊維業においては90日）を超えるものは、銀行、信用金庫、信用組合等の一般の金融機関において割引を受けることが困難であると解され、本号に違反するおそれのある手形とみなされる。

なお、手形サイトは、将来的には60日以内とするよう要請が出されている（2016年12月14日中小企業庁、公正取引委員会）。

(7) 有償支給原材料等の対価の早期決済

下請法 4条2項1号

親事業者が下請事業者に製造委託・修理委託した物品の原材料等を有償支給している場合、その原材料等を用いて製造・修理した物品の下請代金の支払期日より前に、その原材料費を下請事業者に支払わせたり、あるいは下請代金から控除してはならない。

たとえば、親事業者が有償支給した支給材等を用いて下請事業者が製造した物品の下請代金の支払期日が４月30日の場合、親事業者は４月30日より早い時期に下請事業者に有償支給材の費用を支払わせてはならない。

〔図８〕 有償支給材の費用を支払わせてはならない期間

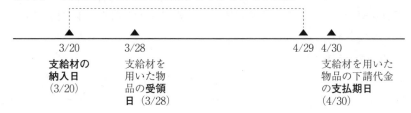

(8) 物の購入強制・役務の利用強制

| 下請法 | ４条１項６号 |

親事業者は、正当な理由がない限り、親事業者の指定する製品や原材料等を強制的に下請事業者に購入させたり、サービス等を強制的に下請事業者に利用させて対価を支払わせてはならない。

親事業者が物や役務の購入や利用を強制できる「正当な理由」とは、下請事業者の給付の内容を均質にし、またはその改善を図るために必要な場合等である。たとえば、物の強制購入でいえば、製造委託した物品の品質を維持するために必要な場合である。

また、「親事業者の指定する製品・原材料等」には、親事業者が下請事業者に強制して購入させた物品はすべて対象となる。たとえば、親事業者の製品、原材料、機械設備、親事業者の取引先の製品、子会社・関係会社の製品などが含まれる。

同様に「親事業者の指定するサービス等」には、親事業者が下請事業者に強制して利用させた役務はすべて対象となり、親事業者やその子会社・関連会社、親事業者の取引先などが提供する役務が含まれる。

次のような方法で下請事業者に、親事業者の指定する物品の購入を依頼すると購入強制に該当するおそれがある。

① 購買・外注担当者等下請取引に影響を及ぼすこととなる者が下請事業

者に購入を要請すること。
② 下請事業者ごとに目標または目標量を定めて購入を要請すること。
③ 下請事業者に対して、購入しなければ不利益な取扱いをする旨示唆して購入を要請すること。
④ 下請事業者が購入する意思がないと表明したにもかかわらず、またはその表明がなくとも明らかに購入する意思がないと認められるにもかかわらず重ねて購入を要請すること。
⑤ 下請事業者から購入する旨の申出がないのに、一方的に下請事業者に送付すること。

(9) 報復措置

> **下請法** 4条1項7号
> 親事業者は、下請事業者が親事業者の下請違反行為を公正取引委員会や中小企業庁に知らせたことを理由に、下請事業者への注文数量を減らしたり、取引を停止したり、その他不利益な扱いをしてはならない。

下請事業者は、下請取引において弱い立場にあり、親事業者の下請法違反行為について公正取引委員会や中小企業庁に申告することは期待できない。

そこで下請法では、下請事業者が親事業者の報復をおそれずに申告できるよう、下請事業者が申告したことによって、親事業者が下請事業者を不利益な扱いをしてはならないとした。

(10) 経済上の利益の提供要請

> **下請法** 4条2項3号
> 親事業者が、下請事業者に対し、自己のために金銭、役務その他の経済上の利益を提供させることにより、下請事業者の利益を不当に害してはならない。

正当な理由がないのに、親事業者のために協賛金、協力金、対策金の提供および下請事業者の従業員を派遣させるなど下請事業者に対する、下請代金の減額とは別個に行われる経済的利益の提供を対象とする。

〔経済上も利益の提供要請の違反事例〕
① 親事業者が、年度末の決算対策として、下請事業者に対して協賛金の提供を要請し、指定口座に振り込ませた。

② ソフトウェア作成委託をしている親事業者が、下請事業者の従業員を常駐させ、当該発注とは無関係の事務を行わせていた。

(11) 不当なやり直し等

> **下請法** 4条2項4号
>
> 親事業者が下請事業者に責任がないのに、発注の取消しもしくは発注内容の変更を行い、または受領後にやり直しをさせることにより、下請事業者の利益を不当に害してはならない。

給付の受領前に、発注書面に記載されている委託内容を変更し、当初の委託内容と異なる作業を無償で行わせたり、給付後に、給付に関する追加的な作業を無償で行わせたりすることは下請事業者の利益を不当に害することになる。なお、発注の取消しも委託内容の変更に該当する。

〔不当なやり直し等の違反事例〕

① 下請事業者に部品の製造を委託し、これを受け下請事業者が原材料等を調達したが、輸出向け製品の不振で在庫が急増したとの理由で、下請事業者が要した費用を支払うことなく発注の取消しを行った。

② 下請事業者に対し、ソフトウェアの開発を委託し、仕様についてはユーザーを交えた打合せ会で決定することにしていたが、親事業者はその決定内容を書面で確認もせず、下請事業者から確認を求められても明解な指示を行わなかった。このため、下請事業者が自己の判断に基づき作業を行い納入したところ、親事業者が決定した仕様と異なるとして無償でやり直しを求めた。

Ⅲ 不正競争防止法（除く「営業秘密」）

不正競争防止法は、知的財産法の一分野としての位置づけもあるが、事業者間の公正な競争を確保しもって国民経済の健全な発展に寄与することから、本章に含めることとした。

また、営業秘密の保護強化は企業にとっても関心事であることから、本項とは分けて次項で「Ⅳ 営業秘密の保護」として述べる。

1 不正競争防止法の目的

不正競争防止法は、事業者間の公正な競争およびこれに関する国際約束の的確な実施を確保することにより国民経済の健全な発展に寄与することを目的としており、そのための手段として、不正競争の防止および不正競争にかかわる損害賠償に関する措置等を定めている（不正競争1条）。

2 不正競争防止法の概要

(1) 「不正競争」とは

「不正競争」とは、以下に掲げるものをいう（不正競争2条1項）。

【表23】 不正競争防止法2条1項各号に定める不正競争行為

周知表示混同惹起行為（1号）*	他人の商品等表示として需要者の間に広く認識されているものと同一もしくは類似の商品等表示を使用し、または使用した商品を譲渡等して、他人の商品または営業と混同を生じさせる行為
署名表示冒用行為（2号）*	自己の商品等表示として他人の著名な商品等表示と同一もしくは類似のものを使用し、または使用した商品を譲渡等する行為
商品形態模倣行為（3号）	他人の商品の形態（商品の機能確保のために不可欠な形態を除く）を模倣した商品を譲渡等する行為
営業秘密に係る不正行為（4号〜10号）	営業秘密に関して不正に取得、使用、開示、不正使用行為により生産した物の譲渡等する行為
限定提供データに係る不正行為（11号〜16号）	ID・パスワード等により管理された技術上または営業上の情報で、業として特定の者に限定して提供するデータを不正に取得、使用、開示する行為
技術的制限手段に対する回避装置等提供行為（17号・18号）	技術的制御手段により制限されている影像の視聴等の制限効果を妨げる「プロテクト破り」を可能とする装置・プログラムを譲渡等する行為または役務を提供する行為
ドメイン名にかかわる不正行為（19号）	図利加害目的で他人の特定商品等表示と同一もしくは類似のドメイン名を使用する権利を取得等す

	る行為
品質等誤認惹起行為（20号）	商品・役務、その広告等に、その商品・役務の原産地、品質、内容、製造方法、用途、数量について誤認させるような表示をし、または表示をした商品を譲渡等する行為
信用毀損行為（21号）	競争関係にある他人の営業上の信用を害する虚偽の事実を告知等する行為
代理人等の商標冒用行為（22号）	外国において商標に関する権利を有する者の代理人等の商標冒用行為

※ 1号・2号の不正商号　これらの内容については89頁を参照されたい。

「不正競争」によって営業上の利益を侵害されまたは侵害されるおそれのある者は、その侵害の差止めを請求することができる（不正競争3条）。さらに、故意または過失によって不正競争を行って他人の営業上の利益を侵害した者は損害賠償責任を負う（同法4条）。損害額についての推定規定が置かれている（同法5条）。また、刑事罰の対象（ただし、同法2条1項19号、21号、22号を除く）とされる（同法21条）。さらに、法人の代表者・従業者等がその業務に関し違反行為をしたときは、その法人に対しても罰金刑が科される（同法22条）。

(2) 国際約束に基づく禁止行為

国際約束に基づく禁止行為とは、以下のものをいう。

【表24】　国際約束に基づく禁止行為（不正競争16条〜18条）

外国の国旗等の商業使用（不正競争16条）	外国の国旗等と同一・類似のものを商標として使用し、または商品の原産地を誤認させるような方法で外国紋章を使用し、これらを使用した商品を譲渡等する行為
国際機関の標章の商業使用（同法17条）	国際機関と関係があると誤認させるような方法で、その標章と同一・類似のものを商標として使用し、またはこれらを使用した商品を譲渡等する行為
外国公務員等に対する贈賄等（同法18条）	国際的な商取引に関して営業上の不正の利益を得るために、外国公務員等にその職務に関する作為、不作為をさせることを目的として、金銭その他の利益を供与等する行為

国際約束に基づく禁止行為の違反は、刑事罰の対象とされる（不正競争21条）。さらに、法人の代表者・従業者等がその業務に関し違反行為をしたときはその法人に対しても罰金刑が科される（同法22条）。

3　主な不正競争行為等

ビジネスに関連の深い不正競争行為および禁止行為の内容について、以下に述べる。

(1)　周知表示混同惹起行為

「需要者の間に広く認識されている」他人の商品等表示（人の業務に係る氏名、商号、標章、商品の容器・包装その他の商品または営業を表示するもの）と同一・類似のものを使用し、またはその使用した商品を譲渡、引渡しして「他人の商品または営業であるかのように混同を生じさせる行為」を「混同惹起行為」という（不正競争2条1項1号）。

① 「需要者の間に広く認識されている（周知性）」　全国的に認識されなくても、一定の地域であっても広く認識されていれば足りる。需要者は、商品の主な取引相手先をいい、○○業界向けの商品であれば、○○業界関係者であり、また一般消費者向けであれば一般消費者の間で広く認識されていることが必要となる。

② 「他人の商品または営業であるかのように混同を生じさせる行為」
　競争関係にある者の商品等表示を使用することによりその者と同一の商品主体や営業主体であるかのように誤信させる場合（狭義の混同）だけでなく、当該「商品等表示」主体との間で、営業上の関係や組織上・経済上何らかの関連があると誤信される場合（広義の混同）も含まれる。広義の混同が生じる場合として、最高裁は、アメリカンフットボール事件（最判昭59・5・29民集38巻7号920頁）で、自己と他者との間に「同一の商品化事業を営むグループに属する関係が存するものと誤信させる行為」をも含むとし、混同を生ぜしめる行為というためには両者間に競争関係があることを要しない、と判示した。

(2)　著名表示冒用行為

自己の商品等表示として、全国的に知られている他人の著名な商品等表示

と同一あるいは類似の表示を使用し、またはそのような表示が使用された商品を譲渡・引渡し等する行為をいう（不正競争2条1項2号）。この場合は、上記の混同惹起行為と異なり、混同の要件は不要となる。

「著名」とは、上記の「需要者の間に広く認識されていること」よりも一段と広く知られているもので、全国的に、誰でも知っているようなものをいう。

(3) 商品形態模倣行為

他人の商品の形態を模倣した商品を譲渡、貸渡し、譲渡・貸渡しのために展示し、輸出入する行為をいう（不正競争2条1項3号）。模倣された商品は、日本国内において最初の販売日から起算して3年を経過した商品については、適用が除外される（不正競争19条1項5号イ）。

「商品の形態」とは、需要者が通常の用法に従った仕様に際して知覚によって認識することができる商品の外部および内部の形状ならびにその形状に結合した模様、色彩、光沢および質感をいう（不正競争2条4項）。「模倣」とは、他人の商品の形態に依拠して、これと実質的に同一の形態の商品を作り出すことをいう（同法2条5項）。したがって、「他人の商品の形態に依拠」した意図的な模倣により、「実質的に同一の形態」である商品を規制の対象とするため、形態が似ている商品まで禁止するものではない。

(4) 営業秘密の不正取得・使用・開示行為

これらについては次項「Ⅳ　営業秘密の保護」（179頁以下）で述べる。

(5) 限定提供データの不正取得・使用・開示行為

相手方を限定して業として提供するデータ（ID・パスワード等により管理された技術上または営業上の情報に限られる。不正競争2条7項）を不正に取得、使用および開示する行為をいう（同法2条1項11号〜16号）。

限定提供データとは、いわゆるビッグデータ等であり、次のようなものがその対象とされる。

- ・自動走行車両向けに提供する三次元地図データ
- ・POSシステムで収集した商品ごとの売上データ
- ・化学物質等の素材の技術情報を要約したデータ
- ・船主、オペレーター、造船所、機器メーカー等の関連企業がそれぞれ収

集し、共有している船舶運行データ

不正競争防止法上の「営業秘密」には該当しない場合であっても、法定の管理要件を満たした技術上または営業上の情報であれば、「限定提供データ」とされる。

(6) 品質等誤認惹起行為

商品、役務について、その広告や取引に用いる書類・通信において、以下の品質等を誤認させる表示をし、または表示した商品を譲渡・引渡し等する行為をいう（不正競争2条1項14号）。

・商品……原産地、品質、内容、製造方法、用途、数量
・役務（サービス）……質、内容、用途、数量

(7) 信用毀損行為

競争関係のある他人について、その営業上の信用を害する虚偽の事実を、特定の人に個別的に伝達したり（告知）、不特定多数の人に知られるような態様において広めたり（流布）する行為をいう（不正競争2条1項15号）。

ここでいう「競争関係」は、広く同種の商品を扱うような業務関係にあればよく、また現実に競争関係が存在していなくとも、将来競争関係になりうる場合でもよいとされる。

たとえば、比較広告等において、他人の商品について仕様や材質等の虚偽の事実を述べることにより、他人を貶めるような内容の広告を掲載する行為は、信用毀損行為にあたるとされる。

(8) 外国公務員等に対する贈賄等

不正競争防止法18条1項は、OECD外国公務員贈賄条約1条の定めを担保するため、国際的な商取引に関して営業上の不正の利益を得るために、その外国公務員等に、その職務に関する行為をさせもしくはさせないこと等を目的として、金銭その他の利益を供与する行為やその申込みや約束をする行為を禁止している。

刑事罰として、違反者は5年以下の懲役または500万円以下の罰金が処せられ、またはこれを併科される（不正競争21条2項7号）。そして法人に対しては、3億円以下の罰金が科される（同法22条1項3号）。

第6章　企業間での適正な取引の履行は企業の社会的使命

> **コラム**
>
> ### 日本交通技術（JTC）事件
>
> 　JTCは、鉄道コンサルタント事業等を営み、事件当時の主要株主はJR東日本・JR東海の全額出資子会社であった。本事件は、同社の元社長等役員3名が、同社が有利な取り計らいを得たいとの趣旨のもと、対ベトナム円借款の鉄道建設事業、対インドネシア円借款の複線化事業、対ウズベキスタン円借款の鉄道電化事業に関し、各国の鉄道公社関係者・運輸省関係者に対し約1億5,000万円に上る金銭を供与したものである。
>
> 　同事件に関して、東京地裁は、2015年2月4日、JTCに対し罰金9,000万円と関係した元社長に懲役2年、元常務取締役（元国際部長）に懲役3年、元経理担当取締役に懲役3年を科した（東京地判平27・2・4 LEX/DB25505904）。
>
> 　以上の他、同社に対しては、約1億円の「使途秘匿金」に関して重加算税と制裁課税を加えた約9,000万円の法人税が加算された。また、外務省実施のODA（政府開発援助）無償資金協力事業に関し、不正競争防止法違反で起訴されたことを受け、36か月間の指名停止となった。
>
> 　会社のためと考えて不正行為を行うのは独占禁止法のカルテル違反等と同じ構図であるが、ODAに絡む贈賄は、その原資には、私達の税金が投入され、日本をはじめ各国政府が関連しており、かつ国際競争の中での受注であり、発覚したときには、当該企業だけでなくわが国の企業やわが国の国際的な信用問題となる。

14　なお、米国と何らかの関係のある日本企業が、外国公務員に贈賄行為を行った場合は、不正競争防止法とは比べものにならないほど重い制裁がある「連邦海外腐敗行為防止法（FCPA）」の対象となる可能性があるので注意が必要である。

Ⅳ 営業秘密の保護

1 営業秘密とは何か

「不正競争防止法」は、企業が秘密として管理している技術上または営業上の情報を「営業秘密」として位置づけ、これらの営業秘密を盗んだり、脅迫したりして使用する等の不正行為が行われている場合に、裁判所に対して、その行為の差止めや損害賠償、謝罪広告等の信用回復などの請求権を認めることを内容とするものである。

この法律では、「営業秘密」を「秘密として管理されている事業活動に有用な技術上又は営業上の情報で公然と知られていないもの」と定義している（不正競争2条6項）。

秘密として管理し、公然と知られていない次のようなものが「営業秘密」にあたる。

【表25】 営業秘密の例

・技術上の情報……製造技術、設計図、製品仕様、原料配合比率、製造原価、実験データ、研究レポート、青写真、製造工程マニュアルなど
・営業上の情報……顧客名簿、販売マニュアル、市場調査情報、営業戦略情報、仕入先リスト、販売計画資料、見積資料など

コカコーラが世界最大の清涼飲料水の地位を守り続けている背景には、莫大な財産的価値を持ち続けている営業秘密がある。

コカコーラの原液の仕様書は、1886年以来100年以上も、米国アトランタの銀行の金庫に保管され営業秘密として厳重に管理されており、その内容は極めて限定された関係者にしか知らされていないといわれている。

2 営業秘密の3つの要件

この法律により保護を受けるためには、次の3つの要件を満たさなければ

ならない。

【表26】 3つの要件（不正競争2条6項）

1．秘密として管理されていること
2．事業活動に有用な技術上または営業上の情報であること
3．公然と知られていないこと

(1) 秘密として管理されていること（秘密管理性）

単に営業秘密の保有者が秘密だと思っているだけでは不十分であり、それが営業秘密であると客観的に認識できるような状態に管理されていることが必要である。

秘密として管理されているためには一般的にはまず、「就業規則」「営業秘密管理規程」「文書管理規程」などを作成して、次の【表27】のような管理をすることが必要である（193頁の「7　営業秘密管理の実際」参照）。

【表27】 秘密管理の方法

・営業秘密だと認識できるための「極秘」「㊙」等の表示がなされている。
・営業秘密にアクセスできる者を限定し、その者に権限なしに使用・開示してはならない旨の義務が課されている。
・資料の保管、保存、廃棄などの方法が決められている。

(2) 技術上または営業上の有用な情報であること（有用性）

有用な情報とは、生産活動、販売活動、研究開発等の事業活動に具体的に役立つ情報であることが客観的に認められることが必要である。

【表28】 事業活動に有用な情報と有用でない情報の例

有用な情報	① 製造ノウハウ、成分の組成、実験データ、顧客名簿など ② 開発に失敗した新製品のレポートや新薬開発に代表されるネガティブレポート（否定的結果のでた実験データなど）は、その情報により失敗を繰り返さないので有用
有用でない情報	① 企業にとって秘匿したい情報でも反社会的なもの ・企業の脱税情報 ・企業の有害物質のたれ流し情報 ② 経済的価値を生み出さないもの ・取締役のゴシップ・スキャンダル情報

| ・企業の人事異動の情報 |

(3) 公然と知られていないこと（非公知性）

企業が、いくら厳重に秘密として管理している情報であっても、すでに一般に知られているものは法律上保護されない。

たとえば、ある製法を第三者が偶然発見して学会で報告している場合などは「公然と知られていた」ことになる。

しかし、ある企業が他の企業と同じ製造ノウハウを偶然開発した場合でも、他の企業がその情報を公開していない限り「公然と知られていない」といえる。

3 差止めの対象となる不正行為

不正行為は、大別して2つに分類される。

【表29】 不正行為の大分類

| 1．窃取型不正行為……保有者から不正手段により営業秘密を取得した場合と、その後その営業秘密が流通する過程で起こる場合（不正競争2条1項4号～6号） |
| 2．背信型不正行為……保有者から正当に開示された営業秘密が、不正に使用・開示された場合と、その後その営業秘密が流通する過程で起こる場合（不正競争2条1項7号～9号） |
| 3．侵害品の譲渡等行為……上記1．2．のうち技術上の秘密を使用する行為により生産された物を譲渡等する場合（不正競争2条1項10号） |

(1) 窃取型不正行為の場合

(イ) 営業秘密を窃取、詐欺、脅迫などの不正な手段で取得する行為や、その後、自己で使用したり他人に開示する行為（不正競争2条1項4号）

〔図9〕 不正行為例①

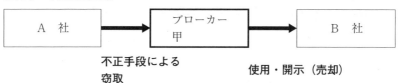

ブローカー甲は、夜間、建設機械大手のAに入り込み金庫から新製品開発計画などの営業秘密を盗み出し、競争メーカーに売却した。

㈩　その営業秘密を、**不正取得行為が介在したことを知って、あるいは重大な過失があって知らないまま取得する行為**や、その後、**自己使用したり、開示する行為**（不正競争2条1項5号）

〔図10〕　不正行為例②

この場合、B社は、盗んだことを知りながら、あるいは少し調べれば盗んだことがわかるのに見過ごして、そのまま自社で利用したり、下請業者に開示したりした。

㈧　**営業秘密の取得時は不正行為の介在を知らなかった者が、被害者から警告を受けるなど不正な手段で取得されたことを知った後も、または重大な過失により知らないで、自己使用したり、開示したりする行為**（不正競争2条1項6号）

〔図11〕　不正行為例③

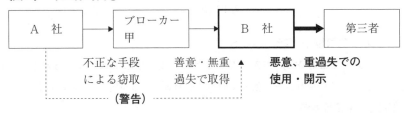

ただし、一定の場合には善意者取得者保護の適用がある（185頁の「⑷　適用除外」参照）。

(2) 背信型不正行為の場合

(イ) 当初適法に示された営業秘密を、不正の利益を得る目的で、またはその保有者に損害を与える目的で使用・開示する行為（不正競争2条1項7号）

〔図12〕 不正行為例④

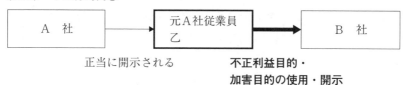

乙は、A社の従業員であったときA社から営業秘密を正当に開示されていた。乙は、競合メーカーであるB社からの転職の誘いに応じると同時にB社へA社の営業秘密を開示した。

(ロ) 不正に開示された営業秘密を事情を知りながらあるいは重大な過失があって知らないまま取得する行為や、その後、自己使用したり、開示する行為（不正競争2条1項8号）

〔図13〕 不正行為例⑤

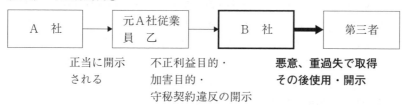

(ハ) 営業秘密の取得時は不正開示とは知らなかった者が、被害者から警告を受けるなどして不正開示があることを知った後も、または重大な過失により知らないで、自己使用したり、開示したりする行為（不正競争2条1項9号）

〔図14〕 不正行為例⑥

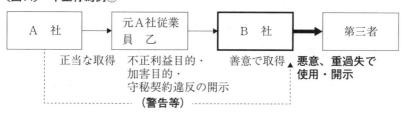

第6章　企業間での適正な取引の履行は企業の社会的使命

ただし、前項(1)(ハ)と同様、一定の場合には善意者取得者保護の適用がある（185頁の「(4) 適用除外」参照）。

〔具体例〕

　X社では、コンピュータプログラムの開発部門強化のため、Y社のエンジニアであった2名を〇〇〇〇年9月1日より中途採用した。

　ところが、9月2日付で、Y社から次のような内容証明郵便が届いた。

〇〇〇〇年9月2日

X株式会社

代表取締役社長　P　殿

　　　　　　　　　　　　　　　〇〇市〇区〇〇町1丁目1番地
　　　　　　　　　　　　　　　　　　　　　　Y株式会社
　　　　　　　　　　　　　　　　　　知的財産部長　Q　㊞

ご　通　知

　前略　このたび貴社にR氏およびS氏が入社されました。

　R氏は、当社の第一ソフト開発部に勤務し、パソコン用機器のソフトウェア開発に携わってきた者で、その中心的役割を果たしておりましたため、これに関する当社の営業秘密を保有しております。

　また、同時に入社されましたS氏は、当社の第二ソフト開発部に勤務し、パソコン用ワープロソフトの開発に従事しており、これらに関する当社の営業秘密を保有しております。

　当社は、これらのソフト開発に関する当社の営業秘密を管理するため、R、S両氏から、それぞれ「秘密保持誓約書」を取得いたしております。したがいまして、貴社におかれましては両氏が類似のソフトウェア開発に従事されますと当社の営業秘密を侵害するおそれがあります。

　つきましては、当社の営業秘密を侵害しないためにも、両氏が当社で行っておりましたソフトウェア開発に関する情報を、両氏より開示を受けたり貴社において使用したりすることのないようご注意申し上げます。

　　　　　　　　　　　　　　　　　　　　　　　　　　　草々

中途採用者が持ち込むY社の営業秘密をX社で使用できるかについては、中途採用者とY社がどのような契約をしていたのかによる。

つまり、雇用契約、退職時の誓約書、秘密保持誓約書などにより、中途採用者がY社に対して守秘・不使用義務などを負っている場合、次のような行為が不正行為となる。

① X社が中途採用者のY社に対する守秘・不使用義務を知っており（また知らないことについて重大な過失があって）、その営業秘密の開示や提供を受け、それをX社で使用したり他に開示する場合

② 中途採用者からX社に提供された情報にY社の営業秘密が含まれており、しかも事例のように通知書などでY社に対する義務を知ったにもかかわらず、その提供された営業秘密を使用し続けたり、第三者に開示・提供する場合

(3) 営業秘密侵害品の譲渡等の行為の場合

前記(1)(イ)～(ハ)および(2)(イ)～(ハ)の技術上の秘密にかかる不正使用行為によって生産された物を譲渡し、引き渡し、譲渡もしくは引渡しのために展示し、輸出し、輸入し、または電気通信回線を通じて提供（本章において、「譲渡等」という）する行為。

ただし、物を譲り受けた時に、その物が不正使用行為により生産された物であることに善意無重過失である者の譲渡等する行為を除く（不正競争2条1項10号）。

(4) 適用除外

(イ) 善意取得者保護

営業秘密が不正行為によるものだと知らず（知らないことについて重大な過失のない場合に限る）に、売買契約やライセンス契約等の取引によって取得した場合に、不正競争防止法は、取引によって取得した権原の範囲内で使用・開示することについては、差止めや損害賠償、罰則等の対象にならないとしている（不正競争19条1項6号）。

【表30】 善意取得者保護の要件

① 取引（ノウハウ等の売買、ライセンス、贈与など）によって取得したこと

② 不正行為の介在を知らず、かつ知らないことに「重大な過失」がないこと

㈆ 差止請求権消滅後の営業秘密侵害品の譲渡等

差止請求権が時効により消滅（不正競争15条1項）した後に、技術上の秘密を使用して製造した物（以下、「営業秘密侵害品」という）を譲渡等する行為については、差止めや損害賠償、罰則等の対象にはならない（不正競争19条1項7号）。

4　請求権の内容

不正競争防止法は、一定の要件の下に、不正行為の差止請求権、不正行為の差止めに必要な措置の請求権、不正行為に対する信用回復措置の請求権等を認めている。

(1)　どんな請求が可能か

㈠　差止請求権（不正競争3条1項）

営業秘密の不正行為によって営業上の利益を侵害され、または侵害されるおそれのある者は、その停止、予防を求めることができる。この差止請求権は、営業秘密の保有者が、侵害者に対し「差止請求の訴え」を提起して行うが、実際には時間がかかりすぎる。そのため、侵害差止めの仮処分を申し出たうえでこの訴訟を起こすのが通常である。

㈆　侵害行為に関連した物や設備の廃棄・除却請求権（不正競争3条2項）

㈠の請求をさらに効果的にするため、不正行為が2度と行えないよう、不正行為によって製造された物や営業秘密を収録した資料・フロッピーディスクの廃棄、製造ノウハウを不正使用した製造設備の廃棄などの除却を請求することができる。

なお、プログラム自体の廃棄請求もできる（不正競争2条10項）。

㈥　損害賠償請求権（不正競争4条）

営業秘密の不正行為により営業上の利益を侵害された場合は、損害賠償の請求ができる。

損害賠償請求時の損害額の立証を容易にするため、営業秘密に関する不正行為のうち、技術上の秘密によって営業上の秘密を侵害された者（被侵害

者）は、侵害者が譲渡した物（プログラムも含まれる）の数量に、被侵害者が、侵害行為がなければ販売することができた物の単位数量あたりの利益額を乗じた額を損害額とすることができる（不正競争5条1項）。

　さらに、営業秘密にかかる不正行為によって営業上の利益の侵害を受けた者は、侵害者が侵害の行為により受けた利益額を損害額と推定（不正競争5条2項）され、また営業秘密の使用に関する使用許諾料相当額を侵害額として請求できる（不正競争5条3項）。

　　㈡　**営業秘密侵害品の生産等の推定**（不正競争5条の2）

　営業秘密の保有者は、使用行為の差止め（不正競争3条1項・2項、前記㈣㈤）、使用行為により生じた損害賠償（同法4条、前記㈥）を請求することができ、この場合における立証責任は保有者の側にあるが、技術上の営業秘密を不正に取得した侵害者が生産したことを立証することは侵害者の内部（工場、研究所等）で行われることが多いため、保有者が立証するのは極めて困難であった。そこで、保有者が、侵害者による不正取得行為や保有者の営業秘密を用いて生産できる物を生産していること等を立証した場合には、侵害者による営業秘密の不正使用行為を推定するものとしている。

　　㈤　**信用回復請求権**（不正競争14条）

　営業秘密の不正行為により信用を害された場合は、謝罪広告等の信用回復措置を求めることができる。

コラム

今なら差し止められたワウケシャ事件
（東京高判昭41・9・5下民17巻9・10号769頁）

　ドイツのドイッチェ・ブェルフルト・アクティエン・ゲゼルシャフト社（X社という）は、船舶のプロペラ軸の軸受装置を製作する会社で、技術援助契約によりその製作ノウハウを米国のワウケシャ社（Z社という）に供与したが、その契約によると製作・販売地域を米国・カナダに限定したものであった。

　ところが、Z社は、日本において、Z社が45％出資した中越ワウケシャ有限会社（Y社という）を設立し、上記契約に違反したノウハウを開示しこの軸受装置を製作・販売しようとした。そこでX社は、X社のノウハウで

あるこの軸受装置の製作・販売の禁止を求める仮処分を申請した。

原審は、X社は、Y社に対しては契約はなく第三者であるのでX社はY社に対して妨害排除ないし妨害予防の請求権はないとした。つまり、裁判所はノウハウの保有者（X社）の利益を侵害する第三者（Y社）に対して、X社から製作販売禁止を求める仮処分申請に対し理由なしとした。

これに対しX社は抗告したが、東京高等裁判所は原決定を維持し抗告を棄却したのがこの事件である。棄却の理由の中で裁判所は、ノウハウが財産的価値のあることは認めたが、未だ法律的に権利（＝第三者に対する差止請求権）として認められていないとした。

このようなことから、もし平成2年改正の不正競争防止法がこの当時施行されていれば、間違いなくX社は勝った（＝差止めができた）であろうといわれている。そういう意味でも「営業秘密」に関する日本における特筆すべき裁判例である。

※**訴訟における秘密保持命令**　当事者等の申立てにより、裁判所は、当該営業秘密を当該訴訟の追行の目的以外の目的で使用すること、当該営業秘密に係る秘密保持命令を受けた者以外の者への開示を禁止する旨を命ずることができる（不正競争10条）。

(2)　差止請求権者の要件

営業秘密に関する不正競争により営業上の利益を侵害され、または侵害されるおそれのある者（不正競争3条）である。

営業秘密に関する不正競争とは前項3（181頁）で列挙した不正行為（不正競争2条1項4号～6号および7号～10号）である。

営業上の利益を侵害された者とは、営業秘密を保有する事業者（保有者）であり、その営業秘密の創出者、ライセンシー・フランチャイジーなど適法に営業秘密を取得した者、雇用関係等の信頼関係に基づき開示を受けた者なども含まれる。

なお、「利益を侵害されるおそれ」とは、現実に営業上の損害が発生する必要はなく、将来の利益侵害の発生について相当の可能性があれば足りるとされる。

(3) 時　効

　営業秘密を不正使用した生産、販売、研究活動等が長期間継続している場合には、差止請求権の行使を認めると、その差し止められた者は事業活動の停止に伴い従業員の解雇、売上の減少、取引関係の変化など著しい影響がある。そこで不正競争防止法は、このような社会関係や法律関係安定のため差止請求権が時効で消滅するとした（不正競争15条１項）。ただし、不正競争防止法２条１項10号に関する技術上の秘密の使用行為により製造した物の譲渡等の差止請求については、時効の対象とはならない（同法15条１項）。

【表31】　短期消滅時効と除斥期間

①　**短期消滅時効**	継続的な不正使用行為において、不正使用の事実および不正使用者を知った時から３年間差止請求をしなかった場合、差止請求権は消滅する（不正競争15条１項前段）。
②　**除斥期間**	不正使用開始の時から20年経過した場合に差止請求ができなくなる（同条１項後段）。

　また、これに伴い、差止請求ができなくなった時点（【表31】①または②）以降の生産・販売・研究開発などの使用行為から生じる損害についての損害賠償請求も、この不正競争防止法に基づいてはできなくなる（不正競争４条ただし書）。

5　刑事罰の適用

　営業秘密にかかる一定の不正行為（未遂行為も含む）について刑事罰が適用される。
　以下の該当する者に対しては、10年以下の懲役もしくは2,000万円以下の罰金に処し、またはこれを併科する処罰規定が設けられている。
　①　不正の利益を得る目的で、またはその保有者に損害を加える目的で詐欺等行為または管理侵害行為によって営業秘密を取得した者（不正競争21条１項１号）
　②　詐欺等行為または管理侵害行為により取得した営業秘密を、不正の利益を得る目的で、またはその保有者に損害を与える目的で、使用・開示

した者（不正競争21条1項2号）

③　営業秘密を保有者から示された者が、不正の利益を得る目的で、またはその保有者に損害を与える目的で、その管理に係る背任行為により、営業秘密を領得した者（不正競争21条1項3号）

④　上記③の領得した営業秘密を不正の利益を得る目的で、またはその保有者に損害を与える目的で、その管理の任務に背き、使用・開示した者（不正競争21条1項4号）

⑤　営業秘密を保有者から示された役員、従業員で、不正利益を得る目的で、またはその保有者に損害を加える目的で、その管理の任務に背き、営業秘密を使用・開示した者（不正競争21条1項5号）

⑥　営業秘密を保有者から示された役員・従業員であった者が、不正の利益を得る目的で、またはその保有者に損害を加える目的で、在職中に、管理の任務に背き、営業秘密の開示の申込みまたは使用・開示の請託を受け、退職後に使用・開示した者（不正競争21条1項6号）

⑦　不正の利益を得る目的で、またはその保有者に損害を加える目的で前記②もしくは④～⑥の不正使用・開示の罪、または同法21条3項2号の罪にあたる開示によって営業秘密を取得（二次取得）して、その営業秘密を使用・開示した者（不正競争21条1項7号）

⑧　不正の利益を得る目的で、またはその保有者に損害を加える目的で②もしくは④～⑦の不正使用・開示の罪、または同法21条3項2号の罪にあたる開示が介在したことを知って営業秘密を取得して、その営業秘密を使用・開示した者（不正競争21条1項8号）

⑨　不正の利益を得る目的で、またはその保有者に損害を加える目的で自己または他人の上記②、④～⑧の不正使用の罪または同法21条3項3号の海外での不正使用の罪にあたる技術上の秘密の使用行為によって生産した物を譲渡等した者（不正競争21条1項9号）

また、海外重罰（該当する者に3,000万円の罰金を処す。懲役の量刑は変更なし）の規定が設けられ、これは、営業秘密を海外で使用する目的での不正取得や不正領得、相手方が海外で使用する目的を知っての不正開示、海外での不正使用を行った者を対象とする（不正競争21条3項）。

法人の代表者または法人・個人の使用人、代理人等が上記①②⑦に違反する行為をした場合には、両罰規定（不正競争22条）が設けられ、行為者のみでなく法人等も5億円（海外重罰に該当する場合は10億円）以下の罰金刑が科される。

これらの罪は未遂行為も対象となる（不正競争21条4項）。また、これらの犯罪行為で得た財産は没収することができる（同法21条10項）。

6　他社の情報の入手と対応

他社から情報を入手すること自体は、その行為が正当なものであれば社会的にも法的にも問題はないはずである。したがって、その入手方法に不正行為が介在しないようにするためには、どうしたらよいのか述べる。

(1)　リバース・エンジニアリングと営業秘密

既存の製品を解析して、構造、成分、製造方法等の技術情報を得たり、それらを使用することをリバース・エンジニアリングと呼んでいる。

(イ)　非公知性の有無

市販されている製品で、リバース・エンジニアリングが容易にできるような場合は、販売開始をした時点で保有者は情報が知られることが予測できたとされ、非公知性はない。

これに対して、リバース・エンジニアリングが容易にできないような場合、情報を保持していることは非公知性があるとする裁判例がある。

大阪地裁は、「仮にリバース・エンジニアリングによって本件電子データに近い情報を得ようとすれば、専門家により、多額の費用をかけ、長期間にわたって分析することが必要であるものと推認される」とし、秘密保持契約なしに販売されたとしても非公知性は失われないとした（大阪地判平15・2・27裁判所ウェブサイト）。

(ロ)　不正取得行為の該当性

対象となる製品を購入した場合、原則としてこの製品の所有権つまり自由に使用・収益・処分する権利を取得することになるのは当然である。このため、買主がリバース・エンジニアリングを行っても、特殊な技術をもって相当期間をかけないと容易に情報を得ることができない場合を除き、不正競争

防止法の「窃取、詐欺、脅迫その他不正な手段による取得」(不正競争2条1項4号)に該当しない。

また、リバース・エンジニアリングは、売買契約、賃貸借契約、使用許諾契約などの契約により製品を取得した場合、「その製品のリバース・エンジニアリングを禁止する契約」を締結した場合には契約違反となるが、このような場合にも不正競争防止法でいう「不正な手段」に該当するわけではない。

なお、特許制度は、本来、排他的権利を認める代償として公開を義務づけているものであり、他人の特許権を侵害するとリバース・エンジニアリングかどうかに関係なく、当然に特許法に基づいて処理されることになる。さらに、コンピュータ・ソフトウェアについてのリバース・エンジニアリングと著作権法上の問題についても、不正競争防止法とは全く別個の法律である著作権法の解釈には何ら影響を与えるものではない。

(2) 他社からの情報受領と管理

第三者から差止請求を受け、企業活動が阻害される危険を避けるため、第三者からの機密情報の受領の管理を適正に行う必要がある。

コラム

コマツ事件
(平成3年7月20日日本経済新聞朝刊)

大手建設機械メーカー、コマツの機密資料が流出した事件で、容疑者のAは、中堅機械メーカーB社に対し、数年前からほぼ2か月に1度、建設機械関係の資料を郵送し、同社から資料の重要度に応じて1回30万円から10万円を受け取っていたことがわかった。

郵送資料はAが不正入手したコマツの内部資料とみられる。

関係者の話によると、Aは4～5年前「自分はアメリカの機械メーカーの調査をしている者だ。よい資料があるからよかったら買わないか」とB社の営業部門に連絡してきた。その後、建設機械の販売計画やマーケット調査に関する資料が届き、データが綿密だったため購入を決めたという。

社外からの情報取得にあたっては、不正行為の介在を知らなかったことについて「重大な過失」がなかったことがポイントとなる(不正競争2条1項

5号・8号)。

　この「重大な過失」とは、「通常の取引に要求される注意義務を尽くせば容易に不正行為の介在の事情が判明するにもかかわらず、そのような義務を尽くさなかった場合」である。

> **Point**　重大な過失にならないための留意点
>
> ㋐　情報提供者の身分を確認する。
> ㋑　情報提供者が情報を正当に入手したかどうか確認する。
> ㋒　極秘、㊙、社外秘などの表示がしてある情報は受け取りを拒否する。
> ㋓　正当な権限のある者から入手した場合でも、情報の利用範囲、その他利用上の条件を確認する。
> ㋔　正当な権限ある者から正当に入手したことを記録する。

　この事案において、Aは前記5②(不正競争21条1項2号)にあたり処罰される。もしAがブローカーC、Dを介して最終的にB社に売却した場合は、C、Dが不正取得行為が介在したことを知って取得し、開示していれば処罰の対象となる(同法21条1項8号)。

7　営業秘密管理の実際

　「秘密として管理されていること」(不正競争2条6項)とは、情報にアクセスしている者にとって、その情報が客観的に秘密であることが認識できる程度に合理的なものとなっていれば足りるのであり、必要以上に管理を行うことは要しないとされている。

　たとえば、大企業では情報に多数の従業員がアクセスする可能性があるので、誰がアクセスしても営業秘密であると認識できるような管理を行っていくため、まず社内規定を策定することが望ましく、また、中小企業では大企業とは異なり少数の従業員に対し口頭での徹底も不可能ではないので、それほど厳格な管理が必要ない場合もある。

【表32】　営業秘密管理規定の例

主な条項	ポイント
1．目　的	会社の営業秘密管理の意思が役員・従業員等に明確に示され、役員・従業員等が認識して行動することを目

	的とする。
2．定　義	（管理する秘密情報を定義しておくことが必要である） 営業秘密情報とは、 ① 営業秘密に関する口頭の情報・知識・体得したノウハウなどの「口頭秘密情報」 ② コンピュータ情報、電子記憶媒体に格納された「秘密電子媒体」 ③ 文書、写真、図面、等紙媒体の「秘密文書」 ④ 開発中の製品・試作品およびその半製品、部品、材料、冶工具、計測器並びに製造ノウハウなどの「秘密製品」 ⑤ 秘密事項に関する機械、設備などの「秘密設備」 をいう。
3．秘密のランク	（秘密情報にアクセスできる者のために秘密であることを認識できることが必要。秘密を２段階で表すことにした） ① 「㊙」……漏洩することにより会社に重大な損失や不利益を受ける、またはそのおそれのある秘密であって取扱部署や指定された者以外には開示してはならないもの。 ② 「社外秘」……社外に内容を漏らしてはならないもの。
4．管理責任者の設置と役割	営業秘密を管理するために、管理責任者を置く。管理責任者は秘密のランクを指定し開示できる者の範囲を明示する。
5．秘密の管理方法	
① 口頭秘密情報	社内では秘密である旨とともにできるだけ口頭で伝える。社外に対し発表する場合は、管理責任者から指名された者が許可された範囲で行う。
② 秘密電子媒体・秘密文書	原則として複写はしない。複写の必要のある場合は管理責任者の承認を得る。金庫や鍵のかかるキャビネットに入れて保管する。廃棄は管理責任者が決定し、裁断、焼却など適切な方法で行う。
③ 秘密製品	管理責任者が許可した場合の他は、関係者以外に開示しない。廃品として処理するときは、管理責任者の指名する者が立ち会い原形をとどめないようにする。

	④ 秘密設備	公開は、管理責任者が許可した場合に限る。修理等で社外へ持ち出すときは、管理責任者が指名した者が立ち会うなど必要な措置をとる。
6．秘密の解除		管理責任者は、当該事項が秘密事項でなくなったとき、指定を解除し関係者に通知する。
7．立入禁止		秘密電子媒体、秘密文書、秘密製品、秘密設備を取り扱う室・建物は関係者以外の立入りを禁止する。立入禁止の場所にはその旨を表示する。
8．従業員等の秘密保持		
	① 役員・従業員	前項4で明示された開示できる者以外には開示・漏洩しない。上記以外の者に開示する必要がある場合には管理責任者の事前承認を得る。
	② 中途採用者	前の会社と秘密保持契約や競業避止契約のないことを確認する。もし秘密保持契約を負っている場合には、対象となる情報は開示しないことを誓約してもらう。
	③ 退職者	特定の営業秘密を有する退職者は、必要に応じて秘密保持の誓約書を提出してもらう。
9．社外の秘密情報		相手方の保有する営業秘密は、提供を受けたときにその利用範囲や利用条件を確認し、その範囲内で使用する。社外の情報を入手する場合は、その情報の開示につき情報提供者が正当な権限を有することの調査、確認に努め会社の秘密情報と同等に取り扱う。

第7章 消費者との適正な取引が企業の社会的信用を高める

第7章 消費者との適正な取引が企業の社会的信用を高める

> 本章は、原則、「企業対消費者間取引」を対象とする。
>
> 企業対消費者間取引とは、普段、私たちがスーパーやコンビニで商品を購入するような企業との取引（小売）が典型であるが、これをBtoC（Business to Consumerの略）と称している。インターネットの普及により小売専業以外の企業がBtoC取引に参入してきており、現在では、多くの企業がBtoC取引に何らかの関わりをもつようになってきた。
>
> ちなみに、2016年の国内の電子商取引におけるBtoCの市場規模は15.1兆円（2011年比1.78倍。2011年は8.5兆円）、またBtoB（Business to Businessの略。企業間取引）の市場規模は291兆円（コンピュータネットワークシステムを介しての商取引の場合。2011年比1.13倍。2011年は258兆円）である。BtoCは、BtoBに比べ規模では及ばないが、その伸びは顕著である。
>
> 直接、消費者との取引とは関連のない企業でも、流通業、ソリューションベンダー、各種専門サービスなど、他の企業の消費者向け事業をサポートするような事業を行っている場合は、BtoBtoC（Business to Business to Consumerの略）と称され、本章の法律知識が必要である。
>
> また、本章Ⅵに記述した製造物責任法は、メーカーであって、消費者との直接取引はない場合でも、流通段階を経て最終的に消費者に製品がわたった場合には、その適用がある。

Ⅰ 定型約款

1 約款とは

消費者が日常経験する契約のほとんどは、契約条件についての細かな交渉などなしに、すでにでき上がった契約条件をそのまま受け入れるという形で締結される契約であり、このような相手方当事者の作成した契約条件をそのまま締結するか、締結しないのかの自由しかない契約のことを付合契約といい、そこで使われる契約条項のことを約款という。

2 定型約款

(1) 定型約款とは

2017年の民法（債権法）の改正により、約款のうち「定型約款」に関してのみ規定が設けられた。[15]

定型約款とは、以下の①②の要件を満足するものである。

① 「定型取引」に用いられる約款であること。定型取引とは、ⓐある特定の者が不特定多数を相手とし、ⓑ取引の内容の全部または一部が画一的であることが双方にとって合理的な取引であるもの。

② 定型取引の当事者により、契約の内容とすることを目的として準備されたものであり、したがって、消費者と関連の深い生命保険約款、損害保険約款、旅行約款、だけでなく、最近の傾向として、コンピュータ・ソフトウェアなどの利用約款、クラブの会員約款なども本規定の対象となる。

なお、労働契約は、個々の労働者の個性に着目して締結されるものなので定型取引にあたらず、事業者が取引契約のひな形を準備する場合も、事業者取引の多くは、相手方の個性に着目したものであり、ひな形により画一的に取引を行うことが相手方にとって合理的とはいえず、このひな形は定型約款にあたらない。また、特定の事業者に対して事業者間取引として提示する倉庫約款、運送約款も、約款という名称だが、一般的には上記ひな形と同様と解され、当事者間で約款に対する内容の変更等の覚書が認められる。ただし、定型約款に関する民法の規定の要件を満たせば、事業者間取引を適用除外とするものではない。

(2) 定型約款のみなし合意

定型取引の合意（定型取引合意という）をした者が、以下のいずれかの場合には、定型取引を行う当事者が定型約款の個別条項を把握していなくても、

---

15 定型約款は、改正の公布（2017年6月2日）後、施行日（2020年4月1日）以前に締結されたものについても、原則、改正法が適用される（改正民附則33条）。改正前民法では、定型約款の要件、変更の可否につき不明な部分があるためである。ただし、改正前民法の規定によって生じた効力は妨げられない。

個別条項に合意したものとみなされる（「みなし合意」、改正民548条の2第1項）。

① 定型取引を行う者が、定型約款を契約の内容とする旨の合意をした場合、すなわち組入れの合意をした場合
② 定型約款を準備した者が、あらかじめその定型約款を契約の内容とする旨を相手方に表示していた場合（この場合、表示が求められるのは「定型約款そのもの」ではなく「定型約款を契約の内容とする旨」である）

したがって、事業者が、あらかじめ表示された定型約款が契約の内容になること（契約に組み入られること）について、消費者が黙示の同意をすれば、定型約款の個別条項について法的拘束力を有することになる。

なお、鉄道、バスなどの旅客運送取引など、定型約款を契約の内容とする旨の表示が困難な取扱いについては、あらかじめ定型約款を公表していれば、みなし合意の効果を認める特例（「民法の一部を改正する法律の施行に伴う関係法律の整備等に関する法律」）により、利用者に対する事前の表示も不要となっている。

(3) 定型約款の内容表示

前述のように定型約款の条項は、各条項を把握していない者（相手方）に対しても効力が生じるとされる。しかし、定型約款準備者は、相手方からの請求があった場合、遅滞なく、その定型約款の内容を示さなければならない（改正民548条の2第1項本文）。

定型取引合意の前に、相手方が定型約款の内容を開示するよう請求しても、定型約款準備者が、正当な事由なくこれを拒否した場合は、定型約款のみなし合意は適用されない（同条2項本文）。

定型取引合意の後相当の期間内に、相手方が請求した場合には、定型約款の内容を示さねばならないが、これを拒否した場合の定めはない。

(4) 定型約款の不当条項規制

そもそも定型約款の相手方は、契約の個別条項を把握していなくても、みなし合意により効力が発生してしまうので、不当条項の効力も認めてしまうと衡平の観点から問題が生じることになる。そこで、改正民法においては、不当条項は、当該定型約款に組み込まれていないものとし、定型約款がその

不当性から無効とされるものではないとする（改正民548条の2第2項「みなし合意除外規定」）。

改正民法における不当条項とは、
① 相手方の権利を制限し、または相手方の義務を加重する条項であって、
② 当該定型取引の態様およびその実情ならびに取引上の社会通念に照らして、民法1条2項に規定する基本原則に反して相手方の利益を一方的に害すると認められるものをいう（改正民548条の2第2項）。

(5) 定型約款の変更

定型約款が一定期間継続した後に、その条項について変更を必要とする事態が生じた場合、すでに定型約款を合意した多数の相手方と変更合意をしなければならないとすると、定型約款を使用する意味はなくなる。また、定型約款準備者が、都合の良い内容に一方的に変更できるとすると、当事者の合意を無視することになる。

そこで、改正民法は、一定の要件を満たす場合には、個別に相手方と同意をすることなく定型約款の内容を変更できるとする（改正民548条の4第1項）。

一定の要件とは、
① 相手方の一般の利益に適合するとき、または
② 定型約款の変更が契約の目的に反せず合理的な場合、でなければならないとされる。

3 利用規約・会員規約

利用規約とは、あるサービスを提供する際に、提供する側が提示する、サービス利用にあたっての規則のことをいう。サービスを利用する前に提示し、利用者からの同意をあらかじめ得ておくという方法が取られる。利用規約には、サービス内容、プライバシーポリシー、禁止事項、免責事項などが主に記されており、万が一、利用者が不適切な行為（明示する場合も多い）をした場合にサービス提供者の対応をしやすくし、サービス利用に関する問題が起きて利用者が不利益を被った場合に、裁判等を通じて、利用規約に照らし合わせ、利用者とサービス提供者のどちらに非があるのかを明確にするとい

う役割を果たしている。

会員規約は、クレジットカード発行会社のカード会員やスポーツクラブなどの会員に対して設けている規約（ルール）のことをいう。クレジットカードでは、カードの申込み時などに書面で送られ、またカード発行会社のウェブサイトにも掲載されている。

Ⅱ　消費者契約法

1　意　義

消費者と事業者の契約においては、両者の間では、商品・サービス等に係る情報の質や量や交渉力において圧倒的に事業者が勝っており、消費者は事業者から提供された情報に基づいて取引をせざるを得ない。また事業者と消費者間では、通常、事業者の作成した約款による取引が中心となっており、消費者から条項の変更を求めることもできないまま、約款の内容を承諾せざるを得ない。

したがって、民法の原則である契約自由の原則を形式的に貫くと、消費者に一方的に不利かつ不公平な結果を招くことになる。

このような状況を踏まえて、消費者の利益を守るため2001年4月に、消費者契約法が施行された。

2　消費者契約法適用の三本柱

事業者の不当な勧誘により契約をしたときは、消費者はその契約を取り消すことができ、不当な契約条項が含まれていたときは、その契約条項は無効となり、また、被害の発生・拡大防止のため適格消費者団体による事業者に対する差止請求ができる（消費契約1条）。

　※**適格消費者団体**　　不特定かつ多数の消費者の利益を擁護するために差止請求権を行使することができる団体として、内閣総理大臣が認定した団体をいう。2018年2月現在、全国で17団体が認定されている。

(1) 消費者の取消権

以下の行為により、消費者に誤認・困惑等があり、それによって契約したときは、消費者は当該契約の申込みまたは承諾を取り消すことができる（消費契約4条）。

① 重要事項についての不実告知（消費契約4条1項1号）
② 断定的判断の提供（同条1項2号）
③ 重要事項について不利益事実の不告知（同条2項）
④ 住居等からの不退去、勧誘の場所からの退去妨害（同条3項1号・2号）
⑤ 著しく過量な内容の契約の申込み・承諾（同条4項）

(2) 不当条項の無効

以下の消費者契約の条項は、無効となる。

① 事業者の損害賠償責任を免除する条項（消費契約8条1項）
  ・債務不履行責任を免除する条項
  ・不法行為責任を制限する条項
  ・瑕疵担保責任を制限する条項
② 消費者の解除権を放棄させる条項（消費契約8条の2）
  ・債務不履行により生じた解除権
  ・瑕疵により生じた解除権
③ 解除に伴う違約金条項等で、平均的な損害額を超える部分（消費契約9条）
  ・違約金条項等で契約の解除に伴い生ずべき平均的な損害を超える部分
  ・遅延損害金が年14.6％を超える部分
④ 消費者の利益を一方的に害する条項（消費契約10条）
  ・消費者の権利を制限し、または義務を加重する条項で、信義則に反して消費者の利益を一方的に害する条項

(3) 適格消費者団体による差止請求

事業者が上記(1)の行為（消費契約4条1項から4項までに規定する行為）および上記(2)の条項（同法8条から10条までに規定する条項）を含む契約の締結を行い、または行うおそれがある場合に、適格消費者団体は事業者に対して

差止めを請求することができる(同法12条)。

III 電子消費者契約特例法

1 意　義

電子消費者契約特例法(電子消費者契約及び電子承諾に関する民法の特例に関する法律)は、パソコン等の誤操作に対応して錯誤の民法規定の特例を設けるものである。

2 内　容

インターネット取引では、商品の内容や注意事項を確認しないまま、うっかり画面上のボタンをクリックしてしまうということがしばしば起こりうる。ところが民法上は、錯誤が表意者の重過失による場合には意思表示を取り消すことができないとされているため(改正民95条3項)、そのままでは、こうしたうっかりミスが重過失にあたるかどうかが争われるケースが後を絶たないことになる。

そこで、平成29年改正の電子消費者契約特例法3条では、消費者の錯誤が重要なものであり、かつ、①契約の申込みまたは承諾の意思表示を行う意思がなかったとき、あるいは、②その意思表示と異なる内容の意思表示を行う意思があったときは、改正民法95条3項の規定を適用しないものとされた。もっともインターネット取引を行う事業者が、消費者契約の申込みまたは承諾の意思表示を行う際に、その意思の有無を確認させる措置を講じている場合には、改正民法95条3項の規定がそのまま適用される(電子契約特3条ただし書)。[16]

---

[16] 宮下修一「通信販売・インターネット取引」中田邦博・鹿野菜穂子『基本講義　消費者法〔第2版〕』126頁(日本評論社、2016年)。

Ⅳ　特定商取引法

1　特定商取引法の全体像

(1)　特定商取引法とは

正式名称を「特定商取引に関する法律」といい、当事者および取引形態に注目し、消費者が不利益を受ける可能性のある取引に関して、不利益を被らないよう規制することを目的とする法律である。

(2)　特定商取引法の規制する取引

特定商取引法で規制する取引は、以下のとおりである。

① 訪問販売

　　営業所、代理店などの場所（営業所等）以外で行われる取引であり（特商2条1項）、自宅への押売りなどのほか、路上でのキャッチセールスなどの販売方法も訪問販売に該当する。

② 通信販売

　　事業者が、新聞・雑誌、インターネット等に広告を掲出し、消費者から郵便・電話等により申込みを受ける取引である（特商2条2項）。

　　通信販売に関しては、多くの企業が行っており、詳しくは「2　通信販売」以下で述べる。

③ 電話勧誘販売

　　事業者が電話で勧誘し消費者から申込みを受ける取引（特商2条3項）である。

④ 連鎖販売取引

　　マルチ商法とも呼ばれ、事業者が消費者を組織の会員として勧誘し、勧誘された会員がさらに次の会員を勧誘することにより、販売組織を連鎖的に拡大する販売方法である。

⑤ 特定継続的役務提供

　　指定されたサービス（エステサロン、語学教育など）で、一定期間を超え、かつ一定金額を超える取引が対象となる。

⑥ 業務提供誘引販売取引

「仕事をあっせんするので自宅で簡単に収入を得られる」などとして消費者を勧誘し、仕事に必要だとして、商品などを購入させる取引である。

⑦ 訪問購入

「押し買い」と呼ばれる物品の購入業者が営業所等以外の場所(消費者の自宅等)で行う物品の購入取引であり、自宅を訪問した業者による貴金属等の強引な買取りがその例である。

⑧ その他

特定商取引ではないが、ネガティブオプションによって送りつけられた商品の取扱いについても定める(特商59条)。

(3) **特定商取引法の規制**

上記(2)の①〜⑧ごとに分けて必要なルールが定められている。

【表33】 特定商取引の規制される商法とクーリングオフ

取　　引	規制される商法	クーリングオフ可能な期間
訪問販売(①)	㋐押売り、㋑キャッチセールス、㋒アポイントメントセールス、㋓催眠商法、など	8日
電話勧誘販売(③)	資格商法	同上
特定継続的役務提供(⑤)	無料体験商法	同上
訪問購入(⑦)	押し買い	同上
連鎖販売取引(④)	㋐マルチ商法、㋑マルチまがい商法	20日
業務提供誘引販売取引(⑥)	㋐内職商法、㋑モニター商法	同上
通信販売(②)		クーリングオフ制度なし
ネガティブオプション(⑧)	送り付け商法	同上

2 通信販売

　無店舗販売（上記(2)の①～④、⑦、⑧）のうち圧倒的に相談件数の多い通信販売について以下に述べる。

【表34】　2016年度の店舗外販売類型別相談件数

販売形態　　　年度	年度別総件数	店舗購入	店舗外販売							合計
			訪問販売①	通信販売②	マルチ取引④	電話勧誘販売③	ネガティブ・オプション⑧	訪問購入⑦	その他無店舗販売	
	上段：件数　下段：構成比（％）									
2016	887,316 (100.0)	241,951 (27.3)	80,593 (9.1)	324,122 (36.5)	11,327 (1.3)	68,855 (7.8)	3,026 (0.3)	8,619 (1.0)	6,600 (0.7)	503,142 (56.7)

出典：国民生活センター「消費生活年報2017」

（注１）　表中の構成比は年度別総件数を100として算出し、小数点以下第２位を四捨五入した値である。
（注２）　「店舗外販売」とは、販売購入形態のうち「店舗購入」と「不明・無関係」を除いた「訪問販売」「通信販売」「マルチ取引」「電話勧誘販売」「ネガティブ・オプション」「訪問購入」「その他無店舗販売」の形態である。
（注３）　「訪問販売」には、「家庭訪問」「アポイントメントセールス」「SF商法」「キャッチセールス」などが含まれる。

(1) 通信販売とは

　通信販売とは、消費者がテレビ、メール、インターネットのホームページ、カタログなどを見て、郵便、電話、ファックス、インターネットなどを通じて購入の申込みをする販売形態をいい、特定商取引法で規定される。
　事業者が通信販売を行うにあたりネットショップを運営する場合、利用規約を定め、サービスの利用や情報管理など、必要事項を規定することになる。なお、電話勧誘によるものは、別に、電話勧誘販売という形態として規制される（特商16条以下）。

(2) 通信販売の問題点

　通信販売は、実際に手に取って確かめられないという弱点があり、広告には商品の良い点が載せられており、写真は、その最も見栄えの良い状態で掲載されている。商品説明も、直接、知りたいところが質問できず、また

100%完全ではない場合もある。そのため、購入した場合、自分の思っているものとは異なる品物である可能性がある。

そこで、通信販売は、特定商取引法および経済産業省令により規制されている。

(3) 権利の取引（特定権利）

特定商取引法は、扱う商品、役務については限定はないが、権利の販売については、特定権利を扱う場合のみ適用される。

2016年改正の特定商取引法により、訪問販売、通信販売、電話勧誘販売において規制対象となる権利の範囲が拡大され、名称が指定権利から特定権利に改められた。

特定権利とは、①施設を利用しまたは役務の提供を受ける権利のうち国民の日常生活に係る取引において販売されるものであって政令で定めるもの、②社債その他の金銭債権、③株式会社の株式、合同会社、合名会社もしくは合資会社の社員の持分もしくはその他の社団法人の社員権または外国法人の社員権でこれらの権利の性質を有するもの、である（特商2条4項）。なお、会社法その他の法律により詐欺または強迫を理由として取消しをすることができないものとされている株式もしくは出資の引受けまたは基金の拠出としてされた取引は、特定商取引法の適用除外とされている（同法26条2項）。

権利の取引については、特定商取引法の適用有無をチェックすることが必要である。

なお、特定権利のうち①に該当するものは、リゾート会員権、映画・演劇・コンサートチケット、スポーツ観覧チケット、写真展・美術展チケット、英会話サロン利用権などである。

(4) 特定商取引法の適用除外

事業者間（および事業者とその事業者の従業員間）の通信販売等には適用されない。B to C の取引のみ適用がある。ただし、海外の消費者との間の取引には適用されない（特商26条1項2号）。

(5) 申込みの撤回（返品）

通信販売により、購入した商品の引渡しや特定権利の移転を受けた日から8日以内であれば、購入者が返還費用を負担して、申込みの撤回（＝返品）

をすることができる（特商15条の3第1項1号本文・2項）。

ただし、あらかじめ通信販売の際の広告等に、「申込みの撤回はできない」、「返品ができない」などの表示をしていた場合は、申込みの撤回はできない（特商15条の3第1項ただし書）。

3 通信販売の広告の必要的記載事項

(1) 商品もしくは権利の販売価格または役務の対価（特商11条1号）

① 販売価格

販売価格は、消費者が実際に支払うべき価格であり、消費税の支払いが必要な取引は、消費税込みの価格を記載する。

② 送料（特商11条1号かっこ書）

消費者が送料を負担する場合は、「販売価格と商品の送料」を記載する必要があり、別に送料が記載されていない場合は、①の販売価格に送料が含まれているものと推定される。送料は、「商品の送料」となっているので、「送料は実費負担」との記載は、具体性を欠き、問題がある。

送料は、配送地域、大きさ・重量等により異なることが多いので、すべての購入者に明示するのは難しい場合もある。通達では、最高送料と最低送料、平均送料、送料の例示でもよいとするが、幅のある場合は購入者にとって明確に推計する方式の表示が必要となる。

(2) 購入者のその他の負担する費用

「組立費」、「梱包代金」、「代金引換手数料」などで、具体的な金額を記載する必要がある。

(3) 代金または対価の支払い時期および方法（特商11条2号）

① 支払い時期

・後払い　　「商品到着後、〇日以内に同封した振替用紙にて代金をお支払いください。」

・代金引換え　「商品到着時に、運送会社の係員に代金をお支払いください。」

・前払い　　「お支払いは、商品発送前にコンビニにて前払いしてください。」

② 支払方法

支払方法が複数ある場合は、すべて記載する。

「代金引換え、クレジット決済、銀行振込み、現金書留、郵便振替」など具体的な支払方法である。

(4) 商品の引渡時期もしくは権利の移転時期または役務の提供時期
（特商11条3号）

いつまでに商品の引渡し、権利の移転あるいは役務の提供をするのかについては期間・期限をもって表示することとされる（特商則9条2号）ので、日にちや日付を明示した表示が必要となる。

- ・前払い　　「入金確認後、直ちに（即時に、速やかに）、発送いたします。」

　　　　　　「入金確認後○日以内に発送いたします。」

- ・代金引換え　「お客様のご指定日に商品を配送いたします。」

(5) 売買契約の申込みの撤回・解除（＝返品等特約）に関する事項[17]
（特商11条4号）

特定商取引法は、通販業者が返品特約を表示している場合には、同法の定める撤回・解除権は認められないが、返品による意思表示の撤回や契約解除が認められるのか否か、どのような条件なら撤回・解除が可能かの表示を義務づける。

広告に、返品特約に関する事項が記載されていない場合は、商品を受け取った日から8日以内は、消費者が送料を負担して返品（契約解除）ができる。

※**その他の特約**　　「商品に欠陥がない場合にも、○日以内に限り返品が可能です。なお送料は、商品に欠陥がある場合は、当社負担、欠陥がない場合には、お客様の負担といたします。」、「返品は、未使用の商品に限り、その受領後○日以内に限らせていただきます。」、返品特約がない場合には「本商品欠陥がある場合を除き、返品には応じられません。」、「返品不可」、「商品の性質上、返品は認められません。」な

---

[17] 特定商取引法11条4号は、同法が認めた法定返品権と異なる特約（＝返品等特約）とするので、単なる返品特約に限らず、民法によって認められる意思表示の撤回や契約の解除に関して民法の規定と異なる特約をする場合には、それらを含めて表示を義務づけた（齋藤雅弘ほか『特定商取引法ハンドブック〔第5版〕』332頁（日本評論社、2014年））。

どと表示する。

(6) **販売業者・サービス提供事業者の氏名（名称）、住所および電話番号**（特商則8条1号）

①個人事業者は、氏名（または登記された商号）、住所および電話番号、②法人事業者は、名称（登記上の商号）、住所（本店所在地）、電話番号、代表者氏名（または通信販売業務の責任者の氏名）を表示しなければならない。

※**氏　名**　戸籍上または商業登記簿上の氏名または商号を記載する。通称、屋号、サイト名の記載のみは認められないため、通称が一般的に広く周知されている場合は、併記する。

※**住所および電話番号**　事業所の住所、電話番号を記載する。住所は登記簿上の本店所在地を正確に記載し、電話番号は確実に連絡の取れる番号を記載する。長年、別の住所にて業務を遂行しているときは、通称と同様、併記する。

(7) **法人の業者がインターネットを利用することにより広告するときは、代表者または通信販売業務の責任者の氏名**（特商則8条2項）

インターネットを介する取引では、業者の「くもがくれ」により消費者が被害を受けることが考えられるため、「代表者」または「責任者」の氏名を明示しなければならない。

(8) **申込みに有効期限があるときは、その期限**（特商則8条3号）

表示されないまま有効期限を経過し、商品がない、価格の値上げなどのトラブルの発生を回避するためである。

(9) **商品等の対価・送料（前記(1)）以外の負担すべき金銭の内容および額**（特商則8条4号）

これらについても、あれば、その内容を具体的に特定し、金額を表示する。

取付工事費、組立費用、設置費、梱包費、購入後のメンテナンス費用などがこれにあたる。

(10) **瑕疵担保責任**（特商則8条5号）

民法の瑕疵担保責任（契約不適合責任）の規定と異なる条件の定めがあるときは、その内容の表示を義務付けたものである。民法が定める責任と同じ負担をする場合には、表示の必要はなく任意的記載事項である。

事業者の損害賠償責任を免除する特約は、消費者契約法により無効となる（消費契約8条1項）。

⑾　**ソフトウェアに係る取引である場合の動作環境**（特商則8条6号）

必要なコンピュータの仕様および性能その他必要な条件とは、使用に必要なOS、CPUの種類、メモリーの容量、HDの空き容量などであり、その他の条件とは、再生に必要なソフトの種類、バージョンなどである。

⑿　**売買契約を2回以上継続する必要があるときは、その旨、金額、販売条件**（特商則8条7号）

ホームページ等で「1回目90％off」「初回実質0円（送料のみ）」など低価格で購入できることを広告する一方、数か月間の定期購入を条件とする商品のトラブルが増加しているため定期購入取引に関する表示を義務化したものである。

⒀　**前記⑼～⑿以外の商品の販売数量の制限その他の特別の商品もしくは権利の販売条件、役務の提供条件があるときは、その内容**（特商則8条8号）

販売に関して「特別な条件」があるときは、その内容を表示しなければならない。たとえば、一定の地域しか販売しない場合、一定の数量しか販売しない場合、成人しか販売しない場合、現金しか受けつけない場合などである。

⒁　**必要的記載事項の省略**

広告に、請求によりこれらの事項を記載した書面を遅滞なく交付するか、これらの事項を遅滞なく提供する旨の表示をする場合には、事業者はこれらの事項の一部を省略することができる（特商11条柱書ただし書）。

たとえば「お客様から請求があった場合には、必要的記載事項を記載した書面または電子メールを送付いたします。」などの表示である。

4　広告の禁止事項

特定商取引法は、通信販売において広告をする場合、前記2の法定事項の表示を義務づける規制（積極的広告規制）のほか、消費者に事実と異なるまたは事実よりも優良・有利であること（誇大広告等）を表示してはならない（特商12条）。

(1) 誇大広告等の禁止

　事業者は、通信販売する場合に広告するときは、その商品の性能または特定権利または役務の内容、これらの売買契約の撤回・解除に関する事項等の一定の事項（下記(2)①～⑤）に関して「著しく事実に相違する表示」をし、または実際のものより「著しく優良であり、もしくは有利であると誤認させるような表示」をしてはならない（特商12条）。

(2) 誇大広告の表示として禁止される事項

① 商品の種類、性能、品質、効能、役務の種類、内容・効果、権利の種類、内容・権利に係る役務の種類、効果に関する事項（特商12条、特商則11条1号）

　・商品の性能・品質＝パソコンのCPUの種類、クロック周波数、ディスプレイに表示可能な色の種類、プリンターの解像度、単位時間あたりの印字数など

　・権利や役務の内容＝スポーツクラブ会員権では利用施設の種類・時間帯、語学教室では受講時間割・カリキュラム内容

　・商品の効能＝育毛剤の抜け毛予防の効果

　・役務の効果＝語学教室を受講することによる検定試験の評価点の向上等、などの不実表示、優良・有利と誤認させる表示

② 返品特約を含め商品・権利の売買契約の申込みの撤回・解除に関する事項（特商12条）

　返品を受け付けないのに「返品可」とするなど

③ 国、地方公共団体、著名人などの関与に関する事項（特商則11条2号）

　厚労省推薦、文科省認可、東京都知事推薦、〇〇大学教授の監修、認定マークの不正使用など

④ 原産地、製造地、商標・製造者名（特商則11条3号）

　原産地虚偽表示、ニセブランドなど

⑤ 特定商取引法11条に定める広告に関する必要的記載事項（特商則11条4号）

　前記「3　通信販売の広告の必要的記載事項」の不実表示、優良・有利と誤認させる表示

5　通信販売の広告に係る送信規制

商品やサービスの内容を記載した電子メールやFAXを消費者に送信することは、効果的な広告手段だが、送信するには消費者の承諾が必要となる。

(1) 電子メールのオプトイン規制

2008年の特定商取引法の改正で、広告メールの送信は、消費者の「事前の同意」を要するオプトイン規制が導入された（特商12条の3）。オプトイン規制は、消費者からの承諾がない限り電子メールを送信してはならないとするもので、従来のオプトアウト規制に対し、より厳格なものとなった。[18]

(2) FAX広告の送信禁止

2016年の特定商取引法の改正で、通信販売のFAX広告の送り付けが禁止された（特商12条の5）。FAX広告は、原則、消費者からの承諾がなければ送信してはならない。

V　景品表示法

1　景品表示法の歴史

過大な景品の提供や不当表示については、独占禁止法の不公正な取引方法として、特定業種の特殊指定が行われてきた。

しかし、現実に独占禁止法と過大な景品、独占禁止法と不当表示の関係で問題となってきたのは昭和30年代半ば以降のことである。

1960年頃より大量生産・大量販売による競争激化から、年末大売り出しでの1万円札つかみどりや、インスタントラーメンを買えば100万円が当たるなど過大な懸賞付き販売が行われ、これらを規制すべきだという意見が高まってきた。

他方、1960年には、罐詰のラベルは牛の絵だが、中身は牛肉ではなく鯨肉

---

[18] 2002年の特定商取引法の改正により、広告メールの受け取りを拒否した顧客への再送信の禁止（オプトアウト規制）が導入された。

や馬肉が入っていたという「ニセ牛罐事件」が発生した。当時はこれら罐詰に限らず、一般消費者に対し多くの不当表示が行われており、これらも同時に規制すべきという意見も高まってきた。

過大な景品類や不当な表示による顧客誘引行為は、同じような波及性、昂進性といった特殊性があるため両者を併せた制度をつくることが規制の趣旨にかなっているとの理由から、1962年に景品表示法（正式名：不当景品類及び不当表示防止法）が制定されるに至った。

景品表示法は、2009年9月に消費者庁へ移管されたが、公正取引委員会地方事務所においても、引き続き情報提供を受け付けている。

2014年11月の改正で、不当表示を行った事業者に対して課徴金制度が導入された。

2 景品表示法の内容

(1) 景品表示法とは

羽毛ふとんのダウンの混合率について実際の数値よりも高く表示したり、虚偽の地図や写真を表示して宅地の分譲広告を出したり、商店街のセールで一定額購入した人に抽選で自動車が当たるなど過大な景品付き販売が行われたりすると、一般消費者は、このような表示や広告、景品に誘引されて結果的には品質がよくない商品や高い商品を買わされたりすることになる。

しかし、これらを独占禁止法19条の「不公正な取引方法」の欺瞞的な顧客の誘引方法や不当な利益による顧客の誘引方法（不公正な取引方法8項・9項）によって規制するには、手続上複雑な面を持っており、時間的にも制約を受けるため、時機を失して実効性が伴わないのが実態であった。

そこで、これらを防止するために、簡易な規制手続により迅速に事案を解決し、公正な競争の確保と一般消費者の利益の保護を目的に独占禁止法の特例として定められたのが景品表示法である。

その後の消費者庁への移管により、目的から公正な競争の確保の規定が外され、独占禁止法の特例という競争法上の位置付けが変更されているが、景品表示法の実体規定の範囲に実質的な変更はないとされる。

(2) 景品規制の内容

景品表示法4条により、内閣総理大臣（消費者庁長官）は不当な顧客の誘引を防止し、一般消費者の自主的・合理的な選択を確保するため必要があると認めるときは、景品類の価額の最高額、その総額、種類あるいは提供の方法等景品類の提供に関する事項を制限し、または景品類の提供を禁止することができる。

実際、この規定に従って、消費者庁では、告示により、くじ等（懸賞）により景品を提供する場合とすべての人に景品を提供する場合に分けて景品の最高額や総額を定めている。

(3) 不当表示規制の内容

景品表示法5条により、事業者が自己の供給する商品または役務の取引について以下のもので、不当に顧客を誘引を防止し一般消費者による自主的・合理的な選択を阻害するおそれがあると認められる表示が禁止されている。

① 品質等について一般消費者に対し、実際のものよりも著しく優良であると示し、または事実に相違して他の事業者のものよりも著しく優良であることを示すもの
② 価格等について他の事業者よりも著しく有利であると一般消費者に誤認されるもの
③ その他一般消費者に誤認されるおそれのある表示で内閣総理大臣（消費者庁長官）が指定するもの

3　景品の規制

(1) 景品表示法でいう景品とは

景品表示法で規制されている景品と、日常私たちが景品と考えているものとは少し違うところがある。

【表35】　景品類の要件

・顧客誘引の手段として
・取引に付随して提供する
・経済上の利益（ただし、例外あり）
の3要件を備えているものが景品類に当たる（景表2条3項）

ただし、3要件のうち、経済上の利益については【表36】のように公正取引委員会の指定で景品類から除外されているものがある。

【表36】　経済上の利益のうち景品類とは認められないもの（景品類指定告示1）

正常な商慣習に照らして
・値引きと認められる経済上の利益
・アフターサービスと認められる経済上の利益
・商品等に附属すると認められる経済上の利益

ただし、値引きについては、次の【表37】のどれかに当てはまると景品類となってしまう。

【表37】　値引きでも景品類にあたる場合（景品類等の指定の告示の運用基準6(4)）

・懸賞により金銭を提供する場合
・提供する金銭の使途を制限する場合
・同一の企画で金銭の提供と景品類の提供を行う場合
・同じ価格で同一の商品等を付加して提供する場合であっても懸賞または景品類の提供を併せて行う場合（A商品の購入者に対し、A商品またはB商品のいずれかを選択させて、これを付加して提供する場合など）

「懸賞により金銭を提供する場合」とは、たとえばキャッシュバックセールの割り戻し率をくじにより決めたりする場合が考えられる。

「提供する金銭の使途を制限する場合」とは、たとえば割り戻した金額を、旅行費用に充当させるなどの場合が考えられる。また、同一企画で金銭の提供と景品類の提供を行う場合とは、同じキャンペーンでAコースを「値引き」、Bコースを「景品」に分け、消費者にどちらかを選択してもらうなどの場合であり、すべてを景品類と考えることになる。

「同じ価格で同一の商品を付加して提供する場合であっても懸賞または景品類の提供を併せて行う場合」とは、A商品の購入者に対して、A商品またはB商品のいずれかを選択させてこれを付加して提供する場合である。

(2)　景品の提供の制限

(イ)　一般懸賞

一般懸賞による景品とは、商品などの購入者の中から、抽選券やじゃんけ

ん、パズル、クイズの正誤、作品や競技の優劣などの方法で一部の人を選び、その人達に対して景品類を提供するものである。

　一般懸賞による景品類の提供に対しては、懸賞による取引の価額に応じて、景品の最高額と総額が制限されている。

【表38】　一般懸賞の制限の内容

懸賞による取引の価額	景品類限度額	
	最高額	総額
5,000円未満	取引価額の20倍	懸賞に係る売上予定総額の2％以内
5,000円以上	10万円	

　(A)　取引の価額の算定

　懸賞による取引の価額は、1回の抽選のチャンスを得るために必要な商品の価額である。

　たとえば、買い上げ額3,000円ごとに抽選券1枚、買い上げ1,000円ごとに補助券1枚を出し補助券3枚で1回の抽選ができる場合、取引価額は3,000円となる。

　また、家電品などのメーカーが小売業者を通じて一般消費者に対して景品類を提供する場合は、対象となる商品のメーカー小売標準価格を基準とするが、市場価格が値崩れしている場合は実勢価格が基準となる。

　(B)　景品類の価額の算定

　景品類の価額を算定する場合の基準は、景品類と同じ物が市販されている場合は市価が景品類の価額となり、景品類と同じ物が市販されていない場合は、仕入れ価格、類似品の市価等を勘案して、景品類の提供を受ける人が通常購入するであろう価額が景品類の価額となる。

　(C)　売上予定総額と景品類の総額（懸賞制限告示3）

　一般懸賞の場合、景品類の総額は、当該懸賞に係る売上予定総額の2％までとなっている。売上予定総額は、期間中の対象製品の総売上のことである。従来の販売実績に基づいて算出する必要があり、架空の金額を売上予定総額にすることはできない。

　㊂　**共同懸賞**（懸賞制限告示4）

共同懸賞による景品とは、一定の地域の小売業者が共同（たとえば、雪まつり協賛〇〇商工会議所主催大売出し）で、あるいは1つの商店街の小売業者やサービス業者が相当多数共同（たとえば、年3回、年70日を限度とする〇〇商店街年末、中元大売出し）、または、一定の地域および一定の種類の事業者が相当多数共同（たとえば、全国のカメラメーカーが主催して行うカメラまつり）で、行う景品類の提供であり、当選者の選定方法は一般懸賞と同様である。共同懸賞による景品類の提供に関しては、景品類の最高額と総額が制限されている。

【表39】 共同懸賞の制限の内容

懸賞による取引の価額	景品類 限度額	
	最高額	総　額
取引価額にかかわらず30万円		懸賞に係る売上予定総額の3％以内

　(ハ)　オープン懸賞

　オープン懸賞とは、商品の購入等を条件としない、すなわち取引に付随しないで新聞・テレビ等のクイズによる応募者の中から当選者を決定し、賞品や賞金を提供するものである。オープン懸賞は、提供できる賞品や賞金の額に上限はない。

　オープン懸賞は、取引に付随するものではないので景品表示法によって規制を受けるものではないが、次のような場合には、取引に付随したものとなりオープン懸賞として認められない。

①　オープン懸賞を行うメーカーが資本の50％以上を出資している小売店の場合

②　オープン懸賞を行うメーカーとフランチャイズ契約を締結しているフランチャイジーの場合

③　小売店の顧客の大部分が、オープン懸賞を行うメーカーの提供する商品等の取引の相手方になっている場合（たとえば、石油元売業者と系列ガソリンスタンド）

　また、このほかメーカーが行うオープン懸賞であっても、小売店もこ

の企画を共同で実施していることになる場合は一般懸賞となる。
④　小売店がメーカーと協賛・後援等の特定の協力関係にあって共同で懸賞を企画していると認められる場合
⑤　小売店がメーカーに対して経済上の利益を提供していると認められる場合

　㈡　すべての人に対する景品の提供（総付景品）

総付景品とは、一般消費者に対して懸賞の方法によらないで景品を提供するものであり、この方法による景品類の提供については、最高額が制限されている。

【表40】　総付景品の制限の内容

取引価額	景品類の最高額
1,000円未満	200円
1,000円以上	取引価額の20%

　　(A)　総付の対象

総付けとは、①商品の購入者全員にもれなく景品を提供する、②商品に景品申込券を付け、申込者全員に景品を提供する、③申込みまたは来店の先着順に景品を提供するなどである。

　　(B)　総付景品の最高額の適用除外

以下の場合であって、かつ正常な商慣習に照らして適当と認められる場合には、景品類の最高額の制限は適用されない。

①　商品の販売・使用、役務の提供のため必要な物品またはサービス
　これには、購入者に対する駐車料金の無料サービス、旅館の送迎サービス、重量家具の配送サービスなどがあたる。
②　見本その他宣伝用の物品またはサービス　食品や日用品の小型の見本や試供品、エステ無料体験、スポーツスクール1日無料体験、社名入りカレンダーや手帳などがこれにあたる。
③　自店および自店・他店共通に使える割引券や金額証　1,000円券などの金額証であって、特定の商品や役務としか引き換えができないものを除く。したがって、たとえば「1万円以上お買い上げの方に、当店と

B店共通の3,000円割引券を提供」などがこの最高額の適用除外にあたる。

④ 開店披露、創業記念等で提供される物品およびサービス

(3) 業種別景品告示

特定の業種については、(2)の一般的な景品規制とは異なる内容（より制限的な内容のものや一般的な景品規制が対象としていない事項）の業種別景品規制が告示により設けられている。

現在、新聞業告示、雑誌業告示、不動産業告示、医療用医薬品業・医療機器業および衛生検査所業告示の4告示がある。

その他、出版物小売業等においては、業界の自主ルールである「公正競争規約」により一般の景品規制とは異なる自主規制を設けている。

4 不当表示の規制

(1) 著しく優良と誤認される表示（優良誤認表示）

優良誤認表示とは、商品等の品質、規格その他の内容についての不当な表示をいい、一般消費者に対し実際のものや、事実に相違して競争事業者のものより著しく優良であると示すことにより、不当に顧客を誘引し公正な競争を阻害するおそれがある表示をいう（景表5条1号）。

【表41】 著しく優良と誤認される表示例

・中古自動車の走行距離をごまかした。
・水飴を混ぜた蜂蜜に「天然ハチミツ」と表示した。
・「手打ちそば」と記載してあったが実際は機械打ちであった。
・「もち米100％、原材料名もち米」と表示してあったが、トウモロコシを原材料としたでん粉が混入されていた。
・「沈まない太陽（白夜）」と書いたリーフレットで旅行参加者を募集したが、日程によっては白夜を見ることができなかった。
・「A社の罐詰には人工甘味料が入っているが、当社のものには入っていない」と広告したが、実際にはA社のものにも人工甘味料は入っていなかった。
・セーターの実際のカシミヤ混用率が80％前後にもかかわらず「カシミヤ

100％」と表示した。
- 「この新技術は日本では当社だけ」と広告したが、実際は競争業者でも同じ技術を使っていた。

(2) 著しく有利と誤認される表示（有利誤認表示）

有利誤認表示とは、商品等の価格その他の取引条件についての不当な表示をいい、実際のものや競争事業者のものより取引の相手方に著しく有利であると一般消費者に誤認されるため、不当に顧客を誘引し公正な競争を阻害するおそれがある表示をいう（景表5条2号）。

【表42】 著しく有利と誤認される表示例

- 架空のメーカー希望小売価格と割引価格を記載し、実際の販売価格が著しく安いようにみせかけた。
- 実際の市価が600円程度の商品を「1,000円の品を500円で提供」「市価の半額」と表示した。
- 観光土産品のアゲゾコ、ガクブチ等の過大包装。
- 優待旅行ではないのに優待旅行と表示した。
- オール電化住宅とするほうがガスを利用するより得だとして得となる金額を表示したが、表示金額どおりになるものでなかった。

(3) その他の誤認される表示（指定告示）

上記の(1)(2)のほかに、商品または役務の取引に関する事項について一般消費者に誤認されるおそれがあると認めて内閣総理大臣（消費者庁長官）が指定する表示も不当表示となる（景表5条3号）。

現在、次の6つが指定されている。

【表43】 現行の指定告示

- おとり広告に関する表示
- 商品の原産国に関する不当な表示
- 不動産のおとり広告に関する表示
- 無果汁の清涼飲料水等についての表示
- 消費者信用の融資費用に関する不当な表示
- 有料老人ホームに関する不当な表示

これらのうち、おとり広告、商品の原産国に関する不当表示について以下で説明する。

　(イ)　**おとり広告**

おとり広告表示とは、一般消費者に商品を販売したり役務の提供をすることを業務としている者が、次のような事情があるにもかかわらず、自己の供給する商品や役務の取引を顧客に誘引する手段として行う広告等の表示を行うことをいう。

① 取引を行うための準備がなされていなかったり、実際には取引に応じることができない場合
② 商品等の供給量が著しく限定されているにもかかわらず、その限定の内容が明瞭に記載されていない場合
③ 商品等の供給期間、供給の相手、顧客1人あたりの供給量が限定されているにもかかわらず、その限定の内容が明瞭に記載されていない場合
④ 取引の成立を妨げる行為が行われていたり、実際には取引をする意思がない場合

【表44】　おとり広告例

・新聞折り込みビラで8,000円という安価なミシンの訪問販売の広告を行ったが、実際の訪問販売時には30万円弱の高価なミシンと機能の比較説明をし、安価なミシンの購入意欲を失わせて高価なミシンの購入を強力に勧めた。
・子供服販売業者がDMで広告した子供服について、実際には販売が整っておらず購入の申込みに応じることができなかった。
・あたかも賃借できるかのように表示した物件について、実際には存在しない物件やすでに賃借された物件であった。

　(ロ)　**原産国の不当表示**

商品の原産国に関する不当表示とは、次の表示がされることにより、商品の本当の生産国が消費者に判別できなくなる表示である。

① 国産品に、外国の国名・地名・国旗など、外国の事業者名・デザイナー名など、文字による表示の全部または主要部分が外国文字のいずれかが表示されている場合

② 外国製品に、その原産国以外の国名・地名・国旗など、その原産国以外の国の事業者名・デザイナー名など、文字による表示の全部または主要部分が和文のいずれかの表示がされている場合

【表45】 原産国の不当表示例

・婦人服の輸入業者が、中国で生産されたことを示す「Made in China」の表示を取り去って、自社の下札を取り付けた。
・電池の製造販売業者が、外国で製造された電池本体の原産国の表示部分に自社の社名を記入したシールを貼った。
・小売店に陳列した見本のシステム手帳に英国国旗を記載していたが、実際は中国製・インド製であった。

5 公正競争規約

事業者や事業者団体は、内閣総理大臣（消費者庁長官）および公正取引委員会の認定を受けて、業界のルールとして自主的に、景品類または表示に関する事項について協定や規約を締結し、設定できる（景表31条1項）。

この規定に従って、個々の商品の特性、広告の影響の範囲や程度等を考慮し多くの公正競争規約が設定されているので関係する業務を行う場合には、内容を確認する必要がある。

【表46】 景品に関する公正競争規約（平成29年9月30日現在＝37規約）

食品一般（11規約）	アイスクリーム類および氷菓業、トマト加工品業、即席めん類製造業、ビスケット業、チョコレート業、チューインガム業、凍り豆腐製造業、みそ業、しょうゆ業、ソース業、カレー業
酒類（7規約）	果実酒製造業、ビール製造業、洋酒製造業、清酒製造業、合成清酒等製造業、単式蒸留しょうちゅう製造業、酒類輸入販売業
家庭用品（1規約）	家庭電気製品業
化粧品・医薬品等（5規約）	医療用医薬品製造業、医療用医薬品卸売業、化粧石けん業、家庭用合成洗剤及び家庭用石けん製造業、歯みがき業
出版物等（3規約）	新聞業、出版物小売業、雑誌業

Ⅴ 景品表示法

自動車等（3規約）	自動車業（二輪自動車）、タイヤ業、農業機械業
不動産（1規約）	不動産業
サービス業 （3規約）	旅行業、銀行業、指定自動車教習所業
その他（3規約）	ペットフード業、衛生検査所業、医療機器業

【表47】 表示に関する公正競争規約（平成29年9月30日現在＝67規約）

食品一般(37規約)	飲用乳、はっ酵乳・乳酸菌飲料、殺菌乳酸菌飲料、チーズ、アイスクリーム類および氷菓、はちみつ類、ローヤルゼリー、辛子めんたいこ食品、削りぶし、食品のり、食品かん詰、トマト加工品、粉わさび、生めん類、ビスケット類、チョコレート類、チョコレート利用食品、チューインガム、凍り豆腐、食酢、果実飲料等、コーヒー飲料等、合成レモン、豆乳類、マーガリン類、観光土産品、レギュラーコーヒー等、ハム・ソーセージ類、食肉、包装食パン、即席めん、みそ、ドレッシング類、しょうゆ、もろみ酢、食用塩、鶏卵
酒類（7規約）	ビール、輸入ビール、ウイスキー、輸入ウイスキー、単式蒸留しょうちゅう、泡盛、酒類小売業
身の回り品 （2規約）	眼鏡類、帯締めおよび羽織ひも
家電（2規約）	家庭電気製品製造業、家庭電気製品小売業
医薬品・化粧品等 （5規約）	化粧品、化粧石けん、家庭用合成洗剤および家庭用石けん、歯みがき類、防虫剤
自動車等（4規約）	自動車業、二輪自動車業、タイヤ、農業機械
不動産（1規約）	不動産
サービス業 （3規約）	募集型企画旅行、銀行業、指定自動車教習所業
その他（6規約）	ペットフード、釣竿、ピアノ、スポーツ用品、電子鍵盤楽器、仏壇

225

6 不当表示等に対する措置および請求

(1) 措置命令

事業者に景品表示法4条または5条に違反する行為があるときは、内閣総理大臣（消費者庁長官）は、措置命令を行うことができる（景表7条1項）。

措置命令を行うについて、内閣総理大臣（消費者庁長官）は、優良誤認表示に該当するか否かを判断するため必要があると認めるときは、当該表示をした事業者に対し、期間を定めて、その裏付けとなる合理的な根拠を示す資料（＝客観的に実証された内容の資料、表示された効果、性能が適切に対応していると実証された内容の資料）の提出を求めることができ、当該事業者がその資料を提出しないときは、当該表示を優良誤認表示とみなされる（景表7条2項、不実証広告規制）。

景品表示法に違反する行為があるときは、都道府県知事も、措置命令権限（景表7条1項）および合理的根拠提出要求権限（同法7条2項）が付与されている（同法33条11項、景表令23条）。

(2) 不当表示に関する課徴金納付命令

内閣総理大臣（消費者庁長官）は、優良誤認表示および有利誤認表示（課徴金対象行為。景表5条1項および2項）をした事業者に対して課徴金納付を命令しなければならない（同法8条1項）。

課徴金納付命令を行うについて、内閣総理大臣（消費者庁長官）は、優良誤認表示に該当するか否かを判断するため必要があると認めるときは、当該表示をした事業者に対し、期間を定めて、その裏付けとなる合理的な根拠を示す資料の提出を求めることができ、当該事業者がその資料を提出しないときは、当該表示を優良誤認表示と推定される（景表8条2項、不実証広告規制）。

課徴金額は、課徴金対象期間における課徴金対象行為に係る商品・役務の政令で定める方法により算定した売上額に3％を乗じて算定される（景表8条1項）。

事業者が課徴金対象行為に該当する事実を内閣府令に定めるところにより内閣総理大臣（消費者庁長官）に報告したときは、課徴金額から50％相当額

が減額される（景表9条）。

また事業者が、商品・役務の取引を行った一般消費者のうち申し出をした者に対して、3％以上の返金措置を実施しようとするときは、返金措置計画を作成し内閣総理大臣（消費者庁長官）の認定を受け、当該計画に適合した自主返金が実施されたと認められるときは、返金相当額が、課徴金額から減額される。なお、当該減額の結果、課徴金の額が1万円未満となったときは、課徴金納付を命じない（景表10条1項、11条2項）。

(3) **不当表示に関する適格消費者団体による差止請求**

消費者契約法に規定する適格消費者団体（前記Ⅱ2※印）は、事業者が、不特定多数かつ多数の一般消費者に対して、優良誤認表示および有利誤認表示を行いまたは行う恐れがあるときは、当該事業者に対して、当該行為の停止または予防に必要な措置をとることを裁判所に請求することができる（景表30条1項）。

Ⅵ　製造物責任法

1　製造物責任とは

私たちのまわりには、おびただしい種類と数量の製品が生産され流通している。

これらの製品は、その物に欠陥が存在した場合、その欠陥が原因で消費者の生命、身体、財産に損害を及ぼすことがある。このような場合に、製造業者や輸入業者などが負う損害賠償責任を「製造物責任」といい、プロダクト・ライアビリティ（Product Liability）の頭文字を取って「PL」（ピー・エル）と呼んでいる。

つまり、製造物責任とは、「ある製品の製造者もしくは輸入に携わった者が、自己の提供した製品に起因して発生した事故について負うべき損害賠償責任」といえる。

2 製造物責任法（PL法）の考え方

製造物責任法とは、製品に欠陥があり、それによって被害が発生した場合、その製品をつくったメーカーが「その製品の欠陥によって発生した損害」について損害賠償責任を負わされることを定めた法律である。

この法律が制定された背後には、生活者（消費者）第一優先の考え方がある。

【表48】 製造物責任法のキーコンセプト（製造物責任法1条）

> ・被害者に対して、その製品のメーカーが損害賠償金を支払うことにより、治療費などの損害やその他経済的損失を補う……（欠陥製品による被害者の救済）
> ・製造物責任法の制定により、欠陥事故が発生した場合、メーカーは厳しく責任を追及されるため、製品の設計・製造を一段とシビアに推進する企業姿勢が強化される。これにより製品安全が徹底され、国民が安心して生活できる社会に貢献する……（欠陥製品による事故の防止）

3 製造物責任法の概要

製造物責任法は、全部で6条の条文から成り立っている。

1条は、先述のとおり被害者の保護など法の目的について規定している。

2条から3条までが、この法の中心となる規定であり、2条でこの法律における製造物、欠陥、製造業者の定義、3条で製造物責任について包括的に規定し、4条で免責事由を、5条で賠償請求できる期間を規定している。

最後の6条では、この法律が民法の特別法であることから、この法律に定めのない事項については民法によることが規定されている。

【表49】 製造物責任法の概要

条文	見出し	概　　要
1条	目的	欠陥製品による被害者の保護と欠陥製品に起因する事故を防止する。
2条	定義	・「製造物」とは、製造加工された動産をいう。 ・「欠陥」とは、通常有すべき安全性を欠いていることを

		いう。 ・「製造業者等」とは、製造・加工業者、輸入業者、表示製造業者をいう。 （注）なお、本章では、「製造業者等」をメーカーと総称する。
3条	製造物責任	製品に欠陥があり、それにより他人の生命・身体・財産に損害が生じたとき、メーカーは責任を負う。
4条	免責事由	・欠陥が出荷当時の科学水準では発見できなかった場合。 ・部品・原材料メーカーは、発注元の指示に従って製品を製造したのみで、過失がない場合。
5条	期間の制限	損害賠償請求できる期間は、損害の発生および賠償義務者を知った時から3年、または製品出荷の時から10年経過するまで。
6条	民法の適用	この法に規定のない事項は、民法による。

4　製造物責任法のポイント

製造物責任法2条から6条の重要なポイントについて以下に説明する。

(1)　被害者の立証項目

製造物責任法施行の法的な意義は、被害者の立証責任の負担が軽減されたことである。製造物責任法施行以前は、製品に関する事故により被害を受けた者が直接契約関係にないメーカーの責任を追及する場合、次の3つの事項を立証する必要があった。

【表50】　過失責任における立証項目（民法709条）

ア．メーカーに過失があったこと イ．被害が生じたこと ウ．メーカーの過失により損害が生じたこと

しかし、製造物責任法施行により、被害者は、上記アの代わりに「製品に欠陥があったこと」を証明するだけでよいことになった。

これに伴い上記ウは「製品の欠陥により損害が生じたこと」でよいことになった。このように「過失」を「欠陥」に変更しているので、日本では「欠

陥責任」と呼んでいるが、故意・過失がなくても責任を負うという意味で「無過失責任」ともいう。なお、米国ではこの無過失責任のことを「厳格責任」（strict liability）といっている。

【表51】 欠陥責任における立証項目（製造物責任法3条）

> ア．製品に欠陥があったこと
> イ．被害が生じたこと
> ウ．製品の欠陥により損害が生じたこと

では、「メーカーに過失があったこと」と「製品に欠陥があったこと」では証明するうえでどのような違いがあるのだろうか。

テレビが燃えたという事例でいえば、「メーカーに過失があったこと」の証明は、たとえば、映像を映すための電圧回路内の特定部品の組み付けミスが原因であるといったことを立証することである。

これに対し「製品に欠陥があったこと」の証明とは、テレビから発火したとしか考えられないということを立証することである。これは、目撃者の証言とか、消防署の報告書によって、テレビがごく普通に使われており、タバコの火の不始末もなかったこと、つまりテレビから発火したとしか考えられないといった状況証拠を呈示すれば、製品に欠陥があったと認定される可能性は高く、「メーカーに過失があったこと」の立証より容易であるといえる。

【表52】 過失と欠陥の証明の違い

項目	証明方法	被害者の難易度
過失	過失とは不注意やうっかりミスのことをいう。したがって被害者は、メーカーに不注意があったことを立証しなければならない。	被害者は、メーカーの工程などわからないため困難
欠陥	製品が通常備えるべき安全性を欠いていた、つまり被害者は安全でなかったことを立証すれば足りる。	その製品上から立証すればよいため「過失」より容易

(2) 対象となる「物」

製造物責任法の対象となる製造物は、「製造または加工された動産」とされている（製造物2条1項）。

【表53】 対象となる製造物

「製造」または「加工」された	加熱、味付けなどは加工とみなされるので、牛乳、砂糖、菓子、ジュース、ハムなどの食料品は製造物である。しかし、人工的に手を加えていない生乳、鶏卵、冷凍肉などは製造物ではない。
「動産」	不動産以外の有体物（形のあるもの）をいう。したがって、ソフトウェア、サービス（工事、保守、修理、運送、保管など）、電気などは製造物ではない。

　製造物責任法は、対象となる製造物の範囲を「製造または加工された動産」に限定し、未加工の農畜水産物については除外している。

　ここで、「製造」とは、一般には、「原材料に手を加えて新たな物品を作り出すこと」を表し、「加工」とは、「動産を材料としてこれに工作を加え、その本質を保持させつつ新しい属性を付加し、価値を加えること」を表しているとされる[19]。そして、農畜水産物の切断、冷凍、冷蔵、乾燥などは加工にはあたらないとされている。

　しかし、「製造物責任に関するEC指令（以下、「EC指令」という）」は、1985年の採択当時、未加工の農畜水産物について除外したうえで各加盟国の立法により適用できるものとしたが、英国におけるBSE問題を受けて1999年の改正で未加工の農畜水産物までその対象を広げた。

　一方、わが国においては、養殖漁業や植物工場など食をめぐる新たな生産体制が形成されており、農畜水産物を取り巻く環境は大きく変化しており、「加工」の範囲について、再検討が必要な時期にきている。

　　(3)　欠陥とは

　製造物責任法上、欠陥とは「その製造物が、通常有すべき（備えているべき）安全性」を欠いていることをいう（製造物2条2項）。

　　(イ)　欠陥の種類

　欠陥の種類は、製造上の欠陥、設計上の欠陥、指示・警告上の欠陥の3つに分類される。

19　通商産業省産業政策局消費経済課編『製造物責任法の解説』64頁（通商産業調査会、1994年）。

【表54】 欠陥の種類

種　類	内　容
ア．製造上の欠陥	製品がその仕様に従って製造されず、その結果として安全でなかった場合、その製品に「製造上の欠陥」があるという。たとえば、溶接不十分のために足が折れるイス、作業員がビスを締めるのを忘れた場合などがこれにあたる。
イ．設計上の欠陥	製品の設計そのものに内在する欠陥で、通常、製品が一般消費者が考えているよりも危険性が高い場合、または製品の危険度が設計上の効用を上回るものを「設計上の欠陥」があるという。たとえば、自動芝刈り機で刃を保護するガードを取り付けないで販売した場合などがこれにあたる可能性がある。
ウ．指示・警告上の欠陥	マニュアル、取扱説明書、パッケージ、ラベル、カタログなどに、その製品の潜在的危険性について適切な警告や安全な使用法を記載することをしなかった場合、「指示・警告上の欠陥」があるとされる。

㋺　欠陥の有無の判断

　欠陥の有無については次の4つの事情を総合的に考慮して、裁判官によって判断される。

【表55】 欠陥有無の判断表

| (A)　製品の特性 |
| (B)　通常予見される使用形態 |
| (C)　製品を引き渡した（市場に出た）時期 |
| (D)　その他、対象となる製品にかかわる事情 |

　これら4つの事情については、それぞれ次のような問題が含まれている。

　　(A)　製品の特性

【表56】 製品の特性に関する問題

| ①　製品の表示の問題 |
| ②　製品の効用・有用性の問題 |
| ③　製品の価格対効果の問題 |
| ④　被害発生の蓋然性とその程度の問題 |

⑤　製品の通常使用期間と耐用年数の問題

① **製品の表示の問題**　事故を防止するため適切な指示や警告がなされていたかどうかということである。
② **製品の効用・有用性の問題**　製品の効用・有用性と危険性とを比較衡量し効用・有用性のほうが高いかどうかということである。
③ **製品の価格対効果の問題**　同じ価格帯の同種製品の平均的レベルの安全性があるかどうかということである。たとえば、同程度の衝突が起こった場合、一般的に軽自動車は普通自動車より重大な被害を生じやすいが、それだけで軽自動車が欠陥があるとはいえない。この場合、その軽自動車が欠陥があるといえるのは、他の軽自動車の平均的レベルに比べて著しく劣っている場合である。
④ **被害発生の蓋然性とその程度の問題**　ある製品について、一定の製品事故が起こる確率と、発生する被害の重大性はどの程度かということである。
⑤ **製品の通常使用期間と耐用年数の問題**　その製品の通常想定される使用期間や耐用年数はどの程度かということである。

　　(B)　通常予見される使用形態

【表57】　通常予見される使用形態に関する問題

① 製品の合理的に予見される使用の問題
② 製品の使用者による損害発生防止の可能性の問題

① **製品の合理的に予見される使用の問題**　合理的に予見可能な範囲の誤使用は、設計・製造の際に考慮して対応すべきものとされる。したがって、被害者の製品の使用方法が、本来の目的や使用方法でなくてもそれが合理的に予見可能な場合、それにより発生した事故は欠陥とされる場合がある。たとえば、イスは腰掛けるのが本来の目的であるが、踏み台としても利用されるため、このような使用方法にも耐える設計をしておく必要がある。
② **製品の使用者による損害発生防止の可能性の問題**　一定の技能・資

格等を持っている者が使用することを前提とした製品（たとえば産業機械など）については、その使用者が事故を回避することが合理的に期待できるかどうかということである。たとえば、産業機械については、一定の技能・資格を持った使用者の初歩的ミスによって事故が起こったような場合は、欠陥と認定されないと考えられる。

(C) 製品を引き渡した時期

【表58】 製品を引き渡した時期に関する問題

| ① 製品が引き渡された時期の問題 |
| ② 技術的実現可能性の問題 |

① **製品が引き渡された時期の問題**　製品がメーカーから引き渡された時点の社会通念に基づいて要請される安全性の程度はどの程度かということである。たとえば、最近の2輪車（バイク）には、衝突回避のためのABS装置（Antilock Brake System）が付いており、2018年の新型車より同装置の装着が義務化された。このような場合、同装置が装着されていない2輪車は「欠陥」と認定されるかという問題である。

② **技術的実現可能性の問題**　製品がメーカーから引き渡された時点の技術水準を考えたとき、合理的なコストアップの範囲内で安全性を高める代替設計が実現できたかどうかということである。たとえば、洗濯機の脱水槽を開けると回転が停止する代替設計は、合理的なコストの範囲内で達成可能である。このような場合、脱水槽の停止装置を持たない洗濯機は「欠陥」と認定されるかという問題である。

(D) その他、製品に関する事情

上記以外の考慮される事情としては、「危険の明白さ」「製品のばらつき状況」「天災等の不可抗力」が考えられる。

(4) 製造物責任法により責任を負う者

製造物責任法により責任を負う者を次のように定めている（製造物2条3項）。

【表59】 責任主体となる者

| (イ) 製造業者（製造物2条3項1号） |
| (ロ) 輸入業者（同条3項1号） |
| (ハ) 表示製造業者（同条3項2号・3号） |

　以上の責任主体においては、企業規模に関係なく製造物責任法が適用される。

(イ) 製造業者

　条文では「業として製造・加工した者」となっているが、「業として」とは同種の行為を反復継続して行うことをいい、ある期間継続する意思をもって行った最初の行為も含まれる。

　また、営利目的かどうかは関係ないため、無償で配布する製品も含まれるので注意が必要である。

(ロ) 輸入業者

　輸入業者は、製品を製造・加工したわけではないが、その製品を国内に持ち込んだ者である。被害者は、直接、海外の製造業者を訴えるのは困難なため、輸入業者も責任を負うこととした。

(ハ) 表示製造業者

① **製造業者として表示した者、製造業者と誤認させるような表示をした者**（製造物2条3項2号）　製造業者でなくても「製造元○○」などと社名を製品本体や梱包に表示した者や、OEMやPB（プライベートブランド）のように製造業者ではないが、自己の名称や商標等を表示している者をいう。

　　※ **OEM**　相手先商標製品の供給。自社で製造した製品に相手方製造業者の商標をつけて相手に供給すること。

　　※ **PB**　小売業者や卸売業者が企画制作した独自のブランド商品。

② **実質的な製造業者と認めることができる表示をした者**（製造物2条3項3号）　製造業者としてではなく「発売元○○」「販売者○○」等の肩書で自己の名称を表示した場合で、社会的に製造業者として認知されている者をいう。たとえば、自らも製造を行っている製薬会社が、販売

者として、他者の製造しているある薬品を一手販売するような場合がこれにあたる。

(5) 製造物責任法により責任を負わない者

【表60】 責任主体とならない者

(イ) 流通業者（販売業者・賃貸業者）
(ロ) 設置業者、修理業者
(ハ) 梱包業者、運送業者、倉庫業者

前述した者は、製造物責任法上の責任を負うことはない。

(イ) 流通業者

輸入業者や表示者でもない一般の流通業者は、製造物責任法の責任主体とはならない。

なお、米国では販売業者も責任主体とされる。また、販売業者であっても前記の表示製造業者である場合には責任を負う。

ただし、これらの流通業者は、民法の債務不履行責任（民415条）や不法行為責任（民709条）を負うことには変わりがない。

(ロ) 設置業者、修理業者

設置、修理は製品が流通に置かれた後の問題であり、またほとんどの場合これらの者と消費者の間に契約関係が存在しているため、これらに基づき処理することが可能ということもあり、責任主体とはならない。

ただし、組立式家具、エアコン取付けなど製造・販売に設置・組立てを伴う製品の場合、メーカーのマニュアルに基づき設置・組立てをしたことに起因して欠陥が発生したときは、マニュアルを作成したメーカーの製造物責任が認められることも考えられる。

(ハ) 梱包業者、運送業者、倉庫業者

これらの者も、(イ)の一般流通業者と同じ理由で責任主体とはならない。

(6) 製造物責任が免除される場合

メーカーは、製品の欠陥により第三者の生命、身体または財産に損害を与えたときでも、次のような場合には責任を免れることができる（製造物4条）。

VI 製造物責任法

【表61】 免責事由一覧表

(イ) 開発危険の抗弁　製品出荷当時の科学・技術水準では発見できなかった欠陥は免責（製造物4条1号）

(ロ) 部品・原材料メーカーの抗弁　欠陥が他のメーカーの行った設計上の指示に従ったことによって生じ、かつその欠陥の発生について自己にも過失がない場合は免責（同条2号）

(イ) 開発危険の抗弁

　製品を流通させた時点での最高の科学・技術レベルをもってしても、欠陥を発見できなかったことをメーカーが証明した場合は、メーカーは責任を免れる。このような場合まで、メーカーに責任を負わせると新製品開発や新技術開発が阻害されることになりかねないからである。

　しかし、流通時点での最高の科学・技術水準が基準となるため、医薬品、化学製品など長期間の使用後はじめて欠陥が顕在化するような製品を除いて、この抗弁が認められる可能性は少なく、日本において認められた例はない。[20]

(ロ) 部品・原材料メーカーの抗弁

　部品・原材料に欠陥が存在し、その欠陥が完成品メーカーの指示によるものであって、かつその欠陥の発生について過失がなかったことを証明した場合、部品・原材料メーカーは責任を免れる（製造物4条2号）。

　ただし、部品・原材料メーカーが欠陥を予見できた場合、または欠陥を回避することができた場合には、部品・原材料メーカーは責任を免れない。

　また、完成品メーカーの指示によるものであっても、実際の訴訟においては、部品・原材料メーカーの側でその無過失を証明しなければならず、これが認められるのは非常に限られた場合であると考えられる。特に部品・原材料メーカーが、専門メーカーであった場合、予見可能性または結果回避性があったと考えられ無過失の証明は非常に難しくなる。

(7) 製造物責任を負う期間

　メーカーは、自己が製造した製品について、永遠に責任を負わなければならないわけではない。製造物責任法には被害者がメーカーに訴えることので

---

[20] 最近の例として、京都地判平30・2・20 LEX/DB25560273。

きる期間を定めている（製造物5条）。

【表62】 賠償請求できる期間

> (イ) 短期消滅時効　賠償請求できる期間は、被害者または法定代理人が損害および賠償義務者を知った時から3年間（改正前製造物5条1項前段）
>
> (ロ) 除斥期間　メーカーが製品を引き渡した時から10年（改正前製造物5条1項）

　2017年改正製造物責任法は、人の生命・身体に被害を被った場合の損害賠償請求の消滅時効を5年間に延長した。

　人身傷害事故が起こり、被害者が賠償責任のあるメーカーを知った時から5年間は、被害者は、そのメーカーに対して損害賠償請求を行うことができる（改正製造物5条2項。2020年4月1日施行）。

　そのほか、メーカーが製品を引き渡した時から10年を経過したときは、被害者は損害賠償責任請求をすることができなくなる。※

　※10年の意義　民法の不法行為責任の規定（民法724条）では20年となっているが、製造物責任法では製品の耐用期間、設計・製造・検査などの資料保存期間などを考慮して10年に短縮されている。この10年は除斥期間なので、【表62】(イ)の消滅時効とは異なり、中断はなく当事者の援用も必要としないで10年経ったら当然に権利は消滅する。

　ただし、薬害など身体に徐々に蓄積（＝蓄積損害）したり、ウィルスなどのようにある期間人体に潜伏し長期間を経て被害が発生（＝遅延損害）する場合は、上記にかかわらず損害賠償の請求期間は損害が発生した時から10年とされる（改正前製造物5条2項、改正後5条3項）。

(8) 損害賠償の範囲

　メーカーは、製品の欠陥により他人の生命、身体または財産を侵害したときは、これによって生じた損害賠償責任を負わなければならない（製造物3条）。製造物責任法の賠償の対象となる損害は、以下のように分けられる。

　なお、賠償の対象となる損害は、あくまで実損に限られ、米国のような懲罰的賠償はない。

【表63】 対象となる損害

(イ) 人的損害
(A) 財産的損害……入院費、治療費、通院費用、治療期間の休業補償相当額などの逸失利益
(B) 非財産的損害……慰謝料
(ロ) 物的損害

(イ) 人的損害

(A) 財産的損害

入院費、治療費、葬儀費用、逸失利益（たとえば、事故で死亡した場合の被害者が生きていれば労働によって得られることができたであろう利益）などである。

(B) 非財産的損害

精神的苦痛や肉体的苦痛による慰謝料である。財産的損害や物的損害はなく非財産的損害のみが生じているときには、製造物責任法上は賠償の対象とはならない。

(ロ) 物的損害

製造物責任法3条本文には、「欠陥により他人の生命、身体又は財産を侵害したときは、これによって生じた損害を賠償する責めに任ずる」と規定している。

しかし、製造物責任法3条ただし書では「その損害が当該製造物についてのみ生じたときはこの限りではない」となっており、製品損害のみ発生し、人的・物的損害（いわゆる拡大損害）が発生していない場合は、メーカーは製造物責任法に基づく損害賠償責任を負わなくてもよいことになる。

したがって、拡大損害のないケースでは被害者は製造物責任法でメーカーを訴えることはできない。ただし、拡大被害が発生している場合には、逆に製品も含めて損害賠償の対象となる。

もっとも、拡大損害がなくても被害者は、売主に対して契約責任やメーカー等に対して不法行為責任で訴えることは可能である。

第8章
個人情報保護とセキュリティ対策は企業の社会的責任

第8章　個人情報保護とセキュリティ対策は企業の社会的責任

　個人情報保護やセキュリティ対策は、昨今の情報通信技術の発展に伴いますます複雑なものとなってきている。2013年6月27日、JR東日本は、同社のICカード「Suica」の情報（ビッグデータ）をレポートとして提供するサービスを開始すると発表した。しかし、発売直後から「個人情報保護の観点で問題があるのでは？」という指摘が、同社に対し多数寄せられ、7月25日には販売中止を宣言した。

　ビッグデータに関して、改正個人情報保護法（2017年4月施行）では、その利活用の促進を図るため、「匿名加工情報」の概念が導入された。

　2014年7月9日、ベネッセは社内調査を行い、「同社の顧客情報が外部に持ち出され、大量の情報が漏えいした可能性がある」と発表した（ベネッセ個人情報流出事件）。同社グループの情報システムを担当する子会社の保守・管理業務の委託先の従業員が、アクセス権を用いて大量の顧客情報（合計3,604万件）を、スマートフォンを介して不正に外部に持ち出し、盗まれた情報が名簿業者を通じて別企業に転売されたものであった。重要なのは、会社が被害を受けたものであっても、顧客にとって会社は加害者という位置づけである。

　今後、情報漏えい事故を起こした企業は、ベネッセのような対象顧客へのお詫びと金券の配布（補償原資200億円）と同様の対応をとることになり、もしくはその後の損害賠償集団訴訟の結果により、または顧客の減少により経営上の危機が発生する可能性もある。

　上記事件に関連し、改正個人情報保護法では、いわゆる「名簿屋対策」を目的として、個人データの第三者提供にかかる確認記録作成などが義務化された。

　情報漏えい対策には、情報管理体制を見直し改善することが求められるが、本章ではその基礎ともなるべき個人情報や情報セキュリティに関連の深い法律に関して記述する。

I　個人情報保護

　個人情報とは、特定の個人を識別することができるものと定義されている（個人情報2条1項、行政個情2条2項、独行個情2条2項）。
　民間部門には、個人情報保護法が適用される。

1　個人情報取扱事業者

　個人情報保護法2条5項は、個人情報取扱事業者を定義する。
　個人情報取扱事業者とは、公的部門を除外し、個人情報データベース等を事業の用に供している者をいう（個人情報2条5項）。民間部門の事業者であれば、営利・非営利を問わず、権利能力のない社団や個人であっても含まれる。
　公的機関には、それぞれ行政機関個人情報保護法（国の行政機関）、独立行政法人等個人情報保護法（独立行政法人等）、個人情報保護条例（地方公共団体）が適用される。
　2015年の個人情報保護法改正前には、過去6か月のいずれかの時点で5000人分以下の個人情報の取り扱いしかない者は個人情報取扱事業者から除かれていたが、法改正により取り扱う人数に関係なく、適用対象となる。

2　個人情報データベース等

　個人情報データベース等とは、個人情報を含む情報の集合物（例：申込書の束）を特定の個人情報を検索することができるよう、電子計算機を用いる（例：顧客データベース）ほか、容易に検索することができるよう体系的に構成したもの（例：手書きの顧客名簿）などをいう（個人情報2条4項）。
　ただし、利用方法からみて個人の権利利益を害するおそれがないものとし政令で定めるものは除かれる（一般的に市販され流通している電話帳、カーナビソフト、住所地図に含まれている個人情報は除外される〈個情令3条1項参照〉。ただし、これらを市販するために作成することに関しては個人情報保護法の義務（個人情報20条）の対象となる）。

3　個人情報の保護対象となる情報

(1)　個人情報

　生存する個人に関する情報（生存者性）であって、次のいずれかに該当するものを個人情報という。①特定の個人を識別することができるもの（個人識別性）、これには、記述等による個人識別性（個人識別符号を除く）、他の情報と容易に照合でき（容易照合性）、それによって特定の個人を識別することができることが含まれる（個人情報2条1項1号）。さらに、②個人識別符号も個人情報に含まれる（同項2号）。

(イ)　**「生存する個人」**（個人情報2条1項柱書）

　生存する個人に関する情報であることを要し、死者に関する個人に関する情報は個人情報にあたらない。

(ロ)　**1号個人情報**

　　(A)　「特定の個人を識別できるもの」

　氏名、個人の顔を正面から写した写真など、または氏名と住所、生年月日、職位等などが組み合わさった情報も、どこの誰とわかる具体性があれば個人情報にあたる。

　　(B)　「他の情報と容易に照合できる」

　顧客IDや携帯電話番号だけでは、個人情報とはいえないが、データベース等の他の情報（たとえば氏名等の情報）と容易に照合でき特定の個人が識別できれば、個人情報となる。

(ハ)　**2号個人情報「個人識別符号」**

　個人識別符号は、次のいずれかに該当する符号のうち同法施行令に定めるものをいう（個人情報2条2項）。

① 身体的特徴をコンピュータで利用可能な形に変換（デジタル化）した付号であって、特定の個人を識別することができるもの（同項1号。以下、「1号個人識別符号」という）

② 役務の利用、商品購入に関して割り当てられ、またはカード・書類に記載・記録される符号であって、対象者ごとに異なるものとなるように割り当てられ、対象者を識別することができるもの（同項2号。以下、

「2号個人識別符号」という)

1号は、DNAデータ、顔解析データ、虹彩データ、声帯解析データ、歩容解析データ、手のひら等の静脈データ、指紋・掌紋データおよびこれらの組合せ、2号は、パスポート番号、基礎年金番号、自動車運転免許証番号、住民票コード、マイナンバー、国民健康保険証・高齢者医療保険証・介護保険証の被保険者の記号番号などである（個情令1条）。

個人情報保護法施行令では、上記のようにかなり限定された符号だけが個人識別符号として限定列挙されている。今後、対象が拡大する可能性があり、その必要性もあることから、政令を改正することにより対応できるようにしている。

(2) 個人データ・保有個人データ

(イ) 個人データ

個人情報のうち特定の個人情報を検索できるように体系的に構成したものを「個人情報データベース等」といい、個人情報データベース等を構成する個人情報を「個人データ」という（個人情報2条6項）。

(ロ) 保有個人データ

「個人データ」のうち、個人情報取扱事業者が6か月を超えて保有し、開示、内容の訂正、追加、削除、利用停止、消去、第三者へ提供を行うことのできる権限を有し、かつ、6か月を超えて保有しているものをいう。ただし、「個人データ」であって、その存否を明らかにすることにより公益その他の利益が害されるものは、政令（個情令4条）により「保有個人データ」から除外される（個人情報2条7項）。たとえば、捜査機関からの照会に応じて暴力団員の個人データを回答した場合、などの個人データは、存否が明らかになりことにより生命・身体、財産に危害が及ぶおそれ、または犯罪や捜査等に支障を及ぼすおそれがあるため保有個人データにあたらない（個情令4条1号・4号）。悪質なクレーマーについて被害防止のためにクレーマーリストを作成している場合は、これが明らかになることにより、生命・身体、財産に危害が及ぶおそれ、違法・不当な行為を助長するおそれがあるため保有個人データにあたらない（同令4条1号・4号）。

(3) 要配慮個人情報

「要配慮個人情報」とは、本人の人種、信条、社会的身分、病歴、犯罪経歴、犯罪被害を受けた事実その他本人に対する不当な差別、偏見その他の不利益が生じないようにその取扱いに特に配慮を要するものとして政令で定める記述等が含まれる個人情報をいう（個人情報2条3項）。

その他本人に対する不当な差別、偏見その他の不利益が生じないようにその取扱いに特に配慮を要するものとして政令で定める記述等とは、①身体障害、知的障害、精神障害（発達障害を含む）等があること、②医師等により行われた健康診断等の結果（遺伝子検査を含む）、およびその結果に基づき医師等により指導・診療・調剤が行われたこと、③刑事事件・少年の保護事件に関する手続が行われたこと、である（個情令2条）。

4 個人情報取扱事業者の義務

(1) 個人情報の利用目的およびその制限

㈤ 利用目的の特定（個人情報15条）

個人情報取扱事業者は、取り扱う個人情報の利用目的をできる限り特定しなければならない（同条1項）。

個人情報取扱事業者は、個人情報を取得した場合は、あらかじめ利用目的を公表するか、取得後速やかに利用目的を本人に通知し、または公表しなければならない（個人情報18条1項）。また、本人から直接書面に記載された個人情報を取得する場合は、利用目的を明示しなければならない（同条2項）。

利用目的を変更する場合は、変更前の利用目的と関連性を有すると合理的に認められる範囲を超えない場合に、個人情報取扱事業者は、変更された利用目的について、本人に通知し、または公表しなければならない（個人情報18条4項）。

利用目的を通知、公表することによって、①本人または第三者の生命等の権利利益を害するおそれがある場合、②個人情報取扱事業者の権利・正当な利益を害するおそれがある場合、③国・地方公共団体の法令上の事務遂行に協力する必要がある場合に、当該事務遂行に支障を及ぼすおそれがあるとき、④取得の状況から利用目的が明らかな場合、は利用目的の通知・公表は不要

とされる（個人情報18条4項）。

　(ロ)　**利用目的の制限**（個人情報16条）

　個人情報取扱事業者は、あらかじめ本人の同意を得ずに、利用目的の達成に必要な範囲を超えて、個人情報を取り扱ってはならない（個人情報16条1項）。利用目的外の取扱いを行う場合（たとえば商品の届け先として取得した住所を利用して、自社商品の販売促進の商品カタログを送付する場合など）、利用に先立ち本人から目的外の利用の同意を得なければならない。

　利用目的の制限（個人情報16条2項）は、第三者提供の場合（同法23条）、合併、会社分割、事業譲渡などによって事業を承継する場合にも適用され、本人からの事前同意が必要となる。

　本人の同意とは、本人の個人情報が、個人情報取扱事業者から示された方法で取り扱われることを承諾する旨の本人の意思表示をいう。本人の同意は合理的かつ適切な方法によらなければならない。

　同意を取得する方法としては、口頭または書面による確認、同意した旨の本人からの電子メール受信、ホームページ上の同意ボタンのクリックなどである。

　利用目的はできる限り特定しなければならないとされているので（個人情報15条）、事前同意の対象も「いかなる目的での利用についても異議は述べない」「当社が必要とする目的に利用することに同意する」などの包括的なものは認められない。[21]

　本人の同意は、以下については不要である。

① 　法令に基づく場合（例：刑訴218条1項の令状による捜査など）
② 　生命・身体または財産保護のために必要がある場合であって、本人の同意を得ることが困難な場合（例：無意識のまま救急車で搬入された病人に、本人の血液型を知らせる場合など）
③ 　公衆衛生の向上または児童の健全な育成の推進のため特に必要がある場合であって、本人の同意を得ることが困難な場合（例：児童生徒の不良行為等に関する情報交換など）

21　岡村久道『個人情報保護法〔第3版〕』182頁（商事法務、2017年）。

④ 国・地方公共団体の法令上の事務遂行に協力する必要がある場合であって、本人の同意を得ることにより当該事務遂行に支障を及ぼすおそれがあるとき（例：税務署職員の任意捜査に対し個人情報を提供する場合など）

(ハ) 適正な取得

個人情報取扱事業者は、偽りその他不正手段により個人情報を取得してはならない（個人情報17条1項）。

不正の手段には、不適法の場合だけでなく不適正の場合も含まれる。

不適正な取得とは、㊙のラベル・押印・記載がある従業員名簿など第三者への提供を制限することが明らかな場合、クレジットカード情報の記載のある顧客名簿、など社会通念上第三者への提供が制限されていることが推認される場合、第三者である個人情報取扱事業者が権限なくこれらの個人情報を取り扱うことは、不適正な取得にあたる可能性がある。

とくに名簿業者から個人情報を取得する場合には、不適正な取得に該当するおそれがあり、十分注意する必要がある。

名簿業者などの第三者から個人情報を取得する場合、事業者が名簿を購入すること自体は禁止されていないが、①相手方の氏名・名称・住所、法人の場合は代表者氏名、取得の経緯の確認（個人情報26条1項）、②データ提供の年月日、および①の確認事項等の保存（同条3項・4項）が必要となる。事業者がこれらの義務に違反した疑いがある場合、個人情報保護委員会による報告・立入検査（同法40条）、指導・助言（同法41条）の対象となり、違反した場合は、勧告および勧告に係る命令の対象となる（同法42条1項・2項）。また、相手方が不正の手段で個人情報を取得したことを知りまたは容易に知り得たにもかかわらず、当該個人情報を取得することは同法17条1項の違反となるおそれがある。

個人情報取扱事業者は、あらかじめ本人の同意を得なければ、要配慮個人情報を取得することができない（個人情報17条2項）。「要配慮個人情報」については前記3(3)を、「本人の同意」については前記4(1)(ロ)を参照されたい。

ただし、例外事由（法令による場合のほか、同意を得るのが困難な場合、法令に定める事務の遂行に支障を及ぼすおそれのある場合など。個人情報17条2項各号）がある場合は、要配慮個人情報であっても、本人の同意を要しないで要

配慮個人情報を取得することができる。

　※**個人情報保護委員会**　　個人情報保護委員会は、個人情報（マイナンバーを含む個人情報〔「特定個人情報」という〕を含む）の適正な取扱いを確保するために設置された独立性の高い機関である。

　　　個人情報保護法およびマイナンバー法に基づき、①基本方針の策定および推進、②個人情報および匿名加工情報の取扱いに関する監督ならびに苦情の申出についての必要なあっせんおよびその処理を行う事業者への協力に関すること、③認定個人情報保護団体に関すること、④特定個人情報（マイナンバーを含む個人情報）の取扱いに関する監督ならびに苦情の申出についての必要なあっせんおよびその処理を行う事業者への協力に関すること、⑤特定個人情報保護評価に関すること（指針の作成）、⑥個人情報の保護等についての広報・啓発に関すること、⑦①から⑥を行うための調査・研究に関すること、⑧所掌事務に係る国際協力に関すること、⑨その他法律に基づき委員会に属する事務、を行う（個人情報61条）。

(2)　安全管理措置

　安全管理措置として、個人データの安全管理に必要な措置を講じるべき義務（個人情報20条）、従業者に対する必要かつ適切な監督を行うべき義務（同法21条）、個人データの取扱いの委託を受けた者に対する必要かつ適切な監督を行うべき義務（同法22条）が定められている。

　安全管理措置としては、①組織的安全管理措置、②人的安全管理措置、③物理的安全管理措置、④技術的安全管理措置を講ずることが求められる。

　①　**組織的安全管理措置**　　安全管理に関する会社の体制とルール作りであり、ⓐ組織体制の整備、ⓑ個人データの取扱いに係る規律に従った運用、ⓒ個人データの取扱い状況を確認する手段の整備、ⓓ漏えい等の事案に対応する体制の整備、ⓔ取扱い状況の把握および安全管理措置の見直し、を行うものである。

　②　**人的安全管理措置**　　情報漏えいを防止するための従業者の教育等を行うものであり、併せて誓約書も検討する。

　③　**物理的安全管理措置**　　盗難・紛失等の漏えいの防止や個人データを

記録した媒体等の廃棄を物理的に行うものである。
④ **技術的安全管理措置**　ITセキュリティの実施のため不正アクセス等による情報漏えいを防止する技術的な対策であり、ⓐアクセス制御、ⓑアクセス者の識別と認証、ⓒ外部からの不正アクセス等の防止、ⓓ情報システムの使用に伴う漏えい等の防止を行うものである。

(3) 従業者および委託先の監督

　個人情報取扱事業者は、個人情報保護法20条に基づく安全管理措置を遵守させるよう、従業者または委託先に対して必要かつ適切な監督を行わなければならない（個人情報21条、22条）。

　「従業者」とは、個人情報取扱事業者の組織内において、その指揮命令を受けて事業者の業務に従事している者をいい、事業者と雇用関係にある必要はない。

　個人情報取扱事業者は、適切な委託先を選定し、委託契約において受託者の義務として安全管理措置の内容（個人情報20条）を定めるとともに、委託者は契約内容の遵守状況について定期的に確認し把握できる対応が必要となる。

(4) 第三者提供の制限

　個人データは、あらかじめ本人の同意を得なければ、第三者に提供することができない（個人情報23条１項柱書）。第三者への提供の可否は、本人の同意による（＝オプトインの原則）。ただし、例外事由（法令による場合のほか、同意を得るのが困難な場合、法令に定める事務の遂行に支障を及ぼすおそれのある場合など。個人情報23条１項各号）がある。

　「第三者に提供」とは、個人データが物理的に提供されていなくても、ネットワーク等を利用して利用できる状態にあれば、提供にあたる。

　個人情報取扱事業者は、オプトアウト手続を行っている場合は、個人データ（要配慮個人情報を除く）を第三者に提供することができ、本人が第三者提供の停止を求めてきた場合に停止すれば足りる。

　オプトアウト手続とは、あらかじめ、第三者提供の、①目的、②個人データ項目、③方法、④停止について本人の求めに応じること、⑤停止の求めの受付方法、を本人に通知し、または本人が容易に知り得る状態に置くとともに、個人情報保護委員会に届け出た場合である（個人情報23条２項）。

本人との関係を提供主体である事業者と一体のものとして取り扱うことに合理性がある場合（委託先、事業承継、共同利用の場合）、「第三者」とみなさず第三者提供の合意は不要とされる（個人情報23条5項各号）。

ただし、委託先の場合は個人情報保護法22条、事業承継の場合は同法16条2項、共同利用の場合は同法23条5項3号に制限または要件が定められている。

個人データを外国の第三者に提供する場合も、あらかじめ本人の同意を得なければならない（個人情報24条）。

(5) 第三者提供に係る確認・記録義務

トレーサビリティを確保するため、個人情報取扱事業者は、第三者に個人データを提供する場合、および第三者から個人データの提供を受ける場合には、【表64】および【表65】の○印についての確認、記録の作成保存義務を負う（個人情報25条、26条）。

ただし、個人情報保護法2条5項各号に掲げる者および同法23条1項各号ならびに5項各号のいずれかに該当する場合（前記(4)参照）に適用除外が認められる（同法25条1項かっこ書・各号、26条1項各号）。

記録の保存期間は、契約書等の代替手段がある場合には提供を行った日から1年であるが、それ以外の場合は3年である（個情則14条、18条）。

【表64】 提供者の確認・記録事項

	提供年月日	第三者の氏名等	本人の氏名等	個人データの項目	本人の同意
オプトアウトによる第三者提供	○	○	○	○	
本人の同意による第三者提供		○	○	○	○

【表65】 受領者の確認・記録事項

	提供を受けた年月日	第三者の氏名等	取得の経緯	本人の氏名等	個人データの項目	個人情報保護委員会による公表	本人の同意
オプトアウトによる第三者提供	○	○	○	○	○	○	

本人の同意による第三者提供	○	○	○	○		○
私人からの第三者提供	○	○	○	○		

(6) 保有個人データに関する義務

　個人情報取扱事業者は、保有個人データ（前記2参照）に関して、本人からの求めに応じ、利用目的の通知（個人情報27条）、開示（同法28条）、訂正等（同法29条）、利用停止等（同法30条）等の義務が定められている（同法27条〜34条）。開示、訂正等、利用停止等に関しては、「本人は請求することができる」と規定され、本人の裁判上の訴えの請求権であることが明定されている（同法28条1項、29条1項、30条1項・3項）。

　(イ)　**保有個人データの本人周知、通知の求め**（個人情報27条）

　個人情報取扱事業者は、すべての保有個人データの利用目的等について本人の知り得る状態におかなければならず、本人から利用目的の通知を求められたときは遅滞なく通知しなければならない。

　(ロ)　**保有個人データの開示請求**（個人情報28条）

　個人情報取扱事業者は、本人の請求により、本人が識別される保有個人データを開示しなければならない（同条1項・2項本文）。もっとも、保有個人データが存在しない場合はその旨を開示することにより、①第三者の権利利益を害する場合、②事業者の業務に著しい支障を及ぼす場合、③他の法令に違反する場合には、その全部または一部を開示しないことができる（同条2項各号）。

　(ハ)　**保有個人データの訂正等の請求**（個人情報29条）

　個人情報取扱事業者は、本人が識別される保有個人データの内容が事実でないときに、本人から保有個人データの内容の訂正、追加または削除を請求された場合、遅滞なく必要な調査を行い、その結果に基づいて訂正等（訂正・追加・削除）を行わなければならない（同条1項・2項）。事実でないか判明しないときは、訂正等を行わない旨を決定できる（同条3項）。いずれの場合でも、遅滞なく、その旨を本人に通知しなければならない（同条3項）。

　(ニ)　**保有個人データの利用停止等の請求**（個人情報30条）

本人は、個人情報取扱事業者に対し、利用目的の制限（同法16条、前記4(1)(ロ)参照）に違反している場合、または適正な取得（同法17条・前記4(1)(ハ)参照）に違反している場合に保有個人データの利用停止、消去（以下、本項(ニ)において「利用停止等」という）を請求できる（同法30条1項）。個人情報取扱事業者は、本人からの利用停止等の請求に理由がある場合には、違反是正のための必要な限度で、遅滞なく利用停止等を行わなければならない（同法30条2項）。

　また、個人データを第三者に提供する場合に（個人情報23条1項、前記4(4)）、または外国にある第三者への提供を認める旨の本人の同意を得ないで（同法24条）、第三者に保有個人データを提供されている場合、その停止を請求することができる（同法30条3項）。その請求に理由があるときは、個人情報取扱事業者は遅滞なく、第三者への提供の停止をしなければならない（同法30条4項）。

　データの全部または一部について、利用停止等を行ったときまたは行わない旨の決定をしたとき、第三者提供の停止または停止しない旨の決定をしたときは、遅滞なく、本人にその旨を通知しなければならない（同法30条5項）。

　　(ホ)　**理由の説明、開示請求手続**（個人情報31条～34条）

　個人情報取扱事業者は、保有個人データについて本人からの請求された措置に対し、その措置を行わない旨の決定（同法27条3項、28条3項、29条3項、30条5項）をしたとき、または異なる措置をとる場合には、本人に対し理由を説明する努力義務が生ずる（同法31条）。

　個人情報取扱事業者は、開示等の求め・請求に応じ、求め・請求を受け付ける方法を定めることができ、これに基づき、本人は開示等の求め・請求を行わなければならない（個人情報32条1項）。

　この場合、個人情報取扱事業者は、保有個人データを特定するための事項の提供を求めることができ、そのための本人の利便性を考慮した適切な措置（例：住所、ID、パスワード、会員番号等）をとらなければならない（個人情報32条2項）。

　本人が、開示、訂正等、利用停止等の請求（個人情報28条1項、29条1項、30条1項・3項）に係る訴えを提起しようとするときは、あらかじめ事業者

に対し開示、訂正等、利用停止等の請求を行い、その到達日から2週間経過しなければならない（同法34条1項）。

5　匿名加工情報取扱事業者等の義務

匿名加工情報とは、個人情報を、特定の個人を識別不可能な加工をし、かつ当該情報を復元不可能な状態にしたものをいう。匿名加工情報は本人の同意に代わる一定の条件の下で、匿名加工情報を利活用することが認められている。

(1) 匿名加工情報を作成する個人情報取扱事業者の義務

当該個人情報取扱事業が匿名加工情報（匿名加工情報データベース等を構成する者に限る）作成するにあたっては、

① 個人情報保護委員会規則（個情則19条）の定めに従った適正な加工（個人情報36条1項）
② 加工方法等情報の個人情報保護委員会規則の定めに従った安全管理のための措置（個人情報36条2項）
③ 作成した匿名加工情報に含まれる情報の公表（同条3項）
④ 識別行為の禁止（同条5項）
⑤ 匿名加工情報の安全管理措置等を講じ、かつその内容の公表のための努力（同条6項）

を行わなければならない。

そして、作成した匿名加工情報を第三者に提供するにあたっては、

① 提供される匿名加工情報に含まれる情報の項目と提供方法の公表（個人情報36条4項）
② 匿名加工情報である旨の第三者への明示（同項）

を行わなければならない。

(2) 他社が作成した匿名加工情報を利用、第三者提供する匿名加工情報取扱事業者の義務

匿名加工情報データベース等を事業の用に供する匿名加工取扱事業者は、

① 識別行為の禁止（個人情報38条）
② 匿名加工情報の安全管理措置等を講じ、かつその内容の公表のための

努力（同法39条）
③　提供される匿名加工情報に含まれる情報の項目と提供方法の公表、匿名加工情報である旨の第三者への明示（同法37条）

を行わなければならない。

6　民間団体による個人情報の保護の推進のしくみ

(1)　認定個人情報保護団体

　認定個人情報保護団体とは、業務・事業分野ごとの民間団体による個人情報の保護の推進を図るため、個人情報取扱事業者の個人情報の適正な取扱いの確保を目的として設立され、業務の対象となる事業者についての苦情処理、情報提供等（「匿名加工情報」を含む。以下同じ）の業務を行うものである（個人情報47条1項）。

　認定個人情報保護団体は、
①　対象となる事業者の個人情報等の取扱いに関する苦情の処理
②　個人情報等の適正な取扱いの確保に寄与する対象事業者への情報の提供
③　その他対象事業者の個人情報等の適正な取扱いに関する必要な業務

を行うこととされる（同条1項1号～3号）。

　個人情報保護団体が認定を受けるためには、欠格事項（個人情報48条）のいずれにもあたらない者が、個人情報保護法49条各号のいずれにも適合していると認められる必要がある。申請は、個人情報保護委員会に対して、同委員会が策定した指針（「認定個人情報保護団体の認定等に関する指針」）の定めるところにより行う（同47条2項、個情令19条）。

　個人情報保護団体は、平成29年10月末現在、45団体が認定を受けている。もっとも、業務・事業ごとの団体が認定個人情報保護団体としての認定を受けるかどうかは任意である。

(2)　個人情報保護指針

　認定個人情報保護団体の対象事業者に対する情報提供のうち、主な業務として「個人情報保護指針」の作成（ただし努力義務の位置づけ）がある（個人情報53条）。

個人情報保護指針は、利用目的の特定や安全管理のための措置、開示等の請求等の事項に関し消費者等の意見を代表する者その他の関係者の意見を聴いて、個人情報保護法の規定に沿って作成されるものである（個人情報53条1項）。作成された場合は、遅滞なく指針を個人情報保護委員会に届けなければならない（同条2項）。

個人情報保護指針が公表されたときは、認定個人情報保護団体は、対象事業者が指針に違反するなどの行為があった場合、必要な指導、勧告等の措置をとらなければならない（個人情報53条4項）。

II 情報セキュリティ

1 情報セキュリティ総論

(1) 情報セキュリティとは

情報セキュリティとは、個人情報や技術情報等の情報を犯罪や事故等から保護するための対策全般であり、「情報の機密性、完全性および可用性を維持すること」と定義（JIS　Q27000：2014）されている。

① 機密性（Confidentiality）

アクセスを認可された者以外の者には情報を使用・開示させない。情報の流出は、この機密性が損なわれることである。

② 完全性（Integrity）

情報が正確で完全な状態で保存されている。情報の不正改ざんは、この完全性が損なわれることである。

③ 可用性（Availability）

情報が必要となったときに、アクセスおよび使用が可能である。システム障害による利用不能は、この可用性が損なわれることである。

(2) 情報セキュリティの対象

情報セキュリティには、個人情報、技術情報、営業秘密等のノウハウ情報等の情報自体、これらの情報を記録した媒体（紙、フィルム、ハードディスク、

DVD、CD、USB メモリなど)、それらの情報を記録・保存するシステム全体、ネットワーク全体が、その対象となる。

(3) 情報セキュリティマネジメントシステム

情報セキュリティを実現するためには、組織に損害を与える「リスク」に対して、組織として効果的なマネジメントを行う必要がある。リスクとは、事業の目的を達成に影響を与えるものであり、リスクを特定し、分析・評価し、リスクを効果的に運用管理するための枠組みおよびプロセスを「リスクマネジメント」という。

リスクマネジメントの原則を情報セキュリティに適用したものが情報セキュリティマネジメントシステム (ISMS) である。

2 情報セキュリティの対象となる法律

情報セキュリティの対策を行うためには、不正競争防止法の営業秘密に関する規定（第6章Ⅳ）、個人情報保護法の安全管理措置の規定（本章Ⅰ4(2)）のほか、各種の法令の理解が必要となる。

(1) マイナンバー法（番号法）

マイナンバー法は、正式名を「行政手続における特定の個人を識別するための番号の利用に関する法律」という。

行政機関、地方公共団体その他行政事務を担当する者が、個人番号および法人番号を活用することで、効率的な情報の管理、迅速な情報の授受を行うことができる（番号1条）。

マイナンバー法は、民間事業者にとって個人情報保護法の特別法である。

(イ) 安全管理措置

安全管理措置は、個人情報保護法（20条）等において義務づけられているが、さらにマイナンバー法においては、個人番号上の安全管理措置が義務づけられている（番号12条）。なお、個人番号においては、死者の情報も含まれる。

特定個人情報の適正な取扱いに関する安全管理措置について、個人情報保護委員会によるガイドラインが公表されている。

(A) 基本方針の策定

特定個人情報等の適正な取扱いの確保について組織として取り組むためには、基本方針を策定することが重要である。

　　(B)　取扱規程等の策定

特定個人情報等の具体的な取扱いを定める取扱規程等を策定しなければならない。

　　(C)　組織的安全管理措置

次に掲げる組織的安全管理措置を講じなければならない。

① 組織体制（責任者、事務取扱担当者の明確化などの整備）
② 取扱規程等に基づく運用と運用状況の確認
③ 取扱状況を確認する手段の整備
④ 情報漏えい等の事案に対応する体制（早急な事実関係および再発防止策の公表など）の整備
⑤ 取扱状況の把握および安全管理措置の見直し・改善

　　(D)　人的安全管理措置

事務取扱担当者に対する監督および教育を講じなければならない。

　　(E)　物理的安全管理措置

① 特定個人情報等を取り扱う区域の管理
② 機器・電子媒体・書類等の盗難等の防止
③ 電子媒体・書類等を取扱い（持ち出し等）における漏えい等の防止
④ 必要のない個人番号の削除、機器および電子媒体・書類等の廃棄

　　(F)　技術的安全管理措置

適切なアクセス制御、アクセス者の識別と認証、外部からの不正アクセス等の防止、情報漏えい等の防止措置を実施する。

　(ロ)　その他の管理関連規制

　　(A)　保管の制限（番号20条）

何人も、マイナンバー法19条で提供が認められる場合を除き、収集・保管が禁止される。

　　(B)　従業者の監督

22　個人情報保護委員会「特定個人情報の適正な取扱いに関するガイドライン（事業者編）」および「(別添) 特定個人情報に関する安全管理措置（事業者編）」平成29年5月30日最終改正。

事業者は、従業者に特定個人情報等を取り扱わせるにあたっては、特定個人情報等の安全管理が図られるよう、当該従業者に対する必要かつ適切な監督を行わなければならない（個人情報21条、※については前記Ⅰ4(3)を参照されたい）。

(ハ) 委託先の監督

(A) 委託先の監督

個人情報保護法22条と同様の規定が設けられている（番号11条）。

(B) 再委託

再委託をする場合は、最初の委託元の許諾がなければ再委託をすることができない。再々委託をするときも同様である（番号10条1項）。ただし、再委託先の監督は、再委託、再々委託をした委託者が行うが、最初の委託元が最初の委託先の監督義務を負うだけではなく、再委託先や再々委託先に対しても間接的な監督義務を負う。同様に委託先、再委託先、再々委託先もそのあとの委託先に対しても間接的な監督義務を負う。

(2) 著作権法

著作権法は、著作物によって生じる著作者の財産権（著作権）の範囲を定める。

著作権（copyright）は、文芸・学術・美術・音楽、コンピュータプログラムなどの範囲に属する創作物（著作物）を、著作者が独占的・排他的に支配し、かつ複製（翻訳、映画化、放送、興行等も含む）する権利である。デジタルコンテンツも創作性があれば著作権の対象となる。

著作権法で保護されている著作物を、原則として、自由利用の場合を除き、保護期間内に著作権者の許諾なしに公表、複製、送信等することはできない。

著作者の権利は、①人格権である著作者人格権と、②財産権である著作権に分けられる。

法は、著作者に著作者人格権という権利を与え、著作者の人格的な利益の保護を図っている。

---

23 前掲（注22）・ガイドライン21頁。

【表66】 著作者人格権の内容

公表権（著作18条）	未公表の著作物を公表するどうか、公表する場合に時期、方法等を決定する権利
氏名表示権 （著作19条）	著作物に著作者名を付すかどうか、付す場合に名義をどうするかを決定する権利
同一性保持権 （著作20条）	著作物の内容や題号を著作者に意に反して改変されない権利

著作権は、複製権、公衆送信権、譲渡権などの個々の権利から構成された権利の束のことである。

【表67】 著作権の主な内容※

複製権（著作21条）	著作物を印刷、複写、録音、録画その他の方法により有形的に再製する権利
公衆送信権等 （著作23条）	著作物を公衆送信し、または公衆送信された著作物を公に伝達する権利
譲渡権 （著作26条の2）	著作物をその現作品または複製物の譲渡により公衆に提供する権利
貸与権 （著作26条の3）	著作物をその複製物の貸与により公衆に提供する権利

※企業に関係の深いものを記載した

(3) 不正アクセス禁止法

不正アクセス禁止法（正式名「不正アクセス行為の禁止等に関する法律」）では、不正アクセス行為や不正アクセス行為につながる識別符号の不正取得・保管行為、不正アクセス行為を助長する行為等を禁止する。

同法が禁止する「不正アクセス行為」の要件は、①コンピュータネットワークを通じ、②他人の識別符号（ID＋パスワード、指紋、虹彩等）の悪用、またはコンピュータプログラムの不備を突くことにより、③本来アクセスする権限のないコンピュータを利用することである。

第9章
金融商品取引法による会社情報の開示規制とインサイダー取引規制の遵守は上場企業の義務

> 金融商品取引法は、資本市場の機能の発揮による国民経済の健全な発展と投資者の保護を法の目的としており、その規制の枠組みとして、①情報開示規制、②市場関係者規制、③不公正取引規制を３本の柱としている。
> このうち、①は上場企業にとって、また③は、上場企業を含むすべての企業にとって重要事項である。特に、③の不公正取引規制のうちインサイダー取引規制においては、当事者企業の役員による伝達や契約締結企業の役員など役員絡みの課徴金納付案件がすこぶる多い。そのため、各企業の中で、役員や従業員に対してインサイダー情報をどのように管理していくのかが極めて重要となっている。
> 以上から、本章では、インサイダー取引規制を中心に記述している。
> なお、①に関連した、東京証券取引所などの金融商品取引所の規則に基づく適時開示制度に関しては、本章には収録していない。[24]

I 金融商品取引法の開示規制

1 開示規制とは

金融商品取引法の開示制度は、投資者が自己責任のもとで投資判断を行うためには、有価証券および発行会社に関する情報が、発行会社等から公平かつ適時に提供されていることが前提とされる。そのため、金融商品取引法では、有価証券の発行会社に一定の情報開示を義務づけることによって、投資者に適切な情報が公平かつ適時に提供されることを保障することにより、事実を知らされないことによって被る損害からの保護を図っている。その点で開示制度の規制は金融商品取引法の主要な規制となっている。

企業内容の開示規制には、ⓐ有価証券の募集または売出しの際に求められ

---

[24] 適時開示制度に関しての知識を深めたい方は、東京証券取引所の Web サイト（http://www.jpx.co.jp/equities/listing/disclosure/）、東京証券取引所上場部発行の『会社情報適時開示ガイドブック』などを参照されたい。

る発行開示規制と、ⓑ一定の流通性を有する有価証券の発行会社に求められる継続開示規制がある。

金融商品取引法上の開示書類については、原則として、EDINET（電子開示システム：Electronic Disclosure Investors Network）による提出が義務付けられ（金商27条の30の3第1項）、提出者にとって開示書類提出のための事務負担等が軽減され、行政当局にとって事務の効率化が図られ、投資家等にとっても企業情報への迅速かつ公平なアクセスが実現される。

2　開示規制の内容

(1)　発行開示規制

発行開示には、大きく分けて、有価証券の募集・売出し等の開示規制と組織再編成に係る開示規制がある。

(イ)　募集・売出し等の開示規制

有価証券の募集または売出しは、発行会社が有価証券届出書により関東財務局長に提出しているものでなければ、することができない（金商4条1項本文）。

ただし、金融商品取引法4条1項各号のいずれかに該当する場合は、届出義務は免除される。

有価証券の募集とは、新たに発行される有価証券の取得勧誘で多数（50名以上、以下同じ）の者が含まれる場合をいい、「有価証券の売出し」とは、既に発行された有価証券の売付けの申込みまたは買付けの申込みの勧誘（売付け勧誘等）で、多数の者を相手方として行う場合をいう（金商2条3項・4項）。

(ロ)　組織再編成による開示規制

ここでいう組織再編成とは、合併、会社分割、株式交換、株式移転をいう（金商2条の2第1項、金商令2条）。金融商品取引法は、この組織再編成により、新たなに有価証券（金商令2条3）が発行される場合、またはすでに発行された有価証券を交付する場合で、組織再編成対象会社（吸収合併消滅会社、株式交換完全子会社等）の株主等が50名以上（金商2条の2第4項1号・5項1号、金商令2条の4、2条の6）などの要件に該当する場合に、当該有価

(2) 継続開示規制

金融商品取引所に上場されている有価証券の発行会社など、一定の要件に該当する発行会社は、事業年度ごとに有価証券報告書その他の継続的な開示書類（半期報告書、四半期報告書、親会社等状況報告書、自己株券買付状況報告書など）を財務局長等に提出し、写しを上場金融商品取引所に送付しなければならない（金商24条1項、24条の4の7第1項、24条の5第1項、24条の4の4第1項など）。

また、事業年度の途中で、海外での有価証券の発行、主要株主の異動、重要な災害の発生などのほか、M&A関連では、株式交換、株式移転、会社分割、合併、事業譲渡が行われることが提出会社の業務執行を決定する機関により決定された場合に、その内容を記載した臨時報告書を財務局長・上場金融商品取引所に提出しなければならない（金商24条の5第4項、企業開示19条1項・2項）。

3 株券等大量保有の状況に関する開示（5％ルール）

大量保有者とは、株券、新株予約権付社債券等の株券関連有価証券（以下、「株券等」という）で、上場会社が発行する株券等の保有者で、その株券等保有割合が5％を超えるものをいう（金商27条の23第1項）。

大量保有者は、大量報告書を大量保有者となった日から5日以内に、財務局長等に提出し、写しを発行会社および上場金融商品取引所に送付しなければならない（金商27条の23第1項、27条の27）。

II インサイダー取引

1 インサイダー取引規制とは

会社関係者が会社経営に影響を与える重要情報を知っていたり、公開買付者等関係者が公開買付け等に関する事実を知っていたりすると、それを知ら

ない一般投資家に比べ、対象となる株式など金融商品の売買において著しく有利となり、金融商品取引市場における公正性・健全性について一般投資家は信頼することができなくなる。そこで、インサイダー取引規制は一般投資家の信頼性を確保するため、このような行為を規制し、行為者を処罰すべきものとしている。

インサイダー取引は、役員や従業員の個人的な犯罪だけではなく、関係する会社のコンプライアンス態勢が問題なのであり、重要事実を知った行為者、情報提供者、情報伝達・取引推奨行為者を出さないことが、企業に求められている。

インサイダー取引には2類型がある。

【表68】 インサイダー取引規制の2類型

① 会社関係者などのインサイダー取引規制（金商166条）
② 公開買付者等関係者などのインサイダー取引規制（同法167条）

2 会社関係者などのインサイダー取引

【表69】 会社関係者などのインサイダー取引

> 会社関係者などのインサイダー取引とは、「上場会社」の「会社関係者（含む元会社関係者）」または「第一次情報受領者」が「当該上場会社等の重要事実」を知りながら、その「公表」前に、当該上場会社等の「特定有価証券等」の「売買等」をしてはならない（金商166条1項・3項）。

(1) 「会社関係者」

「会社関係者」とは、①当該上場会社の役職員、②当該上場会社に会計帳簿閲覧権（会社433条1項）を有する株主等、③当該上場会社に対する監督官庁の公務員等、④当該上場会社と契約を締結している者や契約締結中の者、⑤上記②④の該当者が法人の場合、その法人の役職員である。そして、これらの者が規制されるのは、重要事実をその地位や権限に基づき知った場合である。

なお、①④の上場会社の定義には、上場会社の親会社および子会社の会社

関係者も含まれるが、子会社の会社関係者は子会社の重要事実を知った場合のみインサイダー取引規制の対象となる（金商166条1項1号かっこ書・2項5号〜8号）。会社関係者には、会社関係者でなくなってから1年以内の者も含まれる（金商166条1項後段）。

(2) 「第一次情報受領者」

「第一次情報受領者」とは、会社関係者または元会社関係者から重要事実の伝達を受けた者、およびその伝達を受けた者が所属する法人の他の役職員をいう（金商166条3項）。

(3) 「情報伝達・取引推奨行為者」

未公表の重要事実を知った上記(1)の「会社関係者」が、他人に対し、公表前に取引させることにより利益を得させる目的をもって、情報伝達・取引推奨を行うことが禁止される（金商167条の2第1項）。

(4) 「重要事実」

重要事実については、【表70】を参照されたい。子会社の重要事実も親会社の重要事実となるので、子会社の重要事実を知って、上場会社の株式等の売買をすればインサイダー取引規制の対象となる。重要事実であっても投資判断に及ぼす影響が軽微なものとして証券取引規制府令で定める基準（軽微基準）に該当する場合は除外される（金商166条2項）。また決算や業績の予想値に係る事実については、投資判断に及ぼす影響が重要なものとして内閣府令で定める基準（重要基準）に該当するものに限られる（同法166条2項3号）。

【表70】 重要事実の一覧

区　分	項　目	軽微基準
① 決定事実 会社の業務執行に関する意思決定の事実 （※印は子会社を含む）	ア．募集株式・新株予約券の募集	有
	イ．資本金の額の減少	無
	ウ．資本準備金・利益準備金の額の減少	無
	エ．自己株式の取得	無
	オ．株式無償割当て	有

	カ．株式分割	有
	キ．剰余金の配当	有
	ク．株式交換　※	有（完全親会社）
	ケ．株式移転　※	無
	コ．合併　※	有（存続会社）
	サ．会社分割　※	有
	シ．事業の譲渡、譲受け　※	有
	ス．解散　※	無
	セ．新製品・新技術の企業化　※	有
	ソ．業務提携、業務提携の解消　※	有
	タ．子会社の異動を伴う株式等の譲渡、取得　※	有
	チ．固定資産の譲渡・取得	有
	ツ．事業の全部または一部の休止・廃止　※	有
	テ．株式の上場廃止にかかる申請	無
	ト．認可金融取引業協会に対する株式の登録取消申請、取扱有価証券の指定取消申請	無
	ナ．破産手続開始、再生手続開始、更生手続開始の申立て　※	無
	ニ．新規事業の開始	有
	ヌ．防戦買いの要請	無
	ネ．預金保険法72条5項の申出　※	無
	ノ．（子会社のみ対象）トラッキング・ストック対象である連動子会社の剰余金の配当	有
②　発生事実 会社の意思に関係なく発生した事実（※印は子会社を含む）	ア．災害または業務上の損害　※	有
	イ．主要株主（議決権の10％以上を保有する株主）の異動	無

		ウ．上場廃止または店頭登録取消原因となる事実	有
		エ．財産上の請求に係る訴えの提起、判決、裁判以外の完結　※	有
		オ．事業の差止めその他これに準ずる処分を求める仮処分命令の申立て・裁判・裁判によらない完結　※	有
		カ．免許取消し・事業停止等の行政庁の処分　※	有
		キ．親会社の異動	無
		ク．債権者等による破産手続開始等の申立て等	無
		ケ．手形・小切手の不渡り等　※	無
		コ．親会社に係る破産手続開始の申立て等	無
		サ．債務者または保証債務に係る主債務者の不渡り等または破産申立て等その他の事実による債務不履行のおそれ　※	有
		シ．主要取引先（10%以上）との取引停止　※	有
		ス．債権者による債務の免除または第三者による債務の引受け・弁済　※	有
		セ．資源の発見　※	有
		ソ．取扱有価証券としての指定の取消しの原因となる事実	有
		タ．特別支配株主による株式等売渡請求の決定	無
		チ．（子会社のみ対象）孫会社に係る破産手開始の申立て等	無
③決算情報会社の決算・業績予想値・決定値に関す		ア．売上高　※	有（重要基準）
		イ．経常利益　※	有（重要基準）

る事実（※印は子会社を含む）	ウ．純利益　※	有（重要基準）
	エ．剰余金の配当	有（重要基準）
	オ．企業集団の売上高、経常利益、純利益	有（重要基準）
④バスケット条項（※印は子会社を含む）	ア．上記に該当しない事実で、上場会社等（上場会社の子会社）に関する重要事実で、投資判断に著しい影響を及ぼすもの　※	有（ただし、軽微基準（証券取引規制49条、50条）に該当する事実、重要基準（同法51条）に該当しない事実）

②のイの「主要株主の異動」およびキの「親会社の異動」は、株主名簿上の名義書換えの有無を問わない。[25]

(5) 業務執行に関する重要事実発生の時期

決定事実とは、上場会社（含む子会社）の「業務執行を決定する機関」が前掲【表70】の①ア〜ネの事項を行うことについて決定したこと、または公表されている決定を行わないことを決定したことである（金商166条2項1号）。

「業務執行を決定する機関」とは、会社法が規定する決定権限のある機関に限られず、実質的に会社の決定と同視される意思決定を行うことができる機関であれば足りる（最判平11・6・10刑集53巻5号415頁）。取締役会に限られず、経営会議、経営委員会、常務会などの会議体のほか、代表取締役や担当役員による場合も含まれる可能性がある。たとえば、担当取締役の決定に至れば通常は最終決定になるというのが会社の実情であれば、取締役会決議の前でも、担当取締役の決定時に重要事実は発生する。

発生事実（会社の意思とは関係なく発生した事実）とは、原則、その事項（【表70】の②の事項）が発生したことである。

25　松本真輔『最新インサイダー取引規制―解釈・事例・実務対応』112頁、124頁（商事法務、2006年）。

(6) 「特定有価証券等」の「売買等」

(イ) 特定有価証券等

「特定有価証券等」とは、特定有価証券および関連有価証券のことをいい、特定有価証券には株券・社債券などが該当し、関連有価証券には、上場会社の特定有価証券に係るオプションを表示する金融商品取引法2条1項19号に掲げる有価証券（いわゆるカバードワラント）[26]、その他の政令で定める有価証券が該当する（金商166条1項柱書、163条1項、金商令27条の3、27条の4）。

(ロ) 売買等

インサイダー取引規制において禁止される行為は「売買等」であり、「売買等」とは、売買その他の有償の譲渡もしくは譲受け、合併もしくは会社分割による承継またはデリバティブ取引をいう（金商166条1項柱書）。

(7) 「公表」

「公表」とは、①多数の者が知りうる状態に置く措置がとられたこと、すなわち、ⓐ公開権限を有する者による2以上の報道機関に対する公表後12時間が経過したこと、ⓑ金融商品取引所等に対する通知および電磁的方法（TDnet等）[27]による公衆の縦覧に供されたことであり、または、②重要事実等が記載された有価証券届出書等が公衆縦覧（EDINETの画面に表示されたときも含む）に供されたことである（金商166条4項）。

(8) 適用除外

インサイダー取引規制を形式的に適用すると、金融商品市場の健全性・公正性を害さない場合まで違反を構成することになるため、適用除外の規定が設けられている（金商166条6項1号～12号）。

---

26 カバードワラント（Covered Warrant）とは、一定期間内に予め定められた価格で売買する権利である、「買う権利（コール）」や「売る権利（プット）」のオプションを証券化して自由に流通できるようにした有価証券であり、その権利の対象となる原資産には、株価指数、個別株式（日本株、外国株）、外国為替、商品（コモディティ）などさまざまなものがある。その取引形態については、大阪証券取引所で取引できる「上場カバードワラント」と、eワラント証券と相対で取引する「店頭カバードワラント」の2つがある（http://www.ifinance.ne.jp/product/invest/cvwrt.htm）。

27 TDnet（ティー・ディー・ネット）とは、東京証券取引所の運営する適時開示情報閲覧サービス（Timely Disclosure network）のことで、各証券取引所（東証、大証、名証、福証、札証）の上場会社が開示した投資判断に重要な会社情報を提供している。

株式割当を受ける権利や新株予約権等の行使による株券等の取得、反対株主の株式買取請求権に基づく売買、自己株式の取得などは、適用除外とされる。

【表71】　適用除外の概要（金商166条6項各号）

①	株式割当を受ける権利の行使による株券等の取得（1号）
②	新株予約権等の行使による株券等の取得（2号）
③	オプションの行使による特定有価証券等に係る売買等（2号の2）
④	反対株主の株式買取請求権または法令上の義務に基づく売買等（3号）
⑤	対抗買い（4号）
⑥	自己株式の取得（4号の2）
⑦	安定操作取引（5号）
⑧	普通社債券等の売買等（6号）
⑨	知る者同士が証券市場外で行う売買等（7号）
⑩	承継資産に占める特定有価証券等の割合が軽微な場合（8号）
⑪	未公表の重要事実を知る前に開催された取締役会における合併等の契約（9号）
⑫	新設分割（10号）
⑬	組織再編の対価としての自己株式の交付（11号）
⑭	一定の重要事実を知る前に締結された契約の履行または決定された計画の実行としての売買等、その他これに準ずる特別の事情に基づく売買等であることが明らかな売買等（12号）

3　公開買付者等関係者などのインサイダー取引

　公開買付者等関係者などのインサイダー取引とは、「公開買付者等関係者（元公開買付者等関係者を含む）」および「第一次情報受領者」が、「公開買付け等の事実」を知って、その「公表」前に対象会社の対象株券等の「買付け」または「売付け」を行うことである（金商167条1項）。

28　「公開買付者等関係者」とは、公開買付者等の役員等、公開買付者等に対する帳簿閲覧権行使者等および法律上の権限の行使者等、公開買付者等との契約締結者・交渉者等、被買付企業およびその役員等である（金商167条1項各号）。

4　刑事罰・課徴金

(1)　刑事罰

インサイダー取引規制に違反した者（個人）は、5年以下の懲役もしくは500万円以下の罰金が処せられ、またはこれを併科される（金商197条の2第13号～15号）。

法人の代表者または代理人、使用人その他の従業者が、法人の業務または財産に関しインサイダー取引規制に違反したときは、その行為者個人を罰する（上記）ほか、法人に対しても5億円以下の罰金刑が科される（両罰規定、金商207条1項2号）。

さらに、インサイダー取引で得た財産等は原則没収され、すでに売却等がされ没収できないときは、その価額が追徴される（必要的没収・追徴、金商198条の2第1項・2項）。

(2)　課徴金

課徴金はインサイダー取引の抑止を図り、インサイダー取引規制の実効性を確保するという行政目的を達成するための行政上の措置である。

以下の違法の類型ごとに、課徴金を納付することが命令される（金商175条、175条の2）。

㈤　自己の計算で行われた場合

売付け等（買付け等）の価格と重要事実等の公表日後2週間の最安値（買付け等の場合は最高値）との差額を基準として算定される（金商175条1項1号・2号、2項1号・2号）。

㈥　金融商品取引業者等により他人の計算で行われた場合

①　投資運用業として違反をしたときは、当該売買等をした日の属する月（2以上の月にわたって行われたときは最後の月）における、運用対象財産の運用の対価の3か月分が課徴金額とされる（金商175条1項3号イ・2項3号イ、金商課徴金1条の21第2項・5項）。

②　投資運用業以外の者が、違反をしたときは、手数料・報酬・その他の対価の額が課徴金額とされる（金商175条1項3号ロ・2項3号ロ、金商課徴金1条の21第3項・6項）。

(ハ)　情報伝達・取引推奨行為に対する規制に違反した場合

　情報伝達・取引推奨行為（以下、「違反行為」という）をした者は、当該違反行為により情報伝達を受けまたは取引推奨を受けた者（以下、「情報受領者等」という）が公表される前に取引をした場合に限り、課徴金納付が命じられる（金商175条の2第1項柱書・2項柱書）。

III　上場会社等の役員・主要株主等の取引規制

1　売買報告書の提出義務

　上場会社等の役員および主要株主（議決権の10％以上を保有する株主。以下2、3に同じ）が自己の計算において自社株等の売買をした場合には、翌月15日までに売買報告書を、証券会社等の金融商品取引業者等に委託等をして行った場合にはその者を経由して（金商163条2項）、相対売買等の場合には自ら、所轄の財務局長に提出しなければならない（同条1項・2項、証券取引規制29条）。なお、役員・従業員持株会による買付け等の場合には適用除外が規定されている（同条1項ただし書、証券取引規制30条）。

　売買報告書を提出せず、または虚偽記載の報告書を提出した者は、6か月以下の懲役もしくは50万円以下の罰金に処せられ、またはこれを併科される（金商205条19号）。法人は50万円以下の罰金が科される（同法207条1項6号、205条19号）。

2　短期売買利益の提供義務

　上場会社等の役員または主要株主は、自己の計算において、買付け等または売付け等の後6か月以内に反対売買等をして利益を得た場合、当該上場会社はその利益を提供すべきことを請求できる（金商164条1項）。これらの者が、その職務または地位により取得した秘密を不当に利用することを防止するためである（同項）。なお、役員・従業員持株会による買付け等の場合に

は適用除外が規定されている（同条8項、証券取引規制33条）。

上場会社等が当該役員等に対して返還請求をしない場合には、株主は、会社に対し返還請求権の行使を要求でき、要求した日から60日以内に上場会社等が返還請求をしない場合には、上場会社等に代位して返還請求権を行使できる（金商164条2項）。

3　空売りの禁止

上場会社等の役員または主要株主は、保有する自社株式等の額・数量を超えて（すなわちリスクをヘッジする限度を超えて）空売りすることが禁止される（金商165条）。

空売りを禁止する趣旨は、重要情報を知った役員等が不当に利益を得るため空売りをする可能性があるためであり、インサイダー取引規制を補完する規定である。

第10章
企業間取引契約を学べばビジネスがわかる

第10章 企業間取引契約を学べばビジネスがわかる

契約書を作成していない場合を考えてみよう。

当事者間で、口頭での合意に達したとしても、細かい内容まで詰めないことも多く、履行の場面で、両当事者の理解が異なり、ささいな事項であっても、「合意した、しなかった」の論争になり、それがもとで最終的には、訴訟によって解決しなければならなくなるだろう。

しかし、この場合でも、契約書がないため証明力に乏しく、当方の主張を裁判官に理解してもらうことは難しくなる。一方、契約書を締結していれば、訴訟の際にも、当事者の署名・押印のある契約書は真正であるとの推定が働き、証明文書としての役割を担うことが可能となる（民訴228条4項）。

契約書を作成しなくても民法の規定が適用されることになるが、たとえば、債権管理に関して、相手方の信用状態が悪化したときでも契約書による約定解除条項が定めていなければ債務不履行が発生しないまでは契約を解除することができない（民541条参照）。また、その場合、契約書に期限の利益喪失条項を定めていなければ、売掛金について期限の利益を喪失させて早期に対処することもできない（民137条参照）。

以上から、当事者にとって法律効果を期待したい事項で民法の規定と異なる内容は、必ず契約書に定めておくことが必要となる。

また、改正民法は条文に、「契約その他の債務の発生原因および取引上の社会通念に照らして」との定め（改正民412条の2、415条1項など）があり、たとえば、履行不能の判断や損害賠償請求の帰責事由の判断の際に、発生原因が契約であれば、契約の趣旨（契約の内容、性質、目的、締結の経緯など）に照らして判断されることになり、ますます契約書作成の重要性が増大している。

I 契約総論

1 契約とは何か

(1) 契約とは

契約というと、「契約書」に書いてある甲とか乙とかといった語句が出てくる難しい内容をイメージされる方も多いかも知れない。

しかし、「契約」とは、そんなに難しいものだけでなく、たとえばスーパーで買い物をしたり、友人に1,000円貸すのも契約なのである。

つまり、契約とは、契約当事者間の「申込み」と「承諾」の意思表示の合致のことをいい、スーパーでの買い物を例にとると以下のようになる。

〔図15〕 契約成立のプロセス

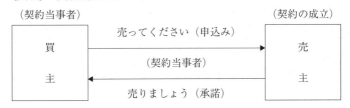

(2) 契約の効果

契約とは、契約当事者間の「申込み」と「承諾」の意思表示の合致であると説明したが、それでは、契約が成立したとき、どのような法律的な意味を持つのだろうか。

契約が成立したとは、契約当事者が権利義務の関係において拘束されることであり、契約の内容を守らなければならないということである。前述のスーパーでの買い物を例にとれば、買主は代金を支払う義務を、売主は商品を引き渡す義務が生じることになる。また、逆に、買主は商品を受け取る権利が、売主は代金を受け取る権利が生じることになる。

2　契約と契約書

(1)　契約と契約書は別物

契約は、契約の一方当事者の「申込み」の意思表示に対して相手方が承諾したときに成立する（改正民522条1項）。

したがって、契約は書面でなくても、口頭で成立し、その効力によって当事者を拘束する。そして、その契約を書面化したものが契約書である。

(2)　契約書を取り交わす理由

では、なぜ口頭で成立する契約に、書面化が必要なのだろうか。

ひとことで言えば、契約書を締結する理由は「後日の紛争防止」にある。たとえば、契約を締結しても、書面化しておかないと次のような問題が生じるおそれがある。

① 相手が、契約内容を忘れたり誤解していて契約内容の履行をしない。
② 相手方の関係者の退職、転勤などにより、契約内容が反故にされる。

契約書を作成していれば、契約内容を立証するための証拠資料となり、トラブルの発生も防ぐことができる。

したがって、会社が契約をする場合は、後日の紛争防止の観点からできる限り「契約書」を作成する必要がある。

3　契約と法律の関係

(1)　契約自由の原則

当事者がお互いに話し合って契約の内容や形式をどうするのか、契約を結ぶのか結ばないのか、などについて合意することは当事者の自由であるという原則を契約自由の原則という。

【表72】　契約自由の原則

ア．契約締結の自由	契約を締結するかどうかは自由である
イ．相手方選択の自由	相手方に誰を選ぶかは自由である
ウ．内容決定の自由	契約内容の決定は自由である
エ．方式の自由	口頭か、書面か、については自由である

(2) 契約と法律の優劣

(イ) 契約自由の原則の具体例

契約当事者間で、法律の規定と異なる契約の定めをした場合、契約が優先し、原則として、法律の規定は適用されない。

しかし、契約当事者間で履行内容が具体的に決められていない事項については、該当する法律の規定が適用され、契約の不十分な点を補充することになる。

【表73】 取引基本契約の例

項目例	法律の規定	契約の定め	適用
ア．商品の引渡場所	買主の営業所で引き渡す（商516条1項）	注文書所定の受渡場所で引き渡す	契約の定めが優先
イ．代金の支払時期	売主の商品引渡しと同時に商品と引き換えに支払う（民573条）	買掛金の支払いは、毎月の甲の定時支払日に別途甲の定めるところにより行われるものとする	契約の定めが優先
ウ．契約不適合責任[※1]	買主が、直ちに発見することができない契約不適合を受領後6か月以内に発見したときは直ちに通知をすれば追完請求、代金減額請求、損害賠償の請求および契約解除をすることができる（改正商526条2項）	1年以内に、当該商品に契約不適合が発見された場合には、……乙の負担で瑕疵の補修、代替品納入、代金減額または返却を行う	契約の定めが優先
エ．期限の利益の喪失[※2]	次の事実が生じたとき、期限の利益を主張できなくなる ・債務者が破産手続開始決定を受けたとき ・債務者が担保を滅失・損傷させまたは減少させたとき ・債務者が担保を供す	次の事由が生じたとき、債務者は期限の利益を失い、直ちに全額を弁済する ・契約違反をし、催告したが期間後も是正しないとき ・不渡り処分、差押え、仮差押え、仮処分、強制執行等を受けたとき	契約の定めが優先

		る義務がある場合にこれを供しないとき（民137条）	・破産手続の開始、特別清算、民事再生、会社更生手続の開始の申立てがあったとき ・財産状態が悪化し、またはそのおそれありと認められるとき	
オ．	管轄裁判所	普通裁判籍による管轄…訴えは被告の所在地を管轄する裁判所（民訴4条1項） 財産上の訴え等の管轄…財産上の訴えは義務履行地、手形・小切手の支払請求はその支払地、等（民訴5条）	契約に関して生じた甲乙間の紛争は、甲の本店所在地を管轄する地方裁判所を第一審の専属的合意裁判所	契約の定めが優先

※1　**契約不適合責任**　民法改正前の「瑕疵担保責任」の名称がなくなり、契約の内容に適合しない場合の責任（「契約不適合責任」）となった。もっとも「契約不適合」についても、従来の瑕疵概念と同様、取引通念も考慮して判断される。

※2　**期限の利益**　「期限が到来するまでは債務が履行されなくてもよい」という場合、期限が到来しないことによって債務者が受ける利益。

㈻　**契約自由の原則の例外**

契約自由といっても、法律の規定をすべて無視してよいというわけではなく、次のような場合は、法律（強行法規）の規定が適用されるので留意する必要がある（強行法規と任意法規については、「第1章Ⅳ　基礎的な法律知識」（18頁）参照）。

① 公序良俗（公の秩序や善良の風俗）に反する場合、たとえば、殺人や強盗を依頼する契約や人身売買の契約、子供が生まれたら借家を明け渡す契約などは許されず、契約は無効となる。

② 借地借家法の契約期間や契約更新の規定、金銭貸借での利息制限法の

規定は強行法規であり、これを無視した契約は無効となる。
③　独占禁止法、下請法（「第6章Ⅰ　独占禁止法」（140頁）、「Ⅱ　下請取引」（155頁以下））、景品表示法（「第7章Ⅴ　景品表示法」（214頁以下）参照）などの事業活動に関する法律も強行規定が多く含まれているので、取引先との間で取引基本契約、共同研究開発契約などを結ぶ場合は注意が必要である。

Ⅱ　企業間取引契約

　企業間取引契約とは、原材料製造業者と商品製造業者、メーカーと卸売業者、卸売業者と小売業者などの間の商取引をいい、この取引に関する契約書をいう。なお、企業間取引は企業対消費者間取引として、用いられる「B to C」（Business to Consumer）に対するものとして、「B to B」（Business to Business）とも呼ばれる。

1　契約締結の権限のある者

　個人ならば、その契約を締結する人が締結者になればよいが、会社の場合は、会社自身が契約を締結できないため個人が会社に代わって契約を締結することになる。
　この場合、契約を締結する権限を有する者は、「会社を代表する者」「会社を代表する者から契約締結について代理権を与えられている者」である。

【表74】　締結権限のある者の例

締結権限のある者	例
会社を代表する者	代表取締役社長、代表取締役副社長、代表取締役専務などの代表権のある者
会社の代表者から契約締結について代理権を与えられている者	担当取締役、支店長、担当部長（営業部長など）、担当課長（資材課長など）

　これら契約締結権限を有する者がなした契約は、会社がなした契約ということになり、契約の効果（契約に基づく権利・義務の発生）は会社に帰属することになる。

したがって、契約締結権限を有する者がなした契約であれば、会社は「〇〇部長が勝手にやったことなので、そんな契約は会社としては知らない」とは言えないことになる。

反面、契約締結権限を有する者以外の者が契約の締結者になっている場合は、以下で述べる場合を除き、会社がなした契約といえず無効となるので、契約を締結する場合は、締結者が契約締結権限を有する者かどうか確認しておく必要がある。

　※**契約締結権限のない者がした契約でも有効となる場合**　たとえば、資材第一課の業務に関する契約につき、資材第二課の課長が契約を締結した場合、実際には契約締結権限がないので無効となると考えがちである。

　　しかし、この場合、外部の者からすれば、資材第一課長に権限があるのか、第二課長にあるのか判然としない。

　　このような場合、取引の相手方を保護するため、実際上権限がないとしても、外観上（たとえば、役職名）権限があるとみなされるような者が契約を締結した場合、当該契約は有効となるとしている。

　　このように相手方が外観から代理権を与えられていると信頼して取引に入った場合、無権代理行為をあたかも有効な行為として取り扱うことを表見代理という（民110条）。しかし、取引の相手方が権限のないことを知っていたり、注意すれば権限のないことがわかるような場合は無効になる。

2　契約書の当事者の表示

契約書を取り交わす場合は、契約書に社名、締結者名等を記して押印する。

【表75】　表示方法

①所在地	名古屋市中区〇〇一丁目10番10号
②会社名	Ｘ株式会社
③資格　④氏名　⑤印	代表取締役社長　〇山一郎　㊞

①　本店の所在地を記載する（ただし、支店長・営業所長の場合が締結する

場合は、支店の所在地でもよい)。
② 商号を記載する。
③ 代表権ある者は、代表取締役社長などの代表資格を、代理権ある者は営業部長などの代理資格を記載する。ただし、取締役社長と記載しただけでも代表権のあることは明らかであるので、代表をはずしても問題はない。
④ 締結する個人の氏名を記載する。
⑤ 代表者の場合は代表印（実印）がトラブル防止のうえからいっても望ましいが、本人の意思で押印したものなら実印でも認印でもよい。代表者以外の場合は職印（部門長の印、たとえば「営業部長之印」）、または認印を押印する。

【表76】 誤った表示方法

名古屋市中区〇〇一丁目10番10号 Ｘ株式会社 　　　〇山一郎　㊞	代表資格、代理資格の記載がないので、たとえ代表印であっても〇山一郎個人の契約書として取り扱われる可能性がある。
名古屋市中区〇〇一丁目10番10号 Ｘ株式会社　　　社印	誰が押印したのかわからないので、有効性が問題となる。

3　契約書のその他の知識

(1) 契約書の名称

契約書という名称を使わず、「覚書」「協定書」「協約書」「約定書」などの名称を用いることがあるが、法的にはすべて契約文書であり、効力はどれも同一である。

契約書よりも覚書のほうが効力が弱いと考える人がいるが、どんな名称を使っても効力においては優劣がないので注意をする必要がある。

また「念書」「差入書」「誓約書」「借用書」などのように、ある種の義務を負っている者が相手方から要求されて一方的に差し出す文書も法的には契約文書であり、差し出すほうだけがその内容につき義務を負うことになる。相手方の記名押印がないからといって法的な効力はないと考えるのは間違いである。

(2) 契約書と収入印紙

　契約書などの日常の経済取引に関して作成される文書のうち、印紙税のかかる文書は、一定額の収入印紙を貼らなければならない。印紙税法では、課税文書として20種類が定められているが、契約書の代表的なものは以下のとおりである。なお、例として契約書名を記載したが、実際にはどの課税文書にあたるかは、契約書の表題ではなく内容によって判断されるので注意が必要である。

(イ) 継続的取引の基本となる契約書（印紙税法別表第一の第7号文書）

　取引基本契約書、特約店契約書、代理店契約書のように特定の相手方との間に継続的に生ずる取引の基本となるもののうち政令で定めるものは、第7号文書に該当し、その印紙税額は4,000円である。

(ロ) 不動産・無体財産権・営業等の譲渡、土地の賃借権の設定・譲渡、消費貸借、運送に関する契約書（同第1号文書）、請負に関する契約書（同第2号文書）

　印紙税法上の無体財産権とは、特許権、商標権、商号（未登記のものを含む）、著作権などをいう。

　この場合の印紙税額は、記載した契約金額によって変わってくる。たとえば、契約金額が10万円以下（請負の場合は100万円以下）なら印紙税額は200円だが、50億円を超えるときは印紙税額は60万円にもなる。

　また、契約金額が記載なしの契約書は印紙税額は200円となるが、契約金額があっても1万円未満のものは非課税となる。

(3) 印紙を貼り忘れた場合の効力

　課税文書に印紙を貼り忘れても、契約の効力には影響ない。

　ただし、印紙の貼付義務があるので印紙を貼らないと印紙税法違反となり、本来の印紙税額とその2倍に相当する金額を合計した過怠税が課される。

　印紙税額は、契約書1通についてみれば極めて低額だが、企業で多量の課税文書を作成する場合が多いと、印紙税不納付が大きな金額になるので注意が必要である。

（4） 契約書上への押印方法

〈書式10〉 契約書への押印方法

㈥ 契約印

契約書の締結は、署名または記名押印によって行うが、わが国の慣習として記名押印によって行われる場合が多い。

記名は、印刷や他人が記載したりして署名以外の方法に基づいて文書に氏名を表示することである。

押印は、正式には会社の場合、法務局に届けてある代表印を使用するが、認印であっても有効な契約となる。ただし、社印（角印）は、飾り印といわれ何の意味も持たないので注意が必要である。

証拠力という点では、代表印を押印してもらう場合でも、発行後3か月以内の印鑑証明書と代表取締役の会社の登記事項証明書を提出してもらったり、署名してもらうことも必要となる。

㈣ 割印（契印）

契約書が数頁にわたる場合は、頁と頁の間に、契約印と同じ印で押印し勝手に差替えや差込みができないようにしておく。

㈥ 消印

契約書に収入印紙を貼付した場合、印紙の再使用を防ぐため、印紙と契約書面をまたがって押印する。

消印は、必ずしも契約印と同じ印でなくてもサインでもよく、また当事者

の一方の消印だけでもよい。

　　㈡　**訂正印**

　記載事項の訂正・追加・削除を行ったことを証明するため押印するもので、契約印と同じ印を押印する。

　　㈣　**捨　印**

　あらかじめ契約書の欄外に、あとで記載事項の訂正・修正・削除が発生した場合を予測して契約印と同じ印を押印するものを捨印という。捨印は、後日無断で訂正・追加・削除されるおそれがあるので、どうしてもやむを得ない場合以外は押印すべきでない。

Ⅲ　取引基本契約締結と対応の実際

1　取引基本契約書のチェックの考え方

　取引基本契約書は、個々の取引に共通的に適用される取引条件をあらかじめまとめて定めておく契約書のことであり、契約当事者間の継続的な取引関係を行おうとする場合に作成されるものである。

　そのほとんどが、あらかじめ定型化された様式になっており納入先（買主）から提示されるのが一般的である。

　しかし、いくら定型化されている取引基本契約書とはいえ、内容を確認せずに調印することは、将来大問題に発展するおそれがあるため絶対にやるべきではない。

　したがって、新規取引先などから締結を依頼された取引基本契約書の内容をそのまま鵜呑みにするのではなく、自社にとって公平ではない部分や不都合な部分を洗い出し、取引先に修正や確認を求めたりして、十分納得できることを判断したうえ、調印すべきである。また、相手との交渉となるので、折り合わないままにやむなく調印するときは、問題となる可能性のある条文については関係者に違反のないよう徹底して契約内容を履行することが必要となる。

取引基本契約書をチェックする場合の一般的な見方を以下に述べる。

(1) 利益確保ができているか

契約の利益は、契約当事者相互のバランスの上に実現される。したがって、契約書の条項、たとえば引渡場所、引渡方法、品質保証条件、代金支払時期・方法などによって売主の利益は変わらざるを得ず、したがって利益確保の点からいえば、売主は契約書の納入義務に見合った納入価格が設定できるか、あるいは納入価格に見合った商品納入義務になっているかが重要となる。

一方、買主は、支払義務に見合った権益を確保しているかどうかが重要となる。

(2) リスク回避ができているか

また、その取引を進めていくうえで発生しかねないトラブルやリスクを具体的にきちんと想定し、それに対処するための条項が入っていることが重要となる。

さらに、相手方の責任で損害が発生したときに、相手方に損害賠償を求めることができる内容になっているかもチェックしておく必要がある。

(3) 違法な条項はないか

前述したように民法は「契約自由の原則」が前提であるが、公序良俗規定や強行規定に違反した場合、契約は無効になる。

特に、会社間の契約では、経済的弱者保護と公正で自由な競争の観点から独占禁止法や下請法等に関係する契約内容、債務者や賃借人などの経済的弱者を保護する利息制限法、借地借家法等に関係する契約内容、外国為替及び外国貿易法（外為法）の輸出管理に関連する契約内容などをチェックしておく必要がある。

2　取引基本契約書の検討の考え方

前記1で述べたような取引基本契約書の見方からすると、売主の立場に立った場合、次のような検討すべき点が見られる。

なお、以下の契約書条文中の甲は買主を指し、乙は売主を指す。

(1) 契約不適合責任

> **第12条（契約不適合責任）** 甲乙間に別段の定めがない限り、乙から甲への商品の所有権の移転後1年以内に当該商品に契約不適合が発見された場合には、乙は、甲の指示に従い、乙の負担で補修、代替品の納入、代金減額または代金返却を行うものとする。
> 2 前項に定める期間経過後においても、乙の責に帰すべき事由による重大な契約不適合および傾向的な契約不適合（同一傾向の故障が発生する可能性のあるもの）が発生した場合は、乙は、当該不適合のある商品につき前項所定の処置を行うものとする。
> 3 前2項に定める商品の契約不適合により、当該商品を組み入れた完成品、半製品および仕掛品に生じた損害、当該完成品の回収、手直し等に要した費用その他の甲の被った損害については、乙は、甲の請求により賠償に応じるものとする。

〔検討すべき点〕

1項：「当該商品に契約不適合が発見された場合」とあるが、甲や第三者の責に基づく場合についても乙の負担になる可能性があり、条文を「当該商品に**乙の責に帰すべき事由による**契約不適合が発見された場合」に変更したほうがよい。

また、「甲の指示に従い」とあるが、「甲と協議して」最適な方法を選び乙の負担で処理していきたい。

2項：傾向的契約不適合、つまり同一故障を原因とする契約内容不適合がかなりの頻度で発生したり、発生するおそれがある場合、商品の機能に影響を及ぼさないような軽微なものまで補修や代替品納入を行うとすると膨大な費用が発生するうえ、市場でかえって混乱を招くことになる。

したがって、「重大な契約不適合および**商品の機能に影響を及ぼす**傾向的な契約不適合」というように変更したほうがよい。

3項：「甲の被った損害については、乙は、甲の請求により賠償に応じるものとする」となっているが、契約不適合が甲の仕様書、図面等の指示による事由つまり甲の責任の場合もある（改正民562条2項、636条参照）。また、甲の請求額が適正かどうかわからないので請求の前に協議すべき旨を

加えるほうがよい。

この考え方を入れると条文は次のようになる。

「甲の被った損害については、乙は、甲の請求により、**乙の責任割合に応じて甲に賠償するものとする。なお、乙の責任割合および賠償額については、甲乙協議のうえ決定するものとする。**」

※**契約不適合責任**　　前掲Ⅰ3(2)の※1（280頁）を参照。

(2)　**支給品**

第14条（支給品）　甲が必要と認めた場合、甲所定の支給方法に従い材料、部品、半製品（以下、「支給品」という）を有償または無償にて支給するものとする。かかる支給に要する運搬費その他の必要な費用はすべて乙の負担とする。

2　乙は、甲から引渡しを受けた支給品を、遅滞なく検査するものとし、瑕疵または数量不足を発見した場合、ただちに甲にその旨通知し、甲の指示を受けなければならない。

3　乙は、支給品について責任をもって保管し、甲の定める目的にのみ使用するものとする。

4　無償支給品および未決済の有償支給品ならびにこれらをもって製造した仕掛品、半製品および完成品の所有権は、甲に帰属するものとする。

5　有償支給品の所有権は、当該支給品代金の支払完了をもって、甲から乙へ移転するものとする。

支給品には、無償支給品と有償支給品があり、前者は文字どおり無償にて甲から提供されたものであり、所有権は甲にあるのが普通であり、これらを乙の製品を組み込んで甲に販売する場合、乙から甲への製品の販売価格には支給品自体の価格は含まないのが一般的である。

また、後者は、甲が乙から購入した物であり、所有権は一定時点で甲から乙へ移転するのが普通であり、これらを乙の製品に組み込んだ場合、その製品の販売価格には支給品自体の価格も含むのが一般的である。

〔検討すべき点〕

1項：甲が必要と認めた場合に、一方的に支給品や支給方法を押し付けられても困るので、必要と認めた場合、甲からの申出により協議するように

289

したい。条文は次のようになる。

「甲が必要と認めた場合、**甲乙は支給方法等の協議を行ったうえで**材料、部品、半製品（以下「支給品」という）を有償または無償にて支給するものとする。」

4項：未決済の有償支給品の所有権は甲となっているが、本契約書の「所有権の移転条項」においては「乙から甲への商品の納入については甲の受入検査完了をもって商品の引渡しは完了し所有権は移転する」となっており、両方とも、相手方が購入する物品であるのにかかわらず、それぞれ所有権の移転時期が異なっている。乙としてこれを問題であると考えれば、公平性の見地から変更を申し込む必要がある。

そこで、乙の納入する商品と同様に、有償支給品の所有権移転時期を乙の受入検査完了時にするなら、それをもって製造した場合の所有権の帰属の問題は発生してこない。

次に、無償支給品をもって製造した仕掛品、半製品および完成品の所有権については、乙がその無償支給品に付加した加工、付加した部品などが無償支給品そのものの価値に比べて高い場合も多く、また主体となる乙の製品に甲の無償支給品をそのまま付加したり、加工して付加したりする場合もあり、無条件に甲に帰属するとするにはあたらない場合も多々ある。そこで、この部分を削除しておき「協議事項」（下記参照）としておいた方がよい。

「第37条（協議）　本契約に定めのない事項およびこの基本契約の条項に疑義が生じたときは、甲乙協議のうえ解決する。」

なお、協議事項とした場合の民法上の動産の附合や加工との関係であるが、民法のこれらの規定（以下の※）は任意規定であるので「無償支給品をもって製造した物の所有権に関する事案」が生じたら参酌をしつつ、この協議事項に基づき甲乙協議して実状に即した解決を図ることになる。

※民法243条（動産の付合）　「所有者を異にする数個の動産が、付合により、損傷しなければ分離することができなくなったときは、その合成物の所有権は、主たる動産の所有者に帰属する。分離するのに過分の費用を要するときも、同様とする。」

※民法244条（同前）　「付合した動産について主従の区別をすることができないときは、各動産の所有者は、その付合の時における価格の割合に応じてその合成物を共有する。」

※民法246条（加工）　「他人の動産に工作を加えた者（以下この条において「加工者」という）があるときは、その加工物の所有権は、材料の所有者に帰属する。ただし、工作によって生じた価格が材料の価格を著しく超えるときは、加工者がその加工物の所有権を取得する。
　　2　前項に規定する場合において、加工者が材料の一部を供したときは、その価格に工作によって生じた価格を加えたものが他人の材料の価格を超えるときに限り、加工者がその加工物の所有権を取得する。」

5項：前記のとおり、乙が甲に納入する場合の所有権の移転時期に合わせたい。

　すなわち「**乙の検査合格をもって支給品の引渡しは完了するものとし、**有償支給品の所有権は、**この引渡し完了をもって甲から乙へ移転するものとする。**」となる。

第16条（支給品および貸与品の滅失毀損）　乙は、支給品および貸与品の滅失、毀損、紛失または盗難が発生した場合は、ただちに甲に通知し、甲の指示に従い、原状回復、代品調達または甲に対する損害賠償等の措置を行うものとする。
2　乙は、前項の目的のため、乙の負担において適切な保険を付保するものとする。

〔検討すべき点〕

1項：無償支給品および貸与品については、必要であるが、有償支給品については必ずしも必要な条項ではない。この場合、見出しも含め支給品は「**無償支給品**」となる。

2項：支給品に関する保険についての条項であるが、乙が一方的に保険の費用負担をさせられるのは困る。そこで、このような条項は削除し、乙が必要だと感じた場合や必要だと感じた物品について自主的に保険を付保すればよい。

あるいは、甲に所有権のある支給品や貸与品である場合には、保険の付保やその費用負担について両者で協議すべきものとしたい。

したがって、「全文削除する」か、あるいは、「乙は、前項の目的のため**必要と認めた場合、保険の付保およびその費用負担について、甲乙協議のうえ決定する。**」となる。

(3) 立入調査

> **第20条（立入調査等）** 甲（本条においては乙の事前の了解を得た甲の代行者を含む）は、必要に応じて、第11条所定の品質管理体制、または第14条所定の支給品、第15条所定の貸与品および第19条所定の貸与資料についての使用・管理状況を、乙の製造場所へ立ち入り等により調査することができるものとする。
> 2　甲は、乙の事前の承諾を得たうえで、前項に基づく乙の品質管理体制を立入調査する場合に、甲の顧客（乙の事前の承諾を得た代行者を含む）を同行できるものとする。
> 3　前2項の規定は、乙の外注先（再委託先を含む）においても同様とする。

〔検討すべき点〕

1項：甲が、甲の必要に応じて突然、乙の承諾を得ないで乙に立ち入ってもらっても困る。

したがって、条文にその旨を付け加えたほうがよい。

つまり「……使用・管理状況を、**乙の事前の承諾を得て**乙の製造場所へ立ち入り等により調査することができるものとする」となる。

3項：乙の外注先についても、乙の外注先の事前の同意が必要であり、甲が直接乙の外注先と交渉をしても困るので、その旨を付け加えたほうがよい。

したがって「……同様とする。**ただし、甲は事前に乙を通じて乙の外注先（再委託先を含む）の承諾を得ておくものとする。**」となる。

(4) 発明等の取扱い

> **第22条（発明等の取扱い）** 乙は、本契約の履行の過程において、商品につき、発明、考案、意匠の創作および著作物の作成を行った場合は、ただちに甲に

通知するものとし、その取扱いにつき、甲乙協議するものとする。

〔検討すべき点〕

「本契約の履行の過程において」とはあまりにも範囲が広すぎる。通知する必要のある発明・考案等の範囲は、相手方から開示された情報に基づき発生したものに限定したほうがよい。

また、乙だけでなく甲が発明、考案等を行った場合も入れておきたい。

したがって「**甲または乙は、相手方から開示された図面、アイデア等の書面による情報に基づいて**、発明、考案、意匠の創作および著作物の作成を行った場合は、ただちに**相手方**に通知するものとし、その取扱いにつき、甲乙協議するものとする。」となる。

(5) **製造物責任**

第24条（製造物責任）　乙は、甲に納入された商品の欠陥により、甲および／または第三者の身体、財産に損害が発生することが予測されるときは、ただちに甲に書面で通知し、乙の費用と責任において適切な予防措置をとるものとする。
2　乙は、甲に納入された商品の欠陥により、甲および／または第三者の身体、財産に損害が発生した場合、乙の責任と負担において速やかにこれを処理・解決するものとする。
3　理由のいかんを問わず、甲に納入された商品の欠陥により、甲に損害または何らかの支払いが発生した場合には、乙は甲の求償に応じるものとする。

〔検討すべき点〕

商品の欠陥には、甲の図面をもとにしたための欠陥や甲の作成した取扱説明書やパンフレット等の表示上の欠陥も含まれるので、双務規定として当事者の責任割合をもとにした費用負担としたい。

したがって、すべて乙の責任とするのは適切ではないので、乙は甲に依頼して以下のように改訂してもらったほうがよい。

1項：「**甲または乙は**、甲に納入された商品の欠陥により、甲および／第三者の身体、財産に損害が発生することが予測されるときは、ただちに**相手方**に書面で通知し、**責任と負担について甲乙協議のうえ**適切な予防処置

をとるものとする。」

2項：「乙は、甲に納入された商品の欠陥により、甲および／または第三者の身体、財産に損害が発生した場合、**責任と負担について甲乙協議し**速やかにこれを処理・解決するものとする。」

3項：「……甲に納入された商品の欠陥により、甲に損害または何らかの支払いが発生した場合には、**乙は、乙の責任割合に基づき甲との協議のうえ定めた賠償額を支払うものとする。**」

(6) 取引商品の第三者への製造・販売規制

> 第27条（第三者のための製造および販売の禁止）　乙は、いかなる事由によるも甲の事前の書面による承諾を得ないで、本契約に基づいて製造した商品またはその一部を変更した類似品を第三者のために製造または販売してはならない。

〔検討すべき点〕

　取引商品が、乙（売主）の技術に基づくものである場合まで甲（買主）の承諾を必要とするのは問題が多い。

　また、公正取引委員会では、「売主が独自に開発した商品で買主のノウハウ等が関与していない商品に関する譲渡制限は、売主の自由かつ自主的な事業活動を制約することがある」と指摘している。※

　したがって、甲のノウハウ等が関与していないものについては、この条文の対象からはずしておくため、次のようなただし書を付け加える。

「ただし、あらかじめ甲乙協議のうえ甲の承諾は不要と決定した商品、乙が独自に開発した商品は除く。」

　※**第三者への販売制限について**　契約上、乙（売主）の第三者への販売に甲（買主）の事前の承諾を要求することは、甲のノウハウ等の秘密を保持し、またはその流用を防止するために必要な範囲において実施される場合には、それ自体問題となるものではない。しかし、甲が有力なメーカーであるとき、乙が独自に開発した商品で甲のノウハウ等が関与していないものについても事前承諾の対象とする場合には、乙の自由かつ自主的な事業活動を制約することがある。また、甲のノ

ウハウ等が関与している商品であっても、事前の承諾にあたり、ノウハウの秘密保持等に必要な範囲を超えて条件を付す場合には、同様の問題が生じることがある。

（参考：平成5年6月29日公正取引委員会「自動車部品の取引に関する実態調査」および独禁法19条、一般指定11項（排他条件付取引）・12項（拘束条件付取引））

(7) 権利義務の譲渡

> **第28条（権利義務の譲渡）** 乙は、あらかじめ書面による甲の承諾を得ることなしに、本契約または個別契約により生じる権利・義務、その他の甲に対する債権・債務の全部または一部を第三者に譲渡し、質入れし、担保に供し、またはその他の処分をしてはならない。

〔検討すべき点〕

権利・義務の譲渡を自由にできるとすると、誰が真の権利者か義務者か不明確となったり、あるいは義務の譲受先が倒産寸前だったら債権の回収が不可能になるおそれもある。したがって、以下のように甲の権利・義務の譲渡についても乙の承認を得る旨を入れておきたい。

「**甲および乙**は、あらかじめ書面による**相手方**の承諾を得ることなしに、……。」

※**民法466条**　改正民法466条は、債権譲渡禁止の特約をしても債権譲渡の効力は妨げられないとする（2項）。ただし、悪意重過失の譲受人に対しては、債務の履行を拒絶でき、譲渡人に対する債務を消滅させる事由をもって、譲受人の第三者に対抗できる（3項）。

(8) 契約終了時の措置

> **第33条（契約終了時の措置）**　第31条（「契約解除」条項）の解除または契約期間満了その他理由のいかんにかかわらず、本契約が終了した場合には、乙は、甲の指定する期限内に、本契約に基づき乙が甲から提供を受けた支給品、貸与品、貸与資料を甲に返還するものとする。ただし、所有権移転後の有償支給品については、甲は、その選択に基づき実費にて買い戻すことができるものとする。

> 2　前項の規定にもかかわらず乙が甲の指定する期日までに返還しないときは、甲は、乙の施設、事務所または工場等に立ち入り、本契約に関するすべての甲の所有物を持ち出すことができるものとし、乙はいっさい異議を申し立てないものとする。なお、甲が必要と認めた場合には、甲は、立入りにあたり乙の立会いを求めることができるものとする。
> 3　本条第1項の場合において納入前の注文品（仕掛品を含む）があるときは、乙は、甲の選択によりただちに納入、廃棄またはその他の処分を行うものとする。

〔検討すべき点〕

1項：甲の指定する期限が短い場合、返還できない可能性がある。特に次項との関連もあり、協議して乙において可能な返還期限を決めておく必要がある。

有償支給品の買い戻しを「甲がその選択」とすると、甲は買い戻さない場合もあり、乙にある有償支給品は、死蔵品化するおそれがある。また、乙は有効に転用できる場合も考えられるため、以下のように甲乙協議のうえ買い戻しができるようにしたい。

「……本契約が終了した場合には、乙は、**甲と協議して定めた**期限内に、本契約に基づき……。」

「ただし、……の有償支給品については、甲は、**乙と協議し**、その選択に……。」

2項：突然来社した場合は、準備できず甲が所期の目的を達成できない可能性もあるし、こういう場合でも、無断で立ち入ってよいわけではない。また、乙の敷地内への立ち入りに対しても、また甲の所有物の持ち出しについても甲の権利行使に乙は一切異議を申し立てることができないのは問題がある。

また、乙の立会いに関しても甲が必要と認めなければできないのは不合理である。以上から次のように改訂したい。

「前項の規定にもかかわらず乙が**甲乙協議して定めた**期日までに返還しないときは、甲は、**事前に乙に通知し、甲の所有物のある**乙の施設、事務所または工場等に立ち入り、甲の所有物を持ち出すことができるものとす

る。なお、**甲または乙が必要と認めた場合には、乙による立会いを実施するものとする。**」

3項：甲の選択で乙にある納入品について納入、廃棄その他の処分を行うとなっているが、廃棄その他の処分をした場合の損害賠償について明記していないので、以下のただし書を追加しておく。

「**ただし、乙が処分したことにより発生した損害の賠償を甲に請求できるものとする。**」

(9) 再委託

> **第34条（再委託）** 乙は、商品の一部の製造を第三者に委託する場合、甲に対し事前にその旨通知するものとする。この場合、乙は、本契約および個別契約の条項を当該委託先に対しても遵守させるものとする。なお、支給品を当該第三者に再支給する場合、甲の事前の書面による承諾を得なければならない。
>
> 2　乙は、商品の全部または重要な一部を第三者に委託する場合には、事前に甲の書面による承諾を得るものとする。この場合、乙は、当該委託先より、書面にて本契約および個別契約の条項を遵守する旨の約諾を取り付け、甲に提出するものとする。
>
> 3　前2項の場合、当該委託先が本契約または個別契約のいずれかの条項に違反したときは、乙は、当該委託先と連帯して、当該違反の責任を負うものとする。
>
> 4　前3項の規定にもかかわらず、前条の適用については、乙は、甲が再委託先に対し直接権利行使をすることを認めるとともに、再委託先との契約にあたり同旨の同意を取り付けるものとする。

〔検討すべき点〕

2項：甲の商品だけを委託しているならともかく、他社の商品も委託している場合には、委託先に対する甲乙間だけでの契約の遵守の約諾は困難である。次項に、甲の義務を入れておき乙・委託先間の契約に委ねるほうがよい。

したがって乙としては、「**この場合は、乙は、……**」以下を削除したい。

3項：第一義的には契約関係にある乙が責任を負い、乙の委託先は乙・委

託先間の契約に従うようにしたほうがよい。

「前２項の場合、当該委託先が、本契約または個別契約のいずれかの条項に違反した**場合といえども、乙はいっさいの責任を免れないものとする。**」

４項：２項、３項の修正内容から４項をそのままにしておくことは、ふさわしくないので削除したい。

3　買主との契約交渉

(1)　売主の社内での検討

上記２で説明したように、この取引基本契約書は売主にとって不利な点や不公平な点がある。

この場合、売主の社内では次のようなことを検討すべきである。

① **取引先の状況を把握する**　たとえば、異なる２社から全く同一の取引基本契約書の締結の依頼がきたとしても、対応は一律ではないはずである。

つまり、相手方の規模・信用、取引の額、取引の将来性、先方から依頼された取引なのか、こちらからお願いしての取引なのか、など取引の状況はすべて異なる。

② **どの部分の変更を申し込むのか**　したがって、これらの状況を勘案しながらどこまで改訂を申し込むのか、あるいは申し込んだとしても、どの部分は先方から拒否されれば引いてしまうのか、どの部分は最後まで死守するのかなどを、あらかじめ決めておき交渉にあたる。

こうしておけば、「先方から拒否されれば引いてしまう部分」については相手の要求を呑むことによって、逆に死守する部分の交渉もしやすくなる可能性がある。

(2)　相手先との契約改訂文書の取り交わし方法

改訂契約文書の取り交わし方法には、次のようなものがある。
① 　契約書の改訂部分を変更し、新たな契約書を作成し締結するもの。
② 　契約書の改訂部分や改訂内容を記載した覚書を別に作成し締結するもの。

③　交渉の妥結内容を記載した議事録を作成し、先方の責任者の印をもらっておくもの。

④　当方から疑問点について質問書を出し、先方の責任者名と印を付して回答してもらうもの（下掲〈書式11〉参照）。

なお、この③、④の場合も前述のⅡ「1 契約締結の権限のある者」（281頁）のところで説明したように担当の課長以上の印をもらっておけばよい。

これらの方法のうちどれにするのがよいかも、相手方と当方の取引状況を勘案しながら考えておくことが必要である。

相手方は、当方の考え方に理解を示しながらも「取引基本契約書」は全取引先一律だから、変更はしがたいという場合も多い。

このような場合には、③とか④の方法で対応することになろう。

特に、④の方法は、相手方の自主的な回答となるので細部にわたる変更は難しいが、確認を求めたり、考え方の同意を求めたりということが主になるので相手方にとって対応しやすい。この場合、特に相手方が回答しやすくなるよう質問にも工夫すべきである。

〈書式11〉　相手方提示の契約書に対する質問書

　　　　　　　　　　　　　　　　　　　　　○○○○年7月7日

甲株式会社（買主）
購買部第一購買課御中

　　　　　　　　　　　　　　　　　　　　　乙株式会社（売主）
　　　　　　　　　　　　　　　　　　　　　営業部長　○○　○○　㊞

　　　　　　　　取引基本契約書に対するご質問

　拝啓　時下いよいよご清祥のこととお慶び申し上げます。
　平素は、格別のご高配を賜り厚く御礼申し上げます。
　さて、先般、ご提案いただきました「取引基本契約書」の内容につき、弊社にて検討いたしました結果、念のため確認をさせていただきたい事項があります。
　つきましては、それぞれについて貴社の文書によるご回答をいただけますようお願い申し上げます。

　　　　　　　　　　　　　　　　　　　　　　　　　　　敬具

記

甲㈱殿へのご質問

条項	質問内容
第12条1項	「当該商品に契約不適合が発見された場合」とありますが、この場合、貴社の責任に基づく場合でも当社の責任を負う可能性もあります。したがいまして、この場合、「当該商品に当社の責に基づく契約不適合が発見された場合」と考えてよろしいでしょうか。
第14条1項	貴社が支給品を必要と認めた場合には、事前に当社に協議を申し入れていただくということでよろしいでしょうか。
第20条2項	貴社が当社へ立ち入り等により調査する場合、当社の準備もございますので当社の事前の承諾を得て行うと考えてよろしいでしょうか。
第22条	商品に関する発明、考案等の行為は、当社のみでなく貴社も行う可能性があると思慮されますので、当条項は、双務契約と考えますがよろしいでしょうか。また、「本契約の履行の過程において」とは、曖昧ですので、実際の局面では、これに「相手方から開示された図面、アイデア等の書面による情報に基づいて」という条件を付加したいと考えますがよろしいでしょうか。

〈書式12〉〈書式11〉の質問書に対する回答書

〇〇〇〇年7月17日

乙株式会社（売主）
営業部長　〇〇〇〇殿

甲株式会社（買主）
購買部第一購買課
課長　△△　△△　㊞

取引基本契約書に関する回答について

前略　貴社より依頼のありました標題の件につきまして下記の通り回答いたします。

草々

記

条項	回　　　答
第12条1項	貴社のお考えについて了解いたします。
第14条1項	貴社のお考えについて了解いたします。
第20条2項	貴社のお考えについて了解いたしますが、貴社は当社から調査の申し込みを行った場合には原則として受入れを前提として対処していただくようお願い申し上げます。
第22条	貴社のお考えについて了解いたします。

第11章
適切な債権の管理・保全と回収こそ不良債権防止の要

第11章　適切な債権の管理・保全と回収こそ不良債権防止の要

I　取引を開始するにあたって

　取引開始前にまず重要なことは、相手を把握することである。そのため、信用調査を行い、取引することが決定したら、取引基本契約を締結し、必要に応じ担保を取得しておくことも重要となる。

　倒産が起きて、あるいは経営不振に陥ってからの対策の困難さを考えたとき、取引開始前の信用調査とそれに基づいた適切な対応が非常に意味をもつことになる。

〔具体例〕

ある会社であった話

　○○○○年12月のこと、家電品の卸売会社の営業所長代理Aは、卸売市場内に店舗を借り日用品販売をしているXから大画面液晶テレビの注文を受けた。本社では担当員を所長に同行させ、店舗のチェックを行い取引は好ましくないと回答した。ところが、Xの執拗な依頼により、Aは売上実績欲しさに10台だけを現金で販売することにした。

　その後、2回の取引でも、Xがきちんと支払ったため、Aは信用した。ほどなく、Xは大量に発注してきたが、Aは信用していたため販売してしまった。しかし、Aがいくら請求しても支払ってくれない。

　3カ月ほどたち、Aが回収に不安を抱いていた頃、突然、XよりY社振り出しの手形（金額412万円）が送られてきた。Aは、安心して取引口座を新設し取引を継続した。

　○○○○年8月31日にこの手形が不渡りになり、社内で問題が露呈した。この時点で、未回収金額は手形債権600万円、売掛金1,100万円にも達していた。

　Xは、2坪ほどの店舗しか借りておらず、金がないの一点張りで、財産もほとんどない。

　この事例には、2つの問題がある。

　第1の問題は、取引開始時の対応である。Aには、取引を開始すること

の重要性、また、取引するとした場合の相手への条件をどうするかなどについての意識がない。このように、営業部門はある程度のリスクがあっても売上げを伸ばそうとするが、債権回収の面では、恐ろしい結果になる可能性をもっている。

第2の問題は、営業活動は、商品を納入したら終わるのではなく、現金が入金されて初めて終わったということになる。Aには現金が入金されるまでは、金を貸しているのと同じであるということの理解がない。

1　信用調査

信用調査は、自ら相手先を訪問して、面談や従業員の雰囲気や設備、土地、店舗の現況などを確認して分析する直接調査と、相手先の登記事項証明書や信用調査機関などによる情報をもとに分析する間接調査がある。

【表77】　信用調査の方法

方　法	調査項目
直接調査	ア．面談（代表者、従業員）
	イ．現地調査（不動産、設備など）
間接調査	ア．信用調査機関の情報
	イ．登記事項証明書（会社、不動産）
	ウ．銀行等の関係先の情報
	エ．財務諸表等財務関係情報

(1)　直接調査

品質管理の世界には「現地現物主義」という言葉がある。これは、実際に生産しているその場所へ行って、あるいはその物を実際に手に取ってみなければ、品質改善のためのよい知恵が浮かんでこないということをいっている。

信用調査においても同様に、直接面談をしたり、実際に目で見ることが非常に重要になってくる。

(イ)　面　談

個人や中小企業の信用調査では、代表者への面談が重要である。この面談から、代表者の性格、力量、信用性などを把握することができる。

また、相手先の担当の営業マンや経理マンなど関係する部署の従業員と「取引開始検討の打合せ」など接触の機会をつくり、従業員の士気、定着性、労働条件、労働組合の状況などそれとなく質問することも必要となる。

(ロ) 現地調査

相手先の本社、工場、支店などの現地に赴いて不動産の現況等を調査すべきである。

また、建物や看板の手入れ・保全の状況、店舗であれば客の入店状況、商品の陳列状況なども調査しておく。

(2) 間接調査

(イ) 信用調査機関の情報

間接的に取引先の詳細な情報を得る手段として、信用調査機関の調査が利用されている。依頼した時点で新たに調査を行う場合もあるが、信用調査機関が持っている情報をもとに報告してくる場合もあり、調査時期を確認する必要がある。また、調査依頼時には特に希望する調査項目があれば、これについても依頼しておく。そのほか、調査に日数を要する場合もあるので、その確認もしておく。

【表78】 信用調査機関の報告書の項目例

ア．調査先の概要（商号、英文商号、上場・非上場の別、代表者名、本店所在地、電話番号、創業年月、設立年月、資本金、事業内容、年売上高、取引銀行、従業員数など）
イ．評価（信用要素と評点、信用程度）
ウ．発行可能株式数・発行済株式数、1株の金額、資本金額推移、役員名、大株主と持株数
エ．従業員、設備概要
オ．代表者経歴・経営者タイプ
カ．系列、沿革、業績
キ．取引先
ク．銀行取引
ケ．資金現況、不良債権
コ．現況と見通し

サ．推定資産、負債状況
シ．登記事項証明書（不動産登記簿写し）
ス．財務諸表
セ．指定事項（特別に希望調査項目を指定した場合）

(ロ) 登記事項証明書（登記簿謄本）

取引開始時の信用調査時はもちろんのこと、ときどき登記事項証明書（登記簿謄本）を入手して重要事項に変更がないかチェックし、あればその理由を取引先へ確認する（交付請求の方法は313頁参照）。

(A) 会社の登記事項証明書

会社の登記は、会社の成立および営業上の重要事項を公示するものである。株式会社の登記事項証明書には、商号、本店所在地、会社成立の年月日、目的、資本金の総額、代表取締役の住所・氏名、取締役の氏名、などが記載されている。会社の登記事項証明書のうち「履歴事項全部証明書」は、現在事項だけでなく過去（ただし、請求日の3年前の日の属する1月1日以降）の履歴も記載されており、調査の目的に適っている。

【表79】 株式会社の登記事項証明書（全部事項証明書）の主なチェック項目

項　目	確認できる事項	チェックポイント
商　号	正式名称 商号変更	商号が変更された理由が重要であり、好ましくない旧社名を変えた、格好よさだけで変えたなどの場合は要注意。なお、法務局の同一管轄内での商号変更なら前商号や変更年月日もわかる。また管轄外から移転してきている場合は、前本店所在地の閉鎖登記事項証明書を確認する。
本　店	登記簿上の住所 住所変更	登記上の住所と実際の住所が異なる場合や、本店住所を移転している場合は理由を聞く。特に他府県からの移転については、商号変更とダブらせると会社の前歴が判明しないことが多いので要注意。なお、商号と同様法務局の同一管轄内の移転なら前住所や移転年月日がわかる。管轄が異なるときは閉鎖登記事項証明書を確認する。

公告をする方法	官報、日刊新聞紙、電子公告のいずれか	
会社成立の年月日	営業年数	設立間もない会社かどうか。設立が古くても、休眠会社の場合もあるので、商号、本店、目的、役員などが一度に変更されていないかチェックする。
目　的	事業内容	今回の取引内容が目的と大きく離れているときは、要注意。また、関連性のない事業内容が羅列してあったり、何が主業なのかよくわからない場合も要注意。
発行可能株式総数	発行できる株式の上限数	資本金について増資・減資が行われている場合は、その経緯や理由について確認する。また、会社案内などで発行する株式の上限を基礎として資本金を過大に記載している会社もあるので、資本の総額でチェックする。
発行済株式の総数並びに種類および数	現在までに発行した株式の総数	
資本金の総額	資本金	
株式の譲渡制限に関する規定	株式譲渡制限の有無	
役員に関する事項	代表取締役の氏名・住所 取締役・監査役の氏名	代表取締役は誰で、現住所は、代表者の交代は頻繁か、契約締結の相手方は登記上の代表者かどうかなどを確認する。特に登記上の代表者と、事実上の代表者が異なる場合は要注意。また役員の異動や変更、任期途中での退任が多い会社も要注意。
取締役会設置会社に関する事項	取締役会設置会社	取締役会設置会社か非設置会社かがわかる。
監査役会設置会社に関する事項	監査役会設置会社	監査役会設置会社か非設置会社かがわかる。
登記記録に関する事項	登記記録を起こした事由とその年月日 登記記録を閉鎖した事由とその	履歴事項全部証明書に記載されない記録は閉鎖事項全部証明書で調べる。

		年月日	

(B) 不動産の登記事項証明書

　不動産登記は、不動産の物理的状況と権利関係を公示するもので、登記事項証明書をみれば所有関係や担保の有無、担保の状況などを知ることができる。つまり、譲渡担保による所有権の移動、抵当権の新規設定などの危険信号は、まず不動産登記に現れてくる。

　先にも述べたように、取引開始時だけでなく年に数回は定期的に取引先や社長宅などの不動産の登記事項証明書の交付を受け登記簿をチェックする。

【表80】　不動産（土地・建物）の登記事項証明書（全部事項証明書）の内容

項　目		記載内容
表題部		土地・建物の表示に関する事項すなわち土地・建物の物理的状況が記録される。 ア．土地の場合、次の6項目がある。 　　①不動産番号、②所在、③地番、④地目、⑤地積、 　　⑥登記の原因（分筆、合筆、地目変更等） イ．建物の場合、次の8項目がある。 　　①不動産番号、②所在、③家屋番号、④建物の種類、 　　⑤構造、⑥床面積、⑦登記の原因・日付、 　　⑧表題部の所有者
権利部	甲区	権利部は権利に関する登記が記載される部分で、そのうち甲区には物件の所有権に関する登記が記録される。 甲区を見れば、土地・建物の所有権者および所有権を取得した原因についての経緯がわかる。 たとえば、所有権の保存、売買・相続・贈与などによる所有権の移転、買戻しの特約、売買予約の仮登記、所有権の差押え、仮差押え、破産等の申立てに伴う保全処分、競売開始決定などが記録される。
	乙区	乙区には、所有権以外の権利に関する登記（根抵当権、抵当権、地上権、地役権、先取特権、賃借権などの登記）が記録される。 乙区を見ることにより、担保物権や用益物権が設定されているかどうか、また、担保物権が設定されている場合には、いつ、誰から、どのような条件で金銭を借り、どのような担保物権の設定がなされたのかということがわかる。

共同担保目録	共同担保目録には、同一の債権を担保する数個の不動産がすべて表示される。
欄外	いつの時点の登記記録の内容であるか、法務局の登記管の名前で証明される。「＊下線のあるものは抹消事項であることを示す。」との記載があり、抹消登記されたことがわかる。

したがって、これらの不動産の登記事項証明書を取り寄せることにより、面積・価値・所有者・担保設定状況などを把握することになる。

なお、不動産の登記事項証明書により以下の状況が判明したときは、特に注意を要する。

最近になって金融機関が変わり、しかもその金融機関のランクが以前より下位の場合や各金融機関からの借入が多くなっている。また、大口債権者が突然担保を設定したり、追加して担保を設定している。さらに、街の金融業者から資金を借り入れているなど。

【表81】 土地の登記事項証明書（全部事項証明書）の表題部

（土地）

表題部（土地の表示）				調製	余白	不動産番号	1234567890123
地図番号	余白			筆界特定	余白		
所在	名古屋市○○区○○四丁目			余白			
①地番	②地目	③地積 m²		原因及びその日付〔登記の日付〕			
1番1	宅地	456	19	余白			
余白	余白	余白		昭和36年法務省令第37号附則第2条第2項の規定により移記 平成6年1月24日			

表題部からわかることは、「名古屋市○○区○○4丁目1番1号の宅地は456.19m² ある」ということがわかる。

【表82】 前掲【表81】の権利部（甲区）

権利部（甲区）（所有権に関する事項）				
順位番号	登記の目的	受付年月日・受付番号	権利者その他の事項	
1	所有権移転	昭和45年1月6日 第278号	原　因 所有者	昭和45年1月6日売買 名古屋市△△区○○町1丁目1番地 S商事株式会社
2	所有権移転	昭和58年3月28日 第1009号	原　因 所有者	昭和58年3月28日売買 名古屋市××区××1丁目1番地 Y株式会社
	余白	余白	昭和36年法務省令第37号附則第2条第2項の規定	

			により移記 平成6年1月24日
3	仮差押	平成29年9月18日 第899号	原　因　平成29年9月7日 　　　　名古屋地方裁判所仮差押命令 債権者　岐阜市△△1丁目1番地 　　　　T商事株式会社

※下線のあるものは抹消事項であることを示す

権利部の甲区についてみてみよう。

順位番号1では、名古屋市△△区に住所のあるS商事株式会社が昭和45年1月6日売買によってこの土地の所有権を取得して、名古屋法務局第278号により登記したことがわかる。

順位番号2では、昭和58年3月28日S商事株式会社からY株式会社への売買でY株式会社が所有権を取得し、名古屋法務局第1009号をもって登記したことがわかる。

順位番号3では仮差押えの登記がされている。原因を見ると、平成29年9月7日名古屋地方裁判所仮差押命令と書いてあり、岐阜市に住所のあるT商事株式会社がY株式会社に対する金銭債権を保全するため仮差押えをしたことを表している。

【表83】　前掲【表81】の権利部（乙区）

権利部（乙区）（所有権以外の権利に関する事項）			
順位番号	登記の目的	受付年月日・受付番号	権利者その他の事項
1	根抵当権設定	昭和58年4月9日 第3045号	原　因　昭和58年4月8日設定 極度額　金3千万円 債権の範囲　銀行取引　手形 債　権　小切手債権 債務者　名古屋市○○区○○4丁目1-1 　　　　Y株式会社 根抵当権者　名古屋市○区○3丁目1-1 　　　　　　株式会社Z銀行 共同担保　　目録(ち)第5122号
2	1番の根抵当権抹消	昭和62年3月31日 第1975号	原　因　昭和62年3月30日解除
	余白	余白	昭和36年法務省令第37号附則第2条第2項の規定により移記平成6年1月24日
3	根抵当権設定	平成29年3月8日 第1123号	原　因　平成29年3月7日設定 極度額　金9千万円 債権の範囲　銀行取引　手形債権　小切手債権 債務者　名古屋市○○区○○4丁目1-1 　　　　Y株式会社

第11章　適切な債権の管理・保全と回収こそ不良債権防止の要

			根抵当権者　愛知県○○市○○1000 　　　　　　K信用金庫 共同担保目録第9123／1234号
4	根抵当権設定	平成29年9月28日 第6932号	原　因　平成29年9月27日設定 極度額　金6千万円 債権の範囲　金銭消費貸借取引　保証取引 保証委託取引　手形貸付取引　手形割引取引 立替払委託取引　手形債権　小切手債権 債務者　名古屋市○○区○○4丁目1-1 　　　　　Y株式会社 根抵当権者　名古屋市○区○3丁目3-3 　　　　　　有限会社　U 共同担保目録第9899／3492号

※下線のあるものは抹消事項であることを示す

　それでは、次に所有権以外の権利を記載した乙区をみてみよう。

　順位番号1の登記は、Y株式会社が自己の債務3,000万円の履行を担保するため、債権者である株式会社Z銀行に対して昭和58年4月9日受付第3045号をもって根抵当権設定登記をしている。

　そして順位番号2では、株式会社Z銀行の根抵当権の解除によって抹消登記をしている。

　その後、順位番号3で平成29年3月、Y株式会社は根抵当権者をK信用金庫、債務者をY株式会社とする極度額9,000万円の根抵当権の設定をしている。

　さらに、平成29年9月には、根抵当権者を有限会社Uとし、債務者をY株式会社とする極度額6,000万円の根抵当権の設定をしている。

　したがって、現在、信用金庫と金融会社に対する総額1億5,000万円の根抵当権債務があることになる。この極度額は土地の規模からして、いかにも過大にみえるが、それぞれの登記事項の末尾に「共同担保目録第9123／1234号」「共同担保目録第9899／3492号」とあるので他の不動産と共同担保関係にあることがわかる。

　しかし、どの不動産と共同担保関係にあるかは、共同担保目録を調べることになる。

【表84】 前掲【表81】の共同担保目録

共同担保目録					
記号及び番号		第9123／1234号	調製		余白
番号	担保の目的である権利の表示		順位番号	予　備	
1	名古屋市〇〇区〇〇4丁目1-1の土地		2	余白	
2	名古屋市〇〇区〇〇4丁目1-1の建物		1	余白	

　(C)　登記事項証明書の交付請求方法

　不動産および会社の登記事項証明書については、法務局（原則、不動産の所在地および本支店の所在地を管轄する法務局か否かを問わない）に、誰でも手数料を支払って交付請求できる。

　また、不動産の地図等・土地所在図等の写しについては、不動産の所在地を管轄する法務局でしか、交付請求できない場合がある。

　これらの登記事項証明書等については、オンラインまたは郵送でも交付を請求できる。

　なお、登記事項に関して、登記事項証明書のような証明力はないがインターネットによる登記情報提供サービスも利用できる。

　　※オンラインによる登記事項証明書交付請求　　会社等のパソコンからインターネットを利用してオンラインによる交付請求を行うことができる。手数料はインターネットバンキングや電子納付対応（Pay-easy）のATMで納付できる。

　　※登記情報提供サービスとは　　不動産登記情報、商業登記情報についてパソコン画面で確認ができる。インターネットで登記情報を入手するためには利用者登録が必要となるので、詳しくは登記情報サービスのホームページ（http://www1.touki.or.jp/）を参照してほしい。

2　取引基本契約書の締結

　取引基本契約書については、第10章で説明したので、ここでは特に債権回収にとって重要な条項のみ解説を加える。

　契約書の利点は、債権回収に必要な特約事項を当事者の合意のもとに設定できる点にある。

(1) 期限の利益喪失条項

期限とは、当事者が、代金は「10月31日までに支払う」ということを定めたその一定期日のことをいう。この場合、債務者（買主）は10月31日になって初めて支払えばよいことになる。つまり、債務者（買主）は、10月31日までの期間は支払わなくてもよいという利益を与えられたことになる。

このような利益のことを「期限の利益」と呼んでいる。この場合、債権者（売主）が請求しても、債務者（買主）は10月31日まで支払いを拒否できることになる。

しかし、債務者に信頼関係を壊すような行為があった場合にまで債務者（買主）に利益を与える必要はなく、このような場合には「期限の利益」を失わせてしまう必要がある。そこで民法では次のような場合、期限の利益を喪失できると定めている。

【表85】 法定の期限の利益喪失事由（民法137条）

> ア．債務者（買主）が、破産手続開始の決定を受けたとき
> イ．債務者（買主）が、担保を滅失させ、損傷させ、または減少させたとき
> ウ．債務者（買主）が、担保を提供する義務があるのに担保を提供しないとき

しかし、民法137条の規定だけでは、債務者（買主）が商品を受け取った直後に第1回の不渡手形を出したとしても傍観せざるを得ず、債権者（売主）は支払期日まで不安の中で待たなければならないことになってしまう。また、債務者（買主）の経営状態が悪化し、他の債権者から仮差押えを受けたときでも同様のことがいえる。

そこで、売主としては、債務者（買主）に一定の事由が発生したときに期限の利益を失うという特約をして、直ちに支払いを受けられるようにしておくことが必要となる。

〈書式13〉 期限の利益喪失条項例

> 取引基本契約書
> 第〇〇条（契約の解除および期限利益の喪失）　買主または売主に次の各号の一に該当する事由が生じたときは、相手方は催告その他の手続を要しないで、直ちに本契約および個別契約の一部または全部を解除することができるもの

とする。
(1) 本契約または個別契約の条項の一に違反し、相当な期間を定めてその是正を催告し、当該期間になお是正しないとき。
(2) 監督官庁より営業の取消し、停止等の処分を受けたとき。
(3) 不渡り処分、差押え、仮差押え、仮処分、強制執行などを受け、または破産手続の開始、特別清算の開始、民事再生手続の開始、会社更生手続の開始などの申立てがあったとき。
(4) その他事業経営が不振となり、倒産のおそれを生じ、または、信用を著しく失ったと認められる相当の事由があるとき。
(5) 解散の決議をし、または他の会社と合併したとき。
(6) 災害、労働争議その他により、本契約または個別契約の履行を困難にする事由が発生したとき。
(7) 相手方に対する詐術その他の背信的行為があったとき。
2 第1項の各号の一に該当する事由が生じた一方当事者が相手方に対し負担している債務について、当該当事者は期限の利益を失い、直ちにその債務の全額を現金にて弁済しなければならない。

(2) 約定解除条項

たとえば、民法では契約で取り決めていた支払期日（例：10月31日）に代金不払い（債務不履行）があった場合、売主が「11月7日までに代金を支払え」と催告すればこの日を過ぎることによって解除、つまり契約を白紙に戻すことができる（改正民541条）。

このような解除を法定解除という。しかし、法定解除は相手方に債務不履行の事実がないと不可能であり、もし債務不履行があったとしても相当の期間内に履行するよう催告をしなければならず、緊急時にはとても対応できない。そこで、相手方が第1回の不渡手形を出したり、信用状態の悪化が判明した場合に、直ちに契約を解除できるようにしておくことが必要となる。

(3) 損害賠償額の予定

債務不履行の場合の損害賠償額をあらかじめ決めておくことを、損害賠償額の予定という（改正民420条1項）。

損害賠償額を予定しておくと、損害の発生や損害額を債権者が立証する必

要がなくなるため損害額等についての争いを避けることができ、また契約の履行を促す効力もある。さらに、取引先倒産時の相殺の実行、倒産時の債権届出などでも有用である。

なお、決められた支払期日までに代金が支払われなかった場合の損害賠償金として、遅延利息が法律により定められており、その利率は一般民事であれば年3％（ただし、年3％は改正民法施行当初。改正民法施行前は「商事」は年6％、改正前商514条）である（改正民404条）。しかし、この程度の利率では、履行を強制する力にはならないと思えば遅延損害金の率を取り決めておくこともできる。

(4) 相殺予約

A社がB社に対して100万円の売掛金債権があり、また、B社もA社に対して50万円の売掛金債権を持っている場合、A社またはB社の一方的な意思表示により対当額（この場合50万円）において両社の債権債務を消滅させることを相殺という。

上記の例でいうと、相殺はA、B両社の債権が弁済期にあること、つまり支払期日がきていることを条件に行うことができるとされている（民505条1項）。このようにお互いの債権が相殺されうる状況にあることが必要であり、このような状況のことを「相殺適状」といっている。

しかし、民法の相殺の規定は双方の対立する債権が弁済期にあることが要件となっているため、弁済期まで待たなければならずスピーディな相殺は難しい。

そこで、取決めによりお互いが対立する債権を持った場合には、弁済期のいかんにかかわらずいつでも相殺できるようにしておくと、スムーズな債権回収を行うことができる。

〈書式14〉 **相殺予約条項例**

> **第○条（相殺の予約）** 買主または売主は、相手方より支払いを受けるべき金銭債権を有するときは、いつにても相手方の自己に対する金銭債権と対当額にて相殺することができる。

(5) 担保提供

相手方と継続して多額の取引を行う場合など、あらかじめ担保を取得しておくことがよくあるが、これについては次項（「3　担保の取得」）に譲ることにする。

取引開始の際に、債権者（売主）が担保を取得することは困難な場合も多い。そこで、将来必要になったとき、担保設定できるよう担保提供義務を取り決めておくことが必要となってくる。こうしておけば、今後の担保設定も可能となり、また、万が一担保請求を拒否されても民法の規定で契約解除や期限の利益喪失ができることになる（改正民541条、民137条。314頁以下の「2 (1)　期限の利益喪失条項」および「(2)　約定解除条項」参照）。

〈書式15〉　担保条項例

> 第〇条（担保）　買主は、売主より請求を受けたときは、遅滞なく売主が承認する物件を売買代金債務その他本契約から生じるいっさいの債務履行の担保として売主に提供するものとする。
> 2　前項により買主が売主に対し担保を提供したときは、買主は遅滞なく自己の費用をもって売主の指示するところに従い、必要な登記もしくは登記手続、その他担保権の成立および対抗要件具備の手続をとるものとする。
> 3　買主および買主の担保提供者の経営上の重要な変化による信用の低下、担保価値の減少もしくは消滅、または債権額の増大等の著しい変化が生じたときは、売主は、買主または担保提供者に対して増し担保の提供を請求することができる。増し担保の内容については、買主、売主協議のうえ決定する。
> 　　買主が、第△条第〇項※により期限の利益を失った場合、売主は直ちに担保物件を、法令の定める手続によらず、適当と認める方法および価格をもって任意に処分し、その代価をもって買主の売主に対する債務の弁済に充当し、または代物弁済としてその所有権を取得することができる。この場合、買主は売主に対し何ら異議を申し立てないものとする。

※の中には、期限の利益喪失条項が入る（314頁〈書式13〉参照）。

3　担保の取得

担保を取得するチャンスは、取引開始の時、新しい商品の販売などにより

売上額の急増が見込まれるとき、相手方が支払期限の猶予を申し入れてきた場合のような経営が危うくなるきざしが見えたときなど、ほんのわずかしかない。

したがって、信用調査の結果、相手方に多少とも心配がある場合は、まず取引開始時の担保取得に全力をあげるべきである。

(1) 担保とは

AがBに対して50万円の売買代金債権を持っていたとしよう。ところがBが、実際の財産は50万円しかないのにAの債務も含めて全部で500万円の債務を負って破産した。この場合、すべての債権者はBの財産50万円から債権額に応じて平等に弁済を受けることになるので、Aは5万円しか受け取れないことになる。これを「債権者平等の原則」という。

しかし、このような原則が適用されず、Aが優先的に債権を回収するための手段があり、これが担保であり、大きく分けて人的担保と物的担保がある。

【表86】 担保の種類

人的担保		・保証 ・連帯保証
物的担保	法定担保物権 （当事者間で合意しなくても、法律上当然に発生する担保権）	・留置権 ・先取特権
	約定担保物権 （当事者間の取決めにより初めて効力を持つ担保権）	・質権 ・抵当権 ・譲渡担保 ・所有権留保 ・仮登記担保

債権者が、信用や資力のある相手方以外の者の一般財産から弁済を受けることができる制度を人的担保といい、保証と連帯保証がある。

また、債権者が債務者（買主）または第三者の特定の財産（物または権利）から優先的に弁済を受けることができる制度を物的担保といい、民法で定める抵当権や質権などのほか、判例により認められている譲渡担保が代表的なものである。

人的担保は、手続は簡単だが担保する人（保証人）が無資力になれば無価値となるし、保証人が弁済してくれないときは債権者は保証人に対して訴訟を起こし強制執行をしなければならない。
　これに対し物的担保は、目的物の評価を誤らないでその物の価値が減少しないようなものを担保に設定する限り債務の弁済を受けられるので人的担保より重要性は高いが、その分、設定や実行の手続が厳格であり費用もかかる。
(2)　人的担保の取得方法
　人的担保には、普通の保証と連帯保証の2種類あることは、先に述べたとおりである。

【表87】　普通の保証と連帯保証の違い

普通の保証	連帯保証
催告の抗弁権あり（民452条） （債権者が保証人に保証債務の履行を請求したときに、まず主たる債務者に請求することを抗弁できる権利） 検索の抗弁権あり（民453条） （債権者が保証人に保証債務の履行を請求したときに、保証人が主たる債務者には弁済の資力がありかつ執行が容易であると証明することにより、まず主たる債務者の財産に執行するよう主張することができる権利）	催告・検索の抗弁権なし（民454条）
分別の利益あり（民456条） （数人が保証人になった場合、各保証人は、人数で等分した額だけ責任を分担する）	分別の利益なし

　このように普通の保証の場合は、債権者から請求を受けても保証人は、「まず、債務者本人に請求してくれ」（催告の抗弁権＝民452条）とか、「債務者は、十分な財産があるから債務者から先に強制執行してくれ」（検索の抗弁権＝民453条）と申し立てることができる。
　これに対して連帯保証の場合は、連帯保証人は債務者と全く同じであり、このような抗弁はできない（民454条）。なお、債務が主たる債務者の商行為

により生じたり、保証人が保証を商行為として行った場合、商法の規定により自動的に連帯保証となる（商511条）。

反対に商行為ではない場合は、当然には連帯保証とはならないので、連帯保証である旨の特約が必要となる。

また、実務的には商行為の場合であっても将来のトラブルを予防するため、契約書中には「連帯保証である」旨の文言を記載しておくことが賢明である。

保証契約は、書面（もしくは電磁的記録）でしなければその効力を生じない（改正民446条2項・3項）。

　(イ)　**手形保証**

手形の保証人は、振出人と同じ責任を負う。万が一、保証した手形が不渡りとなれば、手形保証人には催告・検索の抗弁権は認められていないので、そのまま振出人に代わって支払うことになる。手形保証は、手形上に振出人が記名・押印した後に、保証人が次のように書いて記名・押印する。

なお手形受取人は、できる限り保証人に署名および実印での押印を依頼する。

〈書式16〉　手形保証

```
上記金額をあなたまたはあなたの指図人へこの約束手形と引き換えにお支払
いいたします。
        ○○○○年5月31日              保証人　名古屋市○○区○○町
振出地                                        1番1号
住　所  名古屋市○区○○1番1号
                                                      Ｉ   ㊞
振出人  Ｃ株式会社
        代表取締役社長    Ｉ    ㊞
```

手形保証は、手形の信用度を高める目的でなされるが、手形は裏書により手形上の権利が転々と譲渡されるので、かえって振出人に信用のないことを露呈してしまうことになる。

そこで、これらを避けるため裏書形式の保証の方法がよく行われている。このように、手形保証人であることを隠して実質的に保証の目的を達する方法のことを「隠れた保証」という。

〈書式17〉 隠れた手形保証

```
表記金額を下記被裏書人またはその指図人へお支払いください。
    ○○○○年5月31日                          拒絶証書不要
住所　名古屋市○○区○○町1番1号
              I  ㊞
(目的)

被裏書人    X株式会社                              殿
```

(ロ)　保証書による保証

　連帯保証する文言を記載のうえ、保証人が署名、実印を捺印し印鑑証明書を添付してもらうのが望ましく、署名する者が本人であるか身分証明書（運転免許証など）で確認したり、電話・面談により保証人の意思を確認したりすることも必要となる。

〈書式18〉 保証書

```
印紙            保　証　書

                              ○○○○年7月2日
名古屋市○区○○一丁目10番10号
X株式会社
代表取締役　A　殿


                    名古屋市○○区○○町1番1号
                        連帯保証人  I  (実印)

　D株式会社が、貴社に対し現在負担する○○○○年6月29日付商品売買契約上の買掛金債務215万円に関し、私はD株式会社の連帯保証人となり、その支払いの責を負います。
                                              以上
```

　上記の保証は、C株式会社の代表取締役Iが○○○○年6月29日の売買代金のみを連帯して保証するだけである。
　したがって、取引が継続的なものであれば、取引関係から今後も発生する

と見込まれる債務を保証してもらうことが必要となってくる。これが根保証契約である。

〈書式19〉 根保証書

```
┌─────────────────────────────────────────────┐
│ ┌───┐                                       │
│ │印紙│              保 証 書                │
│ └───┘                                       │
│                              ○○○○年9月5日 │
│                                             │
│ 名古屋市○区○○一丁目10番10号               │
│ Ｘ株式会社                                   │
│ 代表取締役　Ａ　殿                           │
│                                             │
│                       名古屋市○○区○○町１番１号 │
│                       連帯保証人　Ｉ　実印    │
│                                             │
│  私は、Ｄ株式会社（以下、主たる債務者という）が、貴社との「○○その │
│ 他一切の取引」に関し、主たる債務者と連帯して下記の支払いの責を負います。 │
│                       記                    │
│  １．保証する債務の期間                      │
│      貴社との間で、主たる債務者が○○○○年９月５日現在負担する一 │
│      切の債務および平成×××年８月31日までに負担することあるべ │
│      き買掛金債務、手形金債務など一切の債務  │
│  ２．保証限度額                              │
│      金800万円                              │
│  ３．保証債務の免責                          │
│      前記１の期間経過後、６か月以内に貴社より私に対して、保証債務 │
│      履行の請求がないときは、以後私はこの保証書による債務を免れる │
│      ものとします。                          │
│                                      以上   │
└─────────────────────────────────────────────┘
```

保証および根保証の場合、書面によらなければその効力を生じない（民446条2項）ほか、個人を保証人とするものは、次のような制限があるので注意が必要である。

(A) 事業のために負担した貸金等債務の個人保証に関する公正証書の作成（改正民法465条の6～465条の9）

事業のために負担した貸金等債務（金銭の貸渡しまたは手形の割引を受けることによって負担する債務）を主たる債務とする保証債務または主たる債務の範囲にこれらの貸金等債務が含まれる根保証契約の場合、保証契約の締結の1か月以内に保証人となろうとする者が保証債務を履行する意思を表示した公正証書を作成することが原則的に義務付けされ、これを行わなければ無効とされる（改正民法465条の6）。

ただし、個人であっても、①主たる債務者が法人の場合の、その取締役等、②主たる債務者が法人の場合の、その総株主の過半数を有する者等、③主たる債務者が個人である場合の、その共同経営者、その事業に従事している配偶者との保証契約には適用しない（改正民465条の9）。

※「**経営者保証に関するガイドライン**」　日本商工会議所および全国銀行協会が事務局となり2014年2月より実施されている自主ルールである。株式会社地域経済活性化支援機構法の改正法（2014年5月16日公布）が成立した際、衆参両院における付帯決議において、経営者保証に関し「個人保証に依存しない融資を確立するべく、民法（債権法）その他関連する各種の法改正の場面においてもガイドラインの趣旨を十分踏まえるよう努めること」とされている。

前掲〈書式18〉の保証は、貸金等債務に該当しないため、公正証書は不要である。ただし、債権者の依頼により、強制執行認諾文言のため公正証書を作成する場合がある。

(B) 個人を保証人とする根保証契約は、極度額を定めなければその効力を生じない（改正民465条の2第2項）。

前掲〈書式19〉の根保証に関しては、貸金等債務ではないため公正証書までは不要である。

(ハ) **保証人の情報提供義務**（改正民法465条の10）

主たる債務者が、事業のために負担する債務（貸金等債務に限らない）について個人保証を保証人に委託する場合、①財産および収支の状況、②他の債務の有無ならびにその額および履行状況、③担保提供に関する内容等、を

提供しなければならず、これらを懈怠した場合、事実と異なる情報を提供した場合に、債権者が懈怠等について知っているか知ることができたときは、保証人は保証契約を取り消すことができる。

  (二) **債権者の情報提供義務**（改正民法458条の２、458条の３）
① 保証人の請求による主債務の履行状況に関する情報提供義務（改正民458条の２）

債権者は、保証人の請求があったときは、遅滞なく、主債務の元本・利息・違約金・損害賠償等の不履行の有無、残額、弁済期が到来している額について情報提供しなければならない。

② 主債務者が期限の利益を喪失した場合の情報提供義務（改正民458条の３）

債権者は、保証人に対し、期限の利益を喪失したことを知ったから２か月以内に通知しなければならない。通知しなかったときは、保証人に対し、通知するまでの期間の遅延損害金を請求することができない。

 (3) **物的担保の取得方法**

債権と同価値以上のものに担保権を設定しておけば、万が一、債務者が倒産して、ほかに多くの債権者がいようと、債権額がいくらあろうと関係なく、自分の分は優先して債権全額を回収できることになる。

  (イ) **土地・建物、生産施設への担保設定（＝抵当権・根抵当権）**

抵当権および根抵当権は、債務者や第三者（たとえば、債務者が会社の場合は会社代表者個人や代表者の友人・親戚など）の不動産などを担保に取る場合の方法である。担保設定者は目的物を引き続き使用収益することができるので、生産施設（工場の土地・建物・機械・電話その他の付属物など）は担保権としても重要な意味を持っている。

抵当権は、「相手方に2,000万円を貸し付け、その担保として相手方の建物に抵当権を設定する」ように、ある特定の債権を担保するためにあるので、抵当権はこの2,000万円が弁済されると消滅してしまう。

しかし、これでは銀行と企業、メーカーと販売先・仕入先などの取引のような継続的な取引の場合、それぞれの個別の取引によってその債権の額も増減するので、普通の抵当権では円滑な利用は困難である。そこで、多数の増

減する債権について、あらかじめ一定の限度額を定めてその範囲内で将来確定する債権を担保する抵当権が必要となる。このような抵当権のことを「根抵当権」という（民398条の2第1項・2項）。

【表88】 普通の抵当権と根抵当権の違い

項　目	普通の抵当権	根抵当権
・付従性	債権の発生が前提	債権が発生しなくても成立
	債権が消滅すれば消滅	債権が消滅しても消滅せず、確定期日における債権額が担保される。
・特定性	特定の債権を担保	不特定の債権を極度額を限度において担保

【表89】 抵当権の目的物および設定手続に必要な書類

項　目	内　容	備　考
抵当権の目的物	不動産 自動車・航空機・建設機械・財団抵当（工場財団、鉄道財団など）など	民法（抵当権、根抵当権） 自動車抵当法、航空機抵当法、建設機械抵当法、工場抵当法、鉄道財団抵当法など
設定手続書類（不動産の場合）	ア．設定者（担保提供者）からもらう必要のある書類・情報 ・抵当権設定契約書または登記原因証明情報 ・登記済証または登記識別情報 ・司法書士への委任状 ・印鑑証明書または電子証明書 なお、設定者が法人の場合には、法人の資格証明書（資格証明情報）が必要となる。 イ．債権者（抵当権者）が準備する書類・情報 ・司法書士への委任状	不動産登記法改正（2004年）により登記済証から登記識別情報に代わったが、改正法施行後であっても登記済証が発行されている場合の登記申請は従前の登記済証によることとなる。

　X株式会社が、新規取引開始の調査のため取り寄せた不動産の登記事項証明書に記載されている根抵当設定に関する契約は、実際には次のようになっていた（311頁の【表83】権利部の乙区参照）。

〈書式20〉 根抵当権設定契約書

根抵当権設定契約書

債権者K信用金庫を甲、債務者Y株式会社を乙として、根抵当権設定につき、以下のとおり締結した。

第1条　甲と乙は、乙所有名義の後記不動産（以下、「本件不動産」という）について、次のとおり根抵当権を設定した。

　　(1)　根抵当権極度額　　9,000万円
　　(2)　被担保債権の範囲
　　　　① 甲乙間の貸金契約に基づく一切の債権
　　　　② 甲が取得する手形小切手等により、甲が乙に対し有する債権
　　(3)　債務者　　Y社
　　(4)　確定期日　　設定しない

第2条　乙はこの契約書調印後、直ちに本件不動産につき、甲のために根抵当権設定登記を申請する。この登記手続費用は乙の負担とする。

　2　乙が前項の登記をしない間は、甲は第1条(2)に定める取引を行わない。

第3条　甲が乙に、被担保権の範囲の変更や増し担保を請求したときは、乙は直ちに同意し、併せて乙の負担でその変更登記をする。なお、後順位担保権者がいるときは、この者に対し乙の責任で同意をとるものとする。

　2　甲が根抵当権について譲渡その他の申し出を行ったときは、乙はその内容に従って同意するものとする。

第4条　第三者への賃貸、担保権の設定、建物の取り壊し、増築、および処分行為など本件不動産の現況を変更する場合には、乙は甲の事前の承認をとらなければならない。

第5条　乙は本件不動産について、甲の指示に従い損害保険会社と損害保険契約を締結するものとし、当該損害保険金の請求権について甲のために質権を設定するものとする。

第6条　甲は根抵当権の実行に代えて本件不動産を任意に処分することができ、その場合、その代金をもって、債権額に充当し、代金が債務額を超えるときは残額を遅滞なく乙に返還する。なお、乙は任意処分に必要な書類を、甲の申し出により提出する。

第7条　乙が、本契約に違反したときは、甲は直ちに根抵当権の期限が到来し

> たものとし清算手続を行うことができる。
> 第8条　甲および乙は、本契約に規定していない場合、および本契約の解釈等に疑義を生じた場合は、誠意をもって協議解決する。
>
> 本契約の成立を証するため、本契約書2通を作成し、当事者記名押印のうえ、各1通を保管する。
>
> 　　平成〇〇年3月7日
>
> 　　　　　　　　　　　　　　　　　　　愛知県〇〇市〇〇1000番地
> 　　　　　　　　　　甲（根抵当権者・債権者）　　K信用金庫
> 　　　　　　　　　　　　　　　　　　　　　　　理事長　P　㊞
>
> 　　　　　　　　　　　　　　　　　　名古屋市〇〇区〇〇4丁目1番1号
> 　　　　　　　　　乙（根抵当権設定者・債務者）　　Y株式会社
> 　　　　　　　　　　　　　　　　　　　　　　代表取締役社長　Q　㊞
>
> 　　物件の表示
> 名古屋市〇〇区〇〇4丁目1番1号
> 宅地　456.19m^2
> 前同所同番地
> 家屋番号　01番
> 1．鉄筋3階建事務所1棟
> 　1階　〇〇〇.〇〇m^2
> 　2階　〇〇〇.〇〇m^2
> 　3階　〇〇〇.〇〇m^2
> 　　　　　　　　　　　　　　　　　　　　　　　　　　　以下余白

㈹　**債務者が加入している預金等への担保設定（＝債権質）**

　売掛金、貸付金、銀行預金、火災保険金などの債権を担保にとる場合の方法である。債権は、債務者の債権に限らず第三者の債権にも設定が可能である。

【表90】　質権設定手続の内容

項　目	内　容	特記事項
ア．質権設定契約締結	・質権設定者との間の質権設定契約 ・あるいは担保差入証	根質権設定の場合は、「継続的商品取引契約に基づき債務者が債権者に現に負担し将来負担するいっ

			さいの債務の支払いを担保するため」という文言を挿入
イ．	対抗要件の具備	・質権設定者から第三債務者への「通知」 ・または第三債務者の「承諾」	（改正民364条） なお、無記名社債、無記名債権、記名国債、株券などは、継続占有が対抗要件となる（民86条2項、362条、改正民364条）
ウ．	証書の引渡し	・銀行預金証書、借用証、記名社債 ・無記名社債、無記名債権、記名国債、株券など	

〈書式21〉 担保差入れ証書

担保差入れ証書

名古屋市○区○○一丁目10番10号
X株式会社
代表取締役社長　A　殿

　　　　　　　　　　　　　　　　　　　　○○○○年9月29日
　　　　　債務者　　住所　　名古屋市○区○○六丁目1番1号
　　　　　　　　　　社名　　　　　　　　　　Y株式会社
　　　　　　　　　　代表者名　　　　代表取締役　Q　㊞
　　　　　質権設定者　住所　名古屋市○区○一丁目1番1
　　　　　　　　　　　氏名　　　　　　　　　　　Q　㊞

○○○○年9月20日付にて貴社との間に締結した取引基本契約に基づき下記物件を、貴社に対し現に負担し、および将来負担する債務につき極度額300万円を担保するため差し入れいたします。
債務不履行時の差入物件の処分換価方法、弁済充当（代物弁済に充てられることを含む）、流質の処分については、いっさい貴社のご意向通り異議なく従うことを誓約いたします。

　　　　　　　　　　　　　　　　記
物　　件　　定期預金証書1通

銀　行　名	株式会社○○銀行名古屋支店
証書番号	10571-006
金　　額	300万円
名　義　人	Q
証書作成日	○○○○年9月17日
満　期　日	○○××年9月17日

以下余白

　なお、銀行預金の場合、「この預金は、当行の承諾なしに譲渡・質入れはできない」旨の約款があるので、対抗要件として銀行の承諾を得ておく。銀行預金以外で債権の質入れや譲渡を禁止する契約がある場合も同様に、第三債務者の承諾をもらっておかなければならない。

〈書式22〉　銀行への「質権設定承諾依頼書」

質権設定承諾依頼書

株式会社○○銀行　御中

××○○年9月17日

住　所　　名古屋市○区○一丁目1番1
預金者　　　　　　　Q　　取引印 ㊞

住所　名古屋市○区○○6丁目1番1号
Y株式会社
債務者　　代表取締役社長　Q　㊞

ご注意）1．預金者と債務者が同一の場合は記入不要です
2．預金者と債務者が同一の場合下記債務者欄の文言は抹消されたものとみなします。

住所　名古屋市○区○○一丁目10番10号
X株式会社
質権者　　　　　代表取締役社長　A ㊞

（預金者）Qは、（債務者）Y株式会社が、（質権者）X株式会社に対して負担する債務を担保するため、下記の預金債権の上に質権を設定したいと思いますので、ご承諾くださるよう関係者連署してご依頼します。なお、この預金が自動継続扱いで預金約定に基づき逐次書替継続された場合、継続の元利金に対して質権は有効に存続するものとご承知願います。

```
                              記
1．取扱店　　名古屋支店        5．預入日　××○○年9月17日
2．預金の種類　定期預金(自動継続) 6．金額　3,000,000円
3．預金名義人　Q              7．期日　×××年9月17日
4．口座番号　10571-006
                                                以上
```

上記の預金者質権設定について承諾しました。
××○○年9月18日　　　　　　　　　株式会社○○銀行名古屋支店
　　　　　　　　　　　　　　　　　　　　　支店長　R　㊞
　　　　　　　　　　　　　　　　　　　　部店長印なきものは無効

上記の質権を解除しましたから、ご通知します。
　　　年　　月　　日
　　　　　　　　　住所
　　　　　　　　　氏名　　　　　　　　　　　　　　○
　　　　　　　　　住所
　　　　　　　　　氏名　　　　　　　　　　　　　　○
　　　　　　　　　住所
　　　　　　　　　氏名　　　　　　　　　　　　　　○
保存10年　依頼者→○○銀行→依頼者→(解除通知)→○○銀行

(ハ)　債権者の機械・在庫商品への担保設定（＝譲渡担保）

　担保にしようとする債務者または第三者の目的物の所有権を債権者に移転して担保とする方法であり、債権者に目的物の占有を移す場合と占有を移さない場合がある。

　よく利用されているのは後者であり、債権者は譲渡を受けた目的物を債務者の手元に置かせ、つまり無償で使わせる（＝使用貸借）。そして、債務者が弁済をしないときは、目的物を売却または評価して清算し残金があれば債務者に返還することになる。

〔図16〕 工作機械を譲渡担保とした場合

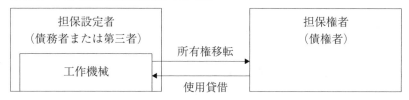

〈書式23〉 譲渡担保設定契約書

譲渡担保設定契約書

X株式会社を甲とし、S株式会社を乙とし、甲乙間において次のような譲渡担保契約を締結した。

第1条 乙は甲に対して現に負担しならびに将来負担するいっさいの債務を担保するため乙の所有する後記目録記載の機械、機具など（以下、「本件物件」という）を甲に譲渡し、甲は占有改定の方法により本件物件の引き渡しを受けた。

第2条 甲は乙に対し本件物件を無償で貸与し、乙はこれを借り受けた。

第3条 前条により甲が本件物件の返還を受けたときは、甲は本件物件を遅滞なく、相当な方法、相当な価格その他の条件で処分し、その代金で第1条記載の債務の全部または一部の弁済に充当する。

また、甲は相当の評価額をもって代物弁済として自ら取得することもできる。

なお、前記の充当によっても債務に残額が生じるときは、乙は直ちに残額の支払いをしなければならず、代金または評価額が債務金額を超えるときは、甲は直ちにその差額を返還する。

第4条 本件物件につき甲の所有物であることを第三者に対し表示するため、乙は、甲の指示に基づき作成したプレートを本件物件に貼付しなければならず、当該プレートを隠蔽または毀損する行為をしてはならない。

第5条 本件物件を乙は甲のため善良な管理者の注意をもって管理、使用しなければならない。なお、修繕費、保守費、維持費、本件物件を目的とする租税その他本件物件に関する使用および保管に要する費用はすべて乙の負担とする。

第6条 乙が、弁済期に弁済をしなかった場合または乙が本契約に違反した場

合は、甲は催告を要せず直ちに前条の使用貸借契約を解除し本件物件の返還を求めることができる。

第7条 本契約期間中に本件物件が滅失、毀損またはその価値を著しく減少したとき、乙は直ちに甲に通知し、甲の請求により追加担保を提供または債務金額の一部または全部を弁済しなければならない。

第8条 甲は、その債権担保の目的以外には、本件物件を売却その他の処分をしてはならない。

第9条 甲、乙間の取引が終了し、乙がいっさいの債務を弁済したときは、甲は遅滞なく本件物件を乙に返還する。

本契約の成立を証するため、本契約書2通を作成し、当事者記名押印のうえ、各1通を保管する。

××○○年10月3日

　　　　　　　　　　　　　　甲　名古屋市○区○1丁目10番10号
　　　　　　　　　　　　　　　　X株式会社
　　　　　　　　　　　　　　　　　　代表取締役　A　㊞
　　　　　　　　　　　　　　乙　横浜市△△区△△6丁目1番1号
　　　　　　　　　　　　　　　　S株式会社
　　　　　　　　　　　　　　　　　　代表取締役　T　㊞

物件目録

物件名	製造メーカー	製造番号	台数	備考
プレス機械	日本機械	970451	1台	
工業用ロボット	国際機械	R-4008 R-4009	2台	
NC旋盤	日米製作所	N-6963-01 N-13661-A	2台	

以上

　譲渡担保は、質権設定と異なり債務者が業務上必要な自己の動産をそのまま使用しながら債務の弁済ができるため取得は容易である。その反面、目的物を債務者が使用し続けているため、第三者からは担保が設定しているかどうかわかりにくい。

そこで、第三者に対して担保権者（債権者）がその目的物の所有権を有していることを主張するためには、目的物にその旨を公示しておかなければならないので、文字の消滅、プレートの剥落をきたさない方法や材質を考慮し下図のようなプレートを機械に貼り付けておく。

〔図17〕　目的物の公示の仕方

```
物件名称：20トンプレス NP—20
         製造番号 970451　製造メーカー　日本機械株式会社
所有者　名古屋市〇区〇〇 1-10-10
        X株式会社　　　　代表取締役　A
```

これらの明認方法をとっても、取り除かれてしまう場合もあるので、ときどき確認する。

以上のほか、自社倉庫にある在庫商品全部、工場内にある完成品すべてなどのいわゆる集合動産を譲渡担保の目的にする方法もある。この場合、在庫商品や完成品の種類や数は、企業活動により、刻々と変化する。このような内容の変動する動産の集合体を一括して担保に取る場合を集合物譲渡担保あるいは流動動産譲渡担保という。これは、内容の変動している１個の集合物ととらえ、集合物としての同一性を失わない限りは譲渡担保の拘束に服するとの考え方（集合物論）が有力であり、判例も「構成部分の変動する集合動産であっても、その種類、所在場所及び量的範囲を指定するなどの方法によって目的物の範囲が指定される場合には、１個の集合物として譲渡担保の目的とすることができる」とした（最判昭54・2・15民集33巻１号51頁、最判昭62・11・10民集41巻8号1559頁）。

さらに、近年、取引の高度化、大規模化に伴い、大量の債権に１個の担保権を設定する必要が生じ、集合債権譲渡担保として、その有効性を認められている。問題となるのは、「現在から将来まで（未発生）の目的債権を一括して担保にとる場合」であるが、このような担保も、期間の始期と終期を明確にするなど譲渡の目的となる債権が特定されていれば認められる（最判平11・1・29民集53巻１号151頁、最判平12・4・21民集54巻４号1562頁）。

※なお、「動産及び債権の譲渡の対抗要件に関する民法の特例等に関す

る法律」により、法人がするこれらの動産譲渡担保について登記によって対抗要件を備えることが可能であり、動産譲渡登記ファイルに譲渡の登記がされれば、当該動産について民法178条の引渡しがあったとみなされる（動産債権譲渡特1条、3条、7条）。また、同法により、法人がする債権譲渡に関し債務者が特定していない将来債権の譲渡についても、債権の種別、債権発生原因および発生期間（始期・終期）等により債権が特定されれば登記により第三者対抗要件を備えることが可能である（動産債権譲渡特1条、4条、8条）。

Ⅱ　日頃から心掛けておくこと

　債権保全の第一歩としては、日頃からの取引先への注意が大切であり、たとえ大丈夫と思われることでも念には念を入れていつも注意し、やるべきことは必ずやっておくことが重要である。

　取引先が倒産したときに、「そういえば……」といったことが多いものである。また、うわさを耳にしたら「大丈夫だろう……」と勝手に判断せずに、真相の究明と情報の収集を行い、もしおかしければ素早い対策を行うことが肝要である。

1　取引先への訪問時の対応

　取引先への訪問は、定期的に行い、経営者や従業員とコミュニケーションを図っておくことが重要である。また、訪問時には在庫の状況・社内の雰囲気についても気を配っておく。

【表91】　訪問時のチェックポイント

> ア．在庫の異常な増減はないか。あればその要因は。
> イ．社員の定着率はどうか。人数が減っていたり、営業部長や経理部長などのキーマンが退社していないか（特に重要なのは銀行から出向の経理部長が辞めて後任が銀行からこない場合など）。
> ウ．社員の不平、不満はないか（給料が遅れがちなど）。

エ．経営者や経理の担当者が不在がちではないか。
オ．機械、設備の保守・整備状況が悪化していないか。
カ．会社の雰囲気が変化していないか。
など普段と違うことがないかチェックしてみる。

このほか、営業マンは日頃の活動の中から自分の目と耳で情報の収集にあたる。同業者や地域・近隣の者の風評にも気を配り、また、日頃からその取引先の大口納入業者との関係づくりにも努め、いつでも情報が入手できる状態にしておく。

2　回収管理

(1)　銀行振込のチェック

銀行振込の場合は、支払日に確実に振り込まれているかを確認しておく。
特に知らないうちに支払日が少しずつずれている場合があるので注意を要する。

(2)　集金時の対応

手形や小切手を集金する場合には、支払銀行にも注意する。メイン銀行ではない場合、あるいは都市銀行から地方銀行へ、地方銀行から信用金庫へと支払銀行が変わっている場合は、その理由を確認する。

(3)　入金状況のチェック

請求とその入金状況のチェックは必ず行い、未回収があった場合には、その内容・明細を取引先に当然確認し、直ちに支払いの催促をしなければならない。催促の方法は、電話やメール、面談による依頼、書留・配達証明郵便による依頼、内容証明郵便による依頼など重要度・金額・取引先の状況をみながら適宜選択したり、組み合わせたりして行う。
また、入金状況のチェックの際、売上の急激な増減にも注意する。

Ⅲ　経営不安情報を入手したら

一刻でも早い対応が被害を最小限に食い止める。そのためには安易な判断をせず、経営不安の情報を入手したら、即刻、以下の行動をとることが必要となる。

1　危険な兆候

債務者（買主）が倒産に至るまでの間に、何とか倒産の兆候を察知して事前に手を打つ必要がある。

しかし、経営者は会社の危険な兆候を隠そうとするので、「債務者のオフィスの雰囲気が何か違う」など、ちょっとした変化も見逃さず異常をつかむことが必要となる。

また、最近では、インターネット情報、特にソーシャルメディア情報も重要になってきている。

【表92】　危険な兆候の例

> ア．当社に支払条件の変更を依頼してくる。
> イ．いままでと社内の雰囲気が違う。
> 　ａ．社長や経理担当の責任者が不在がち
> 　ｂ．優秀な営業マン、技術者など有能なスタッフが退職
> 　ｃ．社内が汚れている（機械等の整備不良、整頓がされていない）
> 　ｄ．いつも来ていない取引銀行の銀行員が様子を見に来社
> ウ．ダンピングによる販売や安値受注
> 　資金繰りに苦しんでくると、商品のダンピング販売や、安値での受注が行われたりする。
> エ．急激な製品発注や購買量の増加
> 　民事再生手続開始後の営業継続のため大量の仕入れを行っておく場合あり。
> オ．取引銀行の変更（特に下位銀行への変更）や仕入先の変更
> カ．不動産への新規担保設定
> キ．大口販売先・大口顧客・親会社・子会社の経営不振、倒産
> ク．本店、事務所、工場の移転・売却

Ⅲ　経営不安情報を入手したら

ケ．銀行以外の金融業者からの融資
コ．支払猶予、手形ジャンプの依頼[※1]
サ．融通手形の発行[※2]、空リースの活用[※3]
シ．従業員の給料・賞与の遅配
ス．担保の解約、保証金取り崩しの依頼
セ．公租公課の延納・滞納
ソ．市中金融業者（街金）への手形出回りの噂[※4]

など

[※1] **手形ジャンプ**　債務者が約束手形の支払期日に手形を決済できないため、手形の受取人に支払期日の延長を申し入れること。

[※2] **融通手形の発行**　手形には、商業取引の目的で振り出される「商業手形」と、金策の目的で振り出される「融通手形」がある。さらに、融通手形には、取引先を支援する目的で振り出されるものと、資金繰りに困った者同士がお互いに振り出し合うものとがあり、後者の場合、資金のない者同士の手形なので特に危険性が大きい。

[※3] **空リース**　空リースは、販売業者と使用者が共謀して行うもので、リース物件がないのにリース契約を締結する「架空リース」、リース物件はあるがはるかに高い価格でリース契約を締結する「水増しリース」、1つのリース物件に対して複数のリース業者と個別にリース契約を締結する「多重リース」などがある。

[※4] **市中金融業者への手形出回り**　手形の振出人の信用度が低く正規の金融機関では割引に応じてもらえないため、手形所持人が市中の金融業者に持ち込むものであり取引先の信用度を測るうえでの重要情報となる。

2　直ちに確認しておくべき事項

上記のような兆候がみられたら、直ちに情報収集を行い、真相を究明する。

【表93】 確認しておくべき内容の例

項　目	確認しておくべき内容
ア．契約書の各条項の確認	所有権留保、期限の利益の喪失、契約解除、相殺予約、債権譲渡禁止、担保提供義務、損害賠償、違約金、連帯保証人、合意管轄などの条項の確認
イ．信用調査	信用調査機関の選定と依頼
ウ．売上債権と担保の確認	取引先に対する債権・債務および契約残高（なお、自社の関係会社の有している債権・債務も同時に確認する）、契約書、権利証（登記識別情報）、登記事項証明書、対抗要件具備状況などによる担保権の確認 また、担保権の設定状況も確認
エ．メイン銀行への確認	自社の取引銀行を通じて債務者（買主）の取引銀行へ確認
オ．関係先への確認	同業他社、債務者（買主）の親会社・関係会社、他の債権者、販売先
カ．債務者（買主）へ出向き調査	会社の雰囲気、従業員の状況、商品の販売状況、在庫の状況、資金繰り、社長や他の役員の動向など 債権残高、担保物権の価値・現況、自社販売商品の所在など

(1) 契約書の確認

　債権管理にとって主要な条項の内容については、前項（313頁のⅠ「2　取引基本契約書の締結」）で説明したが、そこでは触れなかった所有権留保、債権譲渡禁止、合意管轄について簡単に説明する。

(イ) 所有権留保

　所有権留保とは、債権者（売主）が売買代金を完済してもらうまで目的物の所有権を留保しておくことをいう。これは割賦販売契約やローン契約などで一般的に行われている。債務者（買主）の手元に置かれ使用・収益する生産用の機械、機具、什器などには有効であるが、債務者からさらに販売される商品には即時取得があり不向きである（民192条）。

(ロ) 債権譲渡禁止

　債権の譲渡は、債権譲渡制限の意思表示があるときでも、原則としてその効力が認められている（改正民466条2項）。売主が買主から物品を購入して

債務を負担するようにしている場合でも、買主によって債権譲渡されてしまうと売主は相殺が不可能になり、債権の回収ができなくなる可能性がある。

なお、債権譲渡禁止の規定があっても、善意の債権譲受人には対抗できないので注意が必要である（改正民466条3項）。

(ハ) 合意管轄

当事者は、合意によって管轄裁判所を決めておける（民訴11条）。したがって、債権者（売主）の近くの地方裁判所に決めておけば、当事者間で紛争が起きた場合でも訴えやすくなる。

(2) 信用調査

前項（305頁のⅠ「1　信用調査」）を参照。

(3) 売上債権と担保の確認

(イ) 債権・債務の確認

次の帳簿や伝票を確認・整理し、債権・債務の発生要因ごとに金額を明確化しておく。

・契約書、注文書・注文請書、手形、出荷伝票、納品書、請求書、売掛帳簿、買掛帳簿など

また、関係会社などの債権・債務についても同様の方法で依頼し明確化しておく。さらに、債務者（買主）から、債務の確認書をとっておく。

(ロ) 取得担保権の確認

次の書類を確認すると同時に担保物件の所在地、価値、現況なども現地へ行って確認しておく。

・担保権設定契約書、担保差入証、登記済権利証（登記識別情報）、登記事項証明書

(4) メイン銀行への確認

銀行は、自行の取引先に不利になる情報は出さないので正確な情報入手は困難な場合が多い。

しかし、メイン銀行と思われていた銀行でも、取引がなくなっていたりメインではなくなっていることがわかる場合もあるので確認だけはしておきたい。

(5) 関係先への確認

自社の取引先に債務者（買主）と同業者がいる場合は、かなり有力な情報が入ってくる場合もある。さらに、危険が差し迫っている場合には、他の債権者の動向にも注意を払う必要がある。

(6) 債務者（買主）へ出向き調査

最終的には、債権者（売主）自らが、目と耳で実際に経営や資産の状況等、現れているあるいは現れる可能性のある危険な兆候について1つひとつ確認をしなければならない。この確認は、代表者だけでなくそれぞれの責任者に尋ねるべきで、そのほうが具体的な事実を知ることができる。

3　回収のための具体的対応

債権者（売主）が直接債務者（買主）から回収することだけが債権回収の方法ではない。さまざまな角度から回収方法を考える必要がある。

しかし、これらの行為が債務者（買主）の倒産の引き金とならないよう機密保持やタイミング、方法に十分注意しなければならない。

(1) 債権譲渡による債権の回収

売主（債権者）と買主（債務者）との債権譲渡の合意だけでなく、買主から買主の販売先（第三債務者）に債権譲渡の通知をしてもらうことが必要となる。なお、通知をしなくても買主が買主の販売先から承諾を取っておけばよい（改正民467条1項）。

経営不安のある債務者は、苦しまぎれに他の債権者にも譲渡を約束していることは往々にしてある。この場合、他の債権者に対抗するため「確定日付のある証書による通知」（通常は内容証明郵便）で行う（民467条2項）。

〈書式24〉　内容証明郵便（債権譲渡通知書）

```
                                    △△○○年○月○日
被通知者
　名古屋市○○区○○町1丁目1番
　Ｚ株式会社
　代表取締役　Ｃ　殿
通知者
```

```
　　名古屋市○区○○５丁目１番１号
　　Ｙ株式会社
　　代表取締役　Ｂ　㊞

            通　知　書

当社は、貴社に対し有する売買代金債権金弐百万円を、名古屋市○区○○○１
丁目10番10号のＸ株式会社に、本日譲渡いたしましたのでＸ株式会社に直接お
支払い願いたく、通知いたします。
                                              以上
```

　なお、この通知は、債務者から第三債務者へ行うことが重要であり、債権者が肩代わりして通知しても無効である。また、差押えとの競合や二重譲渡の可能性も多いので、債権者は通知の郵便を第三債務者の住所の最寄りの郵便局へ出しに行くなどしてできるだけ早く発信することが必要となる。

　売主（債権者）が、買主（債務者）に相殺する旨の通知すれば、買主の売主に対する相殺分の売買代金債権は消滅することになる。

　なお、履行期限の到来していない債権の履行を債務者の同意を得ないで要求することはできない。したがって、先に述べた「期限の利益喪失の特約」（314頁のⅠ「２(1)　期限の利益喪失条項」参照）をしておくことが重要な意味を持ってくる。

〈書式25〉　相殺通知書

```
            相 殺 通 知 書

○○○○年５月15日付のＸ株式会社（以下「甲」という）、Ｙ株式会社（以下
「乙」という）間の取引基本契約書第○○条（期限の利益喪失）に基づき、甲
が乙に対し有する後記１．表示の債権と、乙が甲に対して有する後記２．表示
の債権とを対当額で相殺いたします。
　　××○○年10月６日
                          名古屋市○区○１丁目10番10号
                        通知者　Ｘ株式会社
                              代表取締役社長　Ａ　㊞
```

名古屋市〇〇区〇〇5丁目1番1号
Y株式会社
代表取締役　B　殿

記

債権の表示
1．甲乙間の取引基本契約に基づき、甲が乙に対し有する××〇〇年9月30日現在の売買代金債権300万円
2．乙が甲に対し有する××〇〇年9月1日の甲乙間の売買契約により乙が甲に対し有する〇〇の売買代金債権20万円

以下余白

　買主（債務者）が支払ってくれなかったり、倒産しそうになった場合、売主（債権者）は債務者から他に転売可能な商品や自社で使用できる商品を購入して債務者にも債権を発生させることにより、債務者の債権（自己にとっては債務）と自己の債権を相殺する。これにより自己の債務の範囲内で債権回収が可能となる。

(2) 債権譲渡と相殺を併用した債権の回収（三角相殺）

〔図18〕　三角相殺

債権者（売主）の親会社（第三者）が、債務者（売主）に対して50万円の売買代金債務を負っていることがわかった。

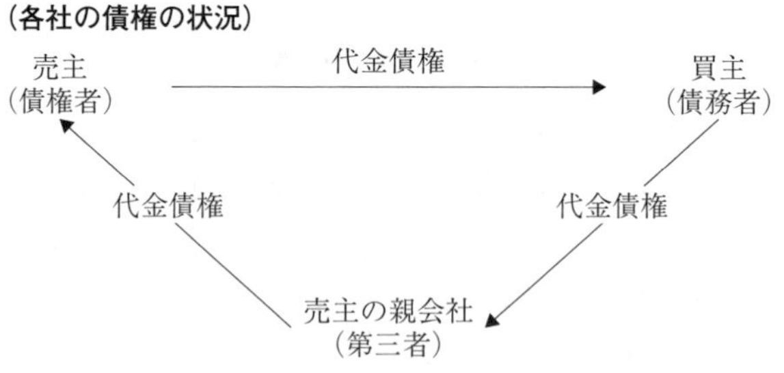

（各社の債権の状況）

売主（債権者）──代金債権──→買主（債務者）
　　↓代金債権　　　　　　　　　↙代金債権
　　　　　　売主の親会社（第三者）

・売主（債権者）は買主（債務者）に対し売買代金債権を有している。
・買主（債務者）は売主の親会社（第三者）に対して売買代金債権を有している。

> ・売主の親会社（第三者）は売主（債権者）に対して売買代金債権を有している。

　売主（債権者）が買主（債務者）に対し有している売買代金債権を第三者に譲渡することにより、第三者から負っている債務（第三者は売主に代金債権を有する）を対当額において相殺し、自己の債務を消滅させることができる。

　また、売主（債権者）から債権譲渡を受け買主（債務者）への債権を取得した第三者は、その売買代金債権と自己が買主（債務者）に対して負っている債務（買主は第三者に代金債権を有する）を対当額において相殺し、自己の債務を消滅させる。

　上記のように第三者が債権者の関連会社であればスムーズに事が運ぶので好都合である。三角相殺を実施する場合は、債務者から手形を取得することがベストである。受取手形なら債務者に通知を要しないで第三者に譲渡ができるからである。

(3) 商品の供給停止

　倒産の危険を予知したら、商品を販売しないのがベストである。しかし、一方的に出荷を止めたり、契約を解除したりすると、債務者（買主）から債務不履行で損害賠償を請求されることもあるので注意する。

　約定解除条項（315頁のⅠ「2(2)　約定解除条項」参照）を特約しても実際に代金の不払いや不渡り、仮差押え、破産申立てがなければ契約の解除は困難である。

　そこで、供給停止の条項を特約しておくことも方法の1つであるが、担保条項（317頁のⅠ「2(5)　担保提供」参照）を特約しておき債務者の危険な兆候を予知した場合に担保設定を請求し、拒否された場合民法の規定に基づき契約解除（改正民541条）を行ったり、約定解除条項に基づき契約違反により契約解除（出荷停止）を行ったりする方法もある。

(4) 商品の引揚げ

　商品引揚げは、やり方によっては自力救済の禁止にも触れ、民事上、刑事上の責任を追及されるおそれもある。したがって、商品引揚げは、適切な方

法でかつ慎重に行う必要がある。特に債務者（買主）が倒産しそうなことを知って他社が販売した商品を引き揚げた場合は、他の債権者より「詐害行為」として訴えられるおそれがある。

　(イ)　**売買契約の解除**

　債務者（買主）の倉庫に、自己の商品がある場合は、先方の代表取締役あるいは商品の仕入れ・販売担当の取締役、部長、課長などの了解を得たうえで「返品扱い（売買契約の解除）」により引き揚げる。

　(ロ)　**動産売買の先取特権行使の準備行為**

　また、緊急時には、引き揚げる自社納入商品の明細を書いた預り証や受取証を発行し、先方の上記の者や現場の責任者のサインをもらって引き揚げることも考えなければならない。この場合は、債務者から返還請求があった場合、動産売買の先取特権（民321条）の実行として競売申立てを行い対抗することになる。

第12章
リーダーは常に取引先の倒産に備えよ

I 倒産とは

1 倒産の定義

「倒産」とは、会社が通常行っている債務の支払いが不可能になった事実状態、つまり経営が破綻に陥ったことをいう。

「倒産」と「破産」は混同して使われる場合も多いが、「倒産」が上述したように会社の経営が破綻したような意味で使われるのに対し、「破産」は経営が破綻した会社が破産手続開始の申立てをして会社を解散するという裁判上の手続の意味で使われる法律用語である。

2 どうなったら倒産か

倒産したといわれる典型例として次の3つがあげられる。

① **手形・小切手の2回の不渡りを出した場合** 不渡りを2回出すと銀行取引停止処分を受けることになり、実質的に企業活動を行うことが不可能になるため、会社の経営は事実上破綻し倒産したことになる。

なお、この不渡りの回数は、同一日においては手形ごとでなく、銀行ごとにカウントされる。つまり、10月31日にA銀行で5通の手形が支払いできなくてもそれは不渡り1回とカウントされる。これに対し10月31日にA銀行で1通、B銀行で1通の手形が支払できなければ不渡り2回となり、銀行取引停止処分を受けることになる。

② **私的整理に入った場合** 私的整理については348頁参照。

③ **裁判所に法的倒産処理手続開始の申立てをした場合** 2回の不渡りを出す前でも、破産や民事再生手続開始の申立てなどを行えば、任意に債権の回収や債務の弁済などができなくなるため、会社の経営は事実上破綻し倒産したことになる。

Ⅱ　倒産処理手続

1　手続の分類

(1)　私的整理と法的整理

　倒産処理を手続の面から分類すると、倒産した会社や債権者など当事者が任意に集まって協議を行い裁判所の手を借りずに行われるもの（＝私的整理、内整理あるいは任意整理という）と、裁判所の監督の下で法律の定める手続に従って行われるもの（＝法的整理という）に分類される。

　私的整理は、手続が簡便であり弾力的で素早い整理が可能であるため、倒産事件の多くはこの手続で処理されている。反面、債権者の協力が必要であり、法律や裁判所の関与がないため不公正な弁済などが行われやすい。特に、事件屋や整理屋などが介入してくると公正な処理は不可能になる。また、ときとして債権者の意見がまとまらず手続が中断することもある。このようなときは、私的整理を断念し法的整理を選択すべきである。

　これに対し法的整理は、裁判所の監督の下で公正な整理ができるが、複雑な手続を要し、費用や時間がかかる。ただし、時間の点では再建型である民事再生手続は、かなりスピードアップされており、申立てから認可決定まで6か月程度のものも見られる。

(2)　清算型と再建型

　私的整理も法的整理も整理の目的の面から分類すると、再建の見込みのない倒産会社が残った財産を債権者に分配して企業活動の決着をつける、つまり店じまいを目的としたもの（＝清算型という）と、今までどおり企業を存続させて再建を図ることを目的としたもの（＝再建型という）に分類される。

347

【表94】 倒産処理手続の分類

私的整理	清算型	
	再建型	
法的整理	清算型	破産（破産法）
		特別清算（会社法）
	再建型	民事再生（民事再生法）
		会社更生（会社更生法）

2 私的整理

(1) 私的整理

私的整理手続は、債権者と債務者の私的な契約に基づく倒産の後始末の手続であり、法律で手続が定められているわけではないが、一般的に次のような手順で行われる。

(イ) 私的整理手続の手順

〔図19〕 私的整理手続の流れ——清算型の場合

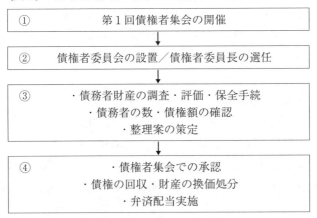

① **第1回債権者集会の開催** 債務者（倒産した会社など）または主要な債権者が単独あるいは共同して各債権者に呼びかけて債権者集会が召集される。席上、債務者側から倒産の経過、原因、財務内容、今後の方針などが示され、債権者による質疑および今後の方向についての協議が

行われるとともに、今後の整理の実施にあたって中心となる債権者委員が選任される。

② **債権者委員会の設置**　債権者委員会は、債権者集会で選任された債権者委員によって構成され、各債権者の委任を受けて整理手続を進める。また、円滑な整理手続を進めるため債権者集会あるいは委員の互選により債権者委員長を選任する。

③ **債権・債務の確認と整理案の策定**　債権者委員会は、各債権者に対し債権届出書を提出させ債権者や債権額を確認すると同時に、倒産した会社の資産状況も調査する。それらに基づいて<u>清算型の場合は配当案、再建型の場合は再建案が立案される</u>。

④ **最終債権者集会での承認と配当の実施**　債権者委員会で策定した整理案について債権者集会で承認を得ると、この整理案に従って財産を換価し配当がなされる。なお、債権者には配当を受けるのと引き換えに残債務の支払免除の同意書を提出させられる。

私的整理手続は、事件の内容にもよるが、通常、第1回債権者集会から配当実施まで、ほとんどの場合1年程度で終了する。

㈠　債権者集会に出席すべきかの検討

〔具体例〕

突然、Y株式会社から次のような債権者集会招集通知書がきた。どのように対処すべきか。

〇〇〇〇年12月3日

債権者各位殿

Y株式会社代理人
弁護士　〇〇〇〇
名古屋市中区丸の内5-5-1
tel. 052-999-9999

ご通知と債権者集会ご出席のお願い

拝啓　貴社ますますご清栄のこととお喜び申し上げます。
　さて、当職は〇〇電気株式会社より、同社の経営状況につき相談を受

> け同社の経営について調査を行いました。その結果、誠に残念ではございますが、このままの状態でいきますと12月末日支払いの手形の不渡りは避けられないということが判明いたしました。
> 　つきましては、同社の経営破綻の原因および財務の現状をご報告申し上げ、今後どのようにしたら債権者の皆様方のご負担を少なくできるかをご相談させていただきたいと考えております。
> 　ご多忙中のところ、誠に申し訳ありませんが、趣旨ご理解賜りましてご出席いただきたくお願い申し上げます。
> 　以上、誠に勝手で、突然のお願いではございますが、なにとぞご容赦のほどお願い申し上げます。
>
> 敬具
>
> 記
>
> **（債権者集会の開催について）**
> 1．日　　時：〇〇〇〇年12月16日（木）　午後4時より
> 2．場　　所：名古屋市〇〇区〇〇町 1-1-1
> 　　　　　　〇〇〇〇会館2階大会議室
>
> 以上

　私的整理は、少ない費用や期間で配当ができるため債権者にとってはメリットがあるが、一方、公正さが担保されない場合があるというデメリットも併せ持っていることは先に述べたとおりである。
　そこで、次のような検討が必要となってくる。
　　(A)　私的整理への参加・不参加の検討
　債権者集会の出席は、私的整理に参加した債権者を拘束するので、まず私的整理に参加するかどうかを決める必要がある。私的整理であるなら債権者集会に出席しなくても、債権者としての地位がなくなったり債権が失権したりすることはない。

【表95】　参加するかどうかの検討内容

ア．参加すべきでない場合
・整理屋・事件屋が関与しているとき、あるいは可能性の高いとき
・一部の債権者しか集会に参加する可能性がないとき

> ・そのほか、公平・公正な整理が行われる可能性がないとき
> イ　参加するのに十分な検討が必要な場合
> ・債権者として再建に協力させられるおそれがあるとき
> ・債権者として債務の一部免除や期限の猶予などが決定されるおそれがあるとき、および債権者集会で委任状の提出を要求されているとき
> ウ　参加しなくてよい場合
> ・十分な物的担保や資力のある連帯保証人がおり回収が可能なとき

なお、債権者集会に出席を決定したなら、必要に応じて顧問弁護士とともに出席する。

　(B)　第1回債権者集会のシナリオの想定と対応

一般的に、次のようなシナリオで進められる。

【表96】　第1回債権者集会のシナリオ例

議　事　次　第		特記事項
1．代表者陳謝	××社長	
2．倒産に至った経過、倒産原因および今後の方針についての希望陳述	債務者代理人○○弁護士	
3．財務内容の説明	経理担当取締役	
4．質疑応答	○○弁護士および××社長以下取締役	
5．今後の整理の基本方向の協議・決定	（○○弁護士）	
6．債権者委員の選出	（○○弁護士）	債権者集会において積極的に発言した者、事前に債務者側代理人より依頼を受けた者などが互選により選任されるのが一般的である

出席にあたって、出席者は議事内容を予測し、前もって対応を決めておかねばならない。たとえば、集会の議長を要請されたら引き受けるのかどうか、

各債権者が個別に権利行使（差押え等）をしないという申し合わせがあった場合どうするのか、債務免除や期限の猶予の議題が出た場合どうするのか、債権者委員の要請があったら引き受けるのかどうか、債権者委員に対する委任状や同意書の提出を求められたらどうするか、などである。

また大口債権者や債権者が主要株主である場合、発言を求められたらどうするかも考えておく必要がある。

(2) 準則型私的整理

再建型の私的整理手続は、金融債務のみを整理対象とするため企業価値の毀損が少ないというメリットがあり、平成13年の「私的整理ガイドライン」の発表以降、順次、私的整理ルールが整備されてきた。これらは「準則型私的整理」と称され、従来の任意整理と比べ、公的機関が関与するため中立・公正な処理が可能となってくる。しかし、あくまで法的強制力や罰則規定のない、いわゆる紳士協定である。

最近では私的整理手続について事業再生を推進しようとする社会的要請から、準則型私的整理の多様なメニューが用意されている。①私的整理ガイドライン、②中小企業再生支援協議会、③地域経済活性化支援機構（REVIC）、④特定調停、⑤事業再生ADRである。そのすべてを述べることは紙幅の関係から難しいので、今日において利用例の多いものとして、②中小企業再生支援協議会、④特定調停の各手続について以下で概観したい。

なお、①の私的整理ガイドラインは、すでに歴史的使命を果たし終え、現在ではほとんど利用されていない。③は、産業再生機構の後継組織である地域経済活性化支援機構（Regional Economy Vitalization Corporation of Japan、略して「REVIC」という）が、中小・中堅企業を対象に関与するものである。

(イ) 特定調停

特定調停とは、「特定債務等の調整の促進のための特定調停に関する法律」（2000年2月17日施行）に基づいてなされる調停手続であり、金銭債務の調整に特定されている。法的な再建手続ではないため、私的整理の枠組みに組み込まれている。主に、個人や中小零細事業者の金銭債務の整理に活用されており、私的整理の中では活用頻度の高い手続である（もっとも2004年には30万件以上の活用実績があったが、その後、減少し2010年には3万件となった）。減

少の理由としては、申立手続が簡易であり、かつ安価であるが、申立件数に比べて成立件数が極めて低いことなどがあげられる（2004年～2010年の成立件数は平均3.1％）。もっとも、債権者にとっては、提示された調停案には経済合理性が担保されているし、税務上の大きな障害もない。債務者にとっては特定調停によって経済的再生に資することも可能であることから、まさに個人や中小零細事業者の再生に特定調停は比較的取り組みやすい手続ではないかと思われる（特定調停15条、17条2項、18条）。[29]

(ロ) **中小企業再生支援協議会**

中小企業再生支援協議会（以下、「協議会」という）は、中小企業を対象に再生計画策定支援等の再生支援事業を実施するため、経済産業大臣から認定を受けた商工会議所等に設置される組織である（産業競争力127条、128条）。

協議会では、窓口相談（第1次対応）を行った結果、再生計画を策定し金融機関等と調整を行う必要があると協議会が判断した場合、金融機関等に対し、対象企業の再生計画策定支援を行うことにつき意向を確認し、再生計画策定支援（第2次対応）の開始を決定する（次頁〔図20〕参照）。

(ハ) **一般債権者の対応**

準則型私的整理手続の対象となるのは、原則として銀行等の金融債権者である。金融債権者以外の商取引債権者などの一般債権者は手続きの対象とはならず、権利変更等の影響を受けることはない。

ただし、金融債権をカットして過剰債務を解消したり、さらに事業会社やスポンサーを獲得するために、第2会社方式（会社分割や事業譲渡などの組織再編によって会社の不良債権、不採算事業を分離する手法）などの抜本的な再建手法をとる場合も増加している。

その際は、取引相手の経営主体、事業構造が大きく変わることになるので、情報収集を怠らず事態の推移を注視することが必要である。また、自社が大口販売先、仕入先の場合には再建計画策定の過程で信用供与などの協力を求められるケースもある。さらに、私的整理について関係者の合意がまとまらない場合、法的整理に移行するケースも多いので注意が必要である。

---

[29] 山本幸三（監修）特定調停法研究会編『一問一答特定調停法』23頁～28頁（商事法務研究会、2000年）。

〔図20〕 再生計画策定支援（第二次対応）における支援手順のイメージ

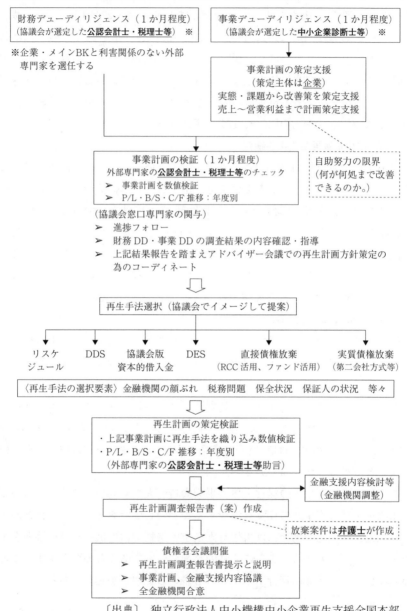

〔出典〕 独立行政法人中小機構中小企業再生支援全国本部

3 破産手続

破産手続とは、支払不能や債務超過の状態に陥った場合に裁判所の監督のもとに債務者の全財産を換価して、全債権者に公平に弁済する法的手続である。

(1) 破産手続の手順

破産法の改正概要および手続フローは以下のとおりである。

〔図21〕 破産手続の流れ

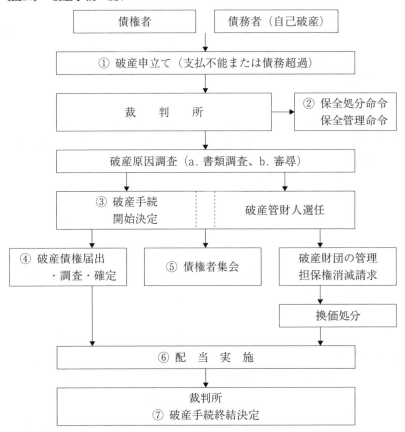

破産法の構成は、大きく分けて手続規定と実体規定に分けることができる。手続規定とは、民事訴訟法や民事執行法の手続を取り入れた事項を規定し、

実体規定とは、民法や商法といった実体法に影響を及ぼす事項を規定している。これは、破産法に限らずすべての倒産法においても同じ構成になっている。

手続規定には、破産申立ての管轄、債権届出や確定手続、別除権者に対する担保権消滅請求制度、配当手続等が規定されている。

実体規定には、管財人による契約解除権を定めた双方未履行の双務契約に関する取扱い、詐害行為や偏頗行為を否認することのできる否認制度、相殺に関して制限をする相殺禁止制度等を規定している。

なお、手続規定と実体規定に加えて、自然人の免責制度および復権、自由財産の範囲の拡張等が規定されている。

(2) 破産手続の主な項目

金融実務に影響を与えると思われる主な項目は以下のとおりである。

㈤ 破産手続開始の申立て

裁判所に破産手続開始の申立てができるのは債権者あるいは倒産した会社や個人（債務者）である（破18条1項）。なお、倒産した会社（または個人）が自ら破産の申立てをすることを自己破産手続開始の申立てといい、この場合は会社の取締役が単独でも行える（同法19条1項）。

破産手続開始の申立てには、開始の原因、つまり支払不能（破15条1項）や支払停止（同法15条2項）の状態にあることが必要である。また株式会社においては債務超過（同法16条1項）も開始の原因とされる。

なお、債権者（実務上は債務者も）が申立てをするときは費用を予納しなければ、申立ては棄却される（破22条1項）。

㈡ 保全処分命令

倒産した会社の財産が散逸することを防止するため、倒産した会社もしくは債権者等の利害関係人の申立てまたは裁判所の職権に基づき、裁判所により保全処分命令が出される（破28条）。この命令が出ると、倒産した会社は任意に債権者に弁済したり財産を処分することができなくなる。

なお、破産法には、他の倒産手続に準じ、包括的禁止命令や強制執行等の中止命令、および否認権行使のための保全処分が設けられている。

(ハ) 破産手続開始決定

裁判所は、破産原因が存在すると認めると破産手続を開始する旨の決定をし（破30条）、同時に破産管財人を選任し、債権届出の期間および債権の調査の期間または期日、第1回債権者集会の期日を定める（同法31条）。また、破産手続開始決定後、破産者の財産は破産財団となり、その管理処分権は破産管財人の手に移る。

(ニ) 破産債権の届出

破産者に対し破産手続開始前の原因に基づき生じた財産上の請求権（破産債権という。破2条）について、破産債権者は一定期間内に裁判所に届出をしなくてはならない（同法111条）。この届出を失念すると配当を受けられなくなるので注意が必要である。この届出をした後、債権調査により破産債権が確定（同法124条1項）すると破産財団から配当を受けられることになる。

(ホ) 債権者集会

破産手続開始の決定後、一定の者からの申立てにより任意的に債権者集会が開催される（破135条）。そのほかの債権者集会として、①財産状況報告集会（破31条1項2号、158条）、②異時廃止の意見聴取のための債権者集会（同法217条1項）、③計算報告のための債権者集会（破88条3項）が定められているが、いずれも代替措置が認められる。

(ヘ) 配当手続

破産管財人は届出された債権を調査確定し、その後破産財団に属する財産を換価し、まとまった金銭ができたつど遅滞なく債権者に配当する（破209条）。

ただし、抵当権、質権などの担保をもった債権者は別除権を有しているので、破産手続によらないで担保権を実行して債権回収ができる（破2条）。

(ト) 裁判所の破産手続終結決定

最終の配当が終了した後、裁判所は破産手続終結決定を行い破産手続を終了させる（破220条）。

(3) 破産手続開始の申立てをした仕入先への対応

〔具体例〕

Y社は、11月31日裁判所に破産手続開始の申立てをした。X社では、Y社から電子機器の部品を継続的に購入しており、すでに12月分を発注済である。

生産に混乱を生じさせないためにも、契約解除を行ってY社との取引関係を早く決着させ、別の取引先に発注したい。

(イ) 契約解除の方法

契約解除とは、取引関係終了の意思表示であり、仕入先に以下のような一定の解除事由が発生した場合、X社はY社の合意を得ることなく一方的に契約を解除できる。

① 仕入先との間で「取引基本契約書」などにより契約を締結している場合　契約書に記載された解除条項に基づいてX社は契約解除できる。

〈書式26〉 X社(甲)が仕入先Y社(乙)と締結している「取引基本契約書」の契約解除条項

第〇〇条　甲または乙は、相手方に次の各号のいずれかに該当する事由が生じたときは、催告その他の手続を要しないで、本契約および個別契約の全部または一部を解除することができる。

(1) 営業停止または営業許可の取消し等の処分を受けたとき

(2) **破産手続、民事再生手続、会社更生手続、または特別清算の開始の申立てをし、もしくは第三者から開始の申立てを受けたとき**

(3) 解散決議をしたとき

(4) 仮差押え、仮処分または強制執行を受けたとき

(5) 支払停止もしくは支払不能に陥ったとき、または手形交換所から警告もしくは不渡処分を受けたとき

(6) 信用資力の著しい低下があったとき、またはこれに影響を及ぼす営業上の重要な変更があったとき

(7) 災害、労働争議等、本契約または個別契約の履行を困難にする事由が生じたとき

(8) 前各号に準ずる重要な事項が生じたとき

② 仕入先との間で契約書を締結していない場合　Y社は、X社に対し、部品の納入義務があるにもかかわらず、破産手続開始の申立てをしたことによってその納入ができなくなるため、X社は履行不能を解除事由（改正前民543条、改正民541条1項1号）として一方的に解除できることになる。

ただし、会社更生・民事再生手続の場合は、電気、ガス、水道、その他（継続的な制作物供給契約、継続的売買契約など）の継続的給付を目的とする双務契約については、手続開始の申立て前の給付について弁済がないことを理由に、手続開始決定後の給付を拒むことができない（会更62条、民再50条）。なお、破産手続にも同様の条文（破55条）があるが、事業を清算するという破産の目的からライフライン（電気、ガス、水道等）以外の継続的な供給契約に一律的な適用があるとするのは疑問がある。

また、売買契約について倒産手続開始の申立てとなるべき事実が発生したことを契約解除事由とする特約が、会社更生手続の趣旨・目的（会更1条）を害するものとして無効とされた判例もある（最判昭57・3・30民集36巻3号484頁）。

(ロ)　通知する相手と通知の方法

取引関係終了の意思表示を確実に相手に伝え、解除の法的効果を利害関係人に対して明確に証明できるようにしておくため、以下の手続を行う。

① **通知する相手**　破産手続の場合、破産管財人に通知する。まだ、破産管財人が選任されていないときは破産宣告の申立てをした弁護士もしくは倒産した会社の代表者に通知する。

会社更生手続の場合は更生管財人、または保全管理人、私的整理の場合は整理手続を行っている弁護士などに対して通知する。

② **解除通知の方法**　配達証明付内容証明郵便で行えば、通知を送達した事実およびその内容を郵便局が証明してくれるので確実であると同時に後日の有力な証拠となる。

4　特別清算手続

破産や合併による解散の場合を除き、株式会社が解散をする場合、清算手

続がとられる。清算手続は、取締役が清算人となり、清算人は、現務を結了し、会社の財産や債務を調査し、財産の換価処分や債権の取立て等を行い、債権者に債務の全額を弁済し、残余財産がある場合には株主に分配する。

しかし、清算（通常清算）の遂行に著しい支障をきたすべき事情や債務超過の疑いがあると認められるときは、債権者、清算人、監査役もしくは株主は特別清算開始の申立てをすることができる（会社510条、511条1項）。なお、債務超過の疑いがあるときは、清算人は、特別清算開始の申立てをしなければならない（同法511条2項）。

特別清算は、通常の清算手続とは異なり、裁判所や監督委員の監督の下に債権者保護を図っていこうというものである。

特別清算は、利害関係人の申立てにより裁判所が開始を命令し、現行の清算人が特別清算における清算人となり、この者は債権者、清算会社および株主に対し公平誠実義務を負って清算事務を遂行する（会社523条）。清算株式会社は、債権者集会に対し債務の減免、期限の猶予その他の権利の変更を定めた協定を申し出て（同法563条、564条）、可決後、裁判所の認可の決定を得て（同法569条）、協定に従った清算を行う。

債権者集会で協定を可決するには、出席議決権者の過半数の同意および議決権者の議決権の総額の3分の2以上が必要である（会社567条）。

清算型の倒産手続には破産と特別清算があるが、これらのすみ分けに関して、第1に、特別清算の目的が、株式会社の清算手続として、かつ、理念的には破産手続に先行し、破産の予防を目的とすることが確認され（会社510条、512条）、第2に、裁判所による特別清算の開始や協定認可決定の要件に「申立てが誠実にされたものでないとき」、「債権者の一般の利益に反しないこと」といった要件が設けられ（これは、特別清算により実現されるであろう清算価値の予想値と破産のそれとを比較して、特別清算によるほうが債権者にとって有利であることを要求する規定である。同法514条4号、569条2項4号）ている。

最近は、破産を回避するために特別清算が選択されたり、第2会社方式により存続させる事業（Good Company）を分離した後の旧会社（Bad Company）を特別清算で処理する事例も増えている。

5 民事再生手続

　民事再生手続は、債務者の弁済が事業の継続に著しい支障をきたすとき、または破産の原因たる事実の生ずるおそれがあるときに、再生債務者が業務の遂行および財産の管理処分を原則として継続しつつ、再生計画を立案し、債権者の法定多数の同意により可決された再生計画に基づいて、債務者の事業または経済生活の再生を図る手続である。手続開始の申立てができるのは、債務者と債権者であり、債務者が法人の場合、必ずしも理事等全員の同意を要する必要はなく通常の意思決定手続によることとなり、債権者申立ての場合、1人でも可能であり、かつ債権額の条件も付いていない（民再21条）。

　この手続の対象となる者は、すべての法人（株式会社以外の法人すなわち学校法人、医療法人、宗教法人等も適用の対象となる）および個人である。

　※**個人債務者再生手続**　　通常の民事再生手続は、個人債務者も利用可能な再建型倒産処理手続ではあるが、もともと事業者を対象としているため、個人債務者の住宅ローンや多重債務による返済不能などの問題に対して利用することは必ずしも適切ではなかった。そこで、民事再生法の特則手続として、継続的な収入の見込みのある個人債務者を対象にし、債権者にとっても自己破産を選択されたときよりも多くの回収が図られる簡素な再生手続（小規模個人再生、給与所得者等再生）および住宅ローン等の債務を抱え経済的に破綻した個人債務者が破産せずに経済生活の再生を図る住宅資金貸付に関する特則が盛り込まれ、2001年4月より施行されている。

　個人債務者再生手続についてはここまでとし、以下では、通常の民事再生手続について概説する。

(1) 民事再生手続の手順

〔図22〕 民事再生手続の流れ（通常）

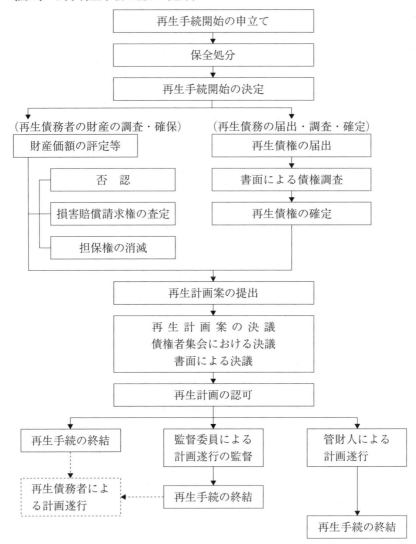

(イ) 再生手続開始の申立て

申立ては、①破産の原因たる事実の生ずるおそれがある場合、もしくは、②事業の継続に著しい支障をきたすことなく弁済期にある債務を弁済できない場合に、債務者（①、②の場合）または債権者（ただし①の場合のみ）が、再生手続開始の申立書を管轄裁判所に提出することにより行う（民再21条）。開始の申立てをするときは、再生手続開始の原因たる事実を疎明する必要があり、申立人が債権者であるときは、債権の存在も疎明しなければならない（同法23条）。さらに手続の費用（監督委員の報酬分、調査委員の報酬分、官報公告費用等）を予納しなければならない（同法24条）。ちなみに予納金の基準額は、東京地方裁判所の場合、負債総額5,000万円未満なら200万円、1億円未満なら300万円、5億円未満なら400万円となっている。

(ロ) 保全処分命令

再生手続が申し立てられてから開始されるまでの間、再生債務者の財産が散逸することのないよう保全処分命令を出してもらう。これには、仮差押え、仮処分、その他の保全処分（民再30条）、強制執行等の中止命令（同法26条）、強制執行等の包括的禁止命令（同法27条～29条）、一定の条件の下、担保権に基づく競売手続の中止命令（同法31条）などがある。そのほか、組織上の保全処分として、保全管理人による管理を命ずる処分（保全管理命令。同法79条）あるいは監督委員による監督を命ずる処分（監督命令。同法54条）が発令されることがある。

(ハ) 再生手続開始決定

裁判所は、申立てを棄却すべき場合を除いて手続開始決定をする（民再33条）。再生債務者は、再生手続が開始された後も、業務を遂行し財産の管理処分権を失わない（同法38条）。このような手続は、DIP（Debtor In Possession＝資産占有債務者）型手続とよばれ米国連邦倒産法第11章（チャプターイレブン）手続の考え方を採用したものである。しかし、裁判所は、必要がある場合には、監督命令により財産管理処分行為について監督委員の同意を得させたり（同法54条）、管理命令により管財人の管理に服させることができる（同法64条、38条3項）。

特筆すべきことは、再生手続開始後は、再生債務者等は裁判所の許可を得

れば、再生計画によらないで、営業または事業の全部または一部の譲渡をすることができることである（民再42条1項）。

　　(ニ)　**再生債権の届出・調査・確定**

　再生債権者がこの手続に参加するためには、債権届出期間内に裁判所に再生債権の届出をしなければならない（民再94条）。届出された再生債権は調査され、再生債務者等が認め、かつ届出再生債権者の異議がなかったときは、その届出された再生債権は確定し、その他の場合は、債権確定手続（同法105条1項、107条1項および109条）によって確定する手続がとられる。

　　(ホ)　**再生債務者の財産の調査・確保**

　再生債務者等は、手続開始後遅滞なく、再生債務者の財産状況について調査し、その結果である財産目録および貸借対照表を裁判所に提出しなければならない（民再124条以下）。さらに必要に応じて、否認権を行使して財産減少行為により逸失した財産を取り戻したり（同法127条以下）、違法な行為をした法人の役員等に対して損害賠償責任の追及をしたり（同法142条以下）、事業の継続に不可欠な財産を保持するための担保権の消滅手続をとったり（同法148条以下）する。

　　(ヘ)　**再生計画案の提出・決議・認可**

　再生債務者等は、債権届出期間の満了後裁判所の定める期間内に、再生計画案を作成して裁判所に提出しなければならない（民再163条）。再生計画案が提出されると、裁判所は、再生計画案を債権者集会における決議（同法171条）か、書面による決議（同法172条）に付す。再生計画案が再生債権者の法定多数の同意（集会ならば、再生債権者（議決権者）で出席した者の過半数で、議決権者の議決権の総額の2分の1以上の賛成）を得て可決されると、裁判所は計画の内容について不認可事由がなければ再生計画認可の決定をする（同法174条）。再生計画の認可決定が確定すると、再生計画に定めのない債権は、原則として失権する（同法178条）。また、再生計画に定めのある債権については、再生計画の内容に従って変更される（同法179条）。

　　(ト)　**再生計画遂行**

　再生計画の認可決定が確定したときは、再生債務者等は、速やかに、計画を遂行しなければならない（民再186条）。

㈏　再生手続の終了

監督委員または管財人が選任されていない場合には、再生計画認可決定が確定した時点で、裁判所は直ちに終結の決定をする（民再188条1項）。

そして、監督委員が選任されている場合では、その後3年を経過したとき、管財人が選任されている場合には、計画が遂行されたとき、または計画の遂行が確実であると認められたときに、それぞれ終結の決定をする（民再188条2項・3項）。

(2)　事業譲渡による再生

〔具体例〕

A社（資本金1億円、従業員85名、年商70億円、負債総額50億円）は、プリンターケーブルの製造会社であり、設計、製造についての高い技術力と優良な取引先を有していたが、社会経済的価値の損失防止、雇用の確保を図るべく、X社への民事再生手続による事業譲渡を選択した（事業譲渡後、A社は清算手続に入った）。

㈣　民事再生手続による事業譲渡の意義

財産状況が悪化した後の企業の事業譲渡については、否認権行使の可能性が高くなるため、その回避のため法的倒産手続の中で、事業譲渡の手法を使うことが考えられるが、この場合は、倒産手続の開始申立てもしくは決定があると、顧客が取引を中止したり、従業員が退社したりして、今度は、急速に営業の資産価値が低下する可能性が高くなる。そこで、事業譲渡は、倒産手続開始決定後のできるだけ早い段階で行うことが望ましいが、あまり早く決めるとその価格等によっては債権者や従業員の利益が害されるおそれがある。

そこで、これらの倒産手続の問題を解決するため、民事再生法では、再生計画認可前であっても、開始決定後であれば、裁判所の許可を得ることにより事業譲渡を行うことができる手続を導入した。

㈻　事業譲渡を容易にするための主な規定

①　**DIP型手続**（Debtor In Possession。民再38条1項）　再生手続開始後も、原則、再生債務者は引き続き業務を遂行し財産の管理処分権を有す

る。このことは、プレパッケージド型申立て（経営危機が発生した時点で、事業譲渡先を選定し、基本合意をし、お膳立てができた後に行う法的倒産手続の申立て）のような場合でも、従来の経営陣がお膳立て後も継続して業務を行っているので、管財人選任時の業務の断絶や混乱も避けられ、早い譲渡手続が図られることになる。

② **事業譲渡の許可制度**（民再42条1項）　再生手続開始後は、裁判所の許可を得て、営業または事業の全部または一部を譲渡することができる。

なお、この許可要件は、再生債務者の事業の再生のため必要である場合とするが、その意味は、再生債務者の下で事業を継続するよりも譲渡するほうが事業の再生や再生債権者への弁済、雇用の確保の点から有利・適切であれば許可を出すことができるとされる。

なお、許可を出すにあたっては、裁判所は、債権者や労働組合の意見を聴かなければならない（民再42条2項）。

③ **事業譲渡に関する株主総会の決議に代わる許可制度**（民再43条1項）
株式会社が事業の全部または重要な譲渡をする場合、会社法上、株主総会の特別決議を要する（会社467条1項1号・2号）が、特別決議に時間を要したり、決議されない場合も考えられる。そこで、債務超過の場合に限って（この場合、株主は実質的に権利を喪失していると考えることができるので）、裁判所は、株主総会の特別決議に代わる許可（代替許可）を与えることができるとした。代替許可の決定により、再生債務者は株主総会の決議を経ないで、資産が劣化しないうちに迅速に事業譲渡を行うことができる。

④ **担保権消滅許可制度**（民再148条）　事業の継続に必要不可欠な財産上の担保権については、裁判所の許可を得て、当該財産の価格に相当する金銭を納付して、当該財産の担保権を消滅させることができる。

事業譲渡財産中に担保付財産が含まれている場合に、後順位担保権者が多いと、すべての担保権者の同意が必要となる。また、事業の譲受者としても、事業に必要欠くべからざる財産であればこそ、担保権を消滅した後に財産の譲渡を受けたいとの希望も出てこよう。

このような場合、この制度により、時価相当額を事業譲渡代金の一部

を使って一括納付して、担保権を消滅させることができる。

　(ハ)　**事業譲渡後の清算手続（清算型再生計画の可否）**

　再生債務者の事業全部を譲渡して、清算を行うことが可能であろうか。

　この点、民事再生法42条1項1号は「営業又は事業の全部又は重要な一部の譲渡」として、事業の全部譲渡を明定しており、もし、事業全部を譲渡することになれば会社は清算せざるを得ないので、この問いに対する答えは「可能」である。

　なお、民事再生法42条1項後段は「当該再生債務者の事業の再生のために必要があると認める場合に限り、許可することができる」、また同法43条1項は、裁判所の代替許可は、事業譲渡が「事業の継続のために必要である場合に限る」としているが、これらは、再生債務者自体の事業の再生や継続を意味すると解すべきではなく、（再生債務者が行っていた）事業そのものが、譲渡等により、再生・継続することが必要な場合と解すべきである。

　すなわち、民事再生法の目的は「債務者の事業又は経済生活の再生を図ること」（民再1条）とされるが、再生計画の本質は、再生債権者の権利を変更し、権利関係を適切に調節することにあり、法人で再生債務者の法人格の維持存続は必要的なものとはされていない。

6　会社更生手続

　会社更生は、窮境にあるが再建の見込みのある株式会社について、破産を回避して再建を図ろうとするもので、最も強力な整理手続であり他のどの倒産処理手続よりも優先する。

　また、会社更生は、原則、経営陣は退陣させられ裁判所の大幅な監督権限の下に置かれるので会社更生計画は強い効力を持つことになる。これは、会社更生が株式会社の事業の維持・更生を図ることを目的においているためである。

　なお、会社更生は、破産とは異なり必ずしも支払不能や債務超過などの破産の原因があることを要せず、そのおそれがあるか、弁済をすれば事業の継続が著しく困難になる場合でも手続開始の申立てができる（会更17条）。

(1) 会社更生手続の手順

〔図23〕 会社更生手続の流れ

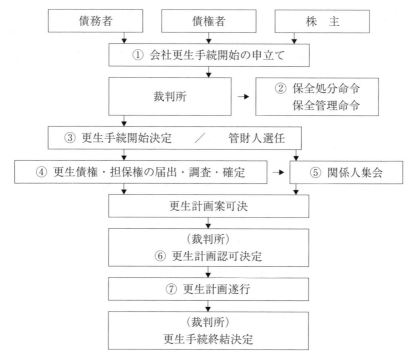

(イ) 会社更生手続開始の申立て

窮境にあるが再建の見込みのある株式会社（債務者）のほか大口債権者（当該株式会社の資本金の額の10分の１以上の債権を有する債権者）や大株主（発行済株式総数の10分の１以上の株式を有する株主）も申立てをすることができる（会更17条2項）。

(ロ) 保全処分命令

会社（債務者）の財産の散逸を防ぐため、その会社もしくは利害関係人の申立てまたは裁判所の職権に基づき、裁判所は保全処分命令を出す（会更24条以下）。なお、民事再生法と同様の保全処分（包括的禁止命令、強制執行等の中止命令等）が設けられている（同法25条1項）。

(ハ) 裁判所による更生手続開始決定

この決定により、会社の事業の経営、財産の管理処分権は裁判所の選任した管財人に専属し、取締役はそれらの権限を失う（会更41条以下）。

(ニ) 更生債権・更生担保権の届出

上記(ハ)の決定と同時に裁判所により更生債権・更生担保権の届出期間が定められる（会更138条以下）。この期間に届出のないものは、債権者は関係人集会の前までに、債権者の責に帰さない事由を疎明して届け出なければ債権は失権することになるので注意を要する（同法139条）。なお、会社更生は破産や民事再生と異なり、抵当権、質権などの担保権も決定された更生計画に基づき弁済される。

(ホ) 関係人集会

関係人集会としては、「財産状況報告集会」（会更85条）と「更生計画案決議のための関係人集会」（同法189条）が定められている。後者については、議決権の行使方法が書面等投票による場合は集会を開催しないで更生計画案が決議される。

(ヘ) 裁判所による更生計画の認可決定

裁判所の認可決定があると更生債権者や更生担保権者の権利は更生計画のとおりに変更され（会更205条1項）、確定判決と同一の効力を生じる（同法206条2項）。

(ト) 更生計画遂行

更生計画の認可の決定があると、管財人は速やかに計画を遂行しなければならない（会更209条）。更生計画の遂行を迅速に行うため会社法規定の特則が定められている（同法210条〜225条）。更生計画の遂行には、事業経営、財産の管理および処分を適切に行い定められた弁済計画を確実に実行し早期に通常会社への移行をめざすことが求められる。

(2) 更生計画と回収

〔具体例〕

X株式会社の取引先であるY株式会社は、××××年1月26日名古屋地方裁判所へ会社更生手続開始の申立てを行った。同日現在、X社はY社に対して290万円の売買代金債権がある。

> X社のO営業部長は、P社長に呼ばれ「会社更生だから担保を取ってあっても意味がなくなった。債権の290万円は君の責任だ」と叱責された。

確かに会社更生の場合は、担保権者であっても更生計画に拘束されることになり、弁済期間が長期になるため直ちに回収することは難しい。

しかし、第11章のY株式会社の債権質の担保差入れ証書（〈書式21〉328頁）を参照していただきたい。質権設定者は、債務者（＝Y社）ではなく第三者（代表者個人のQ）となっている。

会社更生法によると更生計画は、その会社、更生債権者、更生担保権者、株主に対し効力を持つが、更生債権者がその会社の連帯保証人に対する権利や、第三者が更生債権者に提供した担保には影響を及ぼさない（会更203条2項）となっている。したがって、上記差入れ証書によると債権極度額は300万円であり、質権を実行すれば全額回収できることになる。

(3) 更生手続によらないで回収できる債権

なお、一定の条件の相殺（会更48条、49条）、譲渡担保以外の会社に属さない財産の取戻権（同法64条）、更生手続開始後の会社の事業経営によって発生した債権である共益債権（同法127条、128条、130条）は、会社更生手続によらないで回収できる。

(4) 民事再生手続と会社更生手続のすみ分け

民事再生手続と会社更生手続とのすみ分けが常に問題となる。一般的には、会社更生手続がその対象を株式会社に限定していることから、「大企業＝会社更生、それ以外＝民事再生」という公式が妥当とされているが、最近では、担保権者および担保物件の重要性や付着した担保物権の複雑さ、M&Aの可能性や経営陣のハードルの高さ等によるすみ分けも議論されている。つまり、担保権の設定等が複雑な場合は、会社更生手続を活用し、その強制的な手続により手続の中に更生担保権として取り入れてしまう。そのほうが、手続の円滑な進捗に資するという考え方が採用される場合もある。どちらにせよ、明確なすみ分けを基準化することは難しく、個別の企業再生に応じて検討がなされていくことになると思われる。なお、会社更生法と民事再生法の主な

相違点について整理すると【表97】となる。

　もっとも、これらは債権者の視点におけるものであるが、倒産手続は、債務者申立てが大半であるので、債務者の視点においてはどうかというと、結局は、企業経営者の立場が維持できるかどうかといった視点からの選択（換言すれば、DIP型※で可能かどうかという視点）が一番大きいのではないかと思われる。

　この点に関し、近年、会社更生手続においても債務者である会社の経営者が、一定の要件のもとで管財人となる例（DIP型）がみられる。

　DIP型会社更生が認められるためには、①現経営陣に不法行為等の違法な経営責任の問題がないこと、②主要債権者が現経営陣の経営関与に反対していないこと、③スポンサーとなるべき者がいる場合はその了解があること、④現経営陣の経営関与によって会社更生手続の適正な遂行が損なわれるような事情がないこと、が必要とされる。

　一方、従来の経営者がそのまま管財人となることへの抵抗も強く、DIP型管財人が辞任したり、DIP型管財人候補者が就任を辞退したりする例も発生している。

【表97】　会社更生法と民事再生法との主な相違点

	会社更生法	民事再生法
管轄裁判所	競合（東京・大阪）管轄を認める	（主たる）営業所所在地管轄裁判所
経営者(権)	原則、管財人を選任（最近はDIP型もある）	DIP型（原則旧経営者）
担保権	更生担保権となり、個別の権利行使が禁止される 更生計画に組み込まれる	別除権として、原則手続外で担保処分可能 担保協定を締結する場合あり
M&A関係	営業譲渡、減資、増資、合併、会社分割等が更生計画において可能 営業譲渡は更生計画外で可能	営業譲渡、減資可能
株主権	100％減資が多い	原則、従来のまま
開始決定	旧法は要件厳格、開始決定まで	原則として開始決定がなされる

	期間を要していたが、新法では緩和され、開始決定も短縮化	まで約2週間（東京地裁）
計画の提出時期	原則、開始決定日より1年以内	裁判所が別途定めるスケジュールによる 東京地裁では、開始決定後3～4か月以内
可決要件	一般更生債権の債権額の1/2超 更生担保権の額の2/3または3/4以上 株主の議決権の1/2超 （債権者頭数の要件なし）	議決権を行使した債権者の頭数の過半数かつ総議決権額の1/2以上
計画の遂行期間	15年以内	10年以内

7　取引先の法的整理手続における一般債権者の対応

　取引先について法的整理手続開始決定がなされた場合、まず債権の現状を確認し、債権額相殺の可能性等を洗い出し、早急に相殺をし、残額について確実に債権届出を行うことが肝要である（破111条、会社499条、民再94条、会更138条）。

　なお相殺権を行使できる要件は、各法的整理手続で異なるので注意が必要である。破産手続（破67条）および特別清算手続（積極説）[30]では手続中いつでも相殺が可能であるとされるが、民事再生手続、会社更生手続では債権届出期間中に限られる（民再92条、会更48条）。

---

[30]　東京弁護士会編『入門新特別清算手続』289頁〔池田清〕（ぎょうせい、2006年）。

第13章
人事・労務の法律知識修得はリーダーへの登龍門

> 近年、終身雇用制の崩壊、成果主義人事制度の導入、雇用の多様化・流動化、非正規労働者の増大、第三次産業における労働災害の増加など、労働を取り巻く環境が大きく変化し、会社と労働者との関係について労働法に基づき解決を求める機会がますます増大している。
>
> すなわち、労働者側からの労働法規違反に対する労働基準監督署等への申告・相談や個別労働紛争による解決の増加、また一方では、会社側による残業代の不払い、変形労働時間制の不適切な運用、偽装請負、36協定違反、パワハラや長時間労働による精神疾患の発病や過労死（第1章Ⅲ事例1［13頁］参照。なお、残念なことに日本語のkaroshiは世界共通語となってしまっている）などの増加である。
>
> 役員・部長等のリーダーは、これらを予防し、適切に対応するためには、労働法の知識が必須となっている。
>
> 厚生労働省は、毎年度、労働基準関係法令にかかる企業の不祥事のうち、送検された違反企業をまとめて公表している[31]。これらも含め、36協定を締結しない、過酷なノルマを課す、長時間労働や休日出勤があたり前などの、いわゆる「ブラック企業」との烙印を押された企業は、アルバイトや社員の募集にも困難をきたすようになってきている。
>
> 上に立つ者が、労働法に関する知識や情報を十分にもち、管理を適切に行っていかないと労働者とのトラブルを発生させ、知らない間に「ブラック企業」とされてしまうことは必定である。

※2018年6月29日、「働き方改革関連法」が成立したため、労働基準法等の改正の主な内容について385頁、406頁に記述する。

---

[31] ちなみに、平成29年度分の公表事案として479件（違反件数）を公表し（平成30年4月20日）、その中には東証1部上場企業（およびその主事業子会社1社を含む）の10件も含まれ、そのうち3件は電通の3支社（平成29年4月25日送検）によるものであり、いずれも36協定違反（労働基準法違反）であった。

I　労働契約の成立

1　労働者の募集

　労働者の募集に関しては、職業安定法等により規制がされている。

　労働者の募集を行う者は、均等待遇、労働条件の明示、求職者等の個人情報の取扱い、募集内容の的確な表示等に適切に対処しなければならない（職安法3条、5条の3、5条の4、42条）。

　均等待遇に関しては、差別的な取扱いが禁止され、募集に関する男女の均等な機会が確保されなければならない（職安3条、平成11年労働省告示第141号第2参照）。

　労働条件等の明示および募集内容の的確な表示に関しては、従事すべき業務の内容、賃金、労働時間その他の労働条件（就業場所、労働・社会保険など）を明示しなければならず（職安5条の3）、明示する労働条件等は求職者に誤解を与えないよう努めなければならない（同法42条）。

　男女雇用機会均等法は、労働者の募集および採用について、性別にかかわりなく均等な機会を得なければならないと定める（雇均5条、Ⅵ3(2)（395頁）参照）。なお、職業によっては「男性のみ」「女性のみ」が認められる場合もある（たとえば、モデル、俳優、ガードマン、看守、神父、巫女、女性更衣室の係員、養護施設の入浴係員、ホスト、ホステスなどのほか、法律により男性または女性に就業権限のある業務）。

　雇用対策法は、募集・採用における年齢にかかわらない均等な機会の与えなければならないと定める（雇対10条）。ただし、期間の定めのない労働契約の対象として、定年年齢を下回ることを条件に募集・採用する場合、長期雇用によりキャリア形成を図るため若年者等を募集・採用する場合、特定職種において労働者数の少ない特定の年齢層に限定し募集・採用する場合などは適用されない（雇対則1条の3第1項）。

2　採　用

(1)　採用の自由

　採用の自由は、契約締結の自由、営業の自由として認められているが、それは元来、わが国企業の雇用慣行による特別な事由からくるものと解されている。

　ただし、企業における採用の自由は、多くの制限を受けている（たとえば、憲法22条、男女雇用機会均等法5条、雇用対策法10条、労働者派遣法40条の5、同法40条の6および高齢者雇用安定法、障害者雇用促進法など）。

(2)　採用内定

　採用が決定した場合、企業は採用内定の通知を行い、入社日に辞令の交付等により正式採用となるのが一般的である。

　採用内定の取消しについて、判例は、「解約留保権の趣旨、目的に照らして客観的に合理的と認められ社会通念上相当として是認できる場合にのみ認められる」とする（最判昭54・7・20民集33巻5号582頁・大日本印刷事件）。

(3)　試　用

　正規従業員の採用については、入社後一定期間を「試用期間」とし、その後、本採用とするものがある。その法的性質は、長期雇用システム下の通常の試用は、解約権留保付雇用契約として構成される（最判昭48・12・12民集27巻11号1536頁・三菱樹脂事件）。[32]

　試用期間は、就業規則上定められるのが一般的であり、3か月程度が多く、この期間中は、会社の特別の解雇権（「会社は、都合により解雇することができる」や「会社は、社員としての適格性を欠くときは解雇することができる」などの文言）を明記するのが普通である。[33]

3　労働条件の明示

(1)　労働契約の締結

　労働契約は、労働者が使用者に使用されて労働し、使用者がこれに賃金を

32　菅野和夫『労働法〔第11版補正版〕』285頁（弘文堂、2017年）。
33　菅野・前掲（注32）284頁。

支払うことについて労働者および使用者が合意することによって成立する（労契6条）。

以上のように、労働契約は、その具体的内容を明示しなくとも、成立する。もっとも、労働契約法は、使用者に対し、労働条件・労働契約の内容につき理解を深めるようにし、また労働契約の内容につきできる限り書面で確認するものとする（労契4条）。さらに、労働基準法は労働条件の明示を義務付けている（労基15条）。

なお、労働契約の締結とは、新卒採用や中途採用のみならず、転籍、事業譲渡先企業による採用、定年後の嘱託再雇用なども含むと解される。[34]

(2) 労働条件の明示

使用者は、労働契約の締結に際し、労働者に対して賃金、労働時間その他の労働条件を明示しなければならない（労基15条1項）。

【表98】 労働条件の明示内容（労基則5条1項）

明 示 内 容	労基則 5条1項	労基89条 （就業規則）
① 労働契約の期間に関する事項	1号	
② 期間の定めのある労働契約の更新基準に関する事項	1号の2	
③ 就業の場所・従事する業務の内容	1号の3	
④ 始業・就業時刻、休憩時間、休日、休暇、交替性勤務の場合の就業時転換に関する事項※	2号	1号
⑤ 所定労働時間を超える労働の有無に関する事項	2号	
⑥ 賃金の決定・計算・支払方法、賃金の締切り・支払時期に関する事項※	3号	2号
⑦ 昇給に関する事項※	3号	2号
⑧ 退職に関する事項（解雇事由を含む）※	4号	3号
⑨ 退職手当の適用範囲、退職手当の決定、計算、支払方法、支払時期に関する事項※	4号の2	3号の2
⑩ 臨時の賃金・賞与等、最低賃金額に関する事項	5号	4号

34　菅野・前掲（注32）220頁。

	※		
⑪	食費、作業用品等の負担に関する事項※	6号	5号
⑫	安全衛生に関する事項※	7号	6号
⑬	職業訓練に関する事項※	8号	7号
⑭	災害補償、業務外の傷病扶助に関する事項※	9号	8号
⑮	表彰、制裁の種類・程度に関する事項※	10号	9号
⑯	休職に関する事項	11号	

　上表の①から⑧（労基則5条1項1号～4号）は、これらの事項が明らかになる書面で交付すべきものとする（労基則5条2項・3項）。

　上表中の※印は就業規則の必要的記載事項であり（労基89条1号～9号）、これらに関しては就業規則を交付してもよいが、就業規則の必要的記載事項ではない①～③は、書面の交付が必要となる。

II　就業規則に基づく労働契約

1　労働契約とは

　労働契約は、前述したように使用者と労働者の合意によって成立する（労契6条）。

　労働基準法上、労働者とは、職業の種類を問わず、事業または事務所に使用される者で、賃金を支払われる者をいう（労基9条）。

2　労働契約と就業規則・労働協約の関係

(1)　就業規則と労働契約

　労働者の働く条件、賃金、人事などに関して、使用者が定めた規則で使用者・従業員が遵守すべきものが就業規則である。就業規則は、使用者が「ア．合理的な労働条件が定められている就業規則」を「イ．労働者に周知させていた場合」には、各労働者の労働契約の内容となる（労契7条）。合理的な

内容の就業規則は、より有利な、個別的特約が定められない限り、労働契約の内容を規律するものとされ、「労働契約規律効」と呼ばれる。

そして、上記ア、イを充足する就業規則であれば、「当該事業場の労働者は、就業規則の存在および内容を現実に知っていると否とにかかわらず、また、これに対して個別的に同意を与えたかどうかを問わず、当然にその適用を受ける（最判昭43・12・25民集22巻13号3459頁・秋北バス事件）」とされ、会社と労働者は就業規則で定める労働条件で労働契約を合意したことになる。

就業規則は、常時10人以上の労働者を使用する事業所の場合、労働基準監督署に届け出なければならず（労基89条）、労働者に周知させなければならない（労基106条）。作成には、会社の就業規則案を労働者の過半数が加入する労働組合の、または労働組合がない場合や少数派組合の場合は従業員代表者の、意見書が必要となる（同法90条）。

就業規則の必要的記載事項は、前掲【表98】の右欄（労基89条）の1号から9号のものおよび10号の「前各号に掲げるもののほか当該事業場の労働者のすべてに適用される定めをする場合においては、これに関する事項」である。

(2) 労働協約と労働契約

労働協約は、労働組合と使用者が、団体交渉の結果、合意事項を書面にして両当事者が署名または記名押印したものをいう（労組14条）。労働協約は労働組合と使用者間の合意であるので、適用されるのは原則、組合員に限られる。

就業規則や個別労働契約の内容が、労働協約に比べて労働者に不利な場合は労働協約が適用され、当該就業規則・個別労働契約は労働契約として適用されない（労契13条、労基92条、労組16条）。

(3) 個別労働契約と就業規則

労働者と使用者が、労働契約書等で、就業規則の基準より不利な労働条件を合意した場合は、その部分は無効とされ、無効部分は就業規則の基準が適用される（「就業規則の最低基準効」と呼ばれる。労契12条）。一方、労働契約書等で、就業規則の基準より有利な労働条件を合意した場合は、労働契約書等が優先して適用される。

(4) 労使慣行

労働条件等について、使用者と多数の労働者または労働組合間で、長期間、反復継続して慣行として行われ、決定権限を有する者が規範として意識していた場合に、それが労働協約の規定や就業規則の基準よりも有利な場合は、労働契約の内容として認められる。

(5) 規定の優先順位

〔図24〕 規定の優先順位

法　　令 （強行法規）	⇒	労働協約 （労働組合員）	⇒	就業規則 （労働者）	⇒	個別労働契約 （個別労働者）

まず、労働基準法などの強行法規がすべてに優先し、労働協約、就業規則、(個別の) 労働契約の順に優先される。もっとも、個別労働契約では就業規則よりも有利な条件を設定してもよく、会社にとって重要な人材を採用する場合には有利な労働条件を提示する場合がある。

3　就業規則の不利益変更

就業規則は、時代の変化や実態になじまない場合などに、変更すべき場合もあり、原則として労働者との合意が必要となる（労契8条）。なお、労働条件を有利に変更する場合は、労働者との合意は必要とはならない。

就業規則の新規作成または変更することで労働条件を不利益に変更する場合は、労働者の合意が必要となり（労契9条）、不利益変更に合意しない労働者があるときは、変更後の就業規則を周知させ、かつ就業規則変更の事情に照らして合理的であるときは就業規則を変更することができる（同法10条）。

合理的であるかどうかは、【表99】の判断要素を総合して判断される。[35]

【表99】　合理性の判断要素（労契10条）

①	労働者の受ける不利益の程度
②	労働条件の変更の必要性

---

[35] 最判昭43・12・15民集22巻13号3459頁（秋北バス事件）、最判平9・2・28民集51巻2号705頁（第四銀行事件）。

③　変更後の就業規則の内容の相当性
④　労働組合等との交渉の状況
⑤　その他の就業規則の変更に係る事情

　判例は「その就業規則の作成または変更が、その必要性と内容（【表99】の②③）の両面から見て、それによって従業員に及ぶ不利益の程度（【表99】の①）を考慮しても、なお法的規範性を是認できるだけの合理性が必要である」とする（最判昭63・2・16民集42巻2号60頁・大曲農協事件）。

Ⅲ　労働時間・休暇

1　労働時間・休日の原則

(1)　労働時間の原則

　労働時間は、週40時間以内および1日8時間以内が原則である（法定労働時間、労基32条）。使用者と労働者は、就業規則等により、法定労働時間内で労働者が労働義務を負う時間（所定労働時間）を定める。

　法定労働条件に違反する労働条件は無効とされ（労基12条）、法定労働時間を超える時間外労働には、割増賃金が発生する（同法37条1項）。法定労働時間を超える時間外労働は、36協定の締結および労基署への届出が必要となる。

(2)　休憩時間の原則

　1日の労働時間が6時間を超える場合は45分以上、8時間を超える場合は1時間以上の休憩時間を、労働の途中に与えなければならない（労基34条1項）。休憩時間は、自由に利用できなければならず、また、原則として一斉に与えなければならない（労基34条3項・2項）。

(3)　休日の原則

　毎週、少なくとも1日の休日を与えなければならない（週休制の原則、労基35条1項）。ただし、週休制の原則の例外として、4週間を通じて4日以

上の休日を付与することを定めてもよい（同法35条2項）。

2　法定労働時間の弾力化

(1) 変形労働時間制

一定（1か月以内・1年以内・1週間）の期間全体の所定労働時間を平均した労働時間が、法定労働時間を超えない限り、法定労働時間を超えたものと扱わないという制度である（労基32条の2、32条の4、32条の5）。労使協定や変更した就業規則に基づき労基署への届出が必要となる。

1週間単位の変形労働時間制は、30人未満の労働者を使用する小売業や飲食店など定められた事業において、認められる（労基則12条の5）。繁忙期と閑散期が明確な場合には、有効な方法である。

(2) フレックスタイム制

就業規則等により、労働者に始業・終了の時刻の決定を委ね、清算期間（最長1か月間）の労働時間を清算する制度である（労基32条の3）。この場合、時間外労働となるのは、法定労働時間の総枠を超えた時間である。

(3) 事業場外労働のみなし労働時間制

労働者が事業場外で業務に従事した場合に、労働時間の算定が難しいときは、所定の労働時間を労働したものとみなす制度である（労基38条の2第1項）。原則として、時間外労働は発生しない。

(4) 裁量労働制

専門業務型裁量労働制と企画業務型裁量労働制がある。いずれも、労使間で定めた労働時間を、実際の労働時間としてみなす制度であり、時間外労働は発生しない。

① **専門業務型裁量労働制**　対象となるのは「業務の性質上その遂行の方法を大幅に当該業務に従事する労働者の裁量に委ねる必要があるため、当該業務の遂行の手段および時間配分の決定等に関し具体的な指示をすることが困難なものとして厚生労働省令（労基則24条の2の2）に定める業務」である（労基38条の3）。

② **企画業務型裁量労働制**　「事業の運営に関する事項についての企画、立案、調査、分析の業務でその遂行を労働者に委ねる必要があり、業務

の遂行や時間配分に関し使用者が具体的な指示をしないこととする業務」について、「適切に遂行するための知識、経験等を有する労働者」が就く場合である（労基38条の4）。

3 時間外・休日労働

(1) 意 義

法定労働時間（1日8時間、1週40時間）を超える労働を時間外労働といい、就業規則に定める所定労働時間を超える残業を法内残業（所定労働時間を1日7時間とした場合の8時間まで）といい区別される。法内残業のみに労働が発生した場合には割増賃金は発生しない。

同様に、法律で定められた最低限の休日（週1回、月4回）を法定休日といい、またたとえば週休2日制の場合の1日を除く残りの休日を法定外休日という。法定外休日のみに労働が発生した場合、割増賃金は発生しない。

(2) 時間外労働と36協定

原則、法定労働時間（1日8時間、1週40時間）を超えて労働者を働かせることができない。しかし、業務上時間外労働が必要となる場合があり、あらかじめ労使間で書面による協定を締結し、労働基準監督署に届け出ることを要件として、法定時間外の労働が認められる（労基36条1項）。この労使間の協定は労働基準法36条に定められているので「36（サブロク）協定」と称する。

労使間の協定の「労」とは、労働者の過半数で組織する労働組合または労働者の過半の代表者を意味する（労基36条1項）。

36協定には、1日を超え3か月以内の一定期間、および1年間について延長限度時間を定めなければならず、その延長限度時間については、時間外限度基準[36]を超えないものとしなければならない（時間外限度基準3条）。

---

[36] 平成10年12月28日・労働省告示154号「労働基準法第36条第1項の協定で定める労働時間の延長の限度等に関する基準」を「時間外限度基準」と称する。

【表100】 時間外労働の条件（時間外限度基準）

期　間		時間外労働の上限時間
週単位	1週間	15時間
	2週間	27時間
	4週間	43時間
月単位	1か月	45時間
	2か月	81時間
	3か月	120時間
1年		360時間

(3) 時間外・休日・深夜労働の割増賃金

使用者は、労働者に時間外労働や法定休日労働をさせた場合、割増賃金を支払わなければならない。

① **時間外労働・休日労働**　平日午後10時までの時間外労働については通常賃金の25％以上、休日労働については35％以上の割増賃金を支払わなければならない（労基37条1項本文、割増賃金令）。

　さらに、大企業は、㋐1か月60時間を超える法定時間外労働に対しては、50％以上の割増賃金を支払わなければならない（労基37条1項ただし書）。なお、㋑この50％以上の割増賃金を支払う代わりに、有給休暇（代替休暇）を与える制度が設けられている（同法37条3項）。上記㋐は、中小企業に対しては当分の間猶予されているため、㋑の代替休暇も同時に猶予される。

② **深夜労働**　午後10時から翌朝午前5時までの間に労働させた場合は、25％以上の割増賃金を支払わなければならない（労基37条4項）。時間外労働が深夜労働と重複した場合は、50％以上の割増賃金となる。大企業において、1か月60時間を超える法定時間外労働と深夜労働が重複した場合は、75％以上の割増賃金となる。

4　年次有給休暇制度

年次有給休暇（以下、「年休」という）は、労働者が6か月間継続して勤務し、全労働日の8割以上を出勤することにより、法律上、当然に発生する

（労基39条1項）。

【表101】 年休の法定付与日数（全労働日の8割以上の場合）

勤続期間	6か月	1年6か月	2年6か月	3年6か月	4年6か月	5年6か月	6年6か月以上
付与日数	10日	11日	12日	14日	16日	18日	20日

年休は1日単位が原則だが、半日単位（たとえば、昼休みをはさんだ午前・午後など）の休暇制度（労働省通達平成7年7月27日基監発第33号）、労使協定を締結すれば時間単位年休（年に5日を限度）も可能である（労基39条4項）。

パートタイム労働者や臨時労働者に対しても、6か月間継続して勤務し、全労働日の8割以上を出勤することにより、付与日数は異なるが同様の年休が法制化されている（労基39条3項）。

> **コラム**
>
> ## 働き方改革に関する「労働基準法改正」の主な内容
>
> 本章の改正前の記述を変更するもの、および新設するものを中心に、その概要を以下に記述する（原則2019年4月施行）。
>
> 1 長時間外労働の是正
> (1) 時間外労働の条件（時間外限度基準）
>
> | 期　　間 | | 時間外労働の上限間時間 |
> |---|---|---|
> | 月単位 | 1か月 | 45時間 |
> | 1年 | | 360時間 |
>
> 【表100】と比較すると簡略化された（改正労基36条4項）。
> (2) 特別条項付き36協定の改正
> 従来から臨時的に限度時間を超えて時間外労働を行わなければならない特別の事情が予想される場合には「特別条項付き36協定」を結ぶことができた。特別条項付き36協定に関し、改正により、会社は「年間720時間を超えない範囲で、単月100時間未満（法定休日労働時間を含む）で2か月ないし6か月の平均労働時間80時間以内（法定休日労働時間を含む）」とする上限が設定された（改正労基36条5項・6項）。

2 フレックスタイム制の改正（１か月を超える清算期間を設定した場合）

(1) 清算期間の見直し

１か月を超える（３か月以内）清算期間を設定できる（改正労基32条の3第1項）。これを設定する場合、清算期間開始の日以後１か月ごとの各期間（最後に１か月未満の期間が生じたときは当該期間）ごとに当該各期間を週平均し、１週間当たりの労働時間が50時間を超えない範囲内で労働させることができる（改正労基32条の3第1項）。これを超えると時間外労働となり時間外手当等が発生する。

ただし、清算期間全体では、平均して週40時間超の時間が時間外割増賃金の対象となるので、１か月を超える場合は、両方の労働時間で管理する必要がある。

(2) 労使協定の届出

１か月を超える清算期間を設定した場合のみ、労使協定を労働基準監督署に届け出なければならない（改正労基32条の3第4項）。

3 年次有給休暇制度の改正

年次有給休暇の付与日数が10日以上である場合の労働者に、１年（付与した日より１年以内）の間に「５日」について時季を定めて与えなければならない（改正労基39条7項）。

ただし、労働者が５日以上、有給休暇を与えられている場合は、時季を定め与えることを要しない（改正労基39条8項）。

4 高度プロフェッショナル制度の新設

正式には、「特定高度専門業務・成果型労働制」と称する。

(1) 高度プロフェッショナル制度の導入

労働時間、休憩、休日、深夜の割増料金の規制が適用除外となる。当制度は、「労使委員会」により委員の５分の４以上の多数による決議をし、行政官庁に届け出なければならない（改正労基41条の2第1項）。

① 対象業務

高度の専門的知識を必要とし、その性質上従事した時間と従事して得た成果との関連性が通常高くないと認められるものとして厚生労働省令で定める業務のうち、労働者に就かせる業務

② 対象労働者の範囲

イ 使用者との書面その他の方法により職務が明確に定められていること

ロ　使用者から支払われると見込まれる賃金の額を1年間あたりの賃金の額に換算した額が基準年間平均給与額の3倍の額を相当程度上回る水準として厚生労働省令で定める額以上のであること

③　健康管理時間の把握措置

　「健康管理時間」とは、事業場内にいた時間と事業場外において労働した時間との合計をいい、使用者は、この時間を把握する措置を講ずる必要がある。

④　休　日

　使用者は、対象労働者に対し、1年間を通じ104日以上、かつ、4週間を通じて4日以上の休日を与える必要がある。

⑤　健康管理措置

　使用者は、以下の措置を講ずる。

　イ　勤務間インターバル制度の導入、かつ、深夜労働を1か月あたりの厚生労働省令で定める回数以内とする。

　ロ　健康管理時間を1か月または3か月についてそれぞれ厚生労働省令で定める時間を超えない範囲内とする。

　ハ　1年に1回、連続2週間以上（労働者が請求した場合は年2回以上の継続した1週間以上）の休日を与える。

　ニ　健康管理時間の状況その他の労働者の健康保持を考慮して厚生労働省令で定める要件に該当する労働者に健康診断を実施する。

⑥　有給休暇の付与等

　対象労働者の健康管理時間の状況に応じた健康および福祉を確保するため、有給休暇（改正労基39条の有給休暇を除く）の付与、および健康診断その他の厚生労働省令で定める措置を実施する。

⑦　同意の撤回

　労働者が高度プロフェッショナル制度の適用を受けることに同意した場合に、後で、労働者は同意を撤回できる。

⑧　苦情処理

　使用者は、対象労働者からの苦情処理の措置を講ずる必要がある。

⑨　不利益取扱いの禁止

　使用者は、高度プロフェッショナル制度の適用に同意しなかった対象労働者に対して解雇その他の不利益取扱いをしてはならない。

⑩　その他厚生労働省令で定める事項

(2) 行政官庁への実施状況の報告

上記(1)④から⑥までの措置の実施状況を行政官庁へ報告しなければならない。

5 中小企業に対する時間外特別割増賃金の適用解禁

これまで月60時間を超える特別割増率50％について、大企業のみの適用であったが（384頁参照）、今回の改正で、その適用が解禁される。ただし、2023年4月施行。

Ⅳ 人事権の行使・休職・休業

1 人事権の行使

人事権とは、使用者が労働者の採用から退職に至るまでの一切の権限を指し、具体的には採用、配置、異動、人事考課、昇進、昇格、降格、休職、解雇などについての決定権限を指すものとされる。

(1) 配置転換

「配置転換」とは、使用者が労働者の配置（業務の種類・勤務場所など）を変更することである。通常、就業規則に「業務上の必要に応じ、配置転換、転勤および出向（業務派遣を含む）を命ずることがある」などの定め等がある場合、これにより労働者は包括的な同意を与えたことになり、配置転換や出向の命令が出される。

配置転換命令権が肯定される場合でも、業務上の必要性に比べ、労働者の職業上・生活上の不利益が著しく高い場合は権利濫用となる。[37]

---

[37] 最判昭61・7・14労判477号6頁（東亜ペイント事件）　本判例は、「業務上の必要性」に関し、余人をもって替え難いといった高度のものであることは要せず、労働力の適正配置、業務能率の増進、労働者の能力開発、業務運営の円滑化などのためでもよいとし、「職業上・生活上の不利益」に関しては、不当な動機・目的によるときや労働者に対し通常甘受すべき程度を著しく超える不利益を負わせる場合など特段の事情がある場合をいうとする。

(2) 出　向

「出向」とは、労働者を使用者の企業に在籍させたまま、他の企業の労働者や役員となって一定期間その業務に従事することをいう。

出向の場合でも、配置転換と同様の包括的な同意でもよいと解されている[38]。

したがって、就業規則等で根拠規定があり、かつ業務上の必要性があり、労働者の職業上・生活上の著しい不利益がなければ権利の濫用はないものと解される。もっとも、根拠規定については、出向先、出向事由、出向先での労働条件、手続、期間、復帰の条件等について定められているべきである。

(3) 転　籍

転籍は、転籍元の会社と労働契約を合意解約して、転籍先企業との新たな労働契約を締結する人事異動であり、いずれも労働者の同意が必要となる。その他、労働契約上の使用者の地位の譲渡により転籍を行う場合もあり、譲渡について労働者の同意が必要となる[39]。

(4) 人事権の行使による降格

降格には、以下で述べる「人事権の行使によるもの」と「Ⅶ　懲戒」で述べる「懲戒処分として行うもの」がある。業績不振、能力不足、勤務成績不良などを理由として一定の役職を解く降格については、裁判例は人事権の行使として就業規則に根拠規定がなくても可能とされる[40]。ここでいう人事権とは、労働者を企業組織の中で位置づけ、その役割を定める権限であり、労働契約上当然に使用者の権限として予定されているものであるとされる[41]。もっとも、権利濫用法理は認められるため、賃金が相当程度下がる場合など、人事権の濫用に注意が必要である[42]。

---

[38] 福岡高判平12・11・28労判806号58頁（新日鉄〔日鉄運輸〕事件）。
[39] 就業規則や労働協約上の包括的規定による転籍命令権を否定したものとして、東京地決平7・12・25労判689号31頁（三和機材事件）がある。
[40] 神戸地判平3・3・14労判584号61頁（星電社事件）など。
[41] 菅野・前掲（注32）682頁。
[42] 菅野・前掲（注32）683頁。

2 休職・休業

(1) 休 職

休職とは、労働者を就労させることが適切ではない場合、労働協約や就業規則に基づき、使用者が一方的な意思表示により一定期間、労働を免除または禁止するものである。

【表102】 休職制度

① 傷病休職 （病気休職）	業務外傷病が一定期間に及んだとき、休職となる。休職期間満了時点で治癒していれば復職、治癒していないとき（休職事由が消滅していないとき）は、自動退職または解雇となる。 裁判例は、傷病休職後、従前の特定の業務について復帰が困難としても、現実的可能性のある他の業務への労務への労務の提供を申し出ている場合には、会社は配置可能業務の有無を検討する義務があるとする。[43]
② 事故欠勤休職	傷病以外の自己都合による欠勤が一定期間に及んだとき、休職となる。休職期間中に出勤可能となれば復職、出勤可能とならなければ、自動退職または解雇となる。事故欠勤の期間、休職期間は、就業規則に定められる。
③ 起訴休職	刑事事件に起訴された者に関し、企業の社会的信用や職場秩序の維持、懲戒処分の留保または猶予のための休職である。
④出向休職	他社への出向期間中になされる休職である。
⑤自己都合休職	留学や公職への就任などの期間中になされる休職である。

一般的に、本人の都合・本人の帰責事由によるときは、無給で、勤続年数へ算入されず、会社の都合での出向・留学などによるときは、一定の割合の賃金が支払われ、高い比率で勤続年数へ算入が行われることが多い。

(2) 休業手当

使用者の帰責事由による休業の場合は、使用者は、休業期間中、労働者に、その平均賃金の100分の60以上の手当（休業手当）を支払わなければならな

---

[43] 最判平10・4・9労判736号15頁（片山組事件）、大阪地判平11・10・4労判771号25頁（JR東海事件）。

い（労基26条）。使用者の帰責事由は、民法上の使用者の帰責事由よりも広く、休業事由としては、機械の検査、原料・部品・資材の入手困難などが考えられる。

Ⅴ 賃 金

1 賃金の定義

労働基準法上、「賃金」とは、賃金、給料、手当、賞与その他名称のいかんを問わず、労働の対象として使用者が労働者に支払うすべてのものをいう（労基11条）。退職金・賞与も、就業規則等で支給することや支給基準等が定められており使用者に支払義務があるものは、賃金である。

家族手当や住宅手当も、賃金規程などで制度化されていれば賃金であり、福利厚生給付ではない。通勤手当や定期券代は、その支給基準が定められていれば賃金である。

2 賃金支払いの原則

賃金の支払い確保について、労働者の保護のため、労働基準法は、諸原則を定める（労基24条）。

(1) 通貨払いの原則

賃金は、通貨で支払わなければならず、現物支給は禁止されている（労基24条1項）。

賃金の口座振込みは、労働協約等で定める場合、または労働者の同意を得た場合にすることができる（労基則7条の2）。

(2) 直接払いの原則

賃金は、直接労働者に支払われなければならず、中間搾取（ピンハネ）や親が年少者の賃金を奪取することは禁止される（労基24条1項、59条）。

なお、使者に対する賃金の支払いは認められる。

また、賃金債権が譲渡された場合でも、譲受人への支払いは禁止される。

一方、賃金債権を差し押さえられた場合は、差押禁止額（税徴76条、民執152条）を除き、差押債権者への支払いは認められる。

(3) 全額払いの原則

　賃金は、その全額を支払わなけれなばらないが、法令に別段の定めがある場合（給与所得税の源泉徴収、社会保険料の控除など）は控除して支払うことが認められる（労基24条1項）。

　その他、労働協約や就業規則に控除規定があるか、労働者の個別同意がある場合は、控除が可能となる（労組16条、労契7条、10条、8条）。

　相殺について判例は、労働者の自由意思に基づいてされたと認められる合理的な理由が存在するときは、認められるとするが（最判平2・11・26民集44巻8号1085頁・日新製鋼事件）、一方的な相殺は、許されないとする（最判昭36・5・31民集15巻5号1482頁・日本勧業経済会事件）。

(4) 毎月1回以上一定期日払いの原則

　賃金は、毎月1回以上、一定の期日を定めて支払わなければならないが、臨時に支払われる賃金、賞与その他これに準ずるものであって厚生労働省令（労基則8条）で定める賃金はこの限りでない（労基24条2項）。

VI　職場の人間関係、男女の平等等

1　パワーハラスメントの防止

(1) パワーハラスメントとは

　パワーハラスメント（以下、「パワハラ」という）とは、「同じ職場で働く者に対して、職務上の地位や人間関係などの職場内の優位性を背景に、業務の適正な範囲を超えて、精神的・身体的苦痛を与えるまたは職場環境を悪化させる行為をいう（2012年1月30日「職場のいじめ・嫌がらせ問題に関する円卓会[44]

---

[44]　同報告によると、「職場内の優位性を背景に」とは、上司から部下に行われるものだけでなく、先輩・後輩間や同僚間、さらには部下から上司に対して様々な優位性を背景に行われるものも含まれる。

(2) パワハラの行為類型

同報告によると職場のパワハラの行為類型は以下の通りとされる。

【表103】 パワハラの行為類型

① 身体的な攻撃（暴行・傷害）
② 精神的な攻撃（脅迫・暴言等）
③ 人間関係からの切離し（隔離・仲間外し・無視）
④ 過大な要求（業務上明らかに不要なことや遂行不可能なことの強制、仕事の妨害）
⑤ 過小な要求（業務上の合理性なく、能力や経験とかけ離れた程度の低い仕事を命じることや与えないこと）
⑥ 個の侵害（私的なことに過度に立ち入ること）

上表の④～⑥は、「業務の適正な指導」との線引きが難しく、何が「業務の適正な範囲を超えるか」は、各企業・職場で認識をそろえ、その範囲を明確にする取組みをすることが望ましいとされる。

(3) パワハラの責任

被害者である労働者から、加害者に対しては不法行為責任（民709条）、また会社に対しては使用者責任（民715条）、必要な措置や対応を怠ったことについての安全配慮義務違反の責任の追及が可能である。

2 セクシャルハラスメントの防止

(1) セクシャルハラスメントの2類型

セクシャルハラスメント（以下、「セクハラ」という）は、口頭や行動による性的な嫌がらせであり、内容から次の2類型に分類される。

【表104】 セクハラの2類型

対価型	職場における性的な言動に対し、労働者が拒否したことにより労働条件について不利益（解雇、降格、減給、不利益配転等）を受けること
環境型	性的な言動が行われることで、労働者の就業環境が害される（苦痛、就業意欲の低下、仕事が手につかない等）こと

(2) セクハラの対応義務

　セクハラに対して、男女雇用機会均等法11条は、使用者は雇用管理上必要な措置を講じなければならないとし、講ずべき措置について指針（平成18年厚生労働省告示615号）が定められている。

　使用者は、指針に従った雇用管理上の義務を十分に行っていれば、使用者責任（民715条）を免れるものとなろう。[45]

【表105】　使用者が構ずべき措置

① 事業場の方針等の明確化およびその周知・徹底 　ア　職場におけるセクハラの内容、セクハラがあってはならない旨の方針を明確化し、管理・監督者を含む労働者に周知・啓発すること 　イ　セクハラ行為について厳正対処の方針や内容を就業規則等に規定し、管理・監督者を含む労働者に周知・啓発すること ② 相談（苦情を含む）に応じ、適切に対応するために必要な体制の整備 　ア　相談窓口をあらかじめ定めること 　イ　相談窓口担当者が内容や状況に応じ適切に対応できるようにし、また広く相談に対応すること ③ 職場におけるセクハラに係る事後の迅速かつ適切な対応 　ア　事実に係る事実関係を迅速かつ正確に確認すること 　イ　事実が確認できた場合には、速やかに被害者に対する配慮のための措置、および行為者に対する措置を適正に行うこと 　ウ　事実が確認できた場合、できなかった場合にかかわらず、再発防止に向けた措置を講ずること ④ 上記の①～③までの措置と併せて講ずべき措置 　ア　相談者・行為者等のプライバシーを保護するために必要な措置を講じ、その旨を労働者に周知すること 　イ　相談をしたこと、事実関係の確認に協力したこと等を理由とし不利益な取扱いを行ってはならない旨を定め、労働者に周知・啓発すること

　以上の他、マタニティハラスメント（「マタハラ」とも称する）についても、事業主は、雇用管理上必要な措置を講じなければならないとし、講ずべき措

---

[45]　菅野・前掲（注32）262頁。

置について指針（平成28年厚生労働省告示312号）が定められている（雇均11条の２）。

3　男女の平等

(1)　労働基準法上の男女の同一賃金原則

使用者が、女性であることを理由として、賃金について男性と差別的取扱いをしてはならない（労基４条）。

賃金は、あくまでもその従事する職務、能力、成績、年齢、勤続年数等により決せられるものであり、男女の性別により決めるのは本条に違反する。男性と女性で異なった賃金支給基準が決められている場合、特段の事情が認められない限り、女性であることを理由とした差別的取扱いと推認されるとする裁判例がある（秋田地判昭50・４・10労民26巻２号388頁・秋田相互銀行事件）。

違反の場合は、刑罰が科され（労基119条）、違反する就業規則は無効であり、損害を与えた場合は不法行為として損害賠償の対象となる。

(2)　男女雇用機会均等法による男女差別の禁止

賃金以外の男女差別の禁止に関しては、男女雇用機会均等法が定める。

同法は、事業主が「募集・採用」について男女に均等な機会を与えなければならず（雇均５条）、また、配置、昇進、教育訓練（同法６条１号）、福利厚生（同法６条２号）、職種・雇用形態の変更（同法６条３号）、定年、退職、解雇（同法６条４号）についての男女の差別的取扱いをすることを禁止する。さらに、女性労働者の婚姻、妊娠、出産を退職理由として予定する定めが禁止され、またこれらを理由とする解雇を禁止する（同法９条）。

以上の他、募集・採用に関し身長、体重、体力に関する事由、または募集、採用、昇進、職種の変更に関し労働者の住居の移転を伴うことができることを要件とすること、昇進に関し他の事業場に配置転換の経験があることを要件とすることは、男女差別のおそれがある間接的な男女差別として禁止される（雇均７条、雇均則２条）。

Ⅶ 懲　戒

1　懲戒権の根拠

　一般の企業では、懲戒処分（懲戒解雇、諭旨解雇、出勤停止、減給、戒告、訓告など）が制度化されている。

　判例は、労働者は労働契約を締結したことによって企業秩序遵守義務を負い、使用者は労働者の企業秩序違反行為に対して制裁罰として懲戒を課すことができるとするが（最判昭58・9・8労判415号29頁・関西電力事件）[46]、懲戒はあらかじめ就業規則に懲戒の種類、理由を定め、かつ周知の手続がとられていることが必要とされる（最判平15・10・10労判861号5頁・フジ興産事件）。

　この点、労働基準法は、常時10人以上を使用する使用者は、制裁の定めをする場合においては、その種類および程度に関する事項について就業規則を作成しなければならないとする（労基89条9号）。

2　懲戒の手段・事由

(1)　懲戒の手段

　懲戒の手段には、以下のような手段があり、就業規則に定める。

【表106】　懲戒の手段

① 戒告・けん責	戒告は、口頭で戒めるのみ。けん責は、始末書を提出させて戒めるもの。昇格・昇給・一時金などにおいて人事考課査定で不利に扱われる場合がある。
② 減　給	減給、過怠金、罰金など、制裁として受けるべき賃金の一定額を差し引くもの。労基法は、減給の制裁を定める場合、減給について制限がある（労基91条）。
③ 降　格	役職・職位・職能資格等を引き下げることであり、懲戒の手段だけでなく人事権の行使として行われる（前記Ⅳ1(5)参照）。懲戒処分としては、降格する幅を定めてお

---

[46]　本判例は、固有権説と考えているようであるが、菅野・前掲（注32）660頁は、使用者が企業秩序違反者に対し懲戒処分を当然に課しうるかは、なお一層の検討を必要とすると述べる。

		く必要がある。降格による賃下げは、降格により当然賃金もダウンすることになり、役職の変更によるものである限り減給の制限を超えても問題はない（上記②参照）。
④	出勤停止	自宅謹慎・懲戒休職とも呼ばれ、就労を一定期間禁止し、その間、賃金を支給しない処分である。出勤停止の期間は、通常１週間程度である。
⑤	懲戒休職	出勤停止では短期すぎるが、解雇には及ばない場合に、１～３か月程度休職するものである。[47]
⑥	諭旨解雇	懲戒解雇を若干軽減した処分であり、退職願の提出を勧告し、即時退職を求めるものである。この場合、自己都合退職の場合の退職金の一部または全部が支給されたりする
⑦	懲戒解雇	懲戒処分の極刑であり、即時に解雇がなされ、退職金の全部または一部が支給されない。もっとも懲戒解雇に伴い、退職金不支給規定を有効に適用できるためには、労働者のそれまでの勤続の功を抹消してしまうほどの重大な不信行為があることが必要である。[48]

(2) 懲戒事由

懲戒事由としては、以下のような事由があり、就業規則に定める（労基89条３号かっこ書）。就業規則の懲戒解雇事由の定めは、限定列挙であると解されるが、その中に置かれる包括的解除事由（たとえば「その他前各号に準ずる場合」など）は、限定列挙であっても例示列挙であっても大きな差は生じない。

【表107】　懲戒事由

①	経歴詐称	使用者と労働者の信頼関係を破壊する「重要な経歴詐称」は、企業秩序義務違反である。使用者が知っていたならば当該従業員を採用しなかったかどうか。
②	職務懈怠	無断欠勤、出勤不良、勤務成績不良、遅刻過多、職場離脱等であるが、それが就業に関する規律違反、職場秩序を乱すなどの場合が対象となる。

---

[47] 盛岡地一関支判平８・４・17労判703号71頁（岩手県交通事件）。
[48] 東京高判平15・12・11労判867号５頁（小田急電鉄事件）。

③	業務命令違反	時間外労働命令・配転命令・出向命令など就業についての上司の指示・命令違反。使用者の命令の有効性、重要性などが問題となる。
④	業務妨害	労働組合の正当性の認められない争議行為に参加した場合等。
⑤	職場規律違反	社内規程違反。背任、会社金品の横領・窃盗・損壊、上司・同僚への暴行、上司・同僚によるセクハラ・パワハラ等。
⑥	私生活上の非行	会社の名誉、体面、信用の毀損行為や犯罪行為一般。
⑦	無許可兼職	無許可兼職の場合でも、職場秩序や会社への労務提供に影響のない場合は、懲戒処分の対象とはならない。 厚労省は、今後、「働き方改革」の一環として正社員の副業・兼業を推進する方向にあり、重大な影響がある場合が必要となろう。
⑧	誠実義務違反	職場外・勤務時間外で行う会社に対する誹謗中傷（自社製品の不買運動、会社攻撃ビラ配布など）、営業秘密の漏えい、部下の大量引抜き等。

Ⅷ 労働契約の終了

1 解 雇

(1) 普通解雇

　民法上、期間の定めのない雇用は、解約の申込み後2週間の経過によって終了する（民627条1項）。これに対して、期間の定めのない雇用契約は、労働者の保護のため、原則30日以上前の解雇予告義務（労基20条）、労災・産前産後の場合の解雇制限（労基19条）等があるが、これら民法・労働基準法の定めを大修正して労働契約法は、「解雇は、客観的に合理的な理由を欠き、社会通念上相当であると認められない場合は、その権利を濫用したものとして無効とする」とする（解雇権濫用規制、労契16条）。就業規則に定めた普通

解雇事由に該当する場合であっても、解雇権濫用規制に該当すれば、解雇ができない場合がある。

普通解雇事由は、就業規則で明示されている必要がある。なお、解雇事由は就業規則の絶対的必要的記載事項（労基89条3号かっこ書）であり、解雇事由は全部列挙することが義務づけられているとして、限定列挙と解される可能性が高い。

(2) 整理解雇

業績悪化や経営不振など、使用者の都合による人員整理の一環として整理解雇が行われる場合がある。整理解雇は、使用者の経営上の都合による解雇なので厳格に判断すべきものとされる。整理解雇の有効性は、次の4項目を基準に判断される。

【表108】 整理解雇の4要件

①	人員削減の必要性	企業経営上の十分な必要性に基づき、企業運営上やむを得ない措置であるのか。
②	解雇回避努力義務	配転、出向、一時帰休、希望退職の募集などの措置を講じ、解雇回避の努力をしたか。
③	被解雇者選定の妥当性	客観的に合理的な基準を設定し、それに基づき人選をしたか。
④	手続の相当性	労働組合・労働者に対して整理解雇の必要性や時期・規模・方法につき十分な説明や協議を行ったか。

2 雇止め等

(1) 雇止め法理

有期の労働契約は、原則、期間満了をもって終了するが、労働者が所定の契約期間を経過しても労働を継続し、使用者がこれに異議を述べないとき（黙示の更新）、または長期間にわたって契約を反復更新されていた場合に、雇止め（契約の更新拒否）は制限される。

すなわち、①労働契約法19条1号または2号の要件が該当する場合であって、②有期労働契約の期間満了までに労働者が更新・契約締結の申込みをした場合に、③使用者がその申込みを拒絶（雇止め）することが客観的合理性

を欠き、社会通念上相当であると認められないときは、使用者は、従前の有期労働契約の内容である労働条件と同一の労働条件で当該申込みを承諾したものとみなされる（労契19条）。

なお、①は、反復更新により有期契約が実質無期契約と同視できる場合、または契約更新に合理的期待が認められる場合である。②の「更新・契約締結の申込み」は、要式行為ではなく、使用者の雇止めに対し何らかの反対の意思表示が使用者に伝わるものでよいとされる。

(2) 有期労働契約の使用者による契約期間中の解雇

使用者は有期労働契約について、「やむを得ない事由」がある場合でなければ、その契約期間が満了するまで、労働者を解雇することができない（労契17条）。この「やむを得ない事由」は、解雇権濫用規則（上記1(1)、労契16条）に適用される場合における解雇の合理的理由よりも厳格に判断される。やむを得ない事由は強行規定であり、やむを得ない事由の立証責任は使用者が負う。

3　その他の終了事由

(1) 定年退職

「定年制」とは、労働者が一定の年齢に達したときに労働契約を終了する制度をいい、ほとんどの会社で採用されている。そして、定年に達した時に当然に労働契約が終了することを定年退職という。

定年年齢は、原則として60歳以上でなければならないとされ、65歳未満を定年とする雇用確保措置を講じなければならない（高年8条、9条）。雇用確保装置としては、定年の引上げ、希望者を対象とする継続雇用制度（再雇用や勤続延長など）の導入、定年制の廃止などである（同法9条1項各号）。

(2) 合意解約

合意解約とは、労働者と使用者が合意によって労働契約を将来に向けて解約することであり、「依願退職」と称されることが多い。

使用者が労働者に対して行う合意解約の申込みまたは申込みの誘引をすることを「退職勧奨」といい、労働者がこれに応じた場合であっても、申込みの誘引が行き過ぎた場合には有効性が問題となる。裁判例は、退職勧奨の態

様が、労働者の退職についての自由な意思決定を困難にするものであったと認められるような場合には、労働者の自己決定権を侵害するものとして違法性を有する。また、名誉感情等の人格的利益を違法に侵害した場合は不法行為責任を負う（東京高判平24・10・31労経速2172号3頁・日本アイビーエム事件）。

(3) 辞　職

辞職（自己都合退職）とは、労働者による労働契約の一方的解約（退職）である。使用者からの一方的解釈である「解雇」の反対概念であり、辞職については解雇のような民法規定の解釈の修正や労働契約による定めはなく、民法規定がそのまま適用される。

【表109】 民法上の規定

①	期間の定めのない労働契約	・労働者は2週間前に予告すればいつでも契約を解除できる（民627条1項） ・辞職理由は、要しない ・ただし、毎月1回払いの遅刻・欠勤控除のない純然たる月給制の場合の解約申入れは、当月の前半になすことを要する（民627条2項）、また6カ月以上の期間によって報酬を定めた場合の解約申入れは、3か月前にしなければならない（民627条3項）
②	期間の定めのある労働契約	・「やむを得ない事由」がなければ契約を解除できない（民628条） ・このような拘束関係が継続する期間の上限は原則3年とされる（労基14条1項） ・ただし、期間満了後も使用者が異議を述べないで引き続き労働に従事する黙示の更新期間中は、いつでも解約の申入れができる（民629条）

Ⅸ　正社員以外の労働者

1　パートタイム労働者

1週間の労働時間が正社員より短い労働者をパートタイム労働者という。

(1) 労働条件に関する文書の交付義務

パートタイム労働者を採用した場合、労働基準法の労働条件の明示義務（労基15条1項、労基則5条、377頁【表98】労働条件の明示内容参照）に加えて、パートタイム労働法（「短時間労働者の雇用管理の改善等に関する法律」）は、「昇給の有無、退職手当の有無、賞与の有無、相談窓口」について雇入れ時に文書による交付等（労働者が希望すればFAX・電子メールでも可）により明示しなければならないとする（パート6条1項、パート則2条）。

(2) パートタイム労働者の待遇の原則

雇用するパートタイム労働者の待遇と正社員の待遇を相違させる場合において、その待遇の差異は、業務の内容と責任の程度（職務の内容）、人材活用の仕組み、その他の事情を考慮して、不合理と認められるものであってはならないと規定する（パート8条）。

(3) 通常の労働者と同視すべきパートタイム労働者に対する差別的取扱いの禁止

期間の定めがなく退職するまでの全期間において、職務の内容や配置などの人材活用の仕組みが、正社員と同様のパートタイム労働者については、賃金の決定、教育訓練の実施、福利厚生の利用その他の待遇について、差別的取扱いをすることが禁止される（パート9条）。

(4) 正社員への転換措置

パート労働者が正社員への転換を推進するための措置が義務付けられており、次のいずれかを講じなければならないと規定する（パート13条）。

① 正社員の募集を行う場合に、事業所内に掲示することにより、当該募集に係る事項をパートタイム労働者に周知すること

② 正社員の配置を新たに行う場合に、その配置の希望を申し出る機会を

事業所のパートタイム労働者に与えること
③　一定の資格を有するパートタイム労働者を対象とした正社員への転換のための試験制度を設けるなど、正社員への転換を推進するための措置を講ずること

2　有期契約労働者

有期契約労働者とは、期間の定めにある労働契約によって使用される労働者である。

(1)　有期契約期間の上限規制

有期労働契約の期間の上限は、原則3年とされるが、特例として厚生労働大臣が定める基準に該当する高度の専門的知識、技術、または経験を有する労働者が当該専門的知識等を必要とする業務に就く場合や、満60歳以上の労働者について上限は5年とされる（労基14条1項）。

この定めに反して、上限を超える期間が定められても、当該有期契約の期間は上限の期間（3年または特例の場合は5年）に改められる。

(2)　無期労働契約への転換

有期労働契約が1回以上更新され、通算契約期間が5年を超える場合に、労働者が無期労働契約の申込みをしたときは、使用者が当該申込みを承諾したものとみなされる（労契18条）。

(3)　雇止め法理・使用者による有期労働契約期間中の解雇

前記Ⅷ「2　雇止め等」（399頁）で述べているので参照されたい。

(4)　有期契約による不合理な労働条件の禁止

有期契約労働者と無期契約労働者（正社員）が同じ使用者と労働契約を締結し労働条件の内容が相違している場合、その相違は不合理と認められるものであってはならない（労契20条）。この場合、職務の内容、配置の変更の範囲その他の事情を考慮して労働条件が不合理かどうか判断される。

3　派遣労働者

労働者派遣とは、派遣元事業主の雇用する労働者を、当該雇用関係のもとに、派遣先の指揮命令を受けて当該派遣先のために労働に従事させることを

いい、派遣先に対して労働者を雇用させることを約してするものを含まない（労派遣2条1号）。労働者を使用する派遣先は、雇用責任を負担することはない。

そして、派遣労働者とは、派遣元事業主が雇用する労働者であって、労働者派遣の対象となる者をいう（労派遣2条2号）。

(1) 派遣元事業主・派遣先・派遣労働者の関係

派遣元事業主は派遣先との間において、労働者派遣契約を締結し、派遣労働者の従事する業務の内容、派遣先の事業者名・所在地・就業場所・組織単位、指揮命令者、派遣期間、就業日、就業時間・休憩時間、安全衛生、苦情処理に関する事項等を定め、その内容の差異に応じて派遣労働者の人数を定めなければならない（労派遣26条1項）。

派遣元事業主に派遣労働者として登録した者の中から、派遣労働者として派遣される。派遣労働者は、派遣元事業主と派遣労働契約を締結する。派遣労働契約は、派遣労働者が派遣先の指揮命令を受けて働くことを約し、派遣元事業主はその労働に対して賃金を支払うことを主な内容とする労働契約であり、期間の定めのない無期雇用労働契約と期間の定めのある有期雇用労働契約がある。

労働者と派遣先は、労働者派遣契約と派遣労働契約による間接的な契約関係であり、直接の契約関係はない。

(2) 派遣元事業主の講ずべき措置

労働者派遣法は、派遣元事業主に以下の事項を義務付け、派遣労働者を保護している（労派遣30条～37条）。

【表110】 派遣元事業主の講ずべき措置

① 派遣労働者の雇用安定のための措置 　派遣元事業主による無期雇用機会の確保等、職業訓練等の措置を講ずるよう努力または講ずる義務（労派遣30条）。
② 派遣労働者のキャリアアップのための措置 　派遣元事業主による教育訓練の実施およびキャリアアップのためのコンサルティングを実施する（労派遣30条の2）。
③ 均衡待遇の確保

派遣元事業主は派遣先の同種業務に従事する正社員の賃金水準の均衡に考慮しつつ、一般労働者の職務内容等を勘案し、派遣労働者の賃金を決定する（労派遣30条の3第1項）。また派遣元事業主は、教育訓練・福利厚生の実施など円滑な派遣就業の確保に必要な措置を講ずるよう配慮する（労派遣30条の3第2項）。また派遣元事業主は、雇用した場合の賃金額その他の待遇に関する事項を説明する（労派遣31条の2第1項）。また労働者派遣法30条の3第2項の配慮すべき事項について、派遣労働者から求めがあったときは説明する（労派遣31条の2第2項）。

④　派遣労働者等の福祉の増進

　派遣元事業主はその派遣労働者（雇用しようとする者を含む）に、希望、能力、経験に応じた就業・教育訓練の機会の確保・雇用安定のために必要な措置を講じ、福祉の増進を図るよう努力する（労派遣30条の4）。

⑤　派遣労働者への明示

　労働者を派遣労働者として雇用する場合のその旨を明示し、派遣労働者として雇い入れた者以外の者を労働者派遣の対象とするときにはその者の同意を得る（労派遣32条）。

　労働者派遣をしようとするときの派遣就業の諸条件、派遣可能期間（3年間）の制限（労派遣35条の3、40条の2）に抵触する最初の日を明示する（同法34条1項3号・4号）。また、派遣労働者として雇い入れしようとするとき、労働者派遣をしようとするときに労働者派遣の料金を明示する（同法34条の2）。

⑥　派遣先への通知

　派遣労働者の氏名、無期か有期雇用か、などの一定事項を派遣先に通知する（労派遣35条）。

⑦　派遣管理台帳の作成・派遣元責任者の選任

　派遣先事業主は、派遣元管理台帳を作成・保存（3年間）する（労派遣37条）。

> **コラム**

働き方改革に関する「パートタイム労働法」「労働者派遣法」の改正の主な内容

本章の改正前の記述を変更するもの、および追加・新設するものを中心に、その概要を以下に記述する。

1 パートタイム労働法改正（原則2020年4月施行）

(1) 短時間労働者の追加

正式名称が「短時間労働者の雇用管理の改善等に関する法律」から「短時間労働者及び有期雇用労働者の雇用管理の改善等に関する法律」に改正される。

有期雇用労働者が追加された。有期雇用労働者とは、事業主と期間の定めのある労働契約を締結している者である（改正パート2条2項）。そして、本法では両者をまとめて「短時間・有期雇用労働者」という（改正同法2条3項）。

本法に有期雇用労働者が追加されたため、労働契約法20条（期間の定めのあることによる不合理な労働条件の禁止）は削除されている。

(2) 均等待遇確保のための「不合理な待遇の禁止等」（改正パート8条）

「事業主は、短時間・有期雇用労働者の基本給、賞与その他の待遇について、…通常の労働者の待遇との間において、…当該待遇の性質および当該待遇を行う目的に照らして適切と認められるものを考慮して、不合理と認められる相違を設けてはならない。」とし、改正により、同一労働同一賃金に関しより厳格になっている。

(3) 通常の労働者と同視すべき短時間・有期雇用労働者に対する差別的取扱いの禁止（改正パート9条）

職務内容同一、職務内容・配置の変更範囲が同一である場合の待遇の差別的取扱いが禁止される。

2 労働者派遣法改正（原則2020年4月施行）

(1) 比較対象労働者の待遇に関する情報提供義務の新設

派遣先となる会社は、労働者派遣契約を締結する際に、派遣元に対し「比較対象労働者（派遣先の労働者）の賃金その他の待遇に関する情報」を提供しなければならない（改正労派遣26条7項・8項）。

派遣元は、派遣労働者から求めがあったときは、比較対象労働者（派遣先

の労働者）の賃金その他の待遇の相違ならびに下記(2)(3)などについて考慮した事項を説明しなければならない（改正労派遣31条の2第4項）。

(2) 同一労働同一賃金のための「不合理な待遇の禁止等」(改正労派遣30条の3)

改正案第1項は、「…当該待遇の性質および当該待遇を行う目的に照らして適切と認められるものを考慮して、不合理と認められる相違を設けてはならない。」とし、上記1(2)と同様に厳格になっている。

(3) 「不合理な待遇の禁止等」を適用除外とする労使協定の新設（改正労派遣30条の4)

上記(2)を適用すると、派遣先が変更されるとそれに連れて待遇が変化するため、過半数労組または派遣労働者の過半数代表と派遣元が、労使協定を締結し、定められた派遣労働者（「協定対象派遣労働者」という）に限って、上記(2)の適用を除外できる。

(4) 派遣元事業主の講ずべき措置等の改正
・不合理な待遇の禁止等（上記(2)参照）
・「不合理な待遇の禁止等」を適用除外とする労使協定の新設（上記(3)参照）
・職務内容等を勘案した賃金の決定の努力義務の新設（改正労派遣30条の5）
・就業規則作成手続に関する派遣労働者の過半数代表の意見聴取努力義務の新設（改正同法30条の6）
・待遇に関する事項の雇い入れるときの厚生労働省令で定める事項の文書の交付等ならびに上記(2)(3)などの説明義務および上記(1)第2段の説明義務等の改正（改正同法31条の2）

〔収録書式一覧〕

〈書式１〉　定足数の緩和の定款規定例　　36
〈書式２〉　株式会社の原始定款例　　93
〈書式３〉　発起人の決定書　　101
〈書式４〉　設立時代表取締役等が作成する払込証明書　　102
〈書式５〉　設立時代表取締役選定決議書　　104
〈書式６〉　設立登記申請書　　105
〈書式７〉　委任状　　106
〈書式８〉　登記すべき事項の入力例　　107
〈書式９〉　継続的な下請事業者に対する取引条件の通知書　　161
〈書式10〉　契約書への押印方法　　285
〈書式11〉　相手方提示の契約書に対する質問書　　299
〈書式12〉　〈書式11〉の質問書に対する回答書　　300
〈書式13〉　期限の利益喪失条項例　　314
〈書式14〉　相殺予約条項例　　316
〈書式15〉　担保条項例　　317
〈書式16〉　手形保証　　320
〈書式17〉　隠れた手形保証　　321
〈書式18〉　保証書　　321
〈書式19〉　根保証書　　322
〈書式20〉　根抵当権設定契約書　　326
〈書式21〉　担保差入れ証書　　328
〈書式22〉　銀行への「質権設定承諾依頼書」　　329
〈書式23〉　譲渡担保設定契約書　　331
〈書式24〉　内容証明郵便（債権譲渡通知書）　　340
〈書式25〉　相殺通知書　　341
〈書式26〉　Ｘ社（甲）が仕入先Ｙ社（乙）と締結している「取引基本契約書」の契約解除条項　　358

●事項索引●

【英数】

36協定　*383*
B to B　*198,281*
B to B to C　*198*
B to C　*198*
CGS ガイドライン　*73*
CG コード　*69*
DIP 型会社更生　*371*
DIP 型手続　*363,365*
EDINET　*263,270*
OEM　*235*
PB　*18,235*
PDCA　*79*
PL　*227*
TDnet　*270*

【あ】

悪意　*21*
安全管理措置　*249,257*
一般懸賞　*217*
一般法　*18*
インサイダー取引　*116*
インサイダー取引規制　*116,264*
印紙税　*284*
営業秘密　*179*
役務提供委託　*157*
おとり広告　*223*
オプトアウト　*214,250*
オプトイン　*214,250*
親会社　*109*
親会社株式の取得・保有制限　*111*
親事業者　*157,159,165*

【か】

会員規約　*202*
会計監査　*50*
会計監査人　*31*
会計参与　*31,48,114*
会計帳簿の閲覧等請求権　*35*
解雇　*398*
戒告　*396*
外国公務員等に対する贈賄等　*177*
会社関係者（インサイダー取引規制における）　*265*
会社更生手続開始　*368*
会社の所有と経営の分離　*33*
会社分割の無効　*133*
開発危険の抗弁　*237*
確定日付のある証書による通知　*340*
課徴金　*143,226,272*
課徴金減免制度　*142*
課徴金納付命令　*143*
合併の無効　*126*
株券発行前の譲渡制限　*66*
株式　*56*
株式移転　*133*
株式移転計画　*136*
株式移転の無効　*138*
株式継続保有期間　*58*
株式交換　*133,134*
株式交換契約　*134,138*
株式交換の無効　*138*
株式の譲渡制限　*65,99*
株式の相互保有規制　*112*
株主　*32,56*
株主総会　*30*
株主総会の決議　*35*
株主総会の招集　*35*
株主の権利　*33,56*
株主平等の原則　*33,57*

株主名簿　63
株主名簿の基準日　64
株主有限責任の原則　32
株主優待制度　58
空リース　337
カルテル　141,145
簡易合併　124
簡易株式交換　135
簡易吸収分割　129
簡易新設分割　131
簡易な事業譲受け　121
関係会社　110
関係人集会　369
監査委員会　55
監査委員会の委員　55,114
監査等委員　53,114
監査等委員会　53
監査等委員会委員　114
監査等委員会設置会社　53
監査役　31,49,114
監査役会　31,52
監査役会設置会社　51
間接有限責任　85
完全親会社　110
完全子会社　110
管理のサイクル　80
関連会社　110
企画業務型裁量労働制　382
企業対消費者間取引　198
議決権行使のできる代理人の制限　100
議決権制限株式　61
期限の利益　280,314
期限の利益喪失条項　314,341
基準日株主　64
休業手当　390
休憩時間　381
休日　381

吸収合併　123
吸収合併契約　123
吸収分割契約　128
休職　390
共益権　33,56
競業取引　41
強行法規　25,380
共同研究開発ガイドライン　154
共同懸賞　218
共同ボイコット　145
業務監査　50
業務提供誘引販売取引　206
拒否権付種類株式　62
契印　285
経営者保証に関するガイドライン　323
刑事罰　143,189,272
継続開示規制　116,264
景品類の要件　216
契約印　285
契約自由の原則　278
契約不適合責任　280,288
消印　285
欠陥責任　229
厳格責任　230
減給　396
検索の抗弁権　319
原産国の不当表示　223
けん責　396
限定提供データ　176
現物出資　102
権利株　65
コーポレート・ガバナンス　68
コーポレートガバナンス・コード　68,69
コーポレート・ガバナンスに関する報告書　70
合意解約（労働契約の）　400

合意管轄　339
公開買付等関係者　271
降格　389,396
合資会社　85
公証人の認証　93
更生計画　369
更生債権　369
公正証書の作成　323
更生担保権　369
拘束条件付取引　147
合同会社　85
合名会社　84
子会社　50,109
子会社株式等の譲渡　113,120
子会社調査権　115
子会社による親会社株式の取得の制限　66
国際法務　8
国際約束に基づく禁止行為　174
国内法務　8
個人債務者再生手続　361
個人情報　244
個人情報データベース等　243,245
個人情報取扱事業者　243
個人情報保護委員会　249
個人データ　245
コンプライアンス　1,76
コンプライアンス・オア・エクスプレイン　70
コンプライアンス態勢　77

【さ】

再委託　259
再建型（倒産処理手続）　347
債権質　327
債権者異議手続　125,130,132,136,137

債権者集会　348,357
債権者の情報提供義務　324
債権者平等の原則　318
債権譲渡　340
債権譲渡禁止　338
催告の抗弁権　319
再生計画案　364
再生債権　364
再生手続開始　363
再販売価格の拘束　147
裁判法務　8
採用内定　376
採用の自由　376
裁量労働制　382
詐害行為　344
詐害的な吸収分割　130
詐害的な事業譲渡　122
詐害的な新設分割　132
差止請求　124,129,131,135,137,186,188
差別価格　149
三角合併　66,112
三角相殺　342
自益権　33,56
支給品　289
事業譲渡会社の競業禁止　122
事業全部の譲受け　120
事業の重要な一部の譲渡　119,120
事業の譲渡　119
事業のために負担した貸金等債務　323
自己株式の取得　67
事後の開示　125,130,132,136,137
指示・警告上の欠陥　231
辞職　401
事前の開示　124,129,131,135,136
下請事業者　157
執行役　55

事項索引

私的整理　347
私的整理ガイドライン　352
私的独占　141
資本金の額　91
資本充実の原則　86
指名委員会　55
指名委員会等設置会社　54
社員　85
社外監査役　51, 114
社外取締役　46, 114
就業規則　378, 380
就業規則の最低基準効　379
集合債権譲渡担保　333
集合物譲渡担保　333
重大な過失　192
周知表示混同惹起行為　175
重要事項（インサイダー取引における）　266
重要な事実（競業取引等における）　42
修理委託　156
出勤停止　397
出向　389
出資の履行　32
取得条項付株式　60
取得条項付種類株式　62
取得請求権付株式　59
取得請求権付種類株式　61
種類株式　60
準則型私的整理　352
準則主義（法人設立の）　86
準用　21
試用　376
商業手形　337
常勤監査役　51, 52
商号自由の原則　88
商号続用　122
少数株主権　33, 57

譲渡制限株式　59
譲渡制限種類株式　61
譲渡担保　330, 332
消費者の取消権　203
商品形態模倣行為　176
情報成果物作成委託　157
情報セキュリティ　256
情報伝達・取引推奨行為者　266
除斥期間　189, 238
所有権留保　338
人事権　388
新設合併　123
人的会社　85
人的担保　319
信用回復請求　187
信用毀損行為　177
信用調査　305
推定する　23
スチュワードシップ・コード　70
捨印　286
速やかに　22
清算型（倒産処理手続）　347
製造委託　156
製造上の欠陥　231
製造物責任　227
成文法　24
整理解雇　399
セクシャルハラスメント　393
設計上の欠陥　231
窃取型不正行為（営業秘密の）　181
設立時代表取締役　104
設立時取締役　103, 104
設立登記　108
設立に関する特則　132, 137
善意　21
全額払いの原則（賃金の）　392
全部取得条項付種類株式　62

専門業務型裁量労働制　382
戦略法務　9
善良な管理者の注意義務　39
相殺予約　316
総付景品　220
創立総会　87,103
組織法務　8
措置命令　226
損害賠償額の予定　315
損害賠償請求　186

【た】

第一次情報受領者　266
大会社　29
代表執行役　56
代表取締役　31,47
抱き合わせ販売　148
多重株主代表訴訟制度　115
直ちに　22
妥当性監査　50
短期消滅時効　189,238
単元株制度　57
男女の同一賃金原則　395
単独株主権　33
単独の取引拒絶　148
担保　318
担保権消滅許可制度　366
地域経済活性化支援機構　352
遅滞なく　22
忠実義務　22,39
中小企業再生支援協議会　353
懲戒解雇　397
懲戒休職　397
懲戒事由　397
懲戒の手段　396
直接払いの原則（賃金の）　391
直接無限責任　85

直接有限責任　85
著作権法　259
著作者人格権　259
著名表示冒用行為　175
賃金　391
通貨払いの原則（賃金の）　391
通信販売　205,207
定款　92
定款の記載事項　92
定款の認証　93
定型約款　199
定時株主総会　35
訂正印　286
抵当権　324
定年制　400
手形ジャンプ　337
手形保証　320
適格消費者団体　202,227
適法性監査　50
適用　21
テリトリー制　147
転籍　389
電話勧誘販売　205
登記事項証明書　307,309
登記情報提供サービス　313
動産売買の先取特権　344
特殊の決議　37
特定継続的役務提供　205
特定責任追及の訴え　115
特定調停　352
特定有価証券等　116,270
特別決議　36
特別支配会社　110,121
特別清算開始　360
特別取締役　45
特別法　18
特別利害関係を有する取締役　42,45

413

匿名加工情報　*242, 254*
取締役　*38*
取締役・監査役の選任に関する種類株式
　　63
取締役会　*30, 41*
取締役会の権限　*41*
取締役の員数　*38*
取締役の責任　*39*
取引法務　*8*
トンネル会社　*158*

【な】

内整理　*347*
内部通報制度　*80*
内部統制システム　*69, 79, 114*
内容証明郵便　*340*
入札談合　*146*
任意整理　*347*
任意法規　*25*
認定個人情報保護団体　*255*
任務懈怠責任　*40*
ネガティブオプション　*206*
根抵当権　*324*
根保証契約　*322, 323*
年次有給休暇　*384*

【は】

パートタイム労働者　*402*
排除措置命令　*143*
背信型不正行為（営業秘密の）　*183*
排他条件付取引　*149*
配置転換　*388*
派遣労働者　*404*
破産債権　*357*
破産手続　*355*
破産手続開始　*356*
バスケット条項　*116, 269*

発行開示規制　*263*
発行可能株式総数　*101*
パワーハラスメント　*392*
反対株主　*121*
反対株主の株式買取請求　*121, 125, 130, 131*
反対株主の株式買取請求権　*136, 137*
判例法　*24*
非公開会社　*30*
表見代表取締役　*47*
表見代理　*282*
表示製造業者　*235*
品質等誤認惹起行為　*177*
不公正な取引方法　*141*
不正アクセス禁止法　*260*
不正競争　*173*
不正競争行為　*175*
普通解雇　*398*
普通株式　*60*
普通決議　*36*
物的会社　*85*
物的担保　*319, 324*
不当条項　*201, 203*
不当な取引制限　*141*
部品・原材料メーカーの抗弁　*237*
不服審査手続　*143*
プリンシプルベース・アプローチ　*70*
フレックスタイム制　*382*
ヘルプライン　*80*
変形労働時間制　*382*
報酬委員会　*55*
法定解除　*315*
法定労働時間　*383*
法的整理　*347*
訪問購入　*206*
訪問販売　*205*
法令遵守　*76*

募集設立　*86*
保証人の情報提供義務　*323*
保全処分命令　*356, 363, 368*
発起設立　*86*
発起人　*88, 100*
ホットライン　*80*
保有個人データ　*245, 252*
本店所在地　*90*

【ま】

マイナンバー法　*257*
みなし労働時間制　*382*
みなす　*23*
目的（会社の）　*90*
持分法適用会社　*111*

【や】

約定解除　*315*
役付取締役　*47*
雇止め法理　*399*
優越的地位の濫用　*149, 156*
有期契約労働者　*403*
融通手形　*337*
優先株式　*60*
有利誤認表示　*222*
優良誤認表示　*221*
諭旨解雇　*397*
要配慮個人情報　*246*
予防法務　*9*

【ら】

利益相反取引　*41, 42*
リバース・エンジニアリング　*191*
略式合併　*124*
略式株式交換　*135*
略式吸収分割　*129*
略式の事業譲渡等　*121*
略式の事業譲受け　*121*
流動動産譲渡担保　*333*
利用規約　*201*
履歴事項全部証明書　*307*
臨床法務　*8*
累積投票　*100*
劣後株式　*60*
連結計算書類　*115*
連鎖販売取引　*205*
連帯保証　*319*
労使慣行　*380*
労働協約　*379*
労働契約　*375, 376, 378*
労働契約規律効　*379*
労働時間　*381*
労働者の募集　*375*
労働者派遣　*403*
労働条件　*377*

【わ】

割印　*285*
割増賃金　*384*

【著者略歴】

滝川　宜信（たきかわ　よしのぶ）

〔略　歴〕　昭和22年　名古屋生まれ
学習院大学法学部卒業、中央大学法学研究科博士後期課程中退
株式会社デンソー法務部長、名古屋大学大学院法学研究科客員教授、南山大学、中京大学、名城大学各非常勤講師、明治学院大学大学院法務職研究科教授などを歴任し、現在は、滝川ビジネス契約コンサルティング代表（特定行政書士）。

〔著　書〕　『経営指導念書の理論と実際』（単著・民事法研究会・平成13年）
『戦略経営ハンドブック』（共著・中央経済社・平成15年）
『社外取締役のすべて』（共著・東洋経済新報社・平成16年）
『ビジネス契約実務大全』（共著・企業研究会・平成16年）
『企業法務戦略』（共著・中央経済社・平成19年）
『リーディング会社法〔第2版〕』（単著・民事法研究会・平成22年）
『内部統制対応版企業コンプライアンス態勢のすべて〔新訂版〕』（共著・金融財政事情研究会・平成24年）
『取引基本契約書の作成と審査の実務〔第5版〕』（単著・民事法研究会・平成26年）
『業務委託（アウトソーシング）契約書の作成と審査の実務』（単著・民事法研究会・平成27年）
『M&A・アライアンス契約書の作成と審査の実務』（単著・民事法研究会・平成28年）

〔連絡先〕　E-mail：tbcc-info@cf.em-net.ne.jp
URL：https://tbcc.jp/

　契約書の作成およびリーガルチェックなど、契約業務全般について、貴社のお役に立てると思いますので、下記ウェブを検索いただければ幸いです。

| TBCC 契約 | 検索 |

リーダーを目指す人のための
実践　企業法務入門〔全訂版〕

平成30年7月30日　第1刷発行　　　　　　　定価　本体4,500円＋税

著　者　滝川宜信
発　行　株式会社　民事法研究会
印　刷　株式会社　太平印刷社

発行所　株式会社　民事法研究会
〒150-0013　東京都渋谷区恵比寿3-7-16
　　　　〔営業〕TEL 03(5798)7257　FAX 03(5798)7258
　　　　〔編集〕TEL 03(5798)7277　FAX 03(5798)7278
http://www.minjiho.com/　info@minjiho.com

落丁・乱丁はおとりかえします。ISBN978-4-86556-231-6 C2032 ￥4500E
カバーデザイン　袴田峯男

企業法務に役立つ実践的手引書

2014年10月刊　法令違反の防止とリスク管理に必携！

取引基本契約書の作成と審査の実務〔第5版〕

反社会的勢力の排除、通知義務の基本条項の変更や最新の法令、実務の変更に対応させ改訂！　数十社に及ぶ契約書を比較・検討し、逐条ごとに判例・学説・実例を踏まえて詳解したわが国唯一の実践書！

滝川宜信　著　　　　　　　　　　（Ａ5判・474頁・定価 本体4000円＋税）

2015年1月刊　条文作成のノウハウ・必修知識を開示した待望の書！

業務委託（アウトソーシング）契約書の作成と審査の実務

各種個別契約書の基本条文例を示しつつ多様な状況に対応できるよう、実際の条文作成や審査に必要となるノウハウ・必修知識を条文変更例などとともに明示した実践的手引書！

滝川宜信　著　　　　　　　　　　（Ａ5判・616頁・定価 本体5500円＋税）

2016年12月刊　多様なケースを想定して著された契約関係者の必携書！

Ｍ＆Ａ・アライアンス契約書の作成と審査の実務

具体的な基本条項例を示しつつ重要な条項には、「留意点」、「検討課題」、「条文変更例」を示して、契約実務に実践的に活用できるよう懇切丁寧に解説をした待望の書！

滝川宜信　著　　　　　　　　　　（Ａ5判・603頁・定価 本体5400円＋税）

発行　民事法研究会
〒150-0013 東京都渋谷区恵比寿3-7-16
（営業）TEL03-5798-7257　FAX 03-5798-7258
http://www.minjiho.com/　　info@minjiho.com

リスク管理実務マニュアルシリーズ

会社役員としての危急時の迅速・的確対応のあり方、および日頃のリスク管理の手引書！

会社役員のリスク管理実務マニュアル
――平時・危急時の対応策と関連書式――

渡邊　顯・武井洋一・樋口　達　編集代表　成和明哲法律事務所　編（Ａ５判・432頁・定価　本体4600円＋税）

従業員による不祥事が発生したときに企業がとるべき対応等を関連書式と一体にして解説！

従業員の不祥事対応実務マニュアル
――リスク管理の具体策と関連書式――

安倍嘉一　著　　　　　　　　　　　　　　　　（Ａ５判・328頁・定価　本体3400円＋税）

社内（社外）通報制度の導入、利用しやすいしくみを構築し、運用できるノウハウを明示！

内部通報・内部告発対応実務マニュアル
――リスク管理体制の構築と人事労務対応策Ｑ＆Ａ――

阿部・井窪・片山法律事務所　石嵜・山中総合法律事務所　編（Ａ５判・255頁・定価　本体2800円＋税）

弁護士・コンサルティング会社関係者による実務に直結した営業秘密の適切な管理手法を解説！

営業秘密管理実務マニュアル
――管理体制の構築と漏えい時対応のすべて――

服部　誠・小林　誠・岡田大輔・泉　修二　著　（Ａ５判・284頁・定価　本体2800円＋税）

企業のリスク管理を「法務」・「コンプライアンス」双方の視点から複合的に分析・解説！

法務リスク・コンプライアンスリスク管理実務マニュアル
――基礎から緊急対応までの実務と書式――

阿部・井窪・片山法律事務所　編　　　　　　　（Ａ５判・764頁・定価　本体6400円＋税）

情報漏えいを防止し、「情報」を有効活用するためのノウハウを複合的な視点から詳解！

企業情報管理実務マニュアル
――漏えい・事故リスク対応の実務と書式――

長内　健・片山英二・服部　誠・安倍嘉一　著　（Ａ５判・442頁・定価　本体4000円＋税）

発行　民事法研究会

〒150-0013　東京都渋谷区恵比寿3-7-16
（営業）TEL 03-5798-7257　FAX 03-5798-7258
http://www.minjiho.com/　　info@minjiho.com

最新実務に役立つ実践的手引書

破産申立ての相談受任から手続終結まで各場面を網羅した解説と最新の書式を収録！

事業者破産の理論・実務と書式

相澤光江・中井康之・綾 克己 編　　　　　（Ａ５判・701頁・定価 本体7400円＋税）

各倒産手続の相互関係と手続選択の指針を明示し、実務上の重要論点について多数の判例を織り込み詳解！

倒産法実務大系

今中利昭 編集　四宮章夫・今泉純一・中井康之・野村剛司・赫 高規 著（Ａ５判・836頁・定価 本体9000円＋税）

取引の仕組みから各法律の概要、法的論点と立証方法、カード会社の考え方など豊富な図・表・資料を基に詳解！

クレジットカード事件対応の実務
──仕組みから法律、紛争対応まで──

阿部高明 著　　　　　　　　　　　　　（Ａ５判・470頁・定価 本体4500円＋税）

就業規則やガイドライン、予防策から事後対応、損害賠償請求まで、SNSの基本的知識も含めて解説！

ＳＮＳをめぐるトラブルと労務管理
──事前予防と事後対策・書式付き──

髙井・岡芹法律事務所 編　　　　　　　　（Ａ５判・257頁・定価 本体2800円＋税）

個別的労働紛争における仮処分・労働審判・訴訟の手続を申立書、答弁書を織り込みつつ事件類型別に解説！

書式 労働事件の実務
──本案訴訟・仮処分・労働審判・あっせん手続まで──

労働紛争実務研究会 編　　　　　　　　　（Ａ５判・522頁・定価 本体4500円＋税）

金融商品取引法、証券取引所規則、会社計算規則ほか会計・税務、登記実務にも配慮して解説！

会社法実務大系

成和明哲法律事務所 編　　　　　　　　　（Ａ５判・657頁・定価 本体5800円＋税）

発行 民事法研究会
〒150-0013 東京都渋谷区恵比寿3-7-16
（営業）TEL 03-5798-7257　FAX 03-5798-7258
http://www.minjiho.com/　　info@minjiho.com